商周金文 -中國古文字導讀-

> 본서의 이해를 돕기 위한 부록의 내용은 만국정(萬國鼎), 『중국역사기년표(中國歷史紀年表)』(商務印書館, 1978), 고명(高明), 『중국고문자학통론(中國古文字學通論)』(北京大學出版社, 1996), 주봉한(朱鳳瀚), 『고대중국청동기(古代中國靑銅器)』(南開大學出版社, 1995)를 참고하였습니다.

商周金文, 王輝 著
Copyright ⓒ 2006, the heirs of the author
All Rights reserved.

Korean translation edition ⓒ 2013, by The National Research Foundation of Korea
Published by arrangement with 商周金文 (Cultural Relics Publishing), Beijing, P R China
through by Bestun Korea Agency, Seoul, Korea.
All rights reserved.

이 책의 한국어 판권은 베스툰 코리아 에이전시를 통하여
저작권자인 文物出版社 (Cultural Relics Publishing)와
독점 계약한 (재)한국연구재단에 있습니다.
저작권법에 의해 한국 내에서 보호를 받는 저작물이므로
어떠한 형태로든 무단 전재와 무단 복제를 금합니다.

이 책은 (재)한국연구재단의 지원으로 학고방출판사에서 출간, 유통합니다.

한국연구재단 학술명저번역총서 ● 동양편 606

商周金文 下

商周金文 -中國古文字導讀-

저자 왕 휘
역자 곽노봉

學古房

■ **일러두기** ■ (『상주금문』 1~2쪽)

1. 본서 앞부분의 '금문과 그 연구'는 금문의 주요 내용과 그 연구 개황을 서술한 것이다. 본문은 대표적 명문 68편을 선별하여 주석을 추가하였다. 그 연대는 상나라 말기에서 춘추시기까지이며, 서주시기의 기물에 중점을 두었다. 상나라와 서주시기는 왕의 년[王年]을 순서로 삼았고, 춘추시기는 제후국들의 기물만 선택하여 기년으로 순서로 정하였다.

2. 본문의 각 편은 간단한 기물소개, 저록(著錄), 석문(釋文), 번역(飜譯), 주해(注解), 단대(斷代) 등의 항목으로 나누어 소개하였다. 단대에서는 본문의 주석에서 근거를 이미 언급한 경우 다시 중복하여 기술하지 않았다. 이해를 돕기 위하여 가능한 기물의 사진과 명문의 탁본(拓本), 모본(摹本)을 제시하였다.

3. 간단한 기물소개에서는 청동기의 출토와 수장에 관한 정황, 글자 수, 다른 명칭 등을 제시하였다. 글자의 수에는 합문과 중문을 포함시켰다.

4. 저록은 쉽게 접할 수 있는 책 혹은 최초의 저록만 선택하였을 뿐이며, 관련 서적 모두를 싣지는 않았다. 따라서 독자가 각 편 저록의 상세한 정황을 이해하고자 한다면, 손치추(孫稚雛)의 『금문저록간목(金文著錄簡目)』을 참고하기 바란다.

5. 본서는 일반적으로 번체자(繁體)와 정자체[正體]를 사용하였다. 다만, 자형을 고석(考釋)하거나 다른 뜻이 있는 경우에는 이체자(異體字)를 사용하였다.

6. 비교적 긴 주해는 되도록 반복을 피하기 위하여 앞에서 이미 주해한 것이 뒤에 나오는 경우 앞의 주해를 참고하도록 하였다.

7. 잘 알려지거나 공인된 견해 이외에 여러 학자들의 학설을 인용할 때에는 대부분 출처를 상세히 주석하여 밝혔다.

8. 난해한 글자는 일반적으로 특정 주석가의 말을 직접 채용하였다. 그러나 일부분 몇 종류 서로 다른 학설을 열거할 경우에는 주석가들의 경향성 의견만 표시하였을 뿐 장황한 고증은 하지 않았다.

9. 인용문은 일률적으로 옛 형태를 따랐는데, 예를 들면 다음과 같다.
   '포(布)'는 『설문해자(說文解字)』에서 "모시풀로 짠 베이다[枲織也]."라고 하였는데, 단옥재(段玉裁)는 『설문해자주(說文解字注)』에서 "옛날에는 지금의 무명천이 없었고, 단지 삼베와 갈포만 있었을 뿐이다[古者無今之木棉布, 但有麻布及葛布而已]."라고 하였다.

10. 잘못 인용한 본문 내용은 '역자주'로 처리하여 교정과 보충 설명을 하였다.

11. 단대는 기물의 형태와 관련이 있지만, 본서에서는 명문에 중점을 두었기 때문에 청동기의 형제(形製)는 대부분 소개하지 않았다.

12. 명문은 대부분 탁본과 모본을 축소하여 실었는데, 비례는 명확히 제시하지 않았다.

13. 석문은 원문 상태를 그대로 옮겼으며, 통가자(通假字)는 ( ), 결자(缺字)를 문맥에 의거하여 보충할 수 있는 글자는 [ ], 오자(誤字)는 〈 〉, 결자는 □로 표시하였다.

14. 숫자는 일반적으로 아라비아 숫자를 사용하였고, 다만 연월을 기록하는 것[紀年月]은 한자를 사용하였다.

15. 본서 말미에 '저록간목(著錄簡目)'과 '인용서목(引用書目)'을 첨부하였는데, 전자는 시대의 선후를 순서로 하였고, 후자는 저자의 성씨 필획을 순서로 하였으며, 동일인은 인용의 선후로 순서를 정하였다.

16. 부록으로 I. 하상주연대간표(夏商周年代簡表), II. 금문, III. 청동기의 종류 등을 첨부하여 본서에 대한 이해를 돕고자 하였다.

목 차

금　　　문 | 1

청동기의 종류 | 41

・・・

1	四祀𠂤其卣	43
2	戍嗣子鼎	50
3	子黃尊	55
4	我方鼎	64
5	利簋	69
6	天亡簋	78
7	沫司徒送簋	87
8	𤼈尊	92
9	叔矢方鼎	101
10	克罍	108
11	保卣	116
12	作冊大鼎	123
13	宜侯矢簋	127

14	井侯簋	136
15	大盂鼎	146
16	庚嬴鼎	166
17	作冊麥方尊	170
18	作冊令方彝	182
19	旟鼎	197
20	召尊	200
21	作冊睘卣	206
22	中甗	211
23	靜方鼎	217
24	靜簋	222
25	班簋	230
26	長白盉	248
27	彔簋	254
28	彔伯彔簋蓋	265
29	趞鼎	276
30	虎簋蓋	286
31	鮮簋	298
32	盠駒尊	304
33	裘衛盉	313
34	五祀衛鼎	325
35	史墻盤	337

목 차

청동기의 종류
• • •

36	師𠭰鼎	371
37	師永盂	384
38	詢簋	390
39	智鼎	399
40	儠匜	417
41	師詢簋	429
42	逆鐘	439
43	五年琱生簋	451
44	六年琱生簋	462
45	史密簋	469
46	師𡧊簋	482
47	𢦏簋	489
48	𢦏鐘	503
49	禹鼎	514
50	多友鼎	527

51	訇攸比鼎	540
52	散氏盤	545
53	史頌鼎	561
54	頌壺	567
55	兮甲盤	574
56	不其簋蓋	582
57	虢季子白盤	591
58	駒父盨蓋	598
59	吳虎鼎	604
60	毛公鼎	612
61	柞鐘	640
62	秦公及王姬鎛	644
63	子犯鐘	652
64	邵黛鐘	660
65	國差𦉢	667
66	王子午鼎	673
67	蔡侯𬭼盤	680
68	吳王光鑒	690

부록 1ᅵ 697

부록 2ᅵ 711

• • •

Ⅰ. 夏·商·周年代簡表 ·················· 711

Ⅱ. 금문 ··· 714

　1. 상나라 말기의 금문 ··· 715

　2. 서주시기의 금문 ··· 717

　　(1) 서주초기의 금문 | 718
　　(2) 서주중기의 금문 | 719
　　(3) 서주말기의 금문 | 721

　3. 춘추시기의 금문 ··· 722

　　(1) 춘추초기의 금문 | 722
　　(2) 춘추중기와 말기의 금문 | 724

　4. 전국시기의 금문 ··· 729

Ⅲ. 청동기의 종류 ·· 735

　1. 팽임기(烹飪器) ·· 738

　　(1) 정(鼎) | 738
　　(2) 격(鬲) | 739
　　(3) 언(甗) | 740

　2. 성식기(盛食器) ·· 741

　　(1) 궤(簋) | 741
　　(2) 돈(敦) | 743
　　(3) 고(盬) | 746
　　(4) 보(簠) | 749
　　(5) 수(盨) | 750
　　(6) 두(豆) | 751
　　(7) 개두(蓋豆) | 751

3. 주기(酒器) ··· 752

    (1) 작(爵) ｜752

    (2) 가(斝) ｜753

    (3) 각(角) ｜754

    (4) 고(觚) ｜755

    (5) 치(觶) ｜755

    (6) 굉(觥) ｜756

    (7) 화(盉) ｜757

    (8) 유(卣) ｜759

    (9) 준(尊) ｜760

    (10) 희준(犧尊) ｜761

    (11) 호(壺) ｜761

    (12) 뢰(罍) ｜762

    (13) 방이(方彝) ｜763

4. 수기(水器) ··· 763

    (1) 반(盤) ｜763

    (2) 이(匜) ｜764

    (3) 우(盂) ｜765

    (4) 감(鑑) ｜766

| 역자후기 • 767

| 찾아보기 • 776

청동기의 종류

36
師𩵦鼎

1974년 12월 섬서성 부풍현(扶風縣) 황퇴향(黃堆鄉) 강가촌(强家村)의 청동기 교장(窖藏)에서 출토되어 현재 섬서역사박물관(陝西歷史博物館)에서 수장하고 있다. 복부 내벽에 명문 19행 196자가 있다.

저록(著錄)
『문물(文物)』1975년 8기, 『섬서출토상주청동기(陝西出土商周青銅器)』(三)105, 『은주금문집성(殷周金文集成)』5・2830

탁본(拓本)

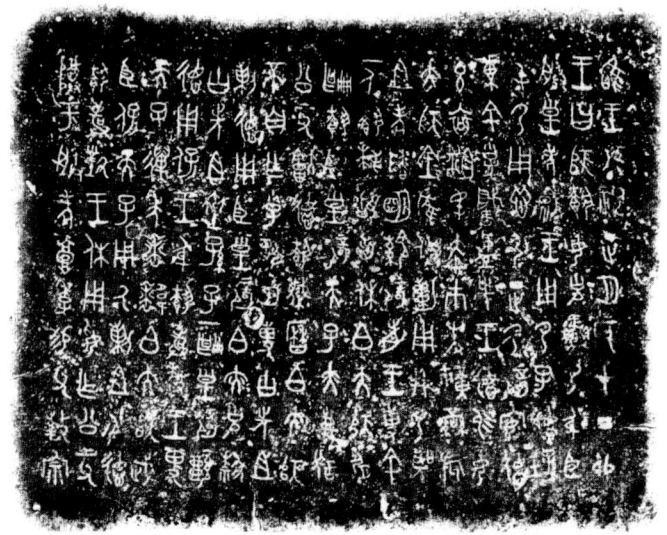

모본(摹本)

석문(釋文)

唯王八祀正月⁽¹⁾, 辰才(在)丁卯。王曰:"師𠭯⁽²⁾! 女(汝)克盡(瞡)乃身⁽³⁾, 臣朕皇考穆王⁽⁴⁾, 用乃孔德琢(遜)屯(純)⁽⁵⁾, 乃用心引正乃辟安德⁽⁶⁾。更(唯)余小子肇(肇)盚(淑)先王德⁽⁷⁾, 易(賜)女(汝)玄袞⁽⁸⁾、䵣(黼)屯(純)⁽⁹⁾、赤市、朱橫(黃, 衡)、鑾(鑾)斾(旂)、大師金雁(膺)⁽¹⁰⁾、攸(鋚)勒, 用井(型)乃聖祖考⁽¹¹⁾, 隣(隣)明䜭辟前王⁽¹²⁾, 事余一人⁽¹³⁾。"𠭯拜稽首, 休白(伯)大師肩(夷)𢦔(任)𠭯臣皇辟⁽¹⁴⁾。天子亦弗諲(忘)公上父丕德⁽¹⁵⁾, 𠭯蔑曆(歷)白(伯)大師, 不自乍(作)⁽¹⁶⁾。小子夙夕專由先且(祖)剌(烈)德⁽¹⁷⁾, 用臣皇辟。白(伯)亦克敊(裻)由先且(祖)虩(蠱)⁽¹⁸⁾, 孫子一䛳(湛)皇辟懿德⁽¹⁹⁾, 用保王身。𠭯敢龏(龔)王, 卑(俾)天子萬年⁽²⁰⁾, 㒸𥎊白(伯)大師武⁽²¹⁾, 臣保天子, 用岽(厥)剌(烈)且(祖)介德⁽²²⁾。𠭯敢對王休, 用妥(綏)乍(作)公上父障(尊)⁽²³⁾, 于朕考𦥑(號)季易父䵼(秩)宗⁽²⁴⁾。

번역(飜譯)

왕 8년 정월 일진(日辰)이 정묘일에 있었다. 왕께서 말씀하시었다. "사재(師𠭯)여! 너는 스스로 몸을 힘썼고, 짐은 황고 목왕의 신하이며, 아름다운 덕을 순수하게 따르고 겸손하며 공손하였으니, 너는 힘써 영원히 군왕이 편안하고 온화한 덕을 유지하도록 하여라. 오직 나 소자는 비로소 선왕의 덕을 선하게 하였도다. 너에게 검은 곤룡포, 가장자리에 오채 꽃무늬 그림이 있는 옷, 붉은 폐슬, 붉은 노리개, 방울달린 기, 대사의 금장식한 말 가슴걸이, 굴레를 하사하노니 뛰어난 재주와 지혜를 갖춘 선조와 선고가 정갈하고 밝게 전왕을 잘 섬겼듯이 나 한 사람을 섬겨라."

재(龏)가 절하고 머리를 조아려 백태사(伯大師)가 재(龏)를 보증하고 추천하여 신하로 선왕을 섬긴 것을 찬미하였다. 천자 또한 공상부(公上父)의 큰 덕을 잊지 않으시었고, 재(龏)는 백태사(伯大師)의 경력과 공적을 칭찬하였으나 자신의 공적을 끌어들이지 않았다. 소자가 아침 저녁으로 힘쓰고 노력하여 선조의 미덕을 따르고 행하였으며, 신하로 황제를 모셨다. 백태사(伯大師) 또한 선조의 일을 제사지내시고, 손자는 모두 황제의 아름다운 덕을 모셔 왕의 몸을 보호하였다. 재(龏)는 감히 왕을 축복하고 천자로 하여금 만년토록 하며, 백태사(伯大師)가 만들고 행한 바를 법칙으로 삼아 위배하지 않았다. 신은 천자를 보호하여 열조처럼 덕을 크게 하였다. 재(龏)는 감히 왕의 위대함을 칭송하고 공상보(公上父)를 위하여 존귀한 정을 만들어 공경하고, 나의 부친인 괵계역보(虢季易父)의 종묘를 맡기노라.

주해(注解)

(1) 아래 구절의 "신짐황고목왕(臣朕皇考穆王)"에 의하여, 이 기물이 공왕 8년 정월에 만들어졌음을 알 수 있다. '사(祀)'로 연도를 칭하는 것은 본래 상나라 사람의 습속이지만, 이러한 풍습은 서주중기에도 여전히 남아 있었다. 당란은 처음에 공왕시기의 기물이라 판정하였다가 이후 다시 목왕의 다른 아들인 효왕시기의 기물이라 개정하면서 그 이유를 다음과 같이 말하였다.

> 이 기물의 형제(形製)·문식(紋飾)·자체(字體)는 모두 공왕시기보다 늦은 것으로 보인다. 명문에서 언급된 백태사(伯太師)는 〈백태사수(伯太師盨)〉에 보이는데……모두 서주후기에 속한다. 따라서 효왕시기의 기물로 판정한다.

그러나 『상주청동기명문선(商周靑銅器銘文選)』에서는 〈백태사수〉에서 백태사의 이름은 '이(釐)'로 본 명문에서 언급된 백태사와는 다른 사람이라 하였다. 왕신행(王愼行) 또한 본 명문에 의거하면, 사재(師𩰙)는 일찍이 목왕에게 봉직하였고, 또한 항상 왕에게 선도(善道)로 고하여 목왕을 바로잡았으니 나이가 젊을 수 없으며, 사대의 왕을 거쳐 효왕 8년까지 생존할 수 없다고 하였다. 우호량(于豪亮)도 명문에서 재위한 왕의 앞으로는 목왕만이 언급되며, 다른 왕에 대해서는 암시되지 않았다고 지적하였다.

(2) '사(師)'는 '사씨(師氏)'이다. 『관제연구(官製硏究)』에 의하면, 사씨의 직무는 7가지이나 군사·행장(行長)·교육장관 등 3가지 방면으로 귀납시킬 수 있다고 하였는데, 옳은 견해이다. 『주례·지관·사씨(周禮·地官·師氏)』에서 다음과 같이 말하였다.

> 사씨는 착함으로 왕에게 고하고, '삼덕(三德)'으로 나라의 자제를 가르치며,……'삼행(三行)'을 가르치는 것을 맡는다.……'호문(虎門)'의 왼쪽에 거하여 왕조를 맡고, 나라에서 잘못된 일을 맡으며, 나라의 자제를 가르치니, 나라의 귀한 자제들이 여기에서 배운다.……무릇 제사와 빈객의 회동에서 군대의 기강을 잃어 왕이 천거하면 좇고, 다스림을 듣는 것 또한 이와 같다. 사방 오랑캐 노예를 거느려 각각 왕을 지키는 문 밖에 있도록 하고, 또한 왕의 행차에 사람의 통행을 금하고 길을 치우며, 조정이 들 밖에 있으면 안의 다스림을 지킨다.
> 師氏掌以媺詔王, 以三德敎國子,……敎三行.……居虎門之左, 司王朝, 掌國中失之事, 以敎國子弟.……凡國之貴遊子弟學焉. 凡祭祀賓客會同喪紀軍旅, 王擧則從, 聽治亦如之. 使其屬帥四夷之隷, 各以其兵僕守王之門外, 且蹕, 朝在野外則守內列.

이는 금문에서 보이는 것과 부합한다. 본 명문에서 사씨는 문직(文職)에 속한다.

(3) '贐'은 '신(贐)'의 이체자로 '신(賮, jìn)'으로 쓰기도 한다. 우호량(于豪亮)은 이를 '진(進)'으로 읽었다. 『시경・대아・문왕(詩經・大雅・文王)』에서 "왕에게 나아가는 신하이다[王之藎臣]."라고 하였는데, 모전(毛傳)에서는 "신(藎)은 나아가는 것이다[藎, 進也]."라고 하였다. 『예기・악기(禮記・樂記)』에서도 "예는 줄어드는 데 나아가므로 다함을 문으로 삼는다[禮減而進, 以盡爲文]."라고 하였는데, 정현의 주에서는 "'진(進)'은 스스로 면강함을 일컫는다[進謂自勉強也]."라고 하였다. 명문에서는 사재(師贐)가 스스로 그 몸을 힘쓰는 것을 뜻한다.

(4) '신(臣)'은 동사로 신하로 섬긴다는 뜻이다. 〈형후궤(井侯簋)〉에서 "나는 천자의 신하이다[朕臣天子]."라고 하였으며, 『상서・강왕지고(尙書・康王之誥)』에서도 "바라건대 서로 함께 그대 선공이 선왕에게 신하로 복종하였음을 돌아보라[尙胥暨顧綏爾先公之臣服于先王]."라고 하였다.

'목왕(穆王)'은 바로 '황고(皇考)'로 시법(謚法)에 따라 드러낸 것이다.

(5) '공덕(孔德)'은 아름다운 덕이다. 『설문해자』에서 "공(孔)은 통한다는 뜻이다……아름다움이다[孔, 通也……嘉美之也]."라고 하였다. 『노자』에서도 "아름다운 덕의 모습이라야 오직 도가 이를 좇는다[孔德之容, 唯道是從]."라고 하였다.

'琭'을 이학근(李學勤)은 '손(遜)'으로 해석하였다. 『설문해자』에서 "손(遜)은 숨는 것이다[遜, 遁也]."라 하였고, 『정운(正韻)』에서 "손(遜)은 따르다, 겸손하고 공손하다는 뜻이다[遜, 順也. 謙恭也]."라고 하였다.

'둔(屯)'은 '순(純)'으로 읽으니, 순수하다는 뜻이다. 〈사장반(史墻盤)〉에서 "덕이 순수하여 재촉함이 없다[屢(德)屯(純)無諫]."라고 하였다.

(6) '인(引)'은 장구(長久)하다는 뜻이다. 『이아·석훈(爾雅·釋訓)』에서 "자자손손 장구하여 다함이 없다[子子孫孫, 引無極也]."라고 하였는데, 『경전석문(經典釋文)』에서 "'인(引)'은 장구한 것이다[引, 長久也]."라고 하였다.
'정(正)'은 바로잡는 것이다. 따라서 이 구절은 "너는 힘써 영원히 군왕이 편안하고 온화한 덕을 유지하도록 하여라."라는 뜻이다.
'인(引)'을 인도한다는 뜻으로 해석하는 견해도 있다.

(7) '조(盅)'는 '숙(淑)'으로 읽는다. 『이아·석고(爾雅·釋詁)』에서 "착한 것이다[善也]."라고 하였다. 여기에서는 동사로 쓰였으며, 선하게 한다는 뜻이다. 『맹자·이루하(孟子·離婁下)』에서 "나는 사사로이 다른 사람을 통하여 선하게 하였다[予私淑諸人也]."라고 한 것은 이와 같은 예이다.

(8) '곤(袞)'은 비단에 용무늬가 있는 예복이다. 『설문해자』에서 "곤(袞)은 천자가 선왕을 제사지낼 때 입는 것으로 감아 돈 용을 아래 폭에 수놓고, 한 마리 용은 구석 위로 향하여 서리게 한다[袞, 天子享先王, 卷龍綉于下幅, 一龍蟠阿上鄕]."라고 하였다. 그러나 명문을 보면, 단지 천자뿐만 아니라 일반 귀족도 입을 수 있었음을 알 수 있다.

(9) '䵧'는 '초(黼)'로 읽는다. '초순(黼純)'은 여러 색깔로 장식한 옷깃을 지칭한다.

(10) '태사(大師)'는 '사(師)'들의 상관이다. 아래 구절에서 재(誠)는 스스로 '소자(小子)'라 하였는데, 소자는 부속(部屬)이다. 〈사망정(師

望鼎))에서도 '태사의 소자 사망[大師小子師望]'이라 하였다. 서주시기에 태사의 지위는 대단히 높았다『시경・소아・절남산(詩經・小雅・節南山)』에서 "혁혁한 태공 윤공의 세도, 백성들 다 보았도다.……태사 윤공은 주나라의 주춧돌, 나라의 권력 잡아 사방이 이에 유지하였도다. 천자의 성덕을 도와 백성들을 미혹하게 하지 않았다[赫赫師尹, 民具爾瞻.……尹氏大師, 維周之氐. 秉國之均, 四方是維. 天子是毗, 俾民不迷]."라고 하였는데, 모전(毛傳)에서는 "사(師)는 태사(大師)로 주나라의 삼공이다[師, 大師, 周之三公]."라고 하였다.『주례(周禮)』에서 태사(大師)는 악관(樂官)으로 기재되었는데, 아마도 동주시기의 상황이 반영되었기 때문일 것이다.

'응(雁)'은 '응(膺)'의 초문(初文)이다.『시경・진풍・소융(詩經・秦風・小戎)』에서 '호랑이 무늬 활집과 강철에 금박을 새긴 말의 가슴걸이[虎韔鏤膺]'라고 하였는데, 모전(毛傳)에서는 "응(膺)'은 말의 가슴걸이다[膺, 馬帶也]."라고 하였으며, 정현의 전(箋)은 "누응(鏤膺)에 금속장식이 있는 것이다[鏤膺, 有刻金之飾]."라고 하였다. 우호량(于豪亮)은 '응(膺)'은 곧 '번영(樊纓)'이라 하면서 다음과 같이 말하였다.

'번영(樊纓)'은 말 가슴 앞의 장식이다. 가슴 앞에 있기 때문에 '응(膺)'이라고 한다. 가죽 혹은 여러 색채의 그물로 만들어 다시 쇠털을 단 기의 꼬리에 연결한 곳은 모두 금을 발랐기 때문에 또한 '금응(金膺)'이라고도 한다.……'금응(金膺)' 혹 '번영(樊纓)'은 비록 말 가슴 앞의 장식에 지나지 않지만, 이는 왕과 제후만이 사용할 수 있었던 것이다.……〈모공정(毛公鼎)〉을 보면, 왕이 '금응(金雁, 金膺)'을 모공에게 하사한 기록이 나오는데, 모공의 지위는 매우 높고 권력도 매우 강대하였다. 본 명문에서도 왕이 '태사금응(大師金雁[膺])'을 재(𫗴)에게 하사하였으니, 그를 이와 같이 중시하였음을 알 수 있다. 이는 재(𫗴)에게 '태사(大師)'의 직무를 맡겼거나 아니면 적어도 이에 상당한 권력 혹은 지위를 주었음을 의미한다.

이를 보면, 아마도 사재(師𫗴)는 직접 '태사(大師)'의 전부 혹은 일부의 직무를 이었다는 것을 알 수 있다.

(11) '성(聖)'은 『설문해자』에서 "통하는 것이다[通也]."라 하였다. 이에 대하여 이효정(李孝定)은 "'성(聖)'의 처음 뜻은 청각이 예민한 것이나 인신하여 '통(通)'이 되었고, 성현의 뜻 또한 이를 인신한 것이다."라고 하였다. '성(聖)'은 '성지(聖智)'로 높고 뛰어난 재주와 지혜를 갖춘 사람을 말한다. 『상서・홍범(尚書・洪範)』에서 "총명함은 계책을 만들고, 슬기로움은 성인을 만든다[聰作謀, 睿作聖]."라고 하였는데, 공영달의 소에서는 "일에 통하지 않음이 없는 것을 일컬어 '성(聖)'이라 한다[於事無不通謂之聖]."라고 하였다.

(12) '인명(隣明)'은 '인명(粦明)'이고, '인(粦)'은 '영(靈)'으로 읽는다. 『시경・대아・영대(詩經・大雅・靈臺)』에서 "처음 영대를 경영하여 계획하고 운영하시다[經始靈臺, 經之營之]."라고 하였는데, 모전에서는 "정신이 정갈하고 밝은 자를 '영(靈)'이라 일컫는다[神之精明者稱靈]."라고 하였다. 따라서 우호량은 '인명(粦明)'은 곧 '정명(精明)'이라 하였다.

'熬'은 '영(令)'으로 읽고 '선(善)'이라는 뜻이다.

'벽(辟)'은 동사이니, 임금으로 섬긴다는 뜻이다.

(13) '여일인(余一人)'은 곧 나 한 사람이란 뜻으로 은과 주나라 때 왕이 스스로 일컫는 말이다.

(14) '휴(休)'는 동사로 찬미하다는 뜻이다.

'屑'자는 자서(字書)에 보이지 않으며, 글자는 '월(月)'로 구성되고, '시(尸)'는 발음을 나타낸다. 우호량은 옛날 '시(尸)'자 및 '시(尸)'를 소리부로 하는 글자들은 '이(夷)'로 읽을 수 있고 어조사라 하였다. 『주례・행부(周禮・行夫)』에서 "그 나라에 거처하면 행인의 영광과 욕된 일을 맡는다. 크고 작은 행인이 여기에 낀다[居于其國, 則掌行人之榮辱事焉. 使則介之]."라고 하였는데, 정현의 주에서는 "'사(使)'는 크고 작은 행인이다. 그러므로 『상서』에 이사(夷使)라 하였다.……나는 '이(夷)'가 발어사라 일컫는다[使謂大小行人也. 故書曰夷使.……玄謂夷發聲]."라고 하였다.

'翩'은 '책(冊)'으로 구성되고 '심(甚)'은 발음을 나타낸다. 구석규(裘錫圭)는 이를 '임(任)'으로 읽었다. '임(任)'은 보증하고 추천하는 것으로 『관자・임법(管子・任法)』에서 "세상에 보증과 천거를 청하고 아뢸 사람이 없다[世無請謁任擧之人]."라고 하였는데, 주에서 "임(任)은 보증한다는 뜻이다[任, 保也]."라고 하였다. 따라서 이 구절의 의미는 백태사(伯大師)가 재(甂)를 보증하고 추천하여 신하로 선왕을 섬긴 것을 찬미한다는 뜻이다.

(15) '호(猷)'는 '호(胡)'로 읽으니, 『광아・석고(廣雅・釋詁)』에서 "호(胡)는 큰 것이다[胡, 大也]."라고 하였다.

(16) 이는 재(甂)가 백태사(伯大師)의 경력과 공적을 찬미한다는 뜻이다.

'작(作)'은 '급(及)'이니, 『상서・무일(尙書・無逸)』에서 "고종이 재위에 계실 때 오랫동안 밖에서 일하고, 낮은 백성들과 더불어 지내셨다. 즉위하여서는 상을 입으시고 삼년을 말하지 않았다[其在高宗時, 舊勞于外, 爰曁小人. 作其卽位, 乃或亮陰, 三年不言]."라고 하였는데, 왕인지(王引之)의 『경전석사(經傳釋詞)』의 주에서는 "'작(作)'은 '급(及)'과 같다고 하였다. 즉위에 이르는 것은 모두 즉위에 이른다고 일컫는다[作, 猶及也. 作其卽位, 皆謂及其卽位也]."라고 하였다. 따라서 '부자작(不自作)'이란 자신의 공적을 끌어들이지 않는다는 뜻이다.

(17) '부(尃)'는 '박(薄)'으로 읽으니 『방언(方言)』에서 "'박(薄)'은 힘쓰는 것이다. 진(秦)과 진(晉)나라에서 '소(釗)'를 혹 '박(薄)'이라 한다. 속어로 '박무(薄務)'라 하고 노력하는 것과 같다[薄, 勉也. 秦·晉曰釗或曰薄. 故其鄙語曰, 薄務. 猶勉勞也]."라고 하였는데, 곽박의 주에서는 "오늘날 사람이 노력한다고 말하는 것과 같다[如今人言努力也]."라고 하였다.

'유(由)'는 『광아·석고(廣雅·釋詁)』에서 "행하는 것이다[行也]."라고 하였다. 『예기·경해(禮記·經解)』에서 "이런 까닭에 예를 존숭하고 예를 행하는 것을 도가 있는 선비라 일컫고, 예를 존숭하지 않고 예를 행하는 것을 도가 없는 백성이라 일컫는다[是故隆禮由禮, 謂之有方之士, 不隆禮由禮, 謂之無方之民]."라고 하였는데, 공영달의 소에서는 "유(由)는 행하는 것이다[由, 行也]."라 하였다. 손희단(孫希旦)은 『집해(集解)』에서 "유(由)는 실천한다는 뜻이다[由, 踐履之也]."라고 하였다. 따라서 이 구절의 의미는 재(甗)는 아침저녁으로 힘쓰고 노력하여 선조의 미덕을 따르고 행한다는 뜻이다.

(18) '叙'자는 혹 '款'으로 해석하기도 하는데, 옳지 않다. 왕신행(王愼行)은 이 글자 오른쪽 부수 '우(又)' 위에 하나의 점이 마멸된 흔적이 있지만 결코 글자 획이 아니기 때문에 마땅히 '叙'로 보아야 한다고 하였는데, 옳은 말이다. '叙'는 갑골문에 보이니, 즉 '시(柴)'자이다. 『설문해자』에서 "'시(柴)'는 땔나무를 사르고 화톳불을 태워

천신에게 제사지내는 것이다[柴, 燒柴樊燎以祭天神].”라고 하였으니, 본래 하늘에 제사지내는 것이다. 우성오는 『갑골문자석림(甲骨文字釋林)』에서 "'시(柴)'는 모두 '새(塞)'로 읽어야 하니 귀신이 하사한 복을 보존하고 막는 것을 가리키는 말이다.”라고 하였다. '蠱'는 '고(蠱)'자로 『광아·석고(廣雅·釋詁)』에서 "섬기는 것이다[事也].”라고 하였다. 따라서 이 구절은 선조의 일을 제사지낸다는 뜻이다.

(19) 여기서 '손자(孫子)'는 재(𩰹)이니, '백태사(伯大師)'는 재(𩰹)의 할아버지 항렬이다. '일(一)'은 모두이다.

'𦥑'은 임(任)으로 읽으니, 『설문해자』에서 "임(任)은 보증이라는 뜻이다[任, 符也].”라고 하였으며, 서개(徐鍇)는 『계전(繫傳)』에서 "보증하다[保也].”라고 하였는데, 단옥재의 주에서는 "지금 보증하고 추천한다는 말이 이것이다[如今言保舉是也].”라고 하였다.

(20) '釐'는 '이(釐)'·'복(福)'이니, '이왕(釐王)'은 왕을 축복한다는 뜻이다. '비(卑)'는 '비(俾)'로 읽으며, ~로 하여금[使]이라는 뜻이다.

(21) 구석규(裘錫圭)는 『설𤎅𤎅백대사무(說𤎅𤎅白大師武)』에서 다음과 같이 말하였다.

'𤎅'자는 갑골문에 보이는 사방 바람의 명칭 가운데 서쪽바람의 명칭과 비슷하다. 그 글자는 '𣏟' 혹은 '𣏟'이라 쓰는데, 뒤의 것은 왕국유가 '𣏟'으로 해석하였다. '𤎅'자는 마치 나무 주위를 사물이 둘러싼 형태를 하고 있다. 이는 바로 '𣏟'자와 같은 뜻이니, 마땅히 '柬'로 예정해야 한다. 이 글자에는 '범(範)'의 독음이 있다. 본 기물에서 두 글자를 연결하여 사용하고 있으므로 독음 또한 구별이 없을 수 없기 때문에 '𤎅𤎅' 두 글자는 '범위(範圍)'로 읽는다. 『주역·계사상(周易·繫辭上)』에서 "천지간에서 일어나는 어느 하나의 변화도 간과하지 않는다[範圍天地之化而不過].”라고 하였는데, 『주역정의(周易正義)』에서는 "범은 규범이고, 위는 주위이다. 성인이 만든 규범과 주위는 천지간의 변화와 양육을 말하고, 법칙은 천지에 변화로 베풀음을 말한다[範謂規範, 圍謂周圍. 言聖人所爲所作規範周圍天地之化養, 言法則天地以施其化].”라고 하였다.

따라서 이 구절은 재(䰩)는 백태사(伯大師)가 만들고 행한 바를 법칙으로 삼아 위배하지 않는다는 뜻이다.

(22) '개(介)'는 "크다[大]"라는 뜻으로 『주역』에서 "이 큰 복을 받아라[受茲介福].”라고 하였다.
(23) '공상보(公上父)'는 당연히 재(䰩)보다 높은 항렬일 것이나, 그 생몰연대는 자세하지 않다. 왕신행은 재(䰩)의 종조부[從祖]로 추측하였다.
(24) '역보(易父)'는 재(䰩)의 부친의 자(字)이다.
'敨'은 '질(秩)'로 읽으니 『상서·요전(尙書·堯典)』에서 "아 백이여! 그대는 차례와 종묘를 맡아라[兪, 咨伯, 汝作秩宗].”라고 하였는데, 『상주청동기명문선(商周靑銅器銘文選)』에서 '질종(秩宗)'은 종묘를 통칭하는 것이라 하였다.

단대(斷代)
본문의 주해 (1)에서 언급한 바와 같이 공왕시기의 기물이다.

37
師永盂

1969년 섬서성 남전현(藍田縣) 설호진(洩湖鎭)에서 출토되어 현재 서안시(西安市) 문물고고소(文物考古所)에서 소장되어 있다. 복부 안에 명문이 있는데, 12행 123자가 있다.

저록(著錄)

『문물(文物)』1972년 1기, 『상주청동기명문선(商周靑銅器銘文選)』207, 『은주금문집성(殷周金文集成)』16·10322

탁본(拓本)

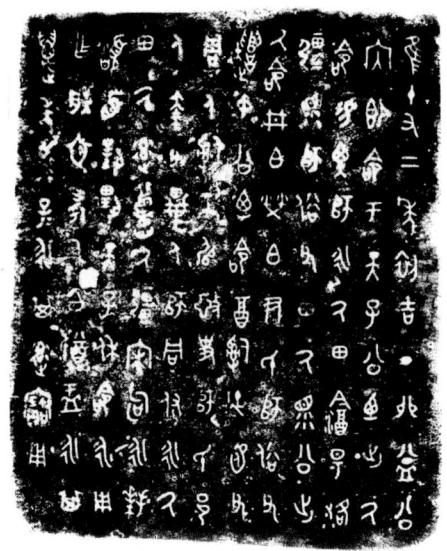

모본(摹本)

석문(釋文)

隹(唯)十又二年初吉丁卯⁽¹⁾, 益公內(入)卽命于天子⁽²⁾。公迺出氒(厥)命⁽³⁾, 易(賜)畀(畁)師永氒(厥)田淦(陰)昜(陽)洛⁽⁴⁾, 疆眔師俗父田⁽⁵⁾。氒(厥)眔公出氒(厥)命: 井(邢)白(伯)、㷭(榮)白(伯)、尹氏、師俗父、遣中(仲)⁽⁶⁾。公迺命酉(鄭)嗣(司)徒㽙父⁽⁷⁾、周人嗣(司)、工眉(展)、敄史、師氏⁽⁸⁾、邑人奎父, 畢人師同⁽⁹⁾, 付永氒(厥)田⁽¹⁰⁾。氒(厥)率䕼(履)□, 氒(厥)疆宋句⁽¹¹⁾。永拜頴(稽)首, 對揚天子休命, 永用乍(作)朕文考乙白(伯)障盂。永其邁(萬)年孫孫子子永其達(率)寶用。

번역(飜譯)

12년 초길 정묘일에 익공(益公)이 들어오시어 천자에게서 명을 따르셨다. 익공(益公)은 왕명을 전달하고 관찰하여 사영(師永)에게 음양락(陰陽洛)의 전답을 주셨는데, 경계는 사속보(師俗父)의 전답에 이른다. 익공(益公)이 왕명을 내시고 형백(邢伯) · 영백(榮伯) · 윤씨(尹氏) · 사속보(師俗父) · 견중(遣仲) 등이 따랐다. 익공은 정나라 사도인 함보(㽙父), 주나라 사람인 둔(眉) · 아사(敄史) · 사씨(師氏), 읍(邑) 사람인 규보(奎父), 필(畢) 사람인 사동(師同)에게 명하여 사영(師永)에게 전답을 교부하셨다. 전답을 교부할 때 현지를 조사하는 사람을 거느려 경계를 정한 사람이 바로 송구(宋句)이다. 사영(師永)은 절하고 머리를 조아려 천자의 아름다운 명을 칭송하고 찬양하며, 문채나는 부친 을백(乙伯)을 위한 존귀한 우(盂)를 만드노라. 영(永)은 장차 만년토록 자자손손 영원히 보배스럽게 사용할지어다.

주해(注解)

(1) 이 명문에는 연도와 월상(月相)은 있으나 몇 월인지 표시되어 있지 않은 것으로 보아 아마도 빠뜨린 것 같다. 당란(唐蘭)의 고증에 의하면, 이는 공왕 12년 11월 혹은 12월이라 한다.

(2) '즉명(卽命)'에서 '즉(卽)'은 나아가는 것이니, 즉 왕명을 따른다는 뜻이다. 『주역』에서 "쟁송할 수 없으니 되돌아가 올바른 명령에 나아가 쟁송하려는 마음을 바꾸라[不克訟, 復卽命渝]."라고 하였다.

'익공(益公)'은 〈익공종(益公鐘)〉·〈휴반(休盤)〉·〈괴백궤(乖伯簋)〉·〈왕신궤(王臣簋)〉·〈신궤개(臣簋蓋)〉 등에 보이고 공왕과 의왕 때 사람이며, 신분은 '사도(司徒)'이었을 것이다. 이 명문은 (익공이) 천자가 우(盂)에 대하여 한 임명을 접수하였음을 일컫는다.

(3) '공(公)'은 '익공(益公)'이다.

'궐(厥)'은 '기(其)'와 같으며, 왕을 가리킨다. 즉 익공이 왕명을 전달하고 관철하였다는 뜻이다.

(4) '畀'는 '畁'라 썼으니, 화살의 형태를 상형하였다. 당란은 이것이 『주례·하관·사궁시(周禮·夏官·司弓矢)』에서 말한 '팔시(八矢, 즉 權矢·葉矢·殺矢·鐘矢·增矢·諒矢·恒矢·庫矢)'에서의 하나인 '고시(庫矢)'를 가리키는 것이라 하였다. '畀'는 '비(畀)'로 읽고 주다는 뜻으로 '사(賜)'와 같다. 『이아·석고(爾雅·釋詁)』에서 "비(畀)와 여(予)는 사여하는 것이다[畀·予, 賜也]."라고 하였다. 따라서 '역비(易畀)'는 즉 '사여(賜予)'로 주다는 뜻이다. '滄'을 곽말약은 '음(陰)'으로 읽었다.

'음양락(陰陽洛)'은 지명으로 〈어궤(敔簋)〉에도 보이는데 '음양락(隂陽洛)'이라 하였다.

(5) '답(眔)'은 이른다는 뜻이다. 사영(師永)에게 하사한 전답의 위치는

'음양락(陰陽洛)'에 있고, 구체적 경계는 '사속보(師俗父)'의 전답과 접하는 곳이다. '사속보'는 즉 '사속(師俗)'으로 〈사신정(師晨鼎)〉에 보이며, 또한 '백속보(伯俗夫)'라고도 한다.

(6) 여기에서 나타나는 '형백(邢伯)'・'영백(榮伯)'・'윤씨(尹氏)'・'사속보(師俗父)'・'견중(遣仲)' 등은 모두 왕실의 고관대작들이다. '형백'은 공왕과 의왕시기 기물인 〈두폐궤(豆閉簋)〉・〈사호궤(師虎簋)〉에 보이며, '영백'은 공왕시기 기물인 〈구위화(裘衛盉)〉에 보이고, '윤씨'는 공왕시기 기물인 〈휴반(休盤)〉에 보이고, '견중'은 공왕시기 기물인 〈구정(宆鼎)〉에 보인다. '윤씨'는 본래 서주시기 사관의 수장에 대한 존칭으로 구체적인 사람을 가리키는 것이 아니었기 때문에 서주말기 명문에서도 '윤씨'가 보인다.

(7) '유(酉)'는 '奠'을 생략한 것으로 '정(鄭)'이라 읽는다. '함보(函父)'는 제후국인 정(鄭)나라의 '사도(司徒)'이다.

(8) '眉'은 즉 '展'으로 '둔(臀)'과 같고, 사람 이름으로 쓰인다. 이 글자는 또한 〈사밀궤(史密簋)〉에서도 나오는데, '전(殿)'으로 읽는다. 사씨(師氏)는 관직명이다. 27. 〈종괘(䤹簋)〉의 주석을 참고하기 바란다.

(9) '사동(師同)'은 〈사동정(師同鼎)〉에도 보이며, 공왕에서 의왕시기 '필(畢)' 지역 사람이다. '필(畢)'은 풍호(豐鎬) 부근의 지명으로 대략 지금의 섬서성 장안현 위곡진(韋曲鎭)의 서북쪽이다. 전하는 말로는 문왕・무왕・주공단을 모두 '필(畢)'에 장사지냈다고 한다.『사기정의・주본기(史記正義・周本紀)』는『괄지지(括地志)』를 인용하여 "주 문왕의 묘는 옹주 만년현에서 서남쪽으로 28리 떨어진 필의 들판 위에 있다[周文王墓在雍州萬年縣西南二十八里畢原上也]."라고 하였다.

(10) 이 구절은 '함보(圅父)'·'둔(眉)'·'아사(敾史)'·'사씨(師氏)'·'규보(奎父)'·'사동(師同)' 등 여섯 사람은 왕이 사영에게 전답을 하사한 과정을 감독하고 관리하였다는 뜻이다.
(11) 이 구절의 의미는 전답을 교부할 때 현지를 조사하는 사람을 거느려 경계를 정한 사람이 바로 '송구(宋句)'라는 뜻이다.

단대(斷代)

본 명문에 나타난 인물을 보면 '익공(益公)'·'형백(邢伯)'은 공왕과 의왕시기 사람이고, '사동(師同)'은 공왕에서 효왕시기의 사람이고, '사호(師號)'·'영백(榮伯)'·'견중(遣仲)'은 공왕시기 사람들이다. 이를 종합하여 판단하면, 〈사영우(師永盂)〉는 마땅히 공왕시기의 기물임을 알 수 있다.

38 詢簋

1959년 섬서성 남전현(藍田縣) 성남사(城南寺) 파촌(坡村)의 북쪽 도랑에서 출토되어 현재 섬서성역사박물관(陝西歷史博物館)에서 소장하고 있다. 기물의 복부에 명문 10행 132자가 있다.

저록(著錄)

『문물(文物)』1960년 2기, 『금문통석(金文通釋)』3·182, 『은주금문집성(殷周金文集成)』8·4321

탁본(拓本)   모본(摹本)

석문(釋文)

王若曰: "訇(詢)⁽¹⁾! 不(丕)顯文武受令(命), 則乃且(祖)奠周邦⁽²⁾, 今余令(命)女(汝)啻官嗣司邑人, 先虎臣後庸⁽³⁾: 西門尸(夷)、秦尸(夷)⁽⁴⁾、京尸(夷)、畀尸(夷)、師等側新⁽⁵⁾、□華尸(夷)、由□尸(夷)、厰人、成周走亞⁽⁶⁾、戍秦人、降人、服尸(夷)。易(賜)女(汝)玄衣、黹屯(純)、戠市、囘、黃(珩、衡)、戈琱威歇(厚)必(柲)彤沙⁽⁷⁾、䜌(鑾)旂、攸(鋚)勒, 用事。" 訇(詢)頴(稽)首, 對揚天子休令(命), 用乍(作)文祖乙白(伯)同姬障殷(簋)⁽⁸⁾。訇(詢)萬年子子孫孫永寶用。唯王十又七祀⁽⁹⁾, 王才(在)射日宮⁽¹⁰⁾。且, 王各(格), 益公入右訇(詢)⁽¹¹⁾。

번역(飜譯)

왕께서 다음과 같이 말씀하시었다.

"순(詢)아! 크게 드러나신 문왕과 무왕께서 천명을 받으시며, 너희 선조도 주나라를 안정시켰도다. 지금 내가 너에게 명하노니, 읍인(邑人)과 먼저 호신(虎臣)이었다. 뒤에 용(庸)이 된 서문이·진이·경이·포이·사령측신·□화이·유□이·우인·성주주아·수진인·강인·복이를 주관하여라. 너에게 검은 옷, 비단에 수놓은 옷, 재(載)의 폐슬, 노리개, 홑옷, 창에 꽃문양을 장식하고 자루를 붉은 쇠털로 감은 것, 방울 달린 기, 굴레 등을 하사하노니, 이것을 사용하여 임무를 완수하라." 순(詢)은 머리 조아려 절하고 천자의 아름다운 명을 칭송하고 찬양하며, 문채나는 조상 을백(乙伯)과 배필인 희(姬)를 위하여 존귀한 궤를 만드노라. 순(詢)은 만년토록 자자손손 영원히 보배스럽게 사용할지어다. 왕께서 17년에 사일궁(射日宮)에 계시었다. 새벽에 왕께서 이르시자 익공(益公)이 들어와 순(詢)을 도우셨다.

주해(注解)

(1) 곽말약은 이 궤와 『역대종정이기관지법첩(歷代鐘鼎彛器款識法帖)』에 기록된 〈사순궤(師詢簋)〉는 같은 사람이 만든 기물이라 하였다. 『역대종정이기관지법첩』의 모각은 참됨을 잃고 형태만 변형하였다. '순(訇[詢])'에 대하여 곽말약은 다음과 같이 말하였다.

> '순(訇)'은 '순(詢)'의 고문으로 갑골문에 '순(旬)'자가 많이 보이는데, 모두 'ᄀ'으로 썼다. 금문에서 '순(旬)'자와 '균(鈞)'자는 모두 이와 같이 썼다.……'순(訇)'의 벼슬은 '사(師)'이니, 그 부친은 마땅히 '사유(師酉)'이다. 금문 〈사유궤(師酉簋)〉가 있는데……그 직

책과 임무는 대체로 서로 같다. 또한 '순(筍)'의 할아버지는 '을백(乙伯)'이고, '유(酉)'의 부친은 을백이니 '유(酉)'와 '순(筍)'이 부자지간임을 알 수 있다. 고대에는 벼슬이 세습되었기 때문에 '유(酉)'의 직책이 '사(師, 즉 師氏)'이면, '순(筍)'의 직책 또한 '사(師)'가 된다. 그러므로 '사순(師筍)'과 '순(筍)'은 한 사람이지 둘이 아님을 알 수 있다.

(2) '칙(則)'은 본받는 것이고, '전(奠)'은 정하는 것이다. '전(奠)'의 자형은 그릇이 받침대[丌] 위에 있는 모습이며, 본의(本義)는 둔다는 뜻이다. 여기에서 정한다는 뜻이 인신되었다. 따라서 '전주방(奠周邦)'은 주나라를 다지고 정하였다는 뜻이다.

(3) 곽말약은 "이 구절은 〈대우정〉에서 '스스로 몰아 서인에 이르렀다[自馭至于庶人].'라는 말과 같다. '용(庸)'은 '용(傭)'과 서로 통하니, 즉 노예이다. '용(傭)'자는 '西門尸(夷)' 이하 '服尸(夷)'에 이르기까지를 총괄하고 있다."라고 하였다.

'호신(虎臣)'은 주나라 왕의 시위관(侍衛官)으로 앞의 〈호궤개(虎簋蓋)〉 주해 (6)을 참고하기 바란다. 신분은 '용(傭)'보다 높다. 진세휘(陳世輝)는 '선호신(先虎臣)'은 선봉에 서는 호신으로 군대의 명칭이라고 하였다.

(4) 명문에서 '진(秦)'의 글자는 명확하지 않다. 〈사유궤(師酉簋)〉에서는 이를 䆎라 썼고, 곽말약은 '용(舂)'으로 예정하였지만, 잘못되었다. 이는 사실 '진(秦)'자의 이른 사법(寫法)이다. 최근 감숙성 예현(禮縣)에서 출토되었으나, 상해박물관이 해외에서 회수해온 〈진공정3(秦公鼎3)〉·〈진공정4(秦公鼎4)〉에서는 '진(秦)'자를 䆎이라 썼고, 〈진공궤1(秦公簋1)〉·〈진공궤2(秦公簋2)〉에서는 䆎이라 썼다. 〈사유궤〉에서 '진(秦)'자는 중간이 '구(臼)'이고 아래는 2

개의 '화(禾)'자를 썼는데, 지금 보면, 옛 사람이 잘못 모각하였음을 알 수 있다. 이에 대하여 왕휘(王輝)는 『진문자집증(秦文字集證)』에서 다음과 같이 말하였다.

> 서주 중기 진나라 선조 조보(造父)는 주 목왕의 마부로 왕실에 알려졌다. 그 후예 비자(非子)는 주 효왕을 위하여 말을 길렀고, 효왕으로부터 봉토를 받고 부용(附庸)이 되었으며, '진(秦)'을 읍으로 삼았다. 그러나 당시 진은 세력이 약소하여 주나라 대신은 모두 '진이(秦夷)'라 지목하고 별로 중시하지 않았다.

(5) '사령측신(師苓側新)'은 노예의 명칭이다. 이에 대하여 곽말약은 다음과 같이 말하였다.

> '측신(側新)'은 '찰신(鍘薪)'으로 땔나무를 담당하는 유형의 천한 노역일 것이다.……진대(秦代)에는 여전히 '귀신(鬼薪)'이 있었으니, 이는 형기가 남아 있는 사람이 하는 천한 노역으로, 아마 주나라 제도를 이어받은 것이겠지만, 성질은 조금 변하였다.

(6) '성주주아(成周走亞)'는 성주(成周)의 주아(走亞)를 말한다. '주아'에 대하여 장아초(張亞初)·유우(劉雨)는 마땅히 무인의 직책으로 은나라 제도를 이은 것 같다고 하였으나, 구체적 직무에 대해서는 자세히 알 수 없다.

(7) '載'는 색깔의 일종이나 구체적으로 어떤 색깔인지 이설이 있다. 진몽가(陳夢家)는 『서주동기단대(西周銅器斷代)』에서 이 글자는 '위(韋)'로 구성되고 '戈'는 발음을 나타내는데, '戈'는 '재(才)'로 구성되는 동시에 발음을 나타낸다. 때문에 명문의 이 글자는 '치(紂)'

혹은 '치(緇)'자라 하였다. 『설문해자』에서 "치는 검은 비단이다[緇, 帛黑色]."라고 하였다.

'경(冂)'자에 대하여 『금문편(金文編)』에서는 "경(冂)은 『설문해자』에 'ㅐ'의 고문으로 수록되어 있다. 여기에서 '경(絅)'이 파생되었다. 『예기·옥조(禮記·玉藻)』에서 '홑옷을 베로 만들었다[禪爲絅].'라고 하였다."라고 설명하였다. 필자가 생각하기에 「옥조」의 정현의 주에서는 "의상은 있으나 속이 없다[有衣裳而無裡]."라고 하였으니, 이 글자는 '경(褧)'으로도 썼다.

'琱威歆必彤沙'란 말은 금문에서 자주 보인다. '조(琱)'는 『설문해자』에서 "옥을 다스리는 것이다[治玉也]."라고 하였는데, 여기에서 조각이라는 의미가 인신되었다. '威'은 『금문편』에서 '戟'로 예정하였다. 이에 대하여 곽말약은 『과조알후필동사설(戈琱威歆必彤沙說)』에서 다음과 같이 말하였다.

> 과(戈)의 가장 오래된 것에는 원(援)과 내(內)만 있을 뿐 호(胡)가 없다. 호(胡)가 있는 과는 모두 주 왕실이 동천한 이후의 것이다.……호(胡)가 없는 과는 그 원(援)이 옆으로 돌출되어 극자(棘刺)의 유형과 유사하다. 극(棘)은 원(援)의 옛 명칭이라고 보는 것이 타당하며, 명문에는 육(肉)과 과(戈)로 구성된 威자가 이에 해당한다. ……그러므로 과조알(戈琱威)이라는 것을 나의 관점에 따라 해석해보면, 과(戈)의 원(援)에 장식이 있는 과(戈)이며, 간략히 조과(琱戈)라고 한다.[1]

---

1) 역자주 : 과(戈)의 각 부위의 명칭은 다음과 같다.(羅西章 외, 『古文物稱謂圖典』, 三秦出版社, 2001년, p.279.)

'歅'은 '且'과 '흠(欠)'으로 구성된다. 〈왕신궤(王臣簋)〉에서는 "후필동사(厚必肜沙)"라고 하여 이를 '후(厚)'로 썼고, 문장의 용례도 서로 같기 때문에 신판『금문편(金文編)』에서는 '歅'를 직접 '후(厚)'로 예정하였다. 그러나『상주청동기명문선(商周靑銅器銘文選)』에서는 이를 '구(緱)'로 읽었다.『설문해자』에서 "'구(緱)는 칼자루를 감은 것이라는 뜻이다[刀劍緱也]."라고 하였다.『사기·맹상군열전(史記·孟嘗君列傳)』에서 "풍선생은 매우 가난하여 오직 하나의 검만 있었을 뿐이고, 또한 기령풀로 칼자루를 감았다[馮先生甚貧, 猶有一劍耳, 又蒯緱]."라고 하였는데,『사기집해(史記集解)』에서는 "'구(緱)'는 음이 '후(侯)'이고, 또한 '후(候)'라 쓰기도 하는데, 검을 쥐게 하는 물건이다[緱音侯, 亦作候, 謂把劍之物]."라고 하였다. '구(緱)'는 칼자루를 감는 끈으로 긴밀하게 잡아 힘을 베푸는 데에 편리하도록 한 것이다. 일설에 '후비(厚柲)'는 칼자루 부분을 두텁고 단단히 하는 것이라 하였는데, 뜻이 서로 통하고 있다. '사(沙)'는 '수(綏, 緌)'와 통한다. 이에 대하여 곽말약은 다음과 같이 말하였다.

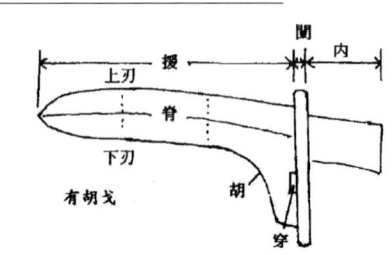

옛사람의 창 안쪽 끝에 쇠털을 단 것이 있는데, 이는 붉은 색이다. 쇠털을 단 기는 대부분 소꼬리로 하였는데, 지금 사람의 창 기치 또한 종종 이렇게 하였으니, 창의 기 또한 마땅히 긴 털의 소[旄牛]로 장식하였다. 그 형태는 너울거리기 때문에 '사(沙)'라 하였고, 이것이 전하여 '수(綏)'·'유(緌)'·'유(葰)'가 되었으니, 『시경·대아·한혁(詩經·大雅·韓奕)』에서 "훌륭한 무늬 있는 깃대와 기 장목[淑旂綏章]"이라 하였다.

(8) 곽말약은 다음과 같이 말하였다.

옛날에 부인은 자(字)가 없어서 남편의 자로 자신의 자를 삼았다. 따라서 여기서 '동(同)'이라 하였으니, '을(乙)'을 가리킨 것이다. 예를 들면, 〈송정(頌鼎)〉에서 "부친은 공숙이고, 모친은 공사이다[皇考龏叔, 皇母龏姒]."라는 용례와 같다.……이 명문에서 모친의 성이 '희(姬)'이니 순(旬)은 반드시 '희성(姬姓)'이 아닐 것이다.

그러나 용경(容庚)은 '동(同)'이 종족 이름이라 하였다.

(9) '십유칠사(十又七祀)'는 공왕 17년이고, 〈사유궤(師酉簋)〉는 공왕 원년에 만들어졌다. 이에 대하여 『상주청동기명문선(商周靑銅器銘文選)』에서 "사유(師酉)는 공왕 15년 이전에 죽었고, 사순(師詢)은 부친 상 때문에 적어도 3년 뒤에야 비로소 관직에 임할 수 있었다."라고 하였다.

(10) '사일궁(射日宮)'은 주나라 궁의 이름이나 소재는 자세치 않다.
(11) '익공(益公)'은 〈사영우(師永盂)〉의 주해 (2)를 참고하기 바란다.

단대(斷代)

곽말약은 선왕시기의 기물이라 판정하였다. 당란은 1960년 『청동기도석(靑銅器圖釋)』의 서문에서 여왕시기의 것이라 썼으나 뒤에 『서주청동기명문분대사징(西周靑銅器銘文分代史徵)』에서 공왕시기의 것이라 개정하였다. 당란이 공왕시기라 개정한 것이 맞는 것 같다. 익공(益公)은 공왕에서 의왕 시기의 사람이기 때문에 곽말약의 설은 시대가 너무 늦다.

39 曶鼎

『적고재종정이기관지(積古齋鐘鼎彛器款識)』권4에 의하면, 이 기물을 필원(畢沅)이 건륭 연간에 "서안에서 얻었다."라고 한다. 이후 전쟁 중에 훼손되었다. 『상주청동기명문선(商周靑銅器銘文選)』에서 다음과 같이 말하였다.

    〈홀정(曶鼎)〉의 출토 지점은 비록 정확하게 알 수 없지만, 마땅히 주원(周原)의 범위 안에 있었을 것이다. 1976년 섬서성 부풍현(扶風縣) 운당(雲塘)에서 주나라 묘 하나를 발굴하였는데, 여기에서 〈홀준(曶尊)〉·〈효작(效爵)〉 등 기물 주인이 다른 일군의 예기들이 발견되었다. 〈홀존〉과 〈홀정〉은 기물 주인이 같고, 〈효작〉과 〈효유〉 또한 기물 주인이 같다. 〈홀정〉의 명문에 의하면, 효(效)는 홀(曶)이 소송한 피고 효보(效父)이기 때문에 〈홀정〉 역시 같은 지역에서 출토되었을 것이다.

명문은 24행 384자가 남아 있다. 탁본의 아랫면이 이미 손상되어 각 행마다 1~2자가 결여되어 있다. 이를 보완하면, 아마도 400여 자가 될 것이다. 이 기물은 〈요정(舀鼎)〉이라고도 한다.

저록(著錄)

『적고재종정이기관지(積古齋鐘鼎彝器款識)』4·35, 『전상고삼대진한삼국육조문(全上古三代秦漢三國六朝文)』13·5, 『양주금문사대계도록고석(兩周金文辭大系圖錄考釋)』錄83考96, 『금문통석(金文通釋)』23·113, 『은주금문집성(殷周金文集成)』5·2838

탁본(拓本)

모본(摹本)

석문(釋文)

隹(唯)王元年六月既望乙亥[1]，王才(在)周穆王大[室][2]，[王]若曰:"曶[3]!
令(命)女(汝)更乃且(祖)考嗣(司)卜事[4]。易(賜)女(汝)赤⊖[市][5]，[䜌]，
用事。" 王才(在)(居)遹应，井(邢)弔(叔)易(賜)曶赤金，䚓[6]。曶受[休
令(命)]于王[7]。曶用絲(玆)金乍(作)朕文孝(考)龏白(伯)䵼牛鼎[8]。曶其
萬[年]用祀，子子孫孫其永寶。隹(唯)王三(四)月既眚(生)霸[9]，辰才
(在)丁酉。井(邢)弔(叔)才(在)異爲□[10]，[曶]吏(使)乎(厥)小子䢼以限
訟于井(邢)弔(叔)[11]:"我既賣(贖)女(汝)五[夫孝]父[12]，用匹馬束絲[13]。"

限誥(許)曰[14]:"舐則卑(俾)我嘗(償)馬[15], 效[父]則卑(俾)返(復)乎(厥)絲束㠯[16]。"效父迺誥(許), 戲曰: "于王參(三)門[17], □□木榜[18], 用徵征(誕)賣(贖)絲(茲)五夫[19], 用百寽(鋝)。非出五夫則□旗[20]。迺噩又(有)旗眔㿝金[21]。"井(邢)弔(叔)曰:"才(在)王廷迺賣(贖)用徽不逆[22]。付㚸, 母(毋)卑(俾)弌于舐[23]。"召則拜頴(稽)首, 受絲(茲)五[夫]: 曰陪、曰恒、曰耕、曰䜌[24]、曰眚, 吏(使)卑(俾)以告舐[25], 迺卑(俾)□, 以召酉(酒)㕐(及)羊[26]、絲(茲)三寽(鋝)用敋(致)絲(茲)人[27]。召迺每(誨)于舐[曰]:"女(汝)其舍歔矢五秉[28]。"曰:"必尙(當)卑(俾)處乎(厥)邑, 田乎(厥)田[29]。"舐則卑(俾)□返(復)令(命)曰[30]:"若(諾)[31]!"昔饉歲[32], 匡眾乎(厥)臣廿(二十)夫[33], 寇召禾十秭[34]。以匡季告東宮[35], 東宮迺曰:"求乃人, 乃弗得, 女(汝)匡罰大[36]。"匡乃頴(稽)首于召用五田, 用眾一夫曰嗌(嗌), 用臣曰疐、曰朏[37]、曰奠, 曰:"用絲(茲)四夫。"頴(稽)首曰:"余無𢽳(攸)具寇[38]、足□、不□, 攄余[39]。"召或(又)以匡季告東宮, 召曰:"必唯朕[禾是]賞[40]。"東宮迺曰:"賞(償)召禾十秭, 遺(遺)十秭, 爲廿(二十)秭[41]. □來歲弗賞, 則貣(付)卌(四十)秭[42]。"迺或(又)卽召用田二[43], 又臣(一夫?), 凡用卽召田七田, 人五夫。召覓(免)匡卅(三十)秭[44]。

번역(飜譯)

왕 원년 6월 기망 을해일에 왕께서 종주 목왕 태실에서 다음과 같이 말씀하시었다.

"홀(召)아! 너에게 명하노니, 너의 조부와 부친이 맡았던 점치는 일을 계승하여라. 너에게 붉은색의 폐슬을 하사하노니, 이것을 사용하여 임무를 완수하라."

왕께서 邇에 계실 때에 형숙(邢叔)이 홀(召)에게 붉은 동 30근을 하사하였다. 홀(曶)은 왕에게 아름다운 명을 받았다. 홀(曶)은 이 붉은 동으로 자신의 문채나는 부친 귀백(弃伯)을 위한 소를 삶는 정을 만든다. 홀(曶)은 장차 만년토록 제사에 사용하고, 자자손손 영원히 보배스럽게 여길지니라.

왕 4월 기생패에 일진(日辰)이 정유일에 있었다. 형숙(邢叔)이 이(異)에서 사법관으로 있을 때에 홀(曶)은 그의 소자 戠으로 하여금 형숙(邢叔)에게 한(限)을 소송하게 하였다.

"나는 이미 너에게 다섯 사람을 말 1필과 1속의 실로 물물교환을 하였다."

한(限)이 승인하며 말하였다.

"氐는 나에게 말 1필을 상환하도록 하였고, 효부(效夫)는 그 실 1속을 쭃에게 돌려주라 하였다."

효부(效夫)가 이에 승인하자 戠가 말하였다.

"왕궁과 삼문 밖에서 교역에 관계된 법령을 쓴 목판에 의하여 금속화폐 100열(鋝)로 다섯 사람을 바꾸었습니다. 다섯 사람을 내주지 않으면 고소하겠습니다. 이에 髑가 소송을 하고 아울러 돈을 돌려받을 것을 희망합니다."

형숙(邢叔)이 말하였다.

"왕정에서 금속화폐로 바꾸는 것은 합법이다. 홀(曶)에게 주고, 氐에서 떠나지 않도록 하여라."

홀(曶)은 절하고 머리를 조아리며, 이 다섯 사람을 받았으니, 배(陪)·항(恒)·䇂·䍃·생(𤯌)이었다. 홀(曶)은 100열(鋝)을 氐에게 건네주고, 氐는 다섯 사람을 홀(曶)에게 건네주며, 홀(曶)에게 술과 양을 주었다. 이 3열(鋝)을 돈 100열(鋝)을 보내는 이 심부름꾼에게 주었다. 홀(曶)은 이에 氐에게 가르치며 말하였다.

"너는 齡에게 화살 다섯 묶음을 주어라."
말하였다.
"반드시 다섯 사람에게 원래 거주하였던 읍에 살도록 하고, 원래의 땅에서 농사짓도록 하여라."
氐가 사람을 시켜 회답하여 보고하였다.
"그렇게 하겠습니다."
이전 기근이 든 해에 광(匡)의 중 신하 20명이 홀(曶)의 벼 10자(秭)를 약탈하였다. 홀(曶)이 광계(匡季)를 동궁에 소송하자 동궁은 이에 말하였다.
"벼를 약탈한 너의 사람을 찾아라. 만약 찾지 못하면 너 광계(匡季)에게 큰 벌을 내리겠다."
광계(匡季)는 이에 머리를 조아리고 홀(曶)에게 5전(田)을 건네주고, 무리의 ▨라는 한 사람과 체(寏)·굴(朏)·전(奠)이라는 신하를 건네주며 말하였다.
"이 네 사람을 건네줍니다."
머리를 조아리며 말하였다.
"나는 약탈한 벼를 충족하여 건네줄 수 있는 바가 없으니, 나를 채찍질하여 주십시오."
홀(曶)이 또한 광계(匡季)를 동궁에게 소송하며 말하였다.
"반드시 나의 벼를 보상하시오."
동궁이 이에 말하였다.
"홀(曶)에게 벼 10자(秭)를 배상하는데 10자(秭)를 더하여 20자(秭)로 하라. 만약 내년에 배상하지 않으면 40자(秭)를 교부하여야 한다."
이에 광계(匡季)는 홀(曶)에게 토지 2전(田)과 또한 신하 1명을 건네주었으니, 무릇 홀(曶)에게 토지 7전(田)과 사람 다섯을 준 것이다. 홀

(曶)은 광(匡)에게 벼 30자(秭)의 배상을 면죄하여 주었다.

주해(注解)

(1) 아래에 언급된 "목왕태실(穆王大室)"을 통하여 이 기물을 만든 시기가 목왕 이후일 수밖에 없음을 알 수 있다. 동작빈(董作賓)·당란(唐蘭)은 공왕시기, 용경(容庚)·진몽가(陳夢家)·『상주청동기명문선(商周靑銅器銘文選)』은 의왕시기, 곽말약(郭沫若)은 효왕시기라고 보았다. 『상주청동기명문선』에서 "홀(曶)과 〈사망정(師望鼎)〉에서의 사망(師望)의 돌아가신 아버지[考]를 모두 '𡙕'라 하였으니 형제 항렬이다. 사망(師望)이 활동한 시기는 공왕 후기인데, 〈홀정(曶鼎)〉은 원년의 기물이기 때문에 마땅히 의왕시기로 보아야 한다."라고 하였다. 아마도 이 설이 옳은 것 같다.

(2) '주(周)'는 지명이다. 주나라 왕실은 먼저 종주(宗周, 즉 鎬京)에 도읍을 하였다가, 뒤에 다시 성주(成周)를 건립하였는데, 이 둘은 모두 '주(周)'로 줄여서 칭할 수 있다. 본 명문에서 말한 '주(周)'는 종주(宗周)일 것이다.

(3) '홀(曶)'의 음은 hū(홀)이다. 『금문편(金文編)』에서 "『설문해자』에 방(匚)으로 구성되며 홀(曶)은 발음을 나타내는 '𥁕'이다. 증후을묘(曾侯乙墓)에서 출토된 칠기에는 '𥁕'로 되어 있는데, '𥁕'은 즉 '홀(曶)'임을 알 수 있다."라고 하였다.

(4) '복(卜)'은 점을 치는 것이고, '사복사(司卜事)'는 점치는 일을 관리하는 것이다. 『상주청동기명문선(商周靑銅器銘文選)』에서 "홀(曶)은 처음 벼슬을 세습하였으니, 그 직책은 마땅히 점치는 일에 속한다. 『주례·춘관종백·서관(周禮·春官宗伯·序官)』에서 '태복(大卜)은 하대부(下大夫) 2명이고, 복사(卜師)는 상사(上士)

4명이며, 복인(卜人)은 중사(中士) 8명과 하사(下士) 16명이다[大卜, 下大夫二人. 卜師, 上士四人. 卜人, 中士八人, 下士十有六人].'라고 하였으며, 『주례·춘관종백·복사(周禮·春官宗伯·卜師)』에서도 '복사(卜師)는 거북의 4조(四兆)를 여는 것을 담당한다[卜師, 掌開龜之四兆].'라고 하였다.

(5) '적옹불(赤⊖市)'는 항상 '난(䜌, 鑾)'과 함께 하사된다. 이에 대하여 우성오(于省吾)는 『쌍검치길금문선(雙劍誃吉金文選)』에서 "'⊖은' '옹(雍)'의 초문(初文)이다. '적옹불(赤雍市)'은 즉 '적온불(赤縕市)' 이다.……'적(赤)'은 붉은색이고, '옹(雍)'은 노란색이다. 적황색은 『시경·사간(詩經·斯干)』의 전(箋)에서 '무릎가리개는 천자는 붉은색, 제후는 주황색을 쓴다[市者, 天子純朱, 諸侯黃朱].'라고 한 주황색과 같다."라고 하였다.

(6) '遷'는 지명이나 소재지는 자세치 않다.

'정도(井弔)'는 즉 '형숙(邢叔)'으로 왕조의 대신이다. 〈미숙궤(弭叔簋)〉·〈면유(免卣)〉 등에 보이며, 지위는 홀(曶) 보다 위이기 때문에 홀(曶)에게 상을 하사한 바가 있다.

'적금(赤金)'은 붉은 구리이다.

'蕾'자에 대해서는 확실히 알 수 없다. '균(鈞)'으로 예정하기도 하지만, 자형에 큰 차이가 있다. '임(林)'은 상고음으로 침부래뉴(侵部來紐)이고, '균(鈞)'은 진부견뉴(眞部見紐)로 두 글자의 성모와 운모가 현격하게 다르다.

(7) '휴명(休命)'은 아름다운 명이란 뜻이다.

(8) '사(絲)'는 '자(茲)'로 읽으니 지시대명사이다.

'弄'는 『상주청동기명문선』에서 〈사망정(師望鼎)〉에서의 '𡧿', 〈백호궤(伯楀簋)〉에서의 '𥧔'로 모두 '귀(允)'자의 옛 자형이다. '귀

(兂)'는 봉읍의 이름이다.

'상우정(鷺牛鼎)'에서 '상(鷺)'은 『옥편』에서 "식양(式羊)의 반절음이다. 삶는다는 의미이다. '鬺'로 쓰기도 한다."라고 하였다. 이 글자는 본래 䰜으로 쓰는데, 우성오(于省吾)는 제사지낼 때 고기 등을 상 위에 진설하는 모습을 상형한 글자로 오른쪽 윗부분에 구성된 '도(刀)'는 고기를 써는 데에 사용하였다고 하였다. '상우정(鷺牛鼎)'은 소를 삶는 솥으로 종묘에서 전적으로 사용하였던 제기이다.

(9) '생(眚)'은 '생(生)'으로 읽는다.

'신(辰)'은 일신(日辰) 즉 날짜이다. 이 구절은 월만을 기록하고 연도는 기록하지 않았기 때문에 곽말약은 다음과 같이 말하였다.

> 본 명문은 3단락으로 구분되어 있고, 모두 한 때의 일이 아니다. 더구나 첫 단락과 두 번째 단락은 같은 해가 아니다. 6월 기망에 을해(乙亥)가 있는데, 같은 해 4월에 정유(丁酉)가 있을 수 없다. 혹 4월과 6월 사이에 윤달이 있었다는 견해도 있지만, 고대 역법은 모두 연말에 윤달을 두었고, 춘추시기 역시 그러하였기 때문에 이 견해는 받아들일 수 없다. 내 생각으로는 두 번째 단락은 다음 해의 일로 원년 연말에 윤달을 둔다면, 다음 해 4월에 기생패(旣生覇)는 정유(丁酉)가 될 수 있다.

(10) '이(異)'는 지명으로 소재지는 자세치 않다. 〈후조정유(后祖丁卣)〉에서 "신해일에 왕께서 이에서 명하셨다[辛亥, 王才(在)廙令曰]."라고 하였는데, 『설문해자』에서는 "이(廙)는 이동할 수 있는 집이다[行屋也]."라고 하였다. '이(異)'와 '이(廙)'가 관계가 있는지 없는지는 알 수 없다.

'이위(異爲)'의 아래 빠진 글자를 『상주고문자독본(商周古文字讀

本)』에서 '사(士)'자로 보충하였다. '사(士)'는 사법관으로 〈목궤(牧簋)〉・〈기정(趞鼎)〉 등에 보인다. 본 명문을 보면, 형숙(邢叔)은 소송 일을 주관하고 있지만, 금문에서 사(士)는 소송을 주관하지 않기에 그 견해에 따르지 않는다.

(11) '戠'은 아래 구절에서는 '歔'자로도 쓴다. 홀(曶)의 가신으로 홀(曶)을 대표하여 형숙(邢叔)에게 소송을 제기하였다.

'한(限)'은 인명으로 피고 효부(效父)의 가신이고, 명문에서는 소송을 당한 대상이다.

(12) '賣'자에 대하여 양수달(楊樹達)은 다음과 같이 말하였다.

> 명문에 "我旣賣(汝)五□[夫]□[孝]夫(父), 用匹馬束絲"라고 하였다. 여기에서 '賣'자의 중간이 목(目)으로 구성되어 있는데, 이는 『설문해자』에서 '팔다衒, 衒'로 뜻풀이한 '賣'자로 그 형태가 지금 예서(隷書) '매매(賣買)'의 '매(賣)'자와 서로 가깝다. '매매(賣買)'의 '매(賣)'는 '출(出)'과 '매(買)'를 구성요소로 하고, '매(買)'자는 '망(网)'과 '패(貝)'를 구성요소로 하고 있다. 지금 예서에서는 '망(网)'으로 구성된 글자들은 모두 '사(四)'로 쓰니, '賢'를 '매(買)'로 쓰고 '賣'를 '매(賣)'로 쓰나 '매(賣)'는 본 명문의 '賣(賣)'자와 서로 뒤섞여 구별이 없다. 본 명문의 '賣(賣)'는 '속(贖)'자의 용법으로 쓰이고 있는데, 이는 '속(贖)'의 처음 글자가 아닌가 생각한다.

다음 글에서도 편의상 모두 '매(賣, 贖)'로 쓴다.

(13) '속(束)'은 '사(絲)'의 중량 단위이나 그 무게를 고찰할 수 없다.

'필마(匹馬)'는 한 필의 말다.

'속사(束絲)'는 일속(一束)의 실로 수사인 일(一)이 생략되었다. 한 필의 말과 일속(一束)의 실로 노예 다섯 명을 매매하였으니, 노예의 가격이 매우 저렴하였음을 알 수 있다.

(14) '話'에 대하여 『금문편』에서는 '허(許)'자라 하였는데, 진초생(陳初生)은 "'허(許)'자는 금문에서 성부가 '오(午)' 혹은 여기에 '구(口)'를 가한 '告'이다. 〈맥화(麥盉)〉에서 '邟'자를 '䢜'라 써서 '오(午)'에 '구(口)'가 구성되어 있다."라고 하였다. 이학근(李學勤)과 양수달(楊樹達)은 이 글자의 독음은 '어(御)'와 같고 '소(訴, 溯)'로 읽었는데, 『상주고문자독본(商周古文字讀本)』에서도 이를 따랐다. 『상주청동기명문선(商周靑銅器銘文選)』에서는 이를 '오(悟)'·'오(迕)'로 읽었다. 여기에서는 일단 『금문편』을 따른다. 『설문해자』에서 "허(許)는 듣는 것이다[許, 聽也]."라고 하였는데, 여기에서 승낙이라는 뜻이 인신되었다.

(15) '胝'자는 잘 알 수 없으나 인명으로 사용되었다. 아래 구절에서는 '䙽'·'䚅'로도 쓰였다. 이학근(李學勤)은 이 사람을 홀(曶)의 채지(采地) 관리인으로 보았다. 이 구절의 의미는 胝가 나에게 말[馬]로 보상하도록 하였다는 뜻이다.

(16) '遱'은 '복(復)'과 같으며, 돌려주라는 뜻이다. 이 구절은 효보(效父)는 오히려 실 1속(束)을 胝에게 돌려주라는 의미이다. 이상 두 구절의 명문을 보면 의론이 약속되었으나 아직 완전히 집행되지 않았음을 알 수 있다.

(17) '왕(王)'은 왕궁이다.

'삼문(參門)'은 즉 '삼문(三門)'이다. 〈소우정(小盂鼎)〉 명문에서 "삼문에 들어가 중정에 서서 북쪽을 향하였다[入三門, 卽立(位)中庭, 北鄕(嚮)]."라고 하였다. 손이양(孫詒讓)은 『고주여론(古籒餘論)』에서 "송유창(宋劉敞)과 근래의 대진(戴震)·초순(焦循)의 설에 의하면, 천자 또한 '고(皐)'·'응(應)'·'로(路)'의 삼문에 이르는데, 이 삼문은 혹 '고문(皐門)' 밖을 가리키는 말이기도 하다."라고 하였다. 『상주고문자독본(商周古文字讀本)』에서는 "여기의 삼문은 왕궁 밖으로, 상고시대에는 교역을 진행하였던 장소이기도 하다."라고 하였다. 이 구절의 의미는 𢼸이 왕궁의 삼문 밖에서 별도로 약정서를 정하였다는 뜻이다.

(18) '枌'의 의미는 분명하지 않다. 『상주고문자독본(商周古文字讀本)』에서 '枌'은 즉 '방(方)'이나 나무로 만든 글자판이라 하였다. 『의례·빙례(儀禮·聘禮)』에서 "300명 이상은 책(策)에 쓰고, 100명에 이르지 않는 것은 방(方)에 쓴다[三百名以上書于策, 不及百名者書于方]."라고 하였다. 이 구절은 교역에 관계된 법령을 쓴 목판이라는 뜻이다.

(19) '賮'은 29. 〈기정(趞鼎)〉의 주석을 참고하기 바란다. 곽말약은 '賮'자를 금속화폐의 명칭이라 하였다. 賮 100열(鋝)은 대략 말 한 필과 실 1속(束)에 해당한다.

(20) 이 글자의 윗부분이 조금 손상되었으나 곽말약은 '旂'으로 예정하였으며, 〈태사차두(大師虘豆)〉에서 "많은 복을 기원한다[用旂多福]."라고 한 '旂'로 즉 '기(祈)라 하였다. 『이아·석고(爾雅·釋詁)』에서 "기(祈)는 고하는 것이다[祈, 告也]."라고 하였다.

(21) '우(又)'는 '유(有)'로 읽는다. '유고(有告)'는 '상고(上告)'와 같은 말이다.

'기(䰯)'에 대하여 이학근은 '기(豈)'로 구성되는 동시에 발음을 나타내는 글자로 보고, '기(覬, ji)'로 읽으며, 바라다는 의미로 풀었다. 『상주고문자독본(商周古文字讀本)』에서 "이상 두 구절은 𢼸이 다시 소송의 내용을 진술하고, 한(限)의 측과 다시금 약정한 상황을 서술한 것으로 의미는 다음과 같다. 쌍방이 왕궁 밖의 삼문에 교역법령의 목판을 걸고 화폐로 교역을 진행하는데, 이 5명을 사는데 100전을 지불한다. 만약 이 5명을 넘겨주지 않으면 즉시 위에 고발하며 이 䟦는 상고하는 동시에 아울러 돈을 돌려받을 것을 희망한다는 뜻이다."라고 하였다.

(22) '정(廷)'자는 매우 분명치 않다. '인(人)'으로 예정하는 경우도 있다. '왕정(王廷)'은 관부의 소재지로 전래문헌에서는 혹 '왕정(王庭)'으로 쓰기도 한다. 『주역』에서 "왕정에서 드날린다[揚于王庭]."라고 하였는데, 공영달의 소에서는 "왕정은 백관이 있는 곳이다[王庭, 是百官所在之處]."라고 하였다. 『석명・석언어(釋名・釋言語)』에서 "역(逆)은 따르지 않는 것이다[逆, 不順也]."라고 하였으니, '불역(不逆)'은 따른다는 뜻이며, 합법이라는 의미로 인신된다.

(23) '이(二)'는 분명히 식별되지 않지만, 곽말약은 '이(二)'로 예정하고, '이(貳)'와 같은 글자라 하였다. 『좌전・양공(左傳・襄公)』24년에서 "제후들이 두 마음을 품었다[則諸侯貳]."라고 하였는데, 두예의 주에서는 "이(貳)는 떠나는 것이다[貳, 離也]."라고 하였다. 이상의 두 구절은 형숙(邢叔)의 판결로 왕정에서 돈으로 사람을 사는 것은 합법이니, 오부(五夫)를 홀(曶)에게 주고 그들은 䟦를 배반하지 않도록 하라는 것이다. 『상주청동기명문선(商周靑銅器銘文選)』에서는 이 글자를 '성(成)'으로 예정하고, 강화(講和)라는 뜻이라 하였다.

(24) '수(受)'는 접수이다.
'배(陪)'자의 오른쪽 부수는 명확치 않으나, 곽말약은 '배(陪)'로 예정하였다. 배(陪)를 비롯한 뒤의 글자들은 오부(五夫)의 이름이다.

'棘'과 '虤' 두 글자는 음과 뜻을 알 수 없다.

(25) '고(告)'는 '갚대[報]'라는 뜻이다. 교부하다는 뜻으로 인신된다. 홀(曶)은 100렬(鋝)의 돈을 㡭에게 건네주고, 㡭는 5명의 노예를 홀(曶)에게 건네준다는 것으로 위에서의 판결과 부합하다.

(26) '비(卑)'자 아래 한 글자가 잔결되어 있는데, '향(鄕, 嚮)'으로 보충하는 견해와 사람 이름으로 보충하는 견해가 있다. 아마도 사람 이름인 것 같다.

'이(以)'는 '용(用)'으로 이학근은 넘겨주대[給付]의 의미가 있다고 보았다.

(27) '致'는 '치(致)'로 읽는데, 『설문해자』에서 "치(致)는 보내는 것이다[致, 送詣].'라고 하였다. 『상주청동기명문선(商周靑銅器銘文選)』에서 이 구절의 대략적 의미가 "이 3렬(鋝)을 100렬(鋝)을 보내는 심부름꾼에게 주었다. 건네주는 자의 예의로 당시 예절이다."라고 하였다. 손상서(孫常敍)는 『홀정명문천석(曶鼎銘文淺釋)』에서 '삼(三)'자를 '기(氣)'자로 보고, '흘(訖)'로 읽으며, 뜻은 완성한다는 것이라 하였는데, 『상주고문자독본(商周古文字讀本)』도 이를 따랐다. '기(氣)'는 〈천망궤(天亡簋)〉에서 '三', 〈제후호(諸侯壺)〉에서는 '늘' 혹은 '늪'로 쓰인 예가 있으니, 이 명문의 자형과는 여전히 차이가 있다.

(28) '병(秉)'은 『설문해자』에서 "묶은 곡식이다[禾束]."라 하였는데, 여기에서 인신되어 화살[矢] 1속(束)이라 한다. 그 수량에 대해서는 학자간의 의견이 일치하지 않고 있는데, 100개, 50개, 12개라는 설이 있다. 『주례・대사구(周禮・大司寇)』에서 "두 조항으로 백성의 소송을 금지하나, 화살 묶음을 조정에 들인 연후에 그것을 듣는다. [以兩造禁民訟, 入束矢于朝, 然後聽之]."라고 하였는데, 정

현의 주에서는 "반드시 화살을 들이는 것은 그 곧음을 취하기 때문이다[必入矢者, 取其直也]."라고 하였다. 『시경』에서 "그 곧음이 화살 같다[其直如矢]."라고 하였다. 『상주청동기명문선(商周靑銅器銘文選)』에서는 이에 대하여 다음과 같이 말하였다.

> 고대에 소송을 하는 자는 먼저 심리(審理) 담당 부서에 화살 1속을 바친 연후에 심문을 할 수 있었다. 만약 고함이 진실하지 않으면, 화살을 몰수하였다.……본 명문에 의하면, 서주시기 패소한 측은 승소한 측에게 화살 5속을 주었음을 알 수 있다.

(29) '상(尙)'은 '당(當)'으로 읽고, '비(卑)' 아래 목적어 오부(五夫)가 생략되었다. 이 구절의 의미는 반드시 오부에게 원래 거주하였던 읍에 살도록 하고, 원래의 땅에서 농사짓도록 하라는 뜻이다.
(30) '비(卑)' 다음에 한 글자가 빠진 것은 마땅히 인명이고, '복명(復命)'은 회답하여 보고하는 것이다.
(31) '약(若)'은 '약(諾)'으로 읽으니, 응답하는 소리이다.
(32) '석(昔)'은 옛날이니, 『상주청동기명문선(商周靑銅器銘文選)』에서 "이는 반드시 의왕원년이 아니고 공왕시기의 것이다.……이 이하는 모두 홀(曶)이 공왕시기 광계(匡季)와 일차 소송을 한 일을 미루어 기록하였다."라고 하였다.
'근(饉)'은 흉년[饑荒]이다. 『설문해자』에서 "채소가 익지 않은 것을 근(饉)이라 한다[蔬不孰爲饉]."라고 하였다. 『시경·소아·우무정(詩經·小雅·雨無正)』에서 "죽음과 기근을 내리다[降喪饑饉]."라고 하였는데, 모전에서는 "채소가 익지 않음을 '근(饉)'이라 한다[蔬不熟曰饉]."라고 하였으며, 『묵자·칠환(墨子·七患)』에서도 "하나의 곡식도 거두지 못함을 '근(饉)'이라 한다[一穀不收謂之饉]."라고 하였다.

(33) '광(匡)'은 종족 이름으로 다음 구절의 광계(匡季)를 가리킨다. '중(眾)'은 신분의 일종이다. 이에 대하여 곽말약은 '중(眾)'은 '중인(眾人)'으로 농사짓는 노예를 가리킨다고 하였고, 우성오는 농사와 전쟁에 종사하는 자유민이라 하였다. '중(眾)'의 신분은 '신(臣)'에 비하여 높은 것 같다.

(34) '구(寇)'는 약탈하는 것이니,『상서・비서(尚書・費誓)』에서 "감히 도둑질을 하는 일이 없도록 하여라[無敢寇攘]."라고 하였는데, 정현의 주에서는 "'구(寇)'는 빼앗아 취하는 것이다[寇, 劫取也]."라고 하였다.

'자(秭)'의 음은 zǐ(자)이고 벼를 계량하는 단위이다.『설문해자』에서 "2자(秭)는 타(秅)이고, 400병(秉)은 타(秅)이다[秅, 二秭爲秅, 四百秉爲秅]."라고 하였다. '자(秭)'는 벼 200승(乘)에 해당하니, 벼 10자(秭)는 2,000병(秉)이다.

(35) '광계(匡季)' 두 글자 아래에 중문부호가 있다.

'동궁(東宮)'은 태자가 거처하는 궁으로 후대에 태자를 가리키는 것으로 인신되었다는 견해가 있다.『시경・위풍・석인(詩經・衛風・碩人)』에서 "동궁의 누이이다[東宮之妹]."라고 하였는데, 모전에서는 "동궁은 제나라 태자이다[東宮, 齊大子也]."라 하였으며, 공영달의 소에는 "태자는 동궁에 거처하기 때문에 동궁으로 태자를 나타낸다[太子居東宮, 因以東宮表太子]."라고 하였다.

(36) '구(求)'는 찾는다는 뜻이다.『예기・단궁(禮記・檀弓)』에서 "사방을 살펴 찾는 것 같으나 얻지 못하였다[瞿瞿如有求而弗得]."라고 하였는데, 공영달의 소에서는 "'구(求)'는 찾는 것이다[求, 覓也]."

라고 하였다.

첫 번째 '내(乃)'는 이인칭대명사이고, 두 번째 '내(乃)'는 가정형 연결사로 뜻은 '약(若)'・'여(如)'와 같다.

(37) '용(用)'은 넘겨주다는 의미이다.

'🅰'자에 대하여 담계보(譚戒甫)는 『설문해자』에 나오는 '익(嗌)'자의 주문 '🅱'으로 보았다.

'체(疐)'의 음은 dì(체)이고, '굴(朏)'의 음은 fěi(비)이다.

(38) '卣'은 '유(攸)'로 읽는다. 『설문해자』에서 "卣는 기가 운행하는 모습이다. '유(攸)'와 같이 읽는다[卣, 氣行皃, 讀若攸]."라고 하였다. '유(攸)'는 '소(所)'이다. 『주역』에서 "군자가 가는 바가 있으니, 먼저 미혹된 이후 주인을 얻어 이롭다[君子有攸往, 先迷後得主, 利]."라고 하였는데, 공영달의 소에서는 "군자가 가는 바가 있다는 것은 부드럽게 이롭고 곧은 것을 따르기 때문에 군자가 가는 바에 이롭다[君子有攸往者, 以其柔順利貞, 故君子利有所往]."라고 하였다.

'구(具)'에 대하여 『설문해자』에서 "바친다는 뜻이다[共置也]."라 하였다. 따라서 "余無卣(攸)具寇"는 내가 벼를 훔친 것을 건네줄 수 있는 바가 없다는 뜻이다.

(39) '족(足)' 다음에 한 글자가 잔결된 것을 손상서(孫常敍)는 '화(禾)'자로 보충하였다. '불(不)' 다음에 한 글자는 『상주청동기명문선(商周靑銅器銘文選)』에서 '출(出)'자로 예정하였다.

'𩡀'은 채찍 형벌인 '편(鞭)'으로『국어・노어상(國語・魯語上)』에서 "큰 형은 군사로 썼고, 가벼운 형은 채찍으로 때려 백성을 위협하였다[大刑用甲兵, 薄刑用鞭撲, 以危民也]."라고 하였는데, 위소(韋昭)의 주에서 '편(鞭)'은 '관형(官刑)'이라 하였다.

(40) '혹(或)'은 '우(又)'로 읽는다. 『좌전・애공(左傳・哀公)』원년에서 "지금 오나라는 과나라만 같지 못하고, 월나라는 소강보다 크다. 또한 장차 풍년이 든다는 것 또한 어렵지 않은가[今吳不如過, 而越大于小康. 或將豊之, 不亦難乎]?"라고 하였는데, 『사기・오세가(史記・吳世家)』에서는 "또한 장차 너그럽게 하라[又將寬之]."라고 하였다.

(41) '유(遺)'에 대하여 양수달(楊樹達)은 더하다는[加] 의미가 있다고 하였다. 『시경・패풍・북문(詩經・邶風・北門)』에서 "정사가 모두 쌓여서 나에게 더해지도다[政事一埤遺我]."라고 하였는데, 모전(毛傳)에서는 "유(遺)는 더하는 것이다[遺, 加也]."라고 하였다.
『좌전・성공(左傳・成公)』12년에서 "또한 오직 하나의 화살로 서로 더할 수밖에 없을 것입니다[無亦唯是一矢以相加遺]."라고 하였는데, '가유(加遺)'는 연문(連文)으로 유(遺) 역시 더하다는 뜻이다. '상(賞)'은 '상(償)'으로 읽으니, 『설문해자』에서 "다시라는 뜻이다[還也]."라 하였다. 따라서 '償還十秭'는 다시 10자(秭)를 더하여 20자(秭)가 되었다는 뜻이다.

(42) '내(來)' 앞의 한 글자가 잔결되었다. 문장의 의미에 의하면, 마땅히 가정의 말이 나타나야 할 것이다.
'貫'는 '부(付)'와 같으니 교부한다는 뜻이다.

(43) '즉(卽)'자에 대하여 양수달(楊樹達)은 「산씨반발(散氏盤跋)」에서 "즉(卽)은 지금 말로 주다이다[卽者, 今言付與]."라고 하였다.

(44) '멱(覓)'을 곽말약은 '면(免)'으로 읽고, 홀(曶)이 광계(匡季)에게 벼 30자(秭)의 배상을 면제해주었다고 하였다. 『상주고문자독본(商周古文字讀本)』에서는 '頖'으로 예정하고 '억(抑)'과 같은 의미로 해석하여, "감면해준다는 뜻이다."라고 하였는데, 또한 통한다.

40 儹匜

1975년 2월 섬서성 기산현(岐山縣) 동가촌(董家村) 서주 동기 교장(窖藏)에서 출토하여 현재 섬서역사박물관(陝西歷史博物館)에서 소장하고 있다. 복부 아래와 뚜껑에 모두 두 단락의 명문이 있는데, 연결하여 읽을 수 있다. 명문은 복부 아래 6행, 뚜껑에 7행으로 모두 157자이다. 이학근(李學勤)은 이 기물을 〈훈이(訓匜)〉라 일컫는다.

저록(著錄)

『문물(文物)』1976년 5기, 『상주청동기명문선(商周靑銅器銘文選)』258, 『은주금문집성(殷周金文集成)』16·10285

석문(釋文)

隹(唯)三月旣死霸甲申, 王才(在)蒡上宮⁽¹⁾。白(伯)揚父迺成贅⁽²⁾, 曰: "牧牛! 叡乃可(苟)湛⁽³⁾, 女(汝)敢以乃師訟⁽⁴⁾, 女(汝)上卲先誓⁽⁵⁾。今女(汝)亦旣又(有)卩(節)誓⁽⁶⁾, 尃、趞、嗇、䚇、儥、宥⁽⁷⁾, 亦茲五夫, 亦旣卩乃誓⁽⁸⁾, 女(汝)亦旣從讕從誓⁽⁹⁾。弋(式)可⁽¹⁰⁾, 我義(宜)便(鞭)女(汝)千、鬣鬣女(汝)⁽¹¹⁾。今我赦(赦)女(汝)。義(宜)便(鞭)女(汝)千、黜鬣女(汝)⁽¹²⁾, 今大赦(赦) (기물 본체의 명문)

탁본(拓本)　　　모본(摹本)

탁본(拓本)　　　　　　　　　모본(摹本)

女(汝), 便(鞭)女(汝)五百, 罰女(汝)三百寽(鋝)。"白(伯)揚父迺或吏(使)牧牛誓曰: "自今余敢憂(擾)乃尖(小大)史(事)[13]。" "乃師或以女(汝)告, 則致(致)乃便(鞭)千、鬗鬗[14]。" 牧牛則誓。孚(厥)以告吏䚄、吏曶于會[15]。牧牛辭誓成, 罰金[16]。儵用乍(作)旅盉[17]。 (뚜껑의 명문)

번역(飜譯)

3월 기사패 갑신일에 왕께서 방경(蒡京)의 상궁(上宮)에 계시었다. 백양보(伯揚父)가 법을 의론하고 말하였다.

"목우(牧牛)야! 너는 가혹하게 꾸지람 맞을 만하다. 너는 감히 사(師)를 소송하였고, 너는 이전 원래 맹서한 말을 개변하였다. 지금 너는 또한 믿음의 맹서가 있었고, 부(尃)·격(趩)·색(嗇)·覞·잉(償) 등 다섯 사람 모두 너의 맹서 말이 성실하여 믿을 수 있다고 하였으며, 너 또한 이미 소송의 판결을 따랐다. 응당 나는 마땅히 너에게 채찍 천 번과 묵형의 형벌을 내린다. 지금 나는 너를 용서한다. 마땅히 채찍 천 번과 묵형을 하여 지금 크게 용서한다. (이상 기물의 명문) 너는 채찍 500번을 맞아야하니, 벌로 300열(鋝)을 내도록 하여라."

백양보(伯揚父)가 이에 목우(牧牛)에게 맹서하게 하여 말하였다.

"지금부터 내가 어찌 감히 크고 작은 일로 당신을 어지럽히겠는가?"

"사(師)가 혹 너를 고발하면, 채찍 천 번과 묵형에 처하겠다." 목우(牧牛)가 맹서하였다. 이형(吏蚘)·이홀(吏智)이 소송을 판결한 것을 기입하여 고하였다. 목우(牧牛)는 판결한 말을 맹서하고 벌금을 내었다. 잉(償)은 여(旅)제사에 사용될 화(盉)를 만드노라. (이상 뚜껑의 명문)

주해(注解)

(1) '방(莾)'은 '방경(莾京)'이다.

'상궁(上宮)'은 『상주청동기명문선(商周靑銅器銘文選)』에서 종묘의 가장 높은 건물[重屋]이라 하였다. 『맹자·진심하(孟子·盡心下)』에서 "맹자가 등나라에 가서 상궁에서 투숙하였다[孟子之滕, 館於上宮]."라고 하였는데, 조기(趙岐)의 주에서는 "상궁은 누각이다[上宮, 樓也]."라고 하였다. 『설문해자』에서 "누(樓)는 겹쳐 올린 집이다[樓, 重屋也]."라고 하였으니, 종묘의 태실 위에 중옥을 건축한 것이다. 『한서·오행지(漢書·五行志)』에서 좌씨(左氏)의 설을 인용하여 "앞의 집을 태묘라 부르고, 중앙에 있는 것을 태실옥이라 하며, 그 위에 중옥이 있으니 높게 높힌 것이다[前堂曰太廟, 中央曰太室屋, 其上重屋, 尊高者也]."라고 하였다.

(2) '백양보(伯揚父)'는 사람 이름으로 『상주청동기명문선(商周青銅器銘文選)』에서 다음과 같이 말하였다.

> 〈양궤(揚簋)〉에 나오는 '양(揚)'이 바로 백양보(伯揚父)이다. 〈양궤〉의 명문에 '선백(單伯)'과 '사년(史年)'이 보인다. 선백은 공왕 3년에 만든 〈구위화(裘衛盉)〉에 처음 보인다. '사년'은 '내사년(內史年)'이라고도 호칭하며, 의왕시기의 〈왕신궤(王臣簋)〉와 효왕시기의 〈간궤(諫簋)〉·〈흉수(瘨盨)〉에 보인다. 그러므로 본 명문은 의왕시기의 것임을 알 수 있다. 〈양궤〉의 명문에 왕이 '양(揚)'을 임명하여 소송을 심문하는 기록이 있는데, 본 명문에서도 '양보(揚父)'가 '잉(䞚)'과 '목우(牧牛)'의 소송을 심리하고 있어 서로 맞아 떨어진다.

황성장(黃盛璋)은 백양보는 『국어·주어(國語·周語)』에서 "유왕 3년에 서주의 세 하천이 모두 흔들렸다. 백양보는 '주나라가 장차 망할 것이다'라 하였다[幽王三年, 西周三川皆震. 伯揚父曰, 周將亡矣]."라고 말한 사람과 동일 인물로 보았다. 그러나 기물 형태로 보면, 본 기물은 유왕시기까지 갈 수 없다. 당란(唐蘭)은 이 기물이 서주말기의 것이라 판정하고 "백양보와 『국어·주어』에 나오는 백양보와 동일 인물인지는 잘 알 수 없다. 그러나 이 기물은 비교적 이르기 때문에, 동명이인일 가능성이 있다."라고 하였다. 『상주청동기명문선(商周青銅器銘文選)』에서 말한 것이 비교적 합리적이다.

'성(成)'은 법률용어이다. 『주례·방사(周禮·方士)』의 주에서 이를 "성(成)은 고르게 한다는 뜻이다[成, 平也]."라고 하였다.

'잔(羨)'도 법률용어로 이학근(李學勤)은 이를 '언(讞, 灁)'으로 읽었다. 필자의 생각은 다음과 같다. '奴'을 소리부로 하는 글자는 일반적으로 '찬(贊)'·'헌(獻)'을 소리부로 하는 글자와 서로 통한다. 『열자·설부(列子·說符)』에서 "보니 단지에서 밥을 꺼내 먹였다[見而下壺飡以鋪之]."라고 하였는데, 장담(張湛)의 주에서는 "'찬(飡)'은 음이 손(孫)으로 물을 만 밥이다[飡, 音孫, 水澆飯也]."라고 하였으니, 즉 '찬(饡)'을 말한다. 『설문해자』에서 "'찬(饡)'은 국과 물에 만 밥이다[饡, 以羹澆飯]."라고 하였다. 『문선·문부(文選·文賦)』에서 "떠들면서 먹는데 힘써 방탕하다[務嘈囋1)而妖冶]."라고 하였는데, 이선(李善)의 주에서는 "『비창(卑蒼)』에 '조(嘈)는 시끄러이 떠드는 모습이다.'라고 하였다. 행(哖)과 찬(囋)·잘(嘛)은 같은 의미이다[埤蒼曰, '嘈, 哖聲貌.' 哖與囋及嘛同]."라고 하였다. 『설문해자』에서 "열(灁)은 죄를 의론하는 것이다. 법과 뜻이 같다[灁, 議辠也. 與法同意]."라고 하였는데, 『자회(字匯)』에서는 "얼(灁)은 얼(讞)과 같다[灁, 與讞同]."라고 하였다. 이를 보면, 하나는 '언(言)'을 구성요소로 하고, 다른 하나는 '수(氵)'를 구성요소로 하고 있다. '언(言)'을 구성요소로 하는 것은 말로 죄를 다스리는 것이고, '수(氵)'를 구성요소로 하고 있는 것은 마치 물이 평

---

1) 역자주 : 왕휘는 '哖(哖)'이라 하였으나, 사고전서본 『文選』에 의거하여 '찬(囋)'으로 교정하였다.

평하듯이 죄를 의론하는 것으로 뜻은 각각 취함이 있다."라고 하였다. 현재는 통상 '얼(讞)'로 쓰고 있다. 고대에는 형옥(刑獄)의 안건을 판결하면 즉시 위로 임금에게 보고하여서 최후의 비준을 얻었다. 『예기・문왕세자(禮記・文王世子)』에서 "송사가 이루어 졌으면, 유사는 공에게 평의하라[獄城, 有司讞于公]."라고 하였는데, 정현의 주에서는 "얼(讞)이란 말을 아뢰는 것이다[讞者言白也]."라고 하였다. '백(白)'이란 위에다 보고하는 것이므로 '얼(讞)' 의 본래 의미는 판결에 가깝다. 당란(唐蘭)은 이를 '餐'로 예정하고, '핵(劾)'으로 읽었다. 그러나 글자가 분명히 '餐'가 아닐 뿐만 아니라 '찬(餐)'과 '핵(核)'은 성모와 운모가 모두 차이가 있기 때문에 이 견해는 취하기 어렵다.

(3) '목우(牧牛)'에 대하여 이학근(李學勤)은 관직명이라 하였으니, 『주례』에 희생할 소를 기르는 사람이다. 그러나 어떤 학자는 이것이 사람 이름이라고도 하였다.

'가(可)'는 '가(苛)'로 읽으니, 『주례・춘관・세부(周禮・春官・世婦)』에서 "대상을 치를 때에 내외명부에서 아침저녁으로 곡하는 것을 견주어 불경한 자는 꾸짖고 벌한다[大喪, 比外內命婦女之朝莫哭不敬者, 而苛罰之]."라고 하였는데, 정현의 주에서는 "가(苛)는 꾸짖는 것이다[苛, 譴也]."라 하였다.

'담(湛)'은 '심(甚)'으로 읽는다.

'가(可)'를 '하(荷)'로 읽고, '담(湛)'을 '감(堪)'으로 읽는 견해도 있다.

(4) '사(師)'는 '장관(長官)'이다. 『주례・지관사도・서관(周禮・地官司徒・序官)』에 '향사(鄕師)'가 나오는데, 정현의 주에서 "사(師)는 우두머리이다[師, 長也]."라고 하였다.

'이(以)'는 ~와(與)라는 뜻이다.

'송(訟)'은 『설문해자』에서 "다투는 것이다[爭也]."라고 하였다. 『주례・지관・대사도(周禮・地官・大司徒)』에서 "무릇 만민이 가르침을 복종하지 않고 죄와 재물을 다투는 자가 있으면, 그 지역을 다스리는 자와 더불어 듣고 판결한다. 형에 해당하는 자는 형벌을 담당하는 관리에게 귀속시킨다[凡萬民之不服敎而有獄訟者, 與有地治者聽而斷之, 其附于刑者歸于士]."라고 하였는데, 정현의 주에서는 "죄를 다투는 것을 옥이라 하고, 재물을 다투는 것을 송이라 한다[爭罪曰獄, 爭財曰訟]."라고 하였다.

(5) '상(上)'은 '이전(以前)'의 뜻으로 『여씨춘추・안사(呂氏春秋・安死)』에서 "이로부터 이전의 자가 나라를 망친 것이 이루 헤아릴 수 없다[自此以上者, 亡國不可勝數]."라고 하였는데, 고유(高誘)의 주에서는 "상(上)은 전(前)과 같다[上猶前也]."라고 하였다.

'𢻹'은 '절(卩)'로 구성되고 '익(弋)'은 발음을 나타낸다. '특(忒(tè))'으로 읽는다. 『설문해자』에서는 "바꾸는 것이다[更也]."라고 하였다. 『상주고문자독본(商周古文字讀本)』에서 이 구절의 의미를 "너는 이전 원래 맹서한 말을 바꾸었다."라고 하였다.

(6) '卩'자는 원래 '𠂎'로 쓴다. 『설문해자』에서는 "상서로운 신표라는 뜻이다[瑞信也]."라고 하였으니, '卩誓'는 즉 믿음의 맹서인 '신서(信誓)'이다. '卩'는 지금의 '절(節)'과 통하니, 『집운(集韻)』에서 "절(節)은 믿음이다[節, 信也]."라고 하였다. 어떤 학자는 이 글자를 '부(孚)'로 해석하여야 한다고도 말한다. 상해박물관에서 소장하고 있는 초나라 죽서(竹書) 『치의(緇衣)』편에서 『시경・대아・문왕(詩經・大雅・文王)』의 '갈나라가 믿음을 만들었다[葛邦作孚]."라고 한 것을 인용하면서 '부(孚)'를 '𠂎'로 쓰고 있다. '부(孚)' 또한 '신(信)'의 의미이다.

(7) '부(尃)·격(趞)·색(嗇)·覹·잉(䞓)' 등은 모두 사람 이름이니, 즉 '오부(五夫)'로 법정에 나와 증언하는 쪽이다.

'격(趞)'은 '격(䙴)'·'각(各)'과 같고, 금문에서는 대부분 동사로 쓰이나, 본 명문에서는 사람 이름으로 쓰였다.

'䞓'의 음은 ying(잉)이다. 이학근(李學勤)은 '儐'으로 예정하고, '잉(佾)'이라 하였으며, 『설문해자』에서는 "고문(古文)에서는 훈(訓)으로 쓰였다[古文以爲訓字]."라고 하였다. 그러나 단옥재의 주에서는 "'훈(訓)'과 '佚'의 소리요소는 상당한 거리가 있고, 자형 또한 서로 같지 않다.……훈(訓)은 마땅히 '양(揚)'이라 하여야 한다."라고 하였다. 이 말은 더욱 많은 증거가 필요한 것 같다.

'宥'에 대하여 곽말약은 '조(造)'로 해석하고, 법률 명사라고 하였다. 『상서·여형(尙書·呂刑)』에서 "죄수와 증인이 함께 갖추었거든 사(師)는 다섯 가지 말을 들으리다[兩造具備, 師聽五辭]."라고 하였는데, 공씨전(孔氏傳)에서는 "'양(兩)'은 죄수와 증인이고, '증(證)'은 이르는 것이다[兩, 謂囚證. 證, 至也]."라고 하였다. 죄수 혹은 증인이 심문할 때 출정하는 것을 특별히 '조(造)'라 일컫는다.

(8) 이 구절의 의미는 '부(尃)·격(趞)·색(嗇)·覹·잉(䞓)' 등 다섯 사람이 법정에 나가 증언하기를, 모두가 너의 맹서가 성실하여 믿을 수 있다고 했다는 뜻이다. '기(旣)'는 다하다[盡]이다.

(9) '䛐'는 '사(辭)'와 같고 소송의 판결을 가리킨다.

(10) '익(弋)'은 '식(式)'으로 정성수(丁聲樹)는 권하여 명령하는 말로 지금 '응당'이라는 말과 같다고 하였다.

(11) '의(義)'는 '의(宜)'로 읽는다. 〈자도종(者刃鐘)〉에서 "은혜롭고 편안하고 강락하여 마땅하지 않음이 없다[車(惠)脊(逸)康樂, 勿有不義]."라고 하였으며, 『시경·대아·탕(詩經·大雅·蕩)』에서도

"하늘이 그대들 술에 빠지지 말라하였는데, 마땅치 않아 따라하였네[天不湎爾以酒, 不義從式]."라고 하였는데, 모전(毛傳)에서는 "의(義)는 마땅한 것이다[義, 宜也]."라고 하였다.

'변(便)'은 원래 '𠊱'로 쓰며 '인(人)'과 고문 '편(鞭, 夆)'으로 구성되어 손으로 채찍을 잡고 사람을 때리는 모습을 상형하였다. 이는 '편(鞭)'의 초기 자형이고 동사로 쓰인다.『주례·추관·조랑씨(周禮·秋官·條狼氏)』에서 "대부에게 맹세하여 말하기를 감히 (임금의 명을) 관여하지 않고, 채찍질 500번이라 하였으며, 사(師)에게 맹세하여 말하기를 채찍질 300번이라 하였다[誓大夫曰敢不關, 鞭五百. 誓師曰三百]."라고 하였다.

'黴·黬' 두 글자는 자전에 없는 것이나 모두 '흑(黑)'으로 구성되기 때문에 마땅히 옛날 '묵형(墨刑)'과 관계가 있을 것이다. '黴'은 '흑(黑)'으로 구성되며 '𣑭'은 발음을 나타낸다. 음은 mie(멸)이다. 『설문해자』에서 '옥(屋)'의 고문을 '𠔼'으로 썼으니, '𣑭'는 마땅히 전적에 보이는 '옥(剭)'이고, '黬'은 곧 '黸'자이다.『옥편』에서 "黸은 형벌의 명칭이다. '옥(剭)'으로 쓰기도 한다[黸, 刑名. 或作剭]."라고 하였다.

(12) '黐'자는 자서에 보이지 않지만, '흑(黑)'으로 구성되었기 때문에 역시 묵형의 일종이겠지만, 앞에서 말한 '黴·黬'과는 차이가 있을 것이다. '黐'의 음은(chī, 치)이며,『설문해자』에서 "치(鼓)는 찌르는 것이다[鼓, 刺也]."라고 하였다.

(13) '혹(或)'은 또한[又]이다.

'㞋'의 음은 náo(요)이고, '요(擾)'자와 통하며, 어지럽힌다는 뜻이다. 따라서 이 구절의 의미는 목우가 맹세하면서 "지금 이후부터 내가 어찌 감히 크고 작은 일로 당신을 어지럽히겠습니까?"라고 하였다는 뜻이다.
(14) '致'는 치(致)자로 『설문해자』에서 "보내어 이르는 것이다[送詣也]."라 하였는데, 주다는 뜻으로 인신되었다.
(15) '궐(氒)'은 '궐(厥)'이고, 구수조사(句首助詞)로 뜻은 없다. 『사기・태사공자서(史記・太史公自敍)』에서 "좌구명이 실명하여 『국어』가 있었다[左丘失明, 厥有國語]."라고 하였다.
'兇'은 '형(兄)'자로 『금문편(金文編)』에서 고경성(高景成)의 말을 인용하여 "형(兄)과 '生'는 같은 소리이고, 고문자는 종종 소리요소[聲符]가 더하여졌다."라고 하였다.
'홀(曶)'에 대하여 이학근(李學勤)은 효왕시기 〈극종(克鐘)〉에 보이는 '사홀(士曶)'로 〈홀정(曶鼎)〉에서 보이는 '홀(曶)'은 다른 사람이라고 하였다. 고대에서 '형관(刑官)'은 대부분 '사(士)'라 칭하였다. '이홀(吏曶)'・'사형(吏兇)' 또한 형옥관(刑獄官)이었기 때문에 소송을 듣고 판단하며 맹서하는 일에 참여할 수 있었다.
'우(于)'는 '이(以)'이다.
'회(會)'는 음이 kuài(괴)이며, 장부 기입[許簿]이라는 법률용어이다. 『주례・천관・소재(周禮・天官・小宰)』에서 "들어오고 나가는 것을 살피는데 장부로써 한다[聽出入以要會]."라고 하였는데, 정현의 주에서는 "'요회(要會)'는 최근의 문서를 기입한 것을 말하는데, 매달 기입하는 것을 '요(要)'라 하고 매년 기록하는 것을 '회(會)'라 한다[要會, 謂計最之薄書, 月計曰要, 歲記曰會]."라고 하였다. 또한 『주례・추관・소사구(周禮・秋官・小司寇)』에서는 "연말에 여러 '사(士)'에게 소송에 관한 것을 정리할 것을 명하여 천부에 올린다.……안에서 정리한 것을 엮어 일을 이르도록 한다[歲終, 則令群士計獄弊訟, 登中于天府.……內命其屬入會, 乃致

事]."라고 하였는데, 정현의 주에서는 "처결한 것을 엮어 왕에게 보내도록 한다[得其屬之計, 乃令致之于王]."라고 하였다. 고대에는 죄를 처결한 뒤에 장부에 기입하여 연말에 위에다 보고하였다.

(16) 사(辭)의 '䛐'자는 '구(口)'로 구성되는데, 명문의 앞부분에 나오는 '언(言)'으로 구성된 '讞'자와 같은 글자로 모두 판결한 말을 가리킨다.

(18) '여(旅)'는 진열하는 것으로『시경·소아·빈지초연(詩經·小雅·賓之初筵)』에서 "대그릇 나무그릇 나란히 놓은 위 고기랑 과일도 차려놓았다[籩豆有楚, 殽核維旅]."라고 하였는데, 모전(毛傳)에서는 "여(旅)는 진설하는 것이다[旅, 陳也]."라고 하였다. 본 명문의 기물을 '화(盉)'라 하였으나, 실제는 '이(匜)'이다. '이(匜)'와 '화(盉)'는 모두 물을 담는 기물이다. '이(匜)'는 서주중기에 처음 나타나는데, 이는 '화(盉)'로부터 발전 변천하여 나온 것이므로 때에 따라 '이(匜)'를 여전히 옛날 명칭으로 호칭하던 시기가 있었다.

41

師詢簋

전해 내려오는 기물[傳世器]이었으나 지금은 존재하지 않는다. 명문은 15행 213자이고, 〈순궤(訇簋)〉·〈순궤(訇簋)〉라고도 한다.

저록(著錄)

모본(摹本)

『역대종정이기관지법첩(歷代鐘鼎彝器款識法帖)』4·14, 『양주금문사대계도록고석(兩周金文辭大系圖錄考釋)』錄132考139, 『은주금문집성(殷周金文集成)』8·4342

석문(釋文)

王若曰: "師訇(詢)⁽¹⁾, 不(丕)顯文、武, □[雁, 膺?]受天令(命)⁽²⁾。亦則□女(汝)乃聖且(祖)考⁽³⁾, 克㧗(㧗, 左?)右(佑)先王⁽⁴⁾, 乍(作)乓(厥)∠₃(肱股?)⁽⁵⁾, 用夾䏶(紹)乓(厥)辟, 奠(奠)大令(命)。盤(盤)屓(龢)乎(于)政⁽⁶⁾。肆(肆)皇帝亡昊(斁)⁽⁷⁾, 臨保我又(有)周⁽⁸⁾, 乎(于)四方民, 亡不康靜⁽⁹⁾。" 王曰: "師訇(詢), 哀才(哉)⁽¹⁰⁾! 今日天疾畏(威)降喪⁽¹¹⁾。□德不克乂(乂)⁽¹²⁾, 古(故)亡承于先王⁽¹³⁾。卿(嚮)女(汝)叔父𢻻周邦⁽¹⁴⁾, 妥立余小子𩰪(載)乃事⁽¹⁵⁾, 隹(唯)王身厚𦹴⁽¹⁶⁾。今余隹(唯)繡(申)毃(就)乃令(命)⁽¹⁷⁾, 令女(汝)女(惠)雝(雍)我邦小大猷⁽¹⁸⁾, 邦㢻潢㗯⁽¹⁹⁾, 敬明乃心⁽²⁰⁾, 惠(率)以乃友干(捍)吾(敔)王身⁽²¹⁾, 谷(欲)女(汝)弗以乃辟圅(陷)于囏(艱)⁽²²⁾。賜(賜)女(汝)䰜䰜一卣、圭瑌(瓚)、夷㝬三百人⁽²³⁾。" 訇(詢)頴首, 敢對揚天子休, 用乍(作)朕剌(烈)且(祖)乙白(伯)同益姬寶殷⁽²⁴⁾。訇(詢)其儔(萬)甴(斯)年子子孫孫永寶, 用乍(作)州宮寶⁽²⁵⁾。隹(唯)元年二月旣望庚寅, 王各(格)于大室。燓內(入)右(佑)㐅(訇?)⁽²⁶⁾。

번역(飜譯)

왕께서 다음과 같이 말씀하시었다.

"사순(師詢)은 크게 빛나는 문왕과 무왕께서 천명을 받으셨다. 너희 선조와 선고는 선왕을 보좌하고, 고굉의 신하가 되어 그 임금을 돕고 이어서 큰 명을 정하였도다. 정사의 조화에 이르렀도다. 상제가 하늘에서 게으르시지 않고, 나의 주나라를 보시고 보호해주셨으며, 사방 백성이 안정되지 않음이 없었도다."

왕께서 말씀하시었다.

"사순(師詢)은 애재라! 지금 하늘이 급하게 위협하여 재화를 내리셨도다. 임금의 덕이 다스릴 수 없으니, 선왕의 업을 계승하지 못하도다. 지난날에 너와 아비가 주나라를 걱정하고, 나 소자를 편안히 세우고 일을 맡겼으며, 오직 왕의 몸이 두텁고 아름답게 되었도. 지금 내가 오직 거듭 밝혀 명하노라. 너는 우리나라의 작고 큰 추장에게 은혜와 관용을 베풀게 하고, 나라를 크게 다스리며, 공경함이 뚜렷한 마음을 거느리고, 벗으로 왕의 몸을 지키고, 너는 어려움에 빠지지 않도록 하여라. 너에게 울창주 한 통, 규찬, 노예 300명을 하사하노라."

순(詢)은 머리를 조아려 감히 천자의 아름다움을 칭송하고 찬양하여 나의 열조인 을백(乙伯)과 배필인 익희(益姬)를 위한 보배스러운 궤를 만드노라. 순(詢)은 장차 만년토록 자자손손 영원히 보물로 여기고, 주궁(州宮)의 보물로 삼을지어다. 원년 2월 기망 경인일에 왕께서 태실에 이르시었다. 영(熒)이 순(詢)을 보좌하여 들어왔다.

주해(注解)

(1) 사순(師詢)과 순(詢)은 같은 사람으로 앞의 〈순궤(詢簋)〉 주해 (1)를 참조하기 바란다.

(2) □자는 '𠂤'으로 쓰였는데, 당란은 이를 '원(爰)'으로 예정하였고, 곽말약은 '부(孚)'로 예정하였으며, 『역대종정이기관지법첩(歷代鐘鼎彝器款識法帖)』에서는 '응(應, 雁)'으로 예정하였다. 자형으로 보면, '응(雁)'자가 비교적 가까운 듯하다. '응(雁)'자는 '𠂤'(〈응공정

(應公鼎)), '𩷊'((응숙정(應叔鼎)))으로 쓰는데, 본 명문의 모본은 그다지 정확하지 않다. "천명을 받다[雁(膺)受天命]."라는 표현은 금문에서 자주 보인다.

(3) '여(女)'자 앞의 글자를 『역대종정이기관지법첩(歷代鐘鼎彝器款識法帖)』에서는 '어(於)'로 예정하고, '여(女)'자와 함께 읽어서 "어여(於女, 於汝)"로 읽었으나, 금문에서 개사(介詞)는 '우(于)'로 쓰지 '어(於)'로 쓰지 않는다. 곽말약은 이를 '은(殷)'으로 예정하고, 또 '여(女)'를 '민(民)'으로 고쳐 예정하면서, "'역칙은민(亦則殷民)'의 '역(亦)'자은 '혁(奕)'으로 읽으며, 크다[大]라는 뜻이다.

'칙(則)'자는 '측(惻)'으로 읽어야 할 것 같다.……따라서 '역측은민(亦惻殷民)'은 '백성 보기를 가슴 아파하는 것과 같다[視民如傷].'라는 말이다."라고 하였다. 이는 하나의 설은 될 수 있으나 더 많은 증거가 필요하다. 이 글자는 '추(隹)' 혹은 '유(唯)'자를 잘못 모사한 것이라고 생각된다. 이 구절은 〈사극수(師克盨)〉에서의 "오직 이에 선조와 선고가 주나라에 공훈이 있었다[則唯乃先祖考有勳于周邦]."라는 구절과 서로 비슷하다.

(4) '𠂇(左)'자를 '부(尃)'로 예정하고 '보(輔)'로 읽는 견해도 있다.

'좌우(左右)'는 보좌하다는 뜻이다. 『시경·상송·장발(詩經·商頌·長發)』에서 "실로 아형인 이윤이어라, 상왕을 보좌하셨도다[實維阿衡, 實左右商王]."라고 하였다.

(5) '궐(氒)'자 아래에 모사된 '乙攴'에 대하여 곽말약은 다음과 같이 말하였다.

'乙攴' 두 글자에 대하여 예전에 해석하지 못하였는데, 지금 자형과 문맥을 통해 추측해 보면, 다음과 같이 생각해 볼 수 있다. '乙

는 'ㄱ'을 반대로 쓴 것으로 고문에서 이러한 예는 매우 많아 이상할 것이 없다. 'ㄥ'은 '굉(肱)'의 초문(初文)으로 『설문해자』에 보인다. '수(叟)'는 '고(股)'가 생략된 자형이다. 『좌전・희공(左傳・僖公)』26년에서 "옛날 주공・태공이 주나라 왕실의 고굉이 되어 성왕을 보좌하였다[昔周公大公股肱周室, 夾輔成王]."라고 한 용례와 비슷하다.

(6) '전(奠)'은 정한다[定]라는 뜻이다.

'대령(大令)'은 왕명이다.

'盠鬲'는 '주화(盨䤾)'를 잘못 모사한 것이다. "여화우정(盨(䤾)䤾(和)于政)"이란 구절은 앞의 〈사장반(史墻盤)〉 주해 (2)를 참고하기 바란다.

(7) '황제(皇帝)'는 상제의 존칭이다. 『시경・대아・문왕(詩經・大雅・皇矣)』에서 "위대하신 상제[皇矣上帝]."라고 하였으며, 모전에서는 "황(皇)은 큰 것이다[皇, 大也]."라고 하였다.

'무뢰(亡斁)'는 '무역(無斁)'으로 게으르지 않다는 뜻이다. 〈모공정(毛公鼎)〉에서 "상제가 하늘에서 게으르시지 않고 나의 주나라를 보시고 보호해주셨다[肆皇天亡斁, 臨保我有周]."라는 구절과 같은 것으로 '황천(皇天)'은 즉 황제이다.

(8) '임(臨)'은 『설문해자』에서 "살핀다는 뜻이다[監臨也]."[1]라고 하였으니, '임보(臨保)'는 살피고 보호한다는 뜻이다.

---

1) 역자주 : 왕휘는 『설문해자』를 "監視也"로 잘못 인용하였기에 교정하였다. 아울러 단옥재는 '臨'이 본문에 잘못 들어갔다고 판정하고 제거하였는데, 이 견해가 옳다. 이에 따라 해석하였다.

'우(又)'는 '유(有)'와 같다. '유주(有周)'는 바로 주나라이다.

(9) '강정(康靜)'은 안정·안녕이라는 뜻이다. 『국어·오어(國語·吳語)』에서 "옛날 주나라 왕실이 하늘의 내리는 화를 만나 백성이 상서롭지 않음을 당하였다. 내 마음에 어찌 넉넉하게 구휼함을 잊겠는가? 단지 하토 사방이 안정되지 않음만이 아니다[昔周室逢天之降禍, 遭民之不祥, 余心豈忘優恤, 不唯下土之不康靖]."라고 하였다. '강정(康靖)'과 '강정(康靜)'은 의미가 가깝다.

(10) '애(哀)'는 비애라는 뜻이다.

'재(才)'는 전래문헌에 '재(哉)로 쓰이며, 감탄사이다. 〈우정(禹鼎)〉에서 "아, 슬프도다[烏虖(嗚呼)哀哉]!"라고 하였다.

(11) 양수달(楊樹達)은 '일(日)'은 '민(旻)'이 잘못 모사된 것이라 하였다. 〈모공정(毛公鼎)〉에서는 '민(敃)'으로 쓰였다.

'질(疾)'은 사람이 화살에 맞은 모습을 상형하였다. '질(疾)'자는 '급(急)'으로 읽는다.

'외(畏)'는 '위(威)'로 읽는다. 『시경·대아·소민(詩經·大雅·召旻)』에서 "하늘의 급히 위엄을 부리시도다. 하늘이 큰 환란을 내리시네[旻天疾威, 天篤降喪]."라고 하였는데, 정현의 전(箋)에서는 "질(疾)은 급(急)과 같다[疾, 猶急也]."라고 하였다.

'강상(降喪)'은 상란(喪亂)·재화(災禍)를 내리는 것이다.

(12) □에 대하여 『역대종정이기관지법첩(歷代鐘鼎彝器款識法帖)』에서는 '수(首)'로 예정하였는데, 지금 학자들도 대부분 이에 따른다. 곽말약은 '수(首)'는 우두머리[元首]와 같은 의미라 하고, '수덕(首德)'은 '군덕(君德)'이라 하였으나, 문헌상의 근거가 부족하다.

'妻'에 대하여 『금문편(金文編)』에서 "예(乂)와 같은 의미이다"라 하였으니, 즉 '다스리다[治理]'라는 뜻이다. 그러나 곽말약은 이를

'규(規)'로 예정하고 바로잡다[正]로 해석하였다. 이 구절에는 오자가 있기 때문에 뜻을 완전히 알기 어렵다.

(13) 이 구절은 "그러므로 선왕의 업을 계승할 수 없다."라는 뜻으로 왕이 겸손하게 말한 것이다.

(14) '향(嚮)'은 시간을 나타내는 말로 지난날이라는 뜻이다.

'급(伋)'은 연결사 '급(及)'으로 '~와'라는 뜻이다.

'부(父)'의 자형 모사에는 오류가 있다. 곽말약은 '둔(屯)'으로 예정하고 크다[大]라는 뜻이라 하였다.

곽말약은 또한 '급(伋)'을 '급(汲)'으로 읽었지만 견강부회이다.

'휼(岬)'은 『설문해자』에서 "근심하는 것이다[憂也]."라고 하였다. 이 구절은 왕이 사순과 아버지가 주나라를 위해 근심하고 힘썼다고 칭찬한 것이다.

(15) '타(妥)'는 '수(綏)'로 읽는다. 『이아·석고(爾雅·釋詁)』에서 "편안히 머무는 것이다[安止也]."라고 하였다.

'여소자(余小子)'는 왕의 겸칭이다.

'재(飤)'은 전래문헌에서 통상 '재(載)'로 썼다. 『순자·영욕(荀子·榮辱)』에서 "사람에게 그 일을 맡겨 각기 마땅한 바를 얻는대[使人載其事, 而各得其宜]."라고 하였는데, 양경(楊倞)의 주에서는 "'재(載)'는 행하는 것이고, 맡기는 것이다[載, 行也, 任之也]."라고 하였다. 사순과 그의 부친은 주나라를 걱정하였고, 왕을 안정시키며 일을 행하였으니, 이를 통해 지위가 매우 높았음을 알 수 있다.

(16) '후(厚)'의 다음 글자에 대해서는 알 수 없다. 곽말약은 '지(旨)'의 번체자로 아름답다는 뜻으로 추정하였다.

(17) '䛗亯'는 '신취(申就)'로 거듭 밝힌다는 의미이다. '䛗'자는 금문에 자주 보이는 글자로 '신(申)'으로 읽으니, 거듭한다는 뜻이다. 〈모

공정(毛公鼎))에서 "지금 나는 선왕의 명을 거듭한다[今余隹(唯)䰜先王命]."라고 하였는데, 『의례・사혼례(儀禮・士婚禮)』에서 "부모의 명을 거듭한다[申之以父母之命]."라고 한 것은 〈모공정〉과 서로 같다. 따라서 '䰜䖒'는 '신취(申就)'로 거듭 말한다는 의미이다.

(18) 『상주청동기명문선(商周青銅器銘文選)』에서 '叀䖒'은 '혜옹(惠雍)'으로 읽으며, 은혜와 관용[惠和]이라는 뜻이라고 하였다. 『국어・주어(國語・周語)』에서 "나라가 장차 흥하려면, 그 임금이 가지런하고 밝으며, 정성스럽고 바르며, 정결하고 은혜와 관용을 갖추고 있다[國之將興, 其君齊明, 衷正, 精潔, 惠和]."라고 하였으며, 『좌전・소공(左傳・昭公)』4년에서도 "주는 지나치고 사나우며, 문왕은 은혜와 관용이 있으니, 은나라는 이로써 무너지고, 주나라는 이로써 흥하니, 대저 어찌 제후를 다투겠는가[紂作淫虐, 文王惠和, 殷是以隕, 周是以興, 夫豈爭諸侯]?"라고 하였다.

'유(猷)'는 '추(酋)'로 읽어야 할 것 같다. 마왕퇴백서(馬王堆帛書) 『노자・을본[老子・乙本]』에서 "하늘의 도는 활을 매는 것과 같도다[天之道其酋張弓與]!"라고 하였는데, 현행본 『노자』에서는 '추(酋)'를 '유(猶)'로 썼다. '추(酋)'는 부락의 수령이다. 〈사원궤(師寰簋)〉에서 "속히 그들 '방(邦)'의 수령들을 베어 없애라, (그들의 이름은) '동(冬)'……이다[卽贅(殘)乎(厥)邦嘼(酋), 曰冬……]."라고 한 것을 보면, '방(邦)'에는 수령[酋]이 있을 뿐만 아니라 여러 명이 있었음을 알 수 있다. '유(猷)'를 계책으로 보는 견해도 있다.

(19) '방(邦)'의 다음 글자는 잘 알 수 없다. 『상주청동기명문선(商周青銅器銘文選)』에서는 '弘'로 예정하고 '유(有)'로 읽었다.

'황(潢)'은 깊고 크다는 뜻이다. 『초사・구탄・봉분(楚辭・九嘆・

逢紛)』에서 "흐르는 물결을 크게 일으킴이여[揚流波之潢潢兮]."라고 하였는데, 왕일(王逸)의 주에서는 "황황(潢潢)은 큰 모양이다[潢潢, 大貌]."라고 하였다.

'辥'은 즉 '예(乂)'로 다스린다는 뜻이다. 이 구절은 주나라가 크게 다스려졌다는 뜻이다.

(20) '명(明)'은 분명하다·뚜렷하다는 뜻이다.
(21) '徸'은 '솔(率)'자이니 거느린다는 뜻이다.

'간오(干吾)'는 '한어(捍敔)'로 읽으며, 전래문헌에서는 '한어(捍禦)'로 쓰였다. '지키다'·'방어하다'라는 뜻이다. 『열자·양주(列子·楊朱)』에서 "사람은 손톱과 어금니로는 자신을 지키기에 부족하고, 살결과 피부는 스스로를 지키기에 부족하다[人者, 爪牙不足以供守衛, 肌膚不足以自捍禦]."라고 하였다.

(22) '곡(谷)'은 '욕(欲)'으로 읽는다.

'함(圅)'은 '함(陷)'으로 읽는다.

'囏'는 『설문해자』에서 '간(艱)'자의 주문(籒文)으로 수록되었다. 『시경·왕풍·중곡유퇴(詩經·王風·中谷有蓷)』에서 "슬프게 탄식하니, 사람의 어려움을 만남이로다[嘅其嘆矣, 遇人之艱難矣]."라고 하였다.

(23) '시(尸[夷])'의 다음 글자를 옛날에 '읍(邑)'으로 해석하였지만, 옳지 않다. 『상주청동기명문선(商周靑銅器銘文選)』에서 노예 신분에 전적으로 붙이는 이름으로 글자에 잘못 모사한 부분이 있을지도 모른다고 하였다. 장아초(張亞初)는 '윤(允)'으로 예정하고 '신(訊)'으로 읽었다.

(24) 사순(師詢)의 열조(烈祖)가 을백(乙伯)이고, 배우자는 동익희(同益姬)로 앞의 〈순궤(詢簋)〉와 동일하다. 〈순궤〉 주해 (8)을 참고

하기 바란다.
(25) 이 구절은 사순(師詢)의 열조(烈祖)가 을백(乙伯)이고 배필은 익희(同益姬)라는 뜻으로, 앞의 〈순궤(詢簋)〉의 주해 (1)과 (9)에서 설명한 바와 같다.
(26) 주관(州官)은 관직명이다.
(27) 이는 '순(旬)'을 잘못 모사한 것이다.

단대(斷代)

곽말약은 이 기물을 선왕(宣王)시기의 것으로 판정하였으며, 그 주요 근거는 "본 명문과 〈모공정〉 명문은 같은 사람이 쓴 것이며, 명문의 시대적 배경도 대체로 같다."라고 하였다. 당란은 효왕시기의 것으로 판정하고, "공렬 있는 할아버지 을백·동익희[剌祖乙伯同益姬]는 〈사유궤(師酉簋)〉의 문덕 있는 아버지 을백·구희[文考乙伯究姬], 〈순궤〉의 문덕 있는 할아버지 을백·동희[文祖乙伯同姬]와 관계가 있다. 〈순궤〉는 공왕(共王) 17년에 만들어진 것이니, 이 기물은 아무리 늦어도 효왕 원년의 것이다."라고 하였다. 『하상주단대공정1996~2000년계단성과보고(夏商周斷代工程1996~2000年階段成果報告)』에서는 이를 공왕원년(기원전 922)으로 판정하였다. 『상주청동기명문선(商周靑銅器銘文選)』에서는 의왕(懿王)시기로 판정하고 "〈원년사유궤(元年師酉簋)〉는 공왕시기의 기물이고, 사순(師詢)은 사유(師酉)의 아들이다. 〈십칠년순궤(十七年詢簋)〉에 익공(益公)이 나오는데, 의왕시기의 기물인 〈칠년목궤(七年牧簋)〉의 명문에서 이미 익공을 '문고익백(文考益伯)'이라 일컬었기 때문에 〈순궤(詢簋)〉는 마땅히 공왕시기의 기물이다. 이 명문은 '원년이월(元年二月)'로 기년되어 있는데, 이는 당연히 의왕의 기년이다."라고 하였다. 여기에서는 일단 의왕시기설을 취한다.

42

逆鐘

1975년 섬서성 영수현(永壽縣) 점두향(店頭鄕) 호치하(好畤河)에서 출토한 것으로 모두 4점이 있다. 현재 함양시(咸陽市) 문물고고연구소(文物考古硏究所)에서 소장하고 있다. 명문은 정[鉦] 부분에 있으며, 종마다 3행, 모두 12행 85자가 있다.

저록(著錄)

『고고여문물(考古與文物)』1981년 1기, 『은주금문집성(殷周金文集成)』 1·60-63

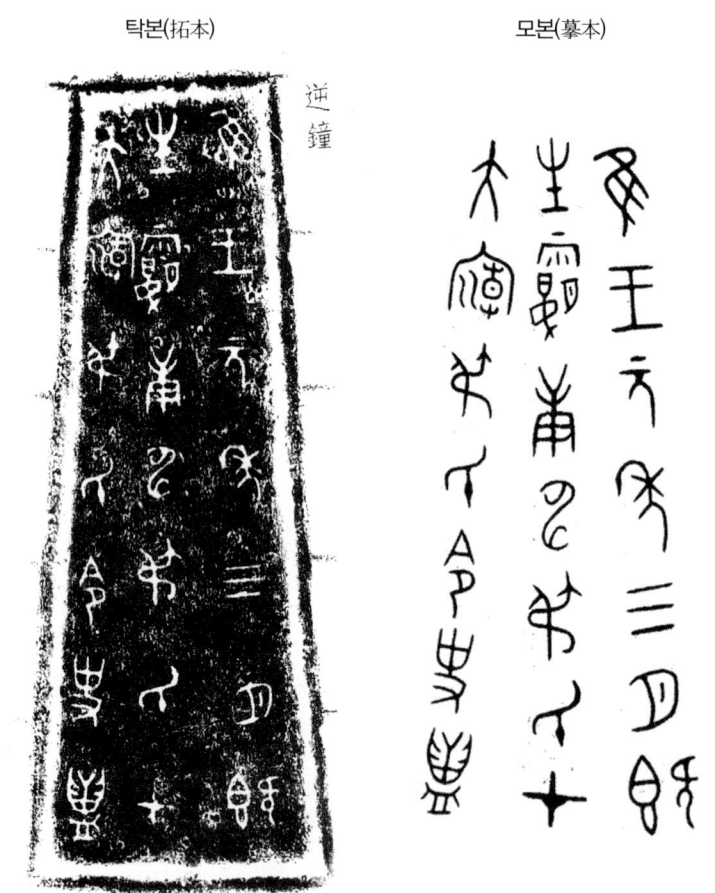

탁본(拓本)　　　　　　　모본(摹本)

탁본(拓本) 모본(摹本)

逆鐘

442

탁본(拓本)　　　　　　　모본(摹本)

逆鍾

탁본(拓本) 　　　　　　모본(摹本)

逆鐘

석문(釋文)

隹(唯)王元年三月旣生覇庚申$^{(1)}$, 弔(叔)氏在(在)大廟$^{(2)}$。弔(叔)氏令(命)史嘉召逆$^{(3)}$, 弔(叔)氏若曰$^{(4)}$: "逆, 乃且(祖)考□(許?)政于公室$^{(5)}$, 今余易(賜)女(汝)盾五錫$^{(6)}$、戈肜㫃(緌), 用䣱于公室$^{(7)}$。僕庸、臣妾, 小子室家$^{(8)}$, 母(毋)有不䎽(聞)智(知)$^{(9)}$。敬乃夙夜, 用娉(屛)朕身$^{(10)}$, 勿䠓(廢)朕命$^{(11)}$, 母(毋)㒸(墜)乃政$^{(12)}$。"逆敢拜手頴(稽)$^{(13)}$。

번역(飜譯)

왕 원년 3월 기생패 경신일에 숙씨(叔氏)가 태묘에 계시었다. 숙씨(叔氏)가 사인(史嘉)에게 역(逆)을 불러오라고 명하고 숙씨(叔氏)는 다음과 같이 말씀하시었다.

"역(逆)아! 너희 선조와 선고가 공실에서 정무를 보았으니, 지금 너에게 다섯 가지로 방패 등을 장식한 방패와 붉은 쇠털이 달린 창을 하사하니, 이로써 공실에서 직무를 맡아라. 노예와 신첩, 역의 집안사람은 아는 것을 소문내지 말도록 하여라. 아침저녁으로 공경하여 나의 몸을 안전하게 보호하고, 나의 명을 폐하지 말 것이며, 직무를 소홀히 하지 말아야 할 것이다."

역(逆)은 감히 절을 하고 머리를 조아렸다.

주해(注解)

(1) 『상주청동기명문선(商周靑銅器銘文選)』에서는 이 종을 효왕시기 기물로 판정하면서 『연표(年表)』에 의하면, 서주 효왕 원년 삼월 기생패 경신일은 다음과 같다. 효왕 원년은 기원전 924년이다. 3월은 갑인(甲寅)일이 초하루이고, 7일이 경신일이며, 하루 빠르

다."라고 하였다. 『상주청동기명문선(商周靑銅器銘文選)』의 편자는 '사분월상설(四分月相設)'을 주장하는데, 이에 따르면 기생패(旣生覇)는 8·9일에서 14·15일까지의 기간에 해당되기 때문에 "하루 빠르다"라고 하였다. 『하상주단대공정1996~2000년계단성과보고(簡本)(夏商周斷代工程1996~2000年階段成果報告(簡本))』의 표8 「서주금문역보(西周金文曆譜)」에서는 〈역종〉을 여왕(厲王) 원년(기원전 877)의 기물로 판정하고 "3월은 경술일이 초하루이며 경신일은 11일이다."라고 하였다. 이상의 두 가지 설은 차이가 매우 크나 모두 정론으로 보기 어렵다. 서주 중기의 의왕·효왕·이왕 세 왕의 재위기간도 여러 설이 분분하여(『서주제왕연대연구西周諸王年代研究』를 참고하기 바란다.) 단시일 내에 결론 내기는 힘들다. 『서주청동기분기단대연구(西周靑銅器分期斷代研究)』에서는 〈역종〉을 Ⅳ형 1식의 종으로 파악하고, 그 유형은 "굵은 양각 선으로 징(鉦) 부분이 표현된 종이다.······서주 중기 후단의 기물이며 대략 효왕·이왕 부근에 해당한다."라고 하였다. 여기에서는 잠정적으로 『상주청동기명문선(商周靑銅器銘文選)』의 견해를 따르지만, 구체적 연대는 확정할 수 없다.

(2) '숙(叔)'자에 대하여 왕휘(王輝)는 『역종명문천석(逆鐘銘文淺釋)』에서 다음과 같이 말하였다.

> 금문에서 '숙(叔)'이란 호칭은 장안현(長安縣) 보도촌(普渡村)에서 출토된 〈여정(旅鼎)〉에서 보인다.····· 문헌에서도 자주 나와 드물지 않다. 예를 들면, 주나라 초 무왕의 동생 관숙(管叔)·채숙(蔡叔)·곽숙(霍叔)·위숙(衛叔) 등은 모두 '숙(叔)'자를 쓰고 있다. 『예기·곡례하(禮記·曲禮下)』에서 "천자와 같은 성을 숙부라 칭하고, 다른 성을 숙구라 칭한다(天子同姓謂之叔父, 異姓謂

之叔舅]."라고 하였으며, 『좌전·희공(左傳·僖公)』28년에서도 주나라 천자가 진문공인 중이(重耳)를 일컬어 '숙부(叔父)'라고 하였다. 본 명문에서 '숙씨(叔氏)'가 사신(史臣)에게 명하여 역(逆)을 부르고, 또한 큰 상을 하사하는 일을 진행한 것으로 보아 주나라 왕과 같은 성을 가진 경사(卿士)로 대단한 권력을 가졌을 것이다.

'태묘(大廟)'는 시조의 종묘[始祖廟]이다. 『예기·제통(禮記·祭統)』에서 "군주는 외전(外殿)에서 재계하고, 부인은 내전(內殿)에서 재계한 후 태묘에서 모인다[君致齊於外, 夫人致齊於內, 然後會於大廟]."라고 하였는데, 정현의 주에서는 "태묘(大廟)는 시조의 종묘이다[大廟, 始祖廟]."라고 하였다.

(3) '䢃'자는 '䢃'로 쓰였다.

'인(寅)'자는 〈단효자정(鄲孝子鼎)〉에서 '䢃'으로 썼다. 명문의 이 글자의 윗부분은 '인(寅)'자를 뒤집은 자형이 구성되었다. 이 글자는 〈격백궤(格伯簋)〉에서도 보이며, 『금문편(金文編)』은 부록에 수록하였다. 곽말약은 "䢃자는 〈진방궤(陳賡殷)〉와 〈因脊鐘〉에도 보이는데, 이 두 기물에서는 '공경[虔敬]'의 의미로 사용되었다. 이 명문에서는 한정하다[垠限]라는 의미로 사용되었다."라고 하였다. '소(召)'는 '소현(召見)'으로 윗사람이 아랫사람을 부르는 것을 말한다.

(4) '약왈(若曰)'에 대해서는 〈대우정(大盂鼎)〉의 주해 (2)를 참고하기 바란다. 본 명문은 사관인 '䢃'이 그 군주인 숙씨(叔氏)의 말을 옮겨 기술한 것이다.

(5) '고(考)'의 다음 글자는 오른쪽 편방이 잔결되었으나, 왼쪽 편방은 '언(言)'이며, 윗부분에 약간 남은 획이 '오(午)'자와 비슷하기 때문에 아마도 '허(許)'자일 것이다.

'공실(公室)'은 제후의 종실을 가리킨다. 〈채궤(蔡簋)〉에서 "선왕께서 이미 너에게 재상이 되라고 명하였으니 왕가를 맡아라[先王旣令(命)女(汝)乍(作)宰, 嗣王家]."라고 하였다. 천자는 '왕가(王家)'라 칭하고, 주공(周公)·소공(召公)과 같은 공(公)의 가(家)는 '공실(公室)'이라 부른다. 역(逆)의 선조와 아버지 항렬은 장기간 숙씨(叔氏)의 공실에서 정무에 종사하였으니, 역(逆)의 가문의 지위가 일반과 달랐음을 알 수 있다.

(6) '卅'자는 '십(十)'·'갑(甲)'·'간(干)'으로 보는 견해들이 있으나, 모두 정확하지 않다. 서주초기 금문의 '순(盾)'자는 '卄'·'㪔'·'㪗' 등으로 써서 이 글자와 유사하다. 〈종궤(䟅簋)〉에서 '순(盾)'자는 '㪔'으로 쓰였는데, '卅'으로 구성되며 '돈(豚)'은 발음을 나타낸다. '석(錫)'은 방패의 등 장식을 가리킨다. 『예기·교특생(禮記·郊特性)』에서 "붉은 방패에 석을 베푼다[朱干設錫]."라고 하였는데, 정현의 주에서는 "'간(干)'은 방패이고, '석(錫)'은 방패의 등에 설치하는 것으로 거북이와 같은 모습이다[干, 盾也. 錫, 傅其背如龜也]."라고 하였으며, 공영달의 소에서는 "금속을 조각하여 방패의 등에 베푸는 것을 말한다. 방패의 등이 밖으로 튀어나왔기에 거북이와 같다고 한 것이다[謂用金琢傅其盾背. 盾背外高, 故云如龜也]."라고 하였다.

(7) '𤰞'자는 금문에서 자주 보이며, 『금문편(金文編)』에서는 부록에 수록되었다. 이 글자는 송나라 이래로 모두 풀지 못하였는데, 예전에는 '계(繼)'·'준(駿)'·'병(幷)'·'공(共)'·'적(耤)'·'섭(攝)' 등으로 해석하는 견해가 있었으나, 대부분 모순되어 통하기 어려웠다. 고홍진(高鴻縉)은 이를 '겸(兼)'으로 해석하고 다음과 같이 말하였다.

이 글자는 같은 모양의 물건 두 개를 양손으로 잡은 형상을 하고 있으며, '정(井)'을 소리로 삼기 때문에 아마 '겸(兼)'자의 초문(初文)인 것으로 생각된다. '겸(兼)'이 손으로 곡식[禾] 두 개를 쥔 자형으로 구성된 것은 〈진권(秦權)〉에 처음 보이는데, 이 글자는 후기에 생겨난 자형인 것 같다.

금문의 예를 보면, '𩱅'은 항상 '사(司)' 뿐만 아니라 몇 종류의 직무와 연용된다. 그 예로 〈번생궤(番生簋)〉에서 "왕이 공족·경사·태사료를 맡으라고 명하셨다[王命𩱅司公族卿士大史寮]."라고 한 것을 들 수 있다.

'용(用)'은 따라서라는 뜻이다. 이 구절의 의미는 역(逆)에게 숙씨(叔氏)의 공실(公室)에서 직무를 겸임하게 했다는 뜻이다. 『상주청동기명문선(商周青銅器銘文選)』에서는 '공실(公室)'과 '복용신첩소자실가(僕庸臣妾小子室家)'를 연결하여 읽어 역(逆)이 관장하는 대상이라 하였는데, 역시 통한다.

(8) '복(僕)'·'용(庸)'은 노예로 『초사·회사(楚辭·懷沙)』에서 "진실로 비천한 태도이다[固庸態也]."라고 하였는데, 왕일의 주에서는 "'용(庸)'은 곁에 두는 비천한 사람이다[庸, 厠賤之人]."라고 하였다. '첩(妾)'에 대하여 『설문해자』에서 "첩은 죄가 있는 여자이나, 일할 바를 얻어 주인을 접하는 자이다. 『춘추』에 여자를 인첩이라 한다고 하였다[妾, 有辠女子, 給事之得接於君者. 春秋云, 女爲人妾]."라는 기록이 있으니, 바로 여자 노예이다. 『상서·비서(尙書·費誓)』에서 "신첩이 달아났다[臣妾逋逃]."라고 하였는데, 공씨전(孔氏傳)에서는 "사역하는 사람 중에 남자를 신이라 하고, 여자를 첩이라 한다[役人賤者, 男曰臣, 女曰妾]."라고 하였다. 따라서 '복(僕)'·'용(庸)'·'신(臣)'·'첩(妾)'은 모두 집안의 노예이다.

'소자(小子)'는 역(逆)이 겸손히 스스로를 칭하는 것이다.

'실가(室家)'는 가족 혹은 집안의 사람을 일반적으로 가리킨다. 『초사・대초(楚辭・大招)』에서 "집안사람이 뜰에 가득하여 작위와 봉록이 성하였다[室家盈庭, 爵祿盛只]."라고 하였다.

(9) 이 구절과 위 구절은 숙씨가 역에게 그에 대한 임명을 가슴에 새기도록 경계한 것으로 설령 역의 신첩과 노예라 할지라도 또한 삼가 기록하여 잊지 말라는 뜻이다.

(10) 이 글자는 '병(屛)'으로 읽으며, 보호하고 호위한다는 뜻이다. 숙씨가 역에게 하사한 물건 가운데 방패와 창 등의 병기가 있으니, 역의 직무는 무신이다. 왕의 몸을 안전하게 보호하는 중요한 직책이다.

(11) '법(灋)'자에 대하여 『설문해자』에서 "형벌이다. 평평함이 물과 같기 때문에 '수(水)'로 구성된다. 해태는 바르지 않은 것들을 들이받아 제거하기 때문에 '거(去)'로 구성된다. '법(法)'은 후기 글자[今字]로 생략된 형태이다[刑也. 平之如水, 從水. 廌所以觸不直者去之, 從去. 法, 今文省]."라고 하였다. '灋'는 '법(法)'의 전서로 '폐(廢)'로 읽는다. 『관자・치미(管子・侈靡)』에서 "이로움은 폐할 수 없기 때문에 백성은 휩쓸린다. 신은 법으로 삼을 수 없기 때문에 섬긴다[利不可法, 故民流. 神不可法, 故事之]."라고 하였는데, 곽말약의 『집교(集校)』에서는 "금문에서 '법(法)'을 '폐(廢)'자로 쓴 예가 있으니, 여기의 두 자는 모두 마땅히 폐로 읽어야 한다[金文以法爲廢字, 此兩字均當讀爲廢]."라고 하였다.

(12) '수(㒸)'는 '추(墜)'로 읽으며, 상실하다 또는 위배한다는 뜻이다. 〈모공정(毛公鼎)〉에서 "너는 감히 위배하지 말라[女(汝)母(毋)敢㒸]."라고 하였다. 이 구절은 숙씨가 역에게 직무를 소홀히 하지 말고, 정무를 그릇되게 하지 말라고 경계하는 말이다.

(13) '계(䜵)'자의 아래 필획은 '산(山)'자와 유사한데, '수(首, 𦣻)'자의 윗부분의 잔획(殘畫)인 듯하다. 본 명문은 아직 끝나지 않아 아마도 이어지는 1~2개의 종이 더 있는 듯하다.

43

五年琱生簋

전해 내려오는 기물[傳世器]로 『군고록금문(攈古錄金文)』에서 "낙양의 저자에서 발견된 뒤에 산서 마씨(山西 馬氏)에게 귀속되었다."라고 하였다. 현재는 미국 예일대학교(Yale University) 박물관에서 소장하고 있다. 안쪽 바닥에 명문 11행 104자가 있다. 〈소백호궤(召伯虎簋)〉·〈오년소백호궤(五年召伯虎簋)〉라고도 한다.

저록(著錄)

『군고록금문(攈古錄金文)』三之二·25, 『양주금문사대계도록고석(兩周金文辭大系圖錄考釋)』錄133考142, 『미국이 약탈해간 은주 청동기 집록[美帝國主義劫掠的殷周銅器集錄]』A250R419, 『금문통석(金文通釋)』33·841, 『은주금문집성(殷周金文集成)』8·4292

탁본(拓本)

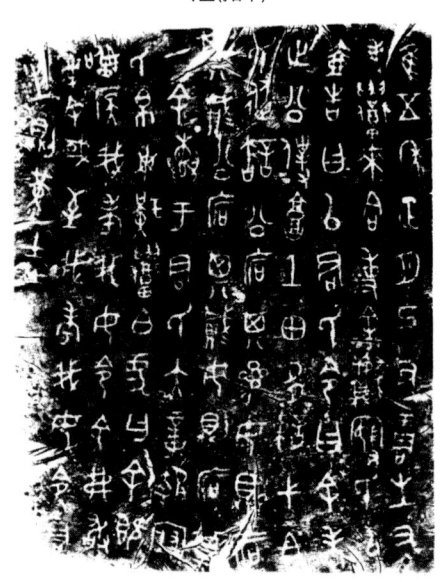

모본(摹本)

석문(釋文)

隹(唯)五年正月己丑$^{(1)}$, 琱(周)生(甥)又(有)事$^{(2)}$, 䚄(召)來合事$^{(3)}$。余獻婦氏以壺$^{(4)}$。告曰：「以君氏令曰$^{(5)}$：'余老, 止公僕庸土田多諫(刺)$^{(6)}$, 弋(式)白(伯)氏從(縱)許$^{(7)}$, 公宕其參, 女(汝)則宕其貳；公宕其貳, 女(汝)則宕其一$^{(8)}$。'」余畢(惠)于君氏大章(璋)$^{(9)}$, 報婦氏帛束、璜$^{(10)}$。䚄(召)白(伯)虎曰：「余旣訊, 㦚我考我母令$^{(11)}$, 余弗敢亂(亂)$^{(12)}$, 余或(又)至(致)我考我母令。」琱生則堇(覲)圭$^{(13)}$。

번역(翻譯)

5년 정월 기축일에 조생(周甥)이 일이 있어 소백호(召伯虎)가 와서 일을 상의하였다. 나 조생(周甥)은 부씨(婦氏)인 소백호(召伯虎)의 모친 유강(幽姜)에게 단지를 바쳤다.

고 하여 말하였다.

"군씨(君氏)가 명령하여 말하길 '내가 노인에게 고하여 토지를 공가(公家)에게 환원하는데, 이에 붙은 나라들이 많기 때문에 원망이 많다. 공가(公家)에서 3푼을 취하면, 너는 2푼을 취하고, 공가에서 2푼을 취하면 너는 1푼을 취하라.'라고 하시었다."

내가 군씨(君氏)에게 큰 장(璋)으로 은혜를 받들고, 부씨(婦氏)에게는 비단 1속과 황(璜)을 보답하였다. 소백호(召伯虎)가 말하였다.

"내가 이미 묻고 나의 부친과 모친의 명을 따르겠으니, 너는 감히 거역하지 말 것이며, 너 또한 나의 부친과 모친의 명을 따르라."

조생(琱生)이 알현하는 규(圭)를 보내어 소백호(召伯虎)에게 주었다.

주해(注解)

(1) 여기서의 5년이 어떤 왕의 기년인지 학자들 사이에 의견이 일치하지 않고 있다. 곽말약은 〈소백호궤(召伯虎簋)〉라 부르고, 선왕 시기로 판정하며 "소백호(召伯虎)는 『시경·대아·강한(詩經·大雅·江漢)』에 나오는 소호(召虎)이고, 조생(琱生)은 〈사이궤(師𮣡簋)〉에 나오는 재조생(宰琱生)으로 선왕 때 태재(大宰)이다."라고 하였다. 『상주청동기명문선(商周靑銅器銘文選)』에서는 효왕 5년이라 하고 다음과 같이 말하였다.

> 효왕 5년은 기원전 920년이고, 정월 신묘 삭은 기축보다 2일 빠르다. 전해오는 또 다른 〈육년조생궤(六年琱生簋)〉가 있는데, 그 명문에 나오는 4월 갑자일은 효왕 6년 4월 13일과 부합한다. 이 두 기물은 연결된 내용이기 때문에 본 명문의 5년은 마땅히 효왕 때의 기년이다.

효왕 5년의 절대 연대를 확정할 수는 없지만, 5년과 6년의 명문 내용이 연결되어 있다는 점은 믿을만하다. 『서주청동기분기단대연구(西周靑銅器分期斷代硏究)』에서는 "기물의 형태와 문양장식으로 고찰하면, 두 기물은 아무리 늦어도 선왕시기일 수 없다. 두 귀의 새머리 조형, 분해한 짐승의 얼굴, 명문의 내용으로 논하면, 마땅히 서주중기의 기물이다."라고 하였다. 여기서는 일단 서주중기의 설을 따르며, 효왕시기 것으로 둔다. 〈사이궤(師𮣡簋)〉를 이왕 11년의 기물로 판정하는 견해도 있다.

(2) '조생(琱生)'은 또한 '주생(周生)'으로도 쓰며, 이는 〈주생두1(周生豆1)〉(『三代吉金文存』10·46·4)·〈주생두2(周生豆2)〉(『文物』

1980·9기)에 보인다. 〈육년조생궤(六年琱生簋)〉의 "조생은 나의 종군[宗君]의 은혜로움을 받들고 부응할 것이다. 이에 나의 위엄 있는 조상 소공을 위한 제사용 궤를 만든다[琱生奉揚朕宗君其休, 用乍(作)朕剌(烈)且(祖)召公嘗簋]."라고 한 것을 보면, 소공의 후손임을 알 수 있다.

'생(生)'을 장아초(張亞初)는 '생(甥)'으로 읽고, '조생(琱生)'의 모친은 조(琱)씨의 여인이며 〈함황보정(函皇父鼎)〉에 '조윤(琱妘)'이라는 언급을 통하여 조(琱)씨는 운(妘)씨 성을 썼다는 것을 알 수 있다.

'유사(有)事'는 다음 구절을 통하여 토지 소송이라는 것을 알 수 있다.

(3) '소(召)'는 아래 구절에 보이는 '소백호(召伯虎)'의 생략된 호칭이다. '합(合)'은 모임이다. 따라서 '합사(合事)'는 모여서 일을 상의하는 것을 말한다.

소백호는 소공의 후예로 부친은 유백(幽伯), 모친은 유강(幽姜)이다. 조생의 부친은 '冣仲'으로 둘째 아들이다. 유백의 동생이라는 견해도 있다. 조생은 지족(支族)으로 유백을 종군(宗君)으로 받든다.

(4) '여(余)'는 조생의 자칭이다.

'부씨(婦氏)'에 대하여 임운(林澐)은 소백호의 모친 유강이라 하였다. 그녀가 소(召)씨 집안의 종부(宗婦)이기 때문이다.

(5) '군씨(君氏)'에 대하여 손이양(孫詒讓) 이하 다수의 학자들이 왕후를 가리킨다고 하였다. 『춘추·은공(春秋·隱公)』3년에서 "여름 4월 신묘일, 군씨가 죽었다[夏四月辛卯, 君氏卒]."라고 하였는데, 이에 대하여 공영달의 소에서는 "군씨는 은공의 모친이다. 군씨라 일컫는 것은 군주의 어머니이기 때문이다[君氏者, 隱功之母聲子也. 謂之君氏者, 言是君之母氏也]."라고 하였다. 임운(林澐)은 군

씨가 소백호의 부친 유백이라 하였는데, 왜냐하면 그는 소씨 집안의 종군이기 때문이다. 이에 대하여 임운은 다음과 같이 말하였다.

> 첫째, 현재 여러 동료 학자들 대부분이 '군(君)'은 부녀자에게만 쓰는 존칭이라 하지만 옳지 않다.…… 예를 들면, 〈백극호(伯克壺)〉(『박고도(博古圖)』 6·33)의 명문에서 백태사(伯太師)를 '천군(天君)'이라 불렀고, 〈기부호(幾父壺)〉(『부풍제가촌동기군(扶風齊家村銅器群)』)에서도 동중(同仲)을 '황군(皇君)'이라 불렀다. …… 이들은 모두 '군(君)'이 부녀자에게만 전적으로 쓰이는 호칭이 아님을 증명하여 준다.
> 둘째, 나는 '군씨(君氏)'가 종군의 변칭(變稱)이고, 부씨(婦氏)는 종부의 변칭이며, 이들은 모두 금문에서 '작책윤(作册尹)'을 '윤씨(尹氏)'로 '제후(齊侯)'를 '후씨(侯氏)'로 변칭한 것을 근거로 할 뿐만 아니라 명문 내부에도('군씨'가 '종군'이라는) 근거가 있다. 전체 명문을 종합하여 보면, 조생이 호(壺)를 부씨에게 바치고 구하는 것은 '군씨의 명(以君氏命)'이고, 소백호가 봉행한 바는 "나의 부친과 모친의 명[我考我母命]."이다. 이를 보면, 조생의 일은 비록 소백호로부터 처리되었지만 결정적 작용은 조생이 말한 바대로 '군씨(君氏)' 즉 소백호가 말한 "나의 부친과 모친의 명[我考我母命]."이다. 그러므로 일이 이루어진 이후 조생이 받들어 찬양한 대상 '짐종군(朕宗君)'은 소백호의 부친이지 소백호가 아니다.

이 설이 옳다. 따라서 '이군씨명왈(以君氏命曰)'은 바로 조생이 종부인 유강을 통하여 종군인 유백에게 청하는 말이다. '명왈(命曰)' 이하는 조생이 유백을 위하여 헤아린 명의 내용이다.

(6) '노(老)'는 노년(老年)이라는 뜻이다.

'지공(止公)'은 옛날에 대부분 인명으로 해석하였다. 곽말약은 군씨의 부친이라 하였는데, 모순이 있어 통하기가 어렵다. 임운(林

澋)은 "지공은 누구인가? 확언할 수 없지만 분명히 조생과 긴밀한 관계가 있을 것이다."라고 하였다. 『상주청동기명문선(商周靑銅器銘文選)』에서는 '지(止)'는 '감소하다[殺減]'이며, '공(公)'은 '공씨(公氏)'라 하였다. 사유지(斯維至)는 "'지(止)'는 '치(致)'와 통하니, '치공(致公)'은 어른에게 고하는 것으로 노예와 토지를 공가(公家)에 환원한다는 뜻이다. 『좌전·소공(左傳·昭公)』10년의 기록에 의하면, '제나라의 진씨와 포씨는 난씨와 고씨의 재산을 나누어 가지려 하자' 안자(晏子)가 진항자에게 '반드시 공실에 바쳐야한다[必致諸公].'라고 하였으며. '환자는 모두 공실에 바치고 거땅에서 은거하였다[恒子盡致諸公, 而請老于莒].'라는 기록이 있다. 명문의 상황이 이와 같다."라고 하였다. 이 설은 비교적 설득력이 있다.

'복용토전(僕庸土田)'은 『시경·노송·민궁(詩經·魯頌·閟宮)』에서 "토지와 부용을 하사하도다[土田附庸]."라고 하였으며, 『좌전』에서는 "토지를 더 늘려 주었다[土田陪敦]."라고 하였다. '복(僕)'·'부(附)'·'배(陪)'의 발음은 가까워 통용된다.

'돈(敦)'은 '용(庸, 𩫖)'의 자형이 와변(訛變)된 것이다. 〈역종(逆鐘)〉에서 '부용신첩(附庸臣妾)'이 연용된 것을 통하여 '복용(僕庸)'이 신분의 일종임을 알 수 있다. 사유지(斯維至)는 "고대의 '부용(附庸)'은 비록 피정복국의 백성이지만, 앞에서 말한 바와 같이 그들은 여전히 자신들의 공동체를 보유하고 선조에게 제사를 지낼 뿐만 아니라 토지도 소유하였으므로[井田製] 절대 노예가 아니다."라고 하였다.

'자(諫)'의 음은 cì(자)로『설문해자』에서 "자주 간하는 것이다[數諫也.]"라고 하였으며, 단옥재는『설문해자주(說文解字注)』에서 "잘못을 자주 간함을 말하는 것으로 무릇 '기(譏)'·'자(刺)'자는 마땅히 이에 사용한다[謂數其失而諫之, 凡譏刺字當用此]."라고 하였다. 『광아·석고(廣雅·釋詁)』에서 "자(諫)는 원망이다[諫, 怨也]."라고 하였는데, 왕념손(王念孫)의 『광아소증(廣雅疏證)』에서는 "자(諫)는 통상 자(刺)로 쓴다. 『논어·양화(論語·陽貨)』에서 '시는 원망스러움을 표현할 수 있다[詩可以怨].'라고 하였는데,『시경정의·패풍·격고(詩經正義·邶風·擊鼓)』는 정현의 말을 인용하여 '원망이란 윗사람의 정사에 대해 책망하는 것을 일컫는다[怨謂刺上政].'라고 하였으며,『한서·예악지(漢書·禮樂志)』에서는 '원망과 나무람이 시가 생겨났다[怨刺之詩起].'라고 하였으니, 원망과 나무람은 같은 뜻이다." 라고 하였다. 〈사장반(史墻盤)〉에서도 "한가롭고 우아하신 문고(文考)·을공(乙公)께서는 강직하고 굳세며 명랑하여 순수함을 얻고 재촉함이 없으셨다[害(舒)犀(遲)文考乙公, 遽(競)趩(爽)睪(得)屯(純)無諫]."라는 말이 있다.

'무자(無諫)'는 과실이 없으면 책망도 없다는 뜻이다. 따라서 이 구절의 의미는 내가 어르신[老]에게 고하여 부용과 토지를 공가에 돌려주려고 하는데, 토지와 부용이 많기 때문에 이전에 많은 원망이 있었다는 뜻이다.

(7) '익(弋)'은 '식(式)'으로 읽으며, 조사이다. 정성수(丁聲樹)는 "식(式)은 권함을 나타내는 어휘이다."라고 하였다.

'백씨(伯氏)'는 조생의 소백호에 대한 경칭이다.

'종(從)'은 '종(縱)'으로 읽으니, 『설문해자』에서 "느슨하다는 뜻이다. 놓는다는 뜻이라고도 한다[緩也. 一曰舍也.]"라고 하였다. 이 구절은 조생이 소백호에게 관대하게 처리해줄 것을 희망한다는 뜻이다.

(8) '공(公)'은 '공가(公家)'이다. 『시경·빈풍·칠월(詩經·豳風·七

月)』에서 "작은 짐승은 우리 가지고, 큰 짐승은 공가에 바친다[言私其豵, 獻豜于公]."라고 하였다.

'탕(宕)'은 음이 dàng(탕)이다. 『설문해자』에서 "지나치는 것이다. 동굴집이란 뜻도 있다고 한다. '면(宀)'으로 구성되며, '탕(碭)'의 생략된 자형이 발음을 나타낸다[過也. 一曰洞屋. 從宀碭省聲]."라 하였다. 임의광(林義光)은 『문원(文源)』에서 "석(石)이 탕(碭)의 생략된 자형이라는 점은 확실하지 않다. 동옥(洞屋)은 돌로 이루어진 동굴이 마치 집과 같은 것이다. 따라서 '석(石)'과 '면(宀)'으로 구성되었다. 동굴 집은 대부분 앞뒤가 뚫려 통하기 때문에 지나간다는 뜻으로 인신된다[石爲碭省不顯. 洞屋, 石洞如屋者. 从石宀. 洞屋多前後穿通, 故引申爲過]."라고 하였다. 사유지(斯維至)는 '탕(宕)'에 확장하여 취한다[拓伐, 拓取]는 뜻이 있다고 하였다.

이 구절의 의미는 분명하지 않지만, 대략 다음의 의미로 추측할 수 있다. "주나라 천자가 처음 조생에게 부용·토지를 줄 때 공가에서 3푼을 취하면 조생은 2푼을 취할 수 있고, 공가에서 2푼을 취하면 조생은 1푼을 취할 수 있다고 약정하였다." 조생의 이러한 말은 사실 스스로를 변호하기 위한 말일 뿐 결코 공가의 이익을 빼앗으려는 것은 아니다.

(9) 이 글자에 대하여 『상주청동기명문선(商周靑銅器銘文選)』에서 "𢍰는 '혜(惠)'자로 두 개의 손[手]으로 구성되었으며, 타동사이다. 은혜를 받든다는 뜻이다."라고 하였다. 이 구절에 대하여 임운(林澐)은 "유백(幽伯)·유강(幽姜)은 분명 조생의 요청을 만족시켜 주었기 때문에 조생은 한걸음 더 나아가 재물과 비단으로 그들에게 감사를 표하였다."라고 하였다.

(10) '보(報)'는 보수로 위 구절의 '혜(惠)'의 뜻과 가깝다. 『시경·왕풍·

목과(詩經・王風・木瓜)』에서 "나에게 모과로 던져주니, 나는 마노와 패옥으로 보답하는데, 보답이 아니라 영원히 좋아하자는 뜻이네[投我以木瓜, 報之以瓊琚, 匪報也, 永以爲好也]."라고 하였다.

'백(帛)'은 견직물이다.

'황(璜)'은 『설문해자』에서 "벽(璧)의 반쪽과 같이 생긴 것이다[半璧也]."라고 하였다.

(11) '여(余)'는 소백호가 자신을 지칭하는 말이다.

'신(訊)'은 『설문해자』에서 "묻는 것이다[問也]."라고 하였으니, 바로 '물어보다訊問'이다. 『좌전・소공(左傳・昭公)』21년에서 "자괴에게 의료의 등에 칼을 대고 묻게 하였다[使子皮承宜僚以劍而訊之]."라고 하였다. 여기서 물어보는 대상은 소백호의 부모인 유백・유강이지 조생이 아니다.

'厭'자는 자서(字書)에 보이지 않으며 뜻도 분명하지 않다. 이 글자에 대하여 임운은 다음과 같이 말하였다.

> '厭'자는 원래 전서에서 '厭'・'厭'로 쓴다. 아마도 '敎'으로 구성되는 동시에 발음을 나타내는 형성자인 것 같다. 금문에서 '亡敎'은 '亡敎'으로도 쓰였으며(〈사순궤(史詢簋)〉), 전래문헌에서는 '망역(亡斁)'으로 쓴다. '역(斁)'은 전래문헌에서 대부분 '염(厭)'의 뜻으로 해석하는데, '염(厭)'에는 복종한다, 순종하다는 뜻이 있다. 그러므로 '厭我考我母令'을 일단 "나의 부친과 모친의 명에 따른다."라고 해석하여 둔다.

(12) '蠲'은 '난(亂)'으로 읽으며, 배반・거역이란 뜻이다. 『좌전・문공(左傳・文公)』7년에서 "전쟁이 내부에서 일어나는 것을 '난(亂)'이라 한다[兵作于內爲亂]."라고 하였다. 이상의 두 구절은 소백호가

"나는 이미 (부모님께) 여쭈어 보았고, 내 부모의 명령을 따를 것이며, 감히 거역하지 않겠다."라고 말한 것이다. 소백호는 부모가 조생이 보낸 예물 '호(壺)'·'대장(大璋)'·'속백(束帛)'·'황(璜)' 등을 받았기 때문에 조생을 사사로이 비호하였다.

(13) 조생은 알현을 위한 홀[圭]을 소백호에게 보내주었다.

44
六年琱生簋

전해 내려오는 기물로 현재 국가박물관(國家博物館)에서 소장하고 있다. 안쪽 바닥에 명문 11행 104자가 있다. 〈소백호궤(召伯虎簋)〉・〈육년소백호궤(六年召伯虎簋)〉라고도 한다.

저록(著錄)

『적고재종정이기관지(積古齋鐘鼎彝器款識)』6・17, 『양주금문사대계도록고석(兩周金文辭大系圖錄考釋)』錄135考144, 『금문통석(金文通釋)』33・860, 『은주금문집성(殷周金文集成)』8・4293

탁본(拓本)

모본(摹本)

석문(釋文)

佳(唯)六年四月甲子$^{(1)}$，王在蒡。䇂(召)伯虎告曰："余告慶$^{(2)}$，曰：公乎(厥)稟貝$^{(3)}$，用獄諫刺)爲伯$^{(4)}$，又(有)祗又(有)成$^{(5)}$，亦我考幽白(伯)、幽姜令(命)$^{(6)}$。余告慶，余以邑譖(訊)有嗣(司)$^{(7)}$，余典勿敢封$^{(8)}$。今余旣譖(訊)，有嗣：戻命$^{(9)}$！今余旣一名典，獻白(伯)氏$^{(10)}$，則報璧$^{(11)}$。"琱生奉揚朕宗君其休$^{(12)}$。用乍(作)朕剌(烈)且(祖)䇂(召)公嘗殷$^{(13)}$，其萬年子孫寶用，享于宗。

번역(飜譯)

6년 4월 갑자일에 왕께서 방(蒡)에 계시었다. 소백호(召伯虎)가 고하여 말하였다.

"나는 경사를 고하여 말하길, '공은 패화를 바쳐 소송을 하여 결과를 이루었고, 또한 나는 부친 유백(幽伯)과 모친 유강(幽姜)의 명을 따르겠노라.' 너에게 경사를 고하노라. 내가 읍의 일을 관계가 있는 관원에게 물으러 갈 것이니, 나의 기재를 감히 봉하지 말라. 지금 나는 이미 물었고, 일을 맡은 사람이 명을 따르겠다고 하였다. 지금 나는 이미 모두 등록하였고, 받들어 조생에게 주었으니, 조생은 벽(璧)으로 보답하여라." 조생(琱生)은 종실의 우두머리인 유백(幽伯)의 아름다움을 받들어 찬양하였다. 나의 열조인 소공을 위해 상(嘗)제사지낼 궤(簋)를 만드노라. 장차 만년토록 자자손손 보배스럽게 사용하고, 종묘에서 제사지낼지어다.

주해(注解)

(1) 〈오년조생궤(五年琱生簋)〉와 〈육년조생궤(六年琱生簋)〉 두 기물의 형제·문양 및 크기는 완전히 동일하며, 명문 또한 10자 1행으로 손이양(孫詒讓)은 "사건에 관련이 있는 것 같다."라고 하였다. 곽말약도 이 두 명문의 연월과 간지가 연결되어 있음을 지적하였다. 임운(林澐)은 더욱 자세한 논술을 가하여 두 명문을 이어 읽어야 함을 증명하였다. 여기서 6년은 일단 효왕 6년으로 판정라녀 두지만, 그 절대 연대에 대하여서는 단언할 수 없다.

(2) 여기서 소백호가 고한 사람은 조생이다.

'경(慶)'은 『설문해자』에서 "축하하러 가는 사람[行賀人]."이라 하였으니, 기쁜 경사이다. 『국어·주어(國語·周語)』에서 "진나라가 언 땅에서 초나라를 이기고, 극에게 기쁜 일을 주나라에 고하도록 하였다[晉旣克楚于焉, 使郤至告慶于周]."라고 하였다. 이에 대하여 양수달(楊樹達)은 "'소백호고왈(召伯虎告曰)'에서 '보벽(報璧)'까지는 모두 소백호가 고한 말이다. 이 말은 두 단락으로 나눌 수 있는데, 각 단락의 시작은 모두 '여고경(余告慶)'으로 시작한다."라고 하였다. 그러나 양수달이 '경(慶)'을 인명으로 본 견해는 취하지 않는다.

(3) '품(稟)'은 『광아·석고(廣雅·釋詁)』에서 "주는 것이다[予也]."라고 하였는데, 왕념손(王念孫)은 『광아소증(廣雅疏證)』에서 "모든 판본에 '여(予)'자 다음에 모두 '여(與)'자가 없다. '여(予)'·'여(與)'의 발음이 같기 때문에 옮겨 적으면서 '여(與)'자가 삭제되었기 때문일 뿐이다[各本予下皆無與字, 此因予與二字同聲, 故傳寫脫去與字耳]."라고 하였다. 즉 사여하다는 뜻이다. 임운은 '품(稟)'자가 여기에서는 바친다는 뜻이라 하면서 다음과 같이 말하였다.

『주례·대사구(周禮·大司寇)』에서 "금전과 관련된 양 측의 사사로운 소송을 금지한다. 조정에 화살 묶음을 보증으로 납부한 후에 소송을 듣는다. 옥살이와 관련된 양 측의 사사로운 소송을 금지한다. 1균의 금을 3일 안에 보증으로 조정에 들인 후에 소송을 듣는다[以兩造禁民訟, 入束矢于朝, 然後聽之. 以兩造禁民獄, 入鈞金三日乃致于朝, 然後聽之]."라고 하였다. 본 명문의 '품패(稟貝)'는 아마 '화살묶음을 보증으로 납입함[入束矢]' 혹은 '금을 보증으로 납입함[入筠金]'에 해당하며, 소송을 하기 위한 절차이다.

(4) '옥자(獄刺)'는 〈五年琱生簋〉의 '僕庸土田多諌刺'와 같다.
'백(伯)'은 조생을 가리키는 것 같다. 임운은 "아마 조생이 '寬仲'의 장자이기 때문에 자연히 소백호에게 '백(伯)'이라 불렸을 것이다."라고 하였다.

(5) '지(祇)'는 〈사장반(史墻盤)〉에도 보인다. 위나라 때의 〈삼체석경(三體石經)〉에서는 '지약차(祇若此)'의 '지(祇)'자를 '亯'로 썼는데, 본 명문과 자형이 가깝다. '지(祇)'는 '기(祇)'로 읽는다.『정자통(正字通)』에서 "지(祇)는 기(祇)와 통한다[祇與祇通]."라고 하였는데, 『광운(廣韻)』에서는 "기(祇)는 편안한 것이다[祇, 安也]."라고 하였다. '성(成)'은 『설문해자』에서 "이루는 것이다[成, 就也]."라고 하였으며, 성공·완성이라는 뜻으로 인신된다. 따라서 '유기유성(有祇有成)'은 소송에 결실이 있다는 말이다.『시경·소아·서묘(詩經·小雅·黍苗)』에서 "소백이 이룸이 있으니 왕의 마음이 편안해 지도다[召伯有成, 王心則寧]."라고 하였다.

(6) '아고유백, 유강령(我考幽白(伯)、幽姜令)'은 〈오년조생궤(五年琱生簋)〉의 '아고아모명(我考我母命)'이다. 유강은 유백의 아내이다. 아내는 남편의 호칭을 따라 호칭된다.

(7) '읍(邑)'에 대하여 임운은 〈오년조생궤(五年琱生簋)〉의 '복용토전(僕庸土田)'을 가리킨다고 하면서 "당시 토지는 '전(田)'이나(〈격백궤(格伯簋)〉) '읍(邑)'으로(〈역종수(𠂤從盨)〉) 계산되었다."라고 하였다. 이 구절은 "내가 읍의 일에 대하여 이와 관련이 있는 관리에게 물을 것이다."라는 뜻이다.

(8) '전(典)'은 등록·기재라는 뜻이다. 〈격백궤(格伯簋)〉에서 "보배스러운 기물을 주조하고 격백의 토지(계약 내용)를 기재하노라[鑄保(寶)盨, 用典格伯田]."라고 하였으며, 〈선부극궤(善夫克簋)〉에서는 "왕은 윤씨의 우에게 명하시어 선부극의 토지의 인력(계약 내용) 기재하도록 하시었다[王令尹氏友趞典善夫克田人]."라고 하였다. 임운은 고대의 계약문서는 종묘의 제기에 기록되기도 한다고 하였다. 『주례·사약(周禮·司約)』에서 "무릇 큰 약속의 문서는 종묘의 제기에 쓰고, 작은 약속의 문서는 단도(丹圖)에 쓴다[凡大約劑書于宗彝, 小約劑書于丹圖]."라고 하였는데, 『주례·태사(周禮大史)』에서는 "무릇 방국의 도시·교외와 만민의 약속사항을 보관한다.……약속 사항이 어지러워지면 문서를 꺼내 확인하고, 약속을 이행하지 못한 자에게 형벌을 내린다[凡邦國都鄙及萬民之有約劑者藏焉.……若約劑亂則辟法, 不信者刑之]."라고 하였으며, 『주례·사맹(周禮·司盟)』에서는 "백성 중 약속문서가 있는 자는 그 부본을 사맹에 보관한다[民之有約劑者, 貳在司盟]."라고 하였다. 이에 대하여 임운은 다음과 같이 말하였다.

고대에 토지 소송을 하는 자는 계약[約劑]을 맺는 것을 해결수단으로 삼았다. 계약을 맺는 것을 '전(典, 동사로 쓰임)'이라 하고, 맺은 계약 역시 '전(典, 명사로 쓰임)'이라 한다. 그리고 계약 문서는 또 부본(副本)을 만들어 관부(官府)에 봉하여 위조를 방지토록 하였다. 소백은 여기에서 "내가 비록 토지의 문서를 기록하였으나, (아직 정론은 없음) 감히 관부에 봉하여 보관하지 못했다."라고 하였다.

(9) '厚명(厚命)'은 명을 따르는 것으로 유백과 유강의 명을 따른다는 뜻이다. '厚'자에 대해서는 앞의 〈오년조생궤(五年琱生簋)〉 주해 (11)를 참고하기 바란다.

(10) 양수달은 "'일(一)'은 모두[皆]·전부[盡]라는 뜻이다."라고 하였다. '명(名)'은 『광아·석고(廣雅·釋詁)』에서 "이루는 것이다[成也]."라고 하였다. 따라서 '금여기일명전(今余旣一名典)'은 지금 나는 이미 전부 등록하여 문서를 만들었다는 뜻이다.

'헌백씨(獻白氏)'는 조생에게 받들어 바쳤다는 뜻이다.

(11) '보벽(報璧)'은 조생이 옥[璧]으로 소백호에게 보답하였다는 뜻이다.

(12) '종군(宗君)'은 '종장(宗長)'과 같으며, 종족의 우두머리이다. 유백을 가리킨다.

(13) '소공(召公)'은 즉 소공 석(召公奭)이다. 조생과 소백호는 같은 종족이기 때문에 기물을 만들어 멀리 소공까지 제사지냈다.

'상(嘗)'은 제사 이름이다. 〈진후인차돈(陳侯因𪧐敦)〉에서 "겨울제사를 지내고, 가을제사를 지냈다[以烝以嘗]."라고 하였으며, 『시경·소아·천보(詩經·小雅·天保)』에서 "여름제사, 봄제사, 겨울제사, 가을제사[禴祠烝嘗]"라고 하였는데, 모전에서는 "종묘의 제사……가을제사를 상(嘗)이라 한다[宗廟之祭……秋祭曰嘗]."라고 하였다.

45

史密簋

1986년 섬서성 안강시(安康市)의 동쪽 왕가패(王家壩)에서 출토된 이후 민간에 떠돌다가 1988년 안강지구 공안국(公安局)에서 조사하여 획득하였다. 안쪽 바닥에 명문 9행 93자가 있다.

저록(著錄)
『고고여문물(考古與文物)』1989년 3기, 『문물(文物)』1989년 7기

석문(釋文)

隹(唯)十又一月⁽¹⁾, 王令(命)師俗、史密曰⁽²⁾: "東征⁽³⁾。" 敆南尸(夷)盧、虎會杞尸(夷)、舟(州)尸(夷), 雚(灌)不折(悊)⁽⁴⁾, 廣伐東或(國)⁽⁵⁾, 齊自(師)、族土(徒)、述(遂)人⁽⁶⁾, 乃執䚄(鄙)寬亞⁽⁷⁾。師俗達(率)齊自(師)、述(遂)人左⁽⁸⁾, □[周]伐長必⁽⁹⁾; 史密右, 述(遂)族人、釐(萊)白(伯)、僰眉(殿)⁽¹⁰⁾, 周伐長必, 隻(獲)百人。對揚天子休, 用乍(作)朕文考乙白(伯)䵼毁, 子子孫孫其永寶用。

탁본(拓本)　　　　모본(摹本)

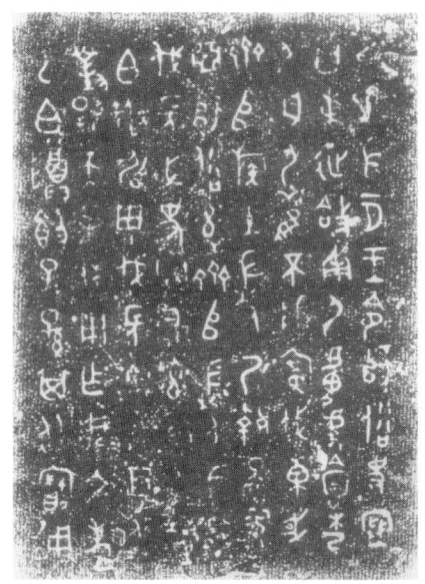

번역(翻譯)

11월에 왕께서 사속(師俗)과 사밀(史密)에게 명하시며 말씀하시었다. "동쪽으로 정벌하라!"

남이(南夷) 노(盧)·호(虎)가 모여 합한 기이(杞夷)·주이(夷州)를 만나니, 기세가 흉흉하고 큰소리로 떠들며 시끌벅적하여 공손하지 않았다. 동방 나라들을 크게 정벌하였다. 제나라 군사, 종족의 무리, 수에서 보낸 병사들이 비(鄙)·관(寬)·아(亞)를 잡았다. 사속(師俗)은 제나라 군사를 거느리고 수(遂)에서 보낸 병사들이 왼쪽에서 도와 장필(長必)을 에워싸서 토벌하였고, 사밀(史密)은 오른쪽에서 수(遂)에서 보낸 종족 사람, 내백(萊伯)·극(棘)의 후군을 이끌고 장필(長必)을 에워싸서 토벌하여 100명을 사로잡았다. 천자의 아름다움을 칭송하고 찬양하며, 나의 부친 을백(乙伯)을 위한 존귀한 궤(簋)를 만드노라. 자자손손이 장차 영원히 보배스럽게 사용할지니라.

주해(注解)

(1) 11월은 혹은 12월로도 해석한다. 이에 대하여 오진봉(吳鎭烽)은 "'이월(二月)' 두 글자는 필획을 빌린 합문(合文)이다.⋯⋯ 서주시기 금문에 이러한 유형의 합문은 매우 많으니, 〈맥정(麥鼎)〉·〈괴백궤(乖伯簋)〉에 나오는 '이월(二月)'은 모두 이와 같다.⋯⋯ 이러한 합문에서 '백(百)'·'월(月)'·'필(匹)'·'붕(朋)' 등의 첫 필획은 모두 가로획으로 숫자의 마지막 획과 획을 공유한다."라고 하였다. 그러나 본 탁본에서는 '월(月, ⅅ)' 위에는 가로획이 보이지 않는다. 이 명문에서는 달[月]만 기록하고 해[年]는 기록하지 않았다. 기물의 연대에 대하여 장무용(張懋鎔)은 선왕시기로 보았는데, 이

는 주로 형제(形製)·문식(紋飾)·자체(字體)·내용(內容)이 〈사원궤(師寰簋)〉와 유사하다는 점에 착안한 것이다. 이계량(李啓良)은 공왕에서 의왕시기라 보았으며, 그 주요 근거는 사속(師俗), 즉 사속보(師俗父)·백속보(伯俗父)가 공왕에서 의왕시기의 대신이라는 점이다. 오진봉(吳鎭烽)은 궤의 형제와 문식이 서주중기의 후단 이후에 유행한 것이기 때문에 "의왕시기로 판정하는 것이 비교적 적합하고, 하한선은 늦어도 이왕시기까지 가지 않는다."라고 하였다. 이학근(李學勤)은 사속과 함께 보이는 '사영(師永)'·'사진(師振, 師晨)'·'사마공(司馬共)'의 시대를 분석하고 "기물의 형태는 구연(口沿) 아래에 절곡문(竊曲紋) 띠가 장식되었으며, 복부에는 와문(瓦紋)이 장식되었다. 이러한 풍격은 서주말기에 이르러 크게 성행한 것인데 본 기물은 이미 그 물꼬를 열었다. 이는 본 기물을 효왕시기로 보는 것이 가장 적합함을 말해준다."라고 하였다. 여기서는 일단 효왕시기라는 비교적 절충된 안을 취한다.

(2) '사속(師俗)'은 〈사진정(師振鼎)〉에서도 보이는데, 본 명문에서 그는 군사장관에 해당된다. 오진봉은 '사속(師俗)'과 〈사영우(師永盂)〉의 '사속보(師俗父)'는 같은 사람이라 하였다. 〈남계정(南季鼎)〉에서는 또한 '백속보(伯俗父)'로도 불리며, 공왕 5년에 구위(裘衛)와 방군 려(邦君 厲)의 토지교역의 일에 참여하여 처리하였다. '사밀(史密)'은 본 명문에서 처음 나타난 사람이다. 오진봉은 〈백밀보정(伯密父鼎)〉의 백밀과 같은 사람이라 하였다. '사밀(史密)'은 '사관(史官)'이다. 사관은 하늘의 현상[天象]을 주로 관찰하였으므로 군사 활동에 참여하였다. 예를 들면, 〈이궤(利簋)〉에서 우사(右史)인 이(利)가 무왕이 상나라를 멸하는 전쟁에 참가한 것을 들 수 있다. 이에 대하여 이학근(李學勤)은 다음과 같이 말하였다.

『주례・태사(周禮・大史)』에서 "태사(大史)는 하늘의 때를 품고, 태사(大師)와 함께 같은 수레에 탄다[大史抱天時, 與大師同車]."라고 하였는데, 정현의 주에서는 정중(鄭衆, 鄭司農)의 말을 인용하여 "크게 군대가 출정하면, 태사는 식(式)을 휴대하고 천시를 파악하는 일을 주관하니, 길함과 흉함을 판단하여 머물게 하는 것이다. 사관은 천도를 파악하는 일을 주관하니……[大出師, 則太史主抱式以知天時, 處吉凶. 史官主知天道……]."라고 하였다. 이는 사관이 전쟁에 참여하여 '식반(食盤)'과 같은 술수(術數) 용구를 사용하여 군대의 진퇴를 판단하는 것이니, 그들의 역할이 후세 군사(軍師)와 비슷하였음을 말하여준다.

(3) 이 전쟁은 주로 지금의 산동성에서 진행되었기 때문에 '동정(東征)'이라 하였다.

(4) '합(敆)'은 『설문해자』에서 "모이다[合會也]."라고 하였다. 이학근(李學勤)은 "이 구절에서의 '회(會)'자가 두 번 나오는데, 자형과 의미가 모두 다르다. 앞의 것은 '합(合)'・'착(辵)'으로 구성되며, '만나다[值, 逢]'라는 뜻이다. 뒤의 것은 '연합'이라는 뜻이다."라고 하였다. 양수달(楊樹達)은 『사전(詞詮)』권3에서 "회(會)는 시간을 나타내는 개사(介詞)로 만나다[值]라는 뜻이다."라고 하였다. 『한비자・외저설좌상(韓非子・外儲說左上)』에서 "위문후가 우 사람과 사냥을 약속하였다. 다음날 질풍을 만나자 좌우에서 만류하였으나 문후는 듣지 않았다[魏文侯與虞人期獵. 明日, 會天疾風, 左右止, 文侯不聽]."라고 하였다. '회(會)'의 본의(本義)는 모이다[會合]이다. 유종원(柳宗元)은 「봉건론(封建論)」에서 "덕이 또한 큰 사람이 방백・연수와 같은 부류이다. 또한 나아가 명에 복종함으로써 사람을 편안케 한 후에 천하가 하나로 모이게 된다[德又大

者, 方伯連帥之類, 又就而聽命焉, 以安其人, 然後天下會于一]."
라고 하였다.

'남이(南夷)'는 〈호종(默鐘)〉·〈무기궤(無貴簋)〉에서 보인다. 남회이(南淮夷)라고도 하며, 이는 〈악후어방정(噩侯馭方鼎)〉에서 보인다.

'노(盧)'는 방국(方國)의 이름이다. 이학근(李學勤)은 옛날 노자국(盧子國)으로 지금의 안휘성 노강(盧江)의 서남쪽에 있었다고 하였다. 『한서·지리지(漢書·地理志)』의 노강군(盧江郡)에 대한 안사고(顔師古)의 주는 응소(應劭)를 인용하여 "옛날의 노자국이다[故盧子國]."라고 하였다.

'호(虎)'는 '이호(夷虎)'로 지금 안휘성 장풍현(長豐縣)의 남쪽에 있었다. 『좌전·애공(左傳·哀公)』4년에서 "여름 4월 초나라 사람은 이미 이호를 이기고 북방을 도모하였다[夏四月, 楚人旣克夷號, 乃謀北方]."라고 하였는데, 두예의 주에서는 "이호는 오랑캐로 초나라를 배반한 자들이다[夷號, 蠻夷叛楚者]."라고 하였다.

'기이(杞夷)'는 기(杞)나라로 하나라 우임금의 후예이며, 사(姒)씨 성이다. 『사기·진기세가(史記·陳杞世家)』에 보인다. 원래 지금의 하남성 기현(杞縣)에 있었다가 이후 산동성으로 옮겼다. 『춘추·은공(春秋·隱公)』4년에서 "거나라 사람이 기나라를 정벌하여 모루를 취하였다[莒人伐杞, 取牟婁]."라고 하였는데, 두예의 주에서는 "기나라는 본래 진류 옹구현에 도읍하였다. 일의 흔적을 미루어 찾아보면, 환공 6년에 순우공(淳于公)이 나라를 잃자 기사(杞似)가 (순우공의) 나라를 병합하고 순우로 천도하였다. 희공 14년에 다시 연릉으로 천도하였고, 양공 29년에 진나라 사람이 기(杞) 땅에 성을 쌓자, 기(杞)는 다시 순우(淳于)로 천도하였다[杞

國本都陳留雍丘縣, 推尋事迹, 桓六年淳于公亡國, 杞似幷之, 遷都淳于. 僖十四年又遷都緣陵, 襄二十九年, 晉人城杞, 杞又遷都淳于]."라고 하였다. 기나라가 순우로 천도하기 전에 먼저 노나라 동북쪽으로 옮겨갔는데, 『양주금문사대계도록고석(兩周金文辭大系圖錄考釋)』에서는 〈기백매복정(杞伯每刅鼎)〉과 〈기백매복호(杞伯每刅壺)〉를 수록하면서 "(이 기물들은) 산동성 신태에서 출토되었다[出土於山東新泰]."라고 하였다.

'주(舟)'는 왕휘(王輝)의 「사밀궤석문고지(史密簋釋文考地)」에서 '주(州)'로 읽었다. 『춘추·환공(春秋·桓公)』5년에서 "겨울, 주공이 조나라에 갔다[冬, 州公如曹]."라고 하였는데, 공영달의 소에서는 "『세본(世本)』에 '주는 나라로 강씨 성이다.'라고 하였다[『世本』, '州, 國, 姜姓.']"라고 기록되었다. 『좌전』에서는 "겨울, 순우공이 조나라에 갔다[冬, 淳于公如曹]."라고 하였는데, 두예의 주에서는 "순우는 주나라가 도읍한 곳이다[淳于, 州國所都]."라고 하였다. 순우는 지금의 산동성 안구현(安丘縣) 북쪽이다. 서주중기에서 말기에 기(杞)나라와 주(州)나라는 서로 이웃하고 있었다. '기(杞)'와 '주(州)'를 이(夷)라 하는 이유는 그들이 오랫동안 이인(夷人)과 섞어 살았고, 그들의 풍습에 물들었기 때문이다. 그래서 주나라 사람들은 그들을 멸시하여 불렀다. 『춘추·희공(春秋·僖公)』27년에서 "봄에 기자가 조회하러 왔다[春, 杞子來朝]."라고 하였으며, 『좌전』에서 "봄에 기환공이 조회하러 왔는데, 오랑캐의 예를 사용하였기 때문에 '자(子)'라 일컫는다[春, 杞桓公來朝, 用夷禮, 故曰子]."라고 하였는데, 두예의 주에서는 "기나라는 선대로부터 동이와 가까이 거주하여 풍속이 섞이고 무너졌으며, 언어와 의복이 때로는 오랑캐와 같았기 때문에, 기자의 죽음에 대하여 『좌전』에서 오랑캐라 말한 것이다[杞先代之後, 迫於東夷, 風俗雜壞, 言語衣服有時而夷, 故杞子卒, 傳言其夷也]."라고 하였다.

'관(蓳)'은 왕휘(王輝)의 『사밀궤석문고지(史密簋釋文考地)』에서 '환(讙)'으로 읽었다. 『설문해자』에서 "시끄러운 것이다[譁也.]"라고 하였다. 『순자·강국(荀子·强國)』에서 "백성들이 시끄럽게 소리 지르다[百姓讙敖]"라고 하였으며, 『한서·진평전(漢書·陳平傳)』에서 "모든 장수가 떠들었다[諸將盡讙]."라고 하였는데, 안사고의 주에서는 "환(讙)은 왁자지껄하면서 의논하는 것이다[讙, 囂而議也]."라고 하였다.

'절(折)'은 '철(悊)'로 읽는다. 『설문해자』에서 "공경하다[敬也.]"라고 하였다.

이 구절의 의미는 남방의 노(盧)·호(虎)가 결탁하고, 기이(杞夷)·주이(州夷)가 합세하니, 그 기세가 흉흉하고 요란스러우며, (주 왕실에) 공손하지 않다는 뜻이다. 남이와 동이는 주왕실의 입장에서 "패화와 비단을 바치는 신하[貝晦臣]"(〈사원궤(師袁簋)〉)로 마땅히 "공물을 바치고 복종하여야[厥獻厥服]" 하는데, 지금 병사를 모아 변방을 어지럽히니, "시끄러워 공손하지 않게[讙不悊]" 된 것이다.

(5) '광(廣)'은 『설문해자』에서 "궁궐의 큰 집이다[殿之大屋也]."라고 하였다. 따라서 '광벌(廣伐)'은 대규모의 공격·토벌이다.

'동국(東國)'에 대하여서는 〈의후측궤(宜侯夨簋)〉 주해 3을 참고하기 바란다. 산동성 중·남부를 가리킨다.

(6) '제사(齊自)'는 즉 '제사(齊師)'로 제나라 군대이다. 이학근은 "제나라의 삼군(三軍)은 향리(鄕里)에서 뽑았다."라고 하였다.

'족사(族士)'는 즉 '족도(族徒)'로 이학근은 이에 대하여 다음과 같이 말하였다.

당시의 군제는 군주・귀족이 대부분 자신의 종족으로 구성된 군대를 가지고 있었다.……『좌전』・『국어』에서의 "초나라의 정예병은 중군에 있는 왕족뿐입니다[楚之良, 在其中軍王族而已]."라는 것과 "난서(欒書)와 범문자(范文子)가 그들의 족속을 거느리고, 진려공의 수레를 호위하였다[欒范以其族夾公行]."라는 기록의 군대는 이러한 부류이다.

'수(遂)'에 대하여 오진봉(吳鎭烽)은 지명이라 하였다. 『춘추・장공(春秋・莊公)』13년에서 "여름 6월, 제나라 사람이 수를 멸하였다[夏六月, 齊人滅遂]."라고 하였다. 이학근은 '수인(遂人)'은 『주례』에 보이며, 정현의 주에서는 "수인은 육수(六遂)를 관장하였는데, 이는 사도가 육향(六鄕)을 관장하는데 이르는 것과 같다. 육수의 땅은 먼 교외로부터 경기 안에 달하며, 공읍・가읍・대도・소도가 여기에 들어간다[遂人主六遂, 若司徒至于六鄕也. 六遂之地, 自遠郊以達于畿中, 有公邑家邑大都小都焉]."라고 한 것을 지적하였다. 그러면서 이학근은 다음과 같이 말하였다.

이는 주왕실의 제도이다. 제후국도 이와 유사하였다. 예를 들면, 『상서・비서(尙書・費誓)』의 "노나라 사람의 삼교와 삼수[魯人三郊三遂]."라고 하였는데, 이에 대하여 양균여(楊筠如)의 『상서핵고(尙書覈詁)』에서는 "『주례・소사도(周禮・小司徒)』에서 천자의 육군(六軍)은 육향(六鄕)에서 나오며, 육수(六隧)가 보조한다. 대국(大國)의 삼군(三軍)은 삼향(三鄕)에서 나오며, 삼수(三遂)가 보조한다.……즉 교(郊)는 향(鄕)이며, 수(遂)는 향(鄕)의 바깥에 있다."라고 하였다. 노나라에 향수(鄕遂)제도가 있었으니, 제나라도 자연히 있었을 것이다. 「비서(費誓)」의 기록은 바로 회이(淮夷)와 서융(徐戎)을 정벌한 일로 이 기물과 가깝다. 여기에서의 '수인(遂人)'은 제나라의 삼군(三軍)의 제도이며, 수(遂)에서 징발된 병사이다.

(7) 이 구절은 이해하기 어렵다.

오진봉(吳鎭烽)은 '비(畐, 鄙)'·'관(寬)'·'아(亞)'에 대하여 "적 포로 3명의 이름이다."라고 하였다. 장무용(張懋鎔)은 "'비과(鄙寡, 장무용은 寬를 寡으로 읽음)'는 '변방에 위치한 과읍[邊鄙寡邑]'이라는 뜻이다.……'아(亞)'는 관명으로 변방[邊鄙]을 지키는 무관이다."라고 하였다. 왕휘(王輝)의 「사밀궤석문고지(史密簋釋文考地)」에서는 "'비관아(鄙寬亞)'는 변방 지역의 무관이며, 그 지역의 제후이기도 하다."라고 하였다. 또한 '관(寬)'은 '원(袁)' 또는 '원(爰)'과 같이 읽어야 한다고 하였다. 『춘추·성공(春秋·成公)』2년에서 "제후(齊侯)가 국좌(國佐)를 제후(諸侯)의 군중(軍中)으로 보냈다. 기유(己酉)일에 제후(諸侯)는 국좌와 원루(袁婁)에서 회맹하였다[齊侯使國佐如師. 己酉, 及國佐盟于袁婁]."라고 하였는데, 두예의 주에서는 "원루(袁婁)는 제나라에서 50리 떨어진 곳에 있다[袁婁去齊五十里]."라고 하였다. 이학근(李學勤)은 '집(執)'은 지키다[守]라는 뜻이고, '관(寬)'은 멀다[遠]라는 뜻이며, '아(亞)'를 '악(惡)'으로 읽어서, "제나라의 여러 부대가 변방의 읍을 방비하여 화를 피하였다"라고 해석하였는데, 너무 지나친 것 같다. 이 구절의 이해에 차이가 나는 이유는 '잡는대[執]'라는 행위가 누구에 의해 일어난 것인가, 즉 남이·동이의 연합군인가? 아니면 제나라 군사인가? 라는 차이가 있기 때문이다. 필자는 전자라 생각한다.

(8) '좌(左)'와 다음 구절의 '우(右)'는 문장의 중복을 피하기 위한 것일 뿐 깊은 뜻을 가진 것은 아니다.

(9) 여기에서 빠진 글자를 다음의 전거에 의하여 보충하기로 하겠다. '주(周)'는 『소이아·광언(小爾雅·廣言)』에서 "두르는 것이다[帀(匝)也]."라고 하였다. 『국어·진어(國語·晉語)』에서 "제나라 군사가 크게 패하자 (진나라 군사는) 이를 추격하여 화부주의 산을 세 겹으로 포위하였다[齊師大敗, 逐之, 三周華不注之山]."라고 하였다. 따라서 '주벌(周伐)'은 포위 공격[圍伐]하는 것이다.

'장필(長必)'은 이번 전쟁의 주요 전쟁터이나 구체적 소재는 분명하지 않다. 이중조(李仲操)는 제와 노나라 사이에 있는 '장작(長勺)'을 가리킨다고 하였는데, 방위는 맞지만 자형과 독음은 모두 거리가 멀다. 왕휘의 「사밀궤석문고지(史密簋釋文考地)」에서는 "대략적 방위를 살펴보면, 전쟁 지역은 서쪽으로 제나라 도읍인 임치(臨淄) 부근, 동쪽으로는 평도(平度)·즉묵(卽墨) 부근, 북쪽으로는 발해, 남쪽으로는 황하에 이르는 지역으로 대략 지금의 유방(濰坊)지역과 청도(靑島)·치박(淄博) 두 도시의 범위 안이다. 이 범위 안에 '필(必)'자와 독음이 유사한 곳으로는 '밀(密)' 땅이 있을 뿐이다."라고 하였다. 이 지역에 교래하(膠萊河)의 지류인 밀수(密水)가 있고, 또한 고밀현(高密縣)·하밀현(下密縣)이 있으며, 순우현(淳于縣)에 밀향(密鄕)이 있다. "장필(長必)도 밀수에서 유래한 지명일 것이다.……(때문에) 밀수지역에 있었을 것이다."

(10) '리(釐)'는 '내(萊)'로 읽는다. 『전국책·위책(戰國策·魏策)』에서 "제나라가 내와 거를 공격하였다[齊伐釐莒]."라고 하였는데, 오사도(吳師道)의 『전국책교주보정(戰國策校注補正)』에서는 "『제책(齊策)』에서 '옛날에 내와 거는 자주 모반하였다.'라고 하였다. ……여기에서의 '이(釐)'가 바로 '내(萊)'이다. 『좌전』에서 '공이 정

백을 내에서 만났다.'라고 하였는데, 두예의 주에서는 '이성(釐城)이다,'라고 하였다. 유향은 '내모(來牟)'를 인용하면서 '이모(釐牟)'로 썼다. 옛 글자는 서로 통했다[齊策, 昔者萊苢好謀……此釐字卽萊. 左傳, 公會鄭伯于郲. 杜注, 釐城. 劉向引來牟作釐牟. 古字通]."라고 하였다. 『통지・종족략삼(通志・氏族略三)』에서 "'내(萊)'는 자(子)의 작위를 가졌으나, 오랑캐의 풍속을 가졌기에 '내(萊夷)'라고도 한다. 지금 등주 황현에서 동남쪽으로 25리 떨어진 곳에 황성이 있는데, 이곳이 내국이었다. 양공 6년에 제나라에 의해 멸망되었다[萊, 子爵, 其俗夷, 亦謂之萊夷. 今登州黃縣東南二十五里有黃城, 是萊子國. 襄公六年齊滅之]."라고 하였다. 지금 산동성 황현(黃縣)의 동남쪽에 있는 회성(灰城)에서 일찍이 〈이백정(釐伯鼎)〉이 출토되었으며, 이학근은 여기가 내국의 옛날 성이라 하였다. 『중국역사지도집(中國歷史地圖集)』에서는 '내(萊)'가 지금의 평도현(平度縣) 서남쪽의 교래하(膠萊河) 하류에 있었다고 하였다.

'棘'은 '극(棘)'으로 읽는다. 춘추시기에 산동성 지역에 '극(棘)'이 두 곳 있었다. 한 곳은 노나라 읍으로 『춘추・성공(春秋・成公)』 3년에 보인다. 다른 한 곳은 제나라 읍으로 『좌전・소공(左傳・昭公)』 10년에 보이며, 지금 치박시(淄博市) 동쪽이다. 두 지역은 모두 '棘'나라에서 지명이 유래하였다. 하나는 처음 거주하던 곳이고, 다른 하나는 뒤에 옮긴 곳이다. 본 명문에서는 아마도 제나라 땅의 '극(棘)'을 가리키는 것 같다. 이학근은 '棘'을 '핍(逼)'으로 읽었다. 즉 운성(妘姓)의 핍양(逼陽), 지금의 조장(棗莊, 옛날 嶧縣)의 남쪽 지역으로 보았으나 너무 서쪽으로 치우친 것 같다.

'眉'자는 〈사원궤(師衰簋)〉에서도 보이지만, 자형이 '𦣻'로 조금 차이가 있다. 장세초(張世超)는 『사밀궤'眉'자설(史密簋'眉'字說)』에서 '시(尸)'로 구성되고 '眉'는 발음을 나타내며, 저강(氐姜)의 저(氐)라고 하였다. 또한 유소(劉釗)의 말을 인용하여 이 글자는 증후을묘 죽간의 '𦞒'자와 자형이 유사하며, '둔(臀)'의 초문(初文)이며, '전(殿)'으로 읽는다고 하였다. 또한 섬서성 낙남현(洛南縣)에서 출토된 〈남사屖호개(南史屖壺蓋)〉 명문의 '屖'도 '展'자이다. 유소의 말이 옳다.

'전(殿)'은 군대 후미[殿後]의 '병거(兵車)'이다. 『좌전·양공(左傳·襄公)』23년에서 "후군에서 상자유(商子游)가 하지어구(夏之御寇)의 전차를 몰고 최여(崔如)가 보좌가 되었다[大殿, 商子游御夏之御寇, 崔如爲右]."라고 하였는데, 두예의 주에서는 "대전은 후군이다[大殿, 後軍]."라고 하였다. 명문은 사밀이 족인(族人)·래백(萊伯)·극(棘)을 거느리고 후군이 되었다는 뜻이다.

46
師猷簋

송나라 때 출토된 것으로 전해지며, 지금 어디에 있는지 알 수 없다. 명문은 11행 111이다. 〈猷敦〉·〈백화보궤(伯龢父簋)〉라고도 부른다.

저록(著錄)

모본(摹本)

『박고도록(博古圖錄)』16·30, 『역대종정이기관지법첩(歷代鐘鼎彝器款識法帖)』14·16, 『양주금문사대계도록고석(兩周金文辭大系圖錄考釋)』圖72錄98考114, 『은주금문집성(殷周金文集成)』8·4311

석문(釋文)

隹(唯)王元年正月初吉丁亥⁽¹⁾, 白(伯)龢父若曰⁽²⁾: "師獸! 乃且(祖)考又(有)爵(勞)于我家⁽³⁾, 女(汝)有(舊)隹(雖)小子, 余令(命)女(汝)死(尸)我家⁽⁴⁾, 覨嗣(司)我西扁(偏)東扁(偏)僕馭(馭)、百工、牧、臣、妾⁽⁵⁾。東(董)裁(裁)內外⁽⁶⁾, 母(毋)敢否(不)善⁽⁷⁾。易(賜)女(汝)戈琱戚□必(柲)彤髮(緌)、盾五錫⁽⁸⁾、鐘一肆(肆)⁽⁹⁾、五金⁽¹⁰⁾。敬內夙夜用事。"獸拜頴(稽)首, 敢對揚皇君休。用乍(作)朕文考乙仲䵼殷⁽¹¹⁾, 獸其萬年子子孫孫永寶用言。

번역(翻譯)

왕 원년 정월 초길 정해일에 백화보(伯龢父)가 다음과 같이 말씀하셨다. "사수(師獸)야! 조고가 나의 집안에 공로가 있었고, 네가 과거에 비록 작은 아이였지만 나는 너에게 우리 집안을 주관토록 하겠으며, 나의 서쪽·동쪽 변방 읍에서 수레를 모는 것과 백공·목·신·첩을 맡아라. 안팎을 잘 처리하여 좋지 않음이 없도록 하여라. 너에게 자루는 옥으로 장식하고 붉은 쇠털이 달린 창, 다섯 가지로 방패 등을 장식한 방패, 종 1열, 다섯 덩어리의 구리 동전을 하사하노라. 공경하게 아침저녁으로 이를 사용하여 임무를 완수하여라."
수(獸)가 절을 하고 머리를 조아리며, 감히 황군의 아름다움을 칭송하고 찬양하였다. 나의 문채나는 부친 을중을 위한 상궤(觴簋)를 만드노라. 수(獸)는 장차 만년토록 자자손손 영원히 보배스럽게 사용하며 제사지낼지어다.

주해(注解)

(1) 곽말약은 이 기물이 여왕(厲王) 원년의 것이라 하였다.『상주청동기명문선(商周靑銅器銘文選)』·『하상주단대공정1996~2000년계단성과보고(夏商周斷代工程1996~2000年階段成果報告)』에서는 이왕(夷王) 원년의 것이라 하였지만, 절대 연도에 대해서 전자는 기원전 898년, 후자는 기원전 885년이라 하였다.『하상주단대공정1996~2000년계단성과보고』에서 "〈사수궤(師獸簋)〉의 연도는 이왕(夷王)과 여왕(厲王)의 부근인데, 그 역일(曆日)을 여왕 원년의 〈원년사태궤(元年師兌簋)〉와 함께 배열하면 서로 맞지 않기 때문에 이왕 원년으로 배열한다. 초길은 20일에 있다."라고 하였다. 그러나 같은 책의『금문기년기사어함의적귀납(金文紀時詞語涵意的歸納)』에서는 "초길은 초하루에서 초열흘에 나타난다."라고도 하여 서로 모순을 이루고 있다. 〈원년사태궤〉가 확실히 여왕 원년의 것인가에 대해서는 정론이 없다. 명문에 나오는 백화보(伯龢父)로 연대를 추정하면 곽말약의 설이 합당하다. 학자에 따라 공화(共和) 원년으로 판정하기도 한다.

(2) '백화보(伯龢父)'에 대하여 곽말약은 〈사반궤(師鯥簋)〉·〈사태궤(師兌簋)〉에서 보이는 사화보(師龢父)로 여왕에서 선왕 때의 사람이며, 또한 공백화(共伯和)라고도 한다고 말했다. 곽말약은 다음과 같이 말하였다.

〈사태궤〉에서 왕이 사태에게 "사화보는 좌우주마를 맡을 만하다[足師龢父嗣(司)左右走馬]."라고 한 것을 보면, 그가 사마(司馬)의 직책을 맡았음을 알 수 있다. 그리고 〈사신정(師晨鼎)〉·〈사여궤(師艅簋)〉·〈간궤(諫簋)〉 등의 기물에 '사마공(司馬⿱父[共])'이 나온다. 그 글과 글자체를 살펴보면, 대략 〈사태궤〉 전후의 기물이다. '사마공(司馬⿱父[共])'은 마땅히 사화보(師龢父)이다. 백화보(伯龢父)와 명칭을 조합하면, 공백화(共伯和)가 된다. 『한서·고금인표(漢書·古今人表)』의 주에서 맹강(孟康)은 공백화가 삼공에 들어갔다고 하였다. 본 명문은 그가 아직 삼공에 들어가기 전의 일이다.

본 명문에서 '약왈(若曰)'이라 한 것을 보면, 백화보의 지위가 매우 높았음을 알 수 있다.

(3) '작(爵)'은 '노(勞)'로 읽는다. 이 글자에 대한 해석은 〈하준(𦳇尊)〉의 주해 (13)을 참고하기 바란다.

(4) '가(家)'는 고대에 경대부와 그 가족 혹은 봉지(封地)를 가리킨다. 『상서·홍범(尙書·洪範)』에서 "신하가 복을 짓고, 위엄을 짓고, 진귀한 음식을 먹으면 그 해로움이 집안에 이른다[臣之有作福作威玉食, 其害于而家]."라고 하였는데, 공영달의 소에서는 왕숙(王肅)의 말을 인용하여 "대부는 가(家)로 칭한다[大夫稱家]."라고 하였다. 〈명호군호(令(命)狐君壺)〉에서 "우리 집안을 편안하고 즐겁게 한다[康樂我家]."라고 하였다. 사수(師獸)의 돌아가신 아버지[祖考]가 백화보의 집안에 공로가 있었다는 것을 통하여 백화보는 대대로 이어온 귀족이고, 사수(師獸)는 그의 가신임을 알 수 있다. 장정랑(張政烺)은 '유(有)'를 '구(舊)'로 읽었다.

이 구절은 과거 선대의 공로와 관직에 봉해진 일에 근거하여 기술된 것으로 대략 "그대는 과거에 비록 어린아이였으나, 나는 그대에게 우리 집안을 관리하도록 한다."라는 뜻이다.

(5) '편(扁)'은 '편(偏)'으로 읽는다. 『광운(廣韻)』에서 "변방이다[鄙也]."라고 하였다. 『좌전·은공(左前·隱公)』11년에서 "정백(鄭伯)이 허나라의 대부 백리(百里)에게 허숙(許叔)을 모시고 허나라의 동쪽 변방에 살도록 하였다[鄭伯使許大夫百里, 奉許叔以居許東偏]."라고 하였는데, 두예의 주에서는 "동편(東偏)은 동쪽 변방이다[東偏, 東鄙也]."라고 하였다. 따라서 '동편(東偏)'·'서편(西偏)'은 백화보의 봉지에서 동쪽·서쪽 변방의 읍을 가리킨다.

『설문해자』에서 "어(御)는 말을 부리는 것이다. '척(彳)'과 '사(卸)'로 구성된다. '어(馭)'는 고문(古文)의 어(御)자이다. '우(又)'와 '마(馬)'로 구성된다[御, 使馬也. 從彳從卸. 馭, 古文御從又從馬]."라고 하였다. 따라서 '복어(僕馭)'는 수레를 모는 노예이다. 『사기·관안열전(史記·管晏列傳)』에서 "지금 자네는 키가 8척이나 되는데 다른 사람을 위하여 수레를 모는 노예나 하고 있구나[今子長八尺, 乃爲人僕御]."라고 하였다.

'백공(百工)'은 각양각색의 장인을 가리키는 말이다. 금문에서는 백공을 하사한 일이 많이 보인다. 『주례·고공기(周禮·考工記)』에서 "굽은 면의 형세를 살피고, 다섯 가지 재목을 갖추며, 백성이 사용하는 기물을 변별하는 사람들을 일컬어 백공이라 한다[審曲面勢, 以飭五材, 以辨民器, 謂之百工]."라고 하였다.

(6) '동재(東𢿱)'를 손이양(孫詒讓)은 '동재(董裁)'로 읽었고, 대부분의 학자들이 이를 따른다. 관리하고 판결한다는 뜻이다. 곽말약은 '𢿱'는 '시(市)'로 구성되고 '재(𢦏)'는 발음을 나타내며, '재(載)'자의 이체자라 하였다.

(7) 부(否)와 불(不)은 통용된다. 〈오사위정(五祀衛鼎)〉에서 "그대는 토지를 교환하지 않았는가[汝貯(賈)田不?]"라고 하였다.

(8) '순(盾)' 대한 해석은 〈역종(逆鐘)〉 주해 (6)을 참고하기 바란다.

(9) '일(一)'의 다음 글자는 본래 '𣪘'로 쓰였으며, 장아초(張亞初)는 이를 '肆'로 예정하고, '사(肆)'로 읽었다. 〈다우정(多友鼎)〉에서 "너에게⋯⋯양질의 종 한 열을 하사하노라[易(賜)汝⋯⋯湯(錫)鐘一肆]."라고 하였는데, 여기에서 '肆'자는 '𦘔'로 쓰였다. 오른쪽 부수가 '𣪘'의 왼쪽 부수와 비슷하기 때문에 장아초의 견해가 옳다고 생각된다.

'사(肆)'는 고대에 악기를 엮어 매단 단위이다. 『주례·춘관·소서(周禮·春官·小胥)』에서 "무릇 종과 경쇠를 매다는데 절반이 '도(堵)'가 되고, 전부가 '사(肆)'가 된다[凡縣(懸)鐘磬, 半爲堵, 全爲肆]."라고 하였는데, 정현의 주에서는 "종 1도(堵)와 경쇠 1도(堵)를 '사(肆)'라 일컫는다[鐘一堵磬一堵謂之肆]."라고 하였다. 『좌전·양공(左傳·襄公)』11년에서 "가종(歌鐘) 2사와 종·경쇠[歌鐘二肆, 及其鎛磬]."라고 하였는데, 두예의 주에서는 "'사(肆)'는 나열하는 것이다. 종 16개를 매단 것이 1사(肆)이고, 2사(肆)는 32개이다[肆, 列也. 縣(懸)鐘十六爲一肆, 二肆三十二枚]."라고 하였다.

(10) '금오(金吾)'는 다섯 덩이의 구리이다.

(11) 『옥편(玉篇)』에서 "'상(鬺)'은 식(式)과 양(羊)의 반절음이다. 삶는다는 뜻이다. '鬺'으로 쓰기도 한다[鬺, 式羊切, 煮也. 亦作鬺]."라고 하였다.

단대(斷代)

『서주청동기분기단대연구(西周靑銅器分期斷代硏究)』에서 "『박고도록(博古圖錄)』의 모본은 문양이 진실한 모습을 잃었다. 자세히 살펴보면, 기물 복부와 받침대[方座] 눈 꼬리가 갈라진 큰 새의 문양分尾大鳥紋]으로 장식되었으며, 권족(圈足)은 파랑문(波浪紋)으로 장식되었다.……이왕과 여왕 전후의 기물이다."라고 하였다. 이 기물은 서주중기에서 말기의 이왕 혹은 여왕시기의 것이라고 판정할 수 있을 뿐 더 나아가 확정할 방법이 없다.

47

牆簋

1978년 5월에 섬서성 부풍현(扶風縣) 법문향(法門鄉) 제촌(齊村)에서 출토하여 현재 부풍현박물관에서 소장하고 있다. 복부 바닥에 명문 12행 125자가 있다.

저록(著錄)

『문물(文物)』1979년 4기, 『상주청동기명문선(商周靑銅器銘文選)』1·404, 『금문총집(金文總集)』4·2834, 『은주금문집성(殷周金文集成)』8·4317

탁본(拓本)

모본(摹本)

석문(釋文)

王曰[1]: "有(舊)余隹(雖)㝬(小子), 余亡康晝夜[2], 巠(經)離(雍), 擁)先王[3], 用配皇天[4]. 簧(橫)㝬(置)朕心[5], 墜(施)于四方[6]. 肆(肆)余以䋣(義)土, 獻民[7], 爯(稱)盩(盩)先王宗室[8]." 㝬(胡)乍(作)䕻彝寶毀[9], 用康惠朕皇文剌(烈)且(祖)考[10], 其各(格)前文人[11], 其瀕(頻)才(在)帝延陟降[12], 䰜(申)國(紹)皇□[上帝]大魯令(命)[13], 用㽙保我家、朕立(位)、㝬(胡)身[14], 陁陁降余多福[15], 宿(憲)簟宇(訏)慕(謨)猿猷[16]. 㝬(胡)其萬年[17], 䕻實朕多御[18], 用奉(禱)壽, 匄永令(命)[19], 畯才(在)立(位), 乍(作)疐才(在)下[20]. 隹(唯)王十又二祀[21].

번역(翻譯)

왕께서 말씀하시었다.

"옛날에 내가 비록 소자였지만, 내가 밤낮으로 평안하게 있지 않고 일반적 법규를 따르며, 선왕의 정령을 옹호하여 황천(皇天)에 짝하였도다. 나의 마음을 넓고 크게 하여 사방에 베풀었도다. 나는 의사(義士)와 헌민(獻民)으로 선왕의 종묘 제사를 잘 지냈도다."

호(胡)는 제사지낼 상이(䕻彝)의 보배로운 궤를 만드니, 이것으로 나의 위대한 조고를 편안하고 은혜롭게 공경할 것이며, 이전에 문덕을 밝힌 선조에 이르고, 상제의 조정에서 오르내리시게 할 것이고, 위대한 상제의 아름다운 명을 거듭 이을 것이고, 나의 가족, 나의 왕위, 호(胡)의 신체를 보호하고, 기쁘게 나에게 많은 복을 내려주시고, 크고 원대한 계책을 내려주십시오. 호(胡)는 장차 만년토록 내가 많이 제사지낼 만큼 재물이 충실하니 기도하여 장수를 빌고, 오랫동안 왕위에 있게 하시며, 인간의 근본을 만들도록 하여 주십시오. 왕 12년이다.

주해(注解)

(1) 여기에 나오는 왕의 이름은 '호(獸)'이다. 밑의 구절에서 "호가……보배로운 궤를 만드노래[獸作……寶殷)"·"호의 몸[獸身]"·"호는 만년토록[獸其萬年]"이란 말을 찾을 수 있다. 이 이름은 〈호종(獸鐘)〉에서도 보이며, 그 명문에서 "호는 만년토록 사방을 보호할 것이다[獸其萬年畯保四國]."라고 하였다. 당란(唐蘭)은 일찍이 '호(獸)'가 여왕(厲王)의 이름이라 지적하였다. 『사기·주본기(史記·周本紀)』에서 "이왕이 죽고, 아들 여왕 호가 즉위하였다[夷王崩, 子厲王胡立]."라고 하였다. '호(獸)'는 『설문해자』에 보이지 않으나, 청동기 중 보(簠)라는 기물이 스스로를 '𤲞'(〈계궁보보(季宮父簠)〉), '𠤎'로 자칭하는 경우가 있다. 『좌전·애공(左傳·哀公)』 11년에서 "호와 궤를 쓰는 일[胡簋之事, 즉 제사]"이라는 말이 보인다. '𤲞'는 즉 "호와 궤[胡簋]"의 '호(胡)'이다. 금문에서는 지명으로 많이 쓰였으며, 전래문헌에서는 '호(胡)'로 썼다. 지금의 하남성 언성현(郾城縣)이다. 자세한 내용은 〈종궤(威簋)〉의 주해 (4)를 참고하기 바란다.

(2) '유(有)'에 대하여 어기사(語氣詞)로 보는 견해가 있다. 장정랑(張政烺)은 '구(舊)'로 읽었다. 〈사수궤(師獸簋)〉의 주해 (4)를 참고하기 바란다.

'강(康)'자에 대하여 『설문해자』에서 "집이 텅 비어있는 것이다[屋康寁也]."라고 하였는데, 서개(徐鍇)는 『설문해자계전(說文解字繫傳)』에서 "집이 비고 큰 것이다[屋虛大也]."라고 하였으며, 『방언(方言)』에서는 "비어있는 것이다[空]"라고 하였다. 조용하고 편안하다는 뜻으로 인신된다. 장아초(張亞初)는 "강(康)자도 강(康)자의 이체자이거나 가차자일 가능성이 있다."라고 하면서, '복(福)'을

'䨲', '친(親)'을 '친(親)'으로 쓴 예를 들고, "'면(宀)'으로 구성되면 번체자, 구성되지 않으면 간체자이다."라고 하였다. 따라서 '망강(亡康)'은 감히 편안하고 안일하지 못한다는 뜻이다. 『시경‧주송‧호천유성명(詩經‧周頌‧昊天有成命)』에서 "성왕께서 감히 편안히 안주하지 않으시고, 밤낮으로 천명을 크고 치밀하게 다지셨다[成王不敢康, 夙夜基命宥密]."라고 한 것과 뜻이 비슷하다.

'주(晝)'자는 『설문해자』에 수록된 '주(晝)'의 주문(籒文) '𦘕'와 유사하다. 다른 명문에서는 대부분 "숙야(夙夜)"라 하였다.

(3) '경옹(經雍)'은 금문에서 자주 보이는데, 합쳐 쓰기도 하고 나눠 쓰기도 한다. '경(經)'은 '항상[常]'이며, 여기에서는 따른다는 뜻으로 쓰였다. '雝(雍)'을 장정랑은 '옹(擁)'으로 읽고 "안아 올리다[抱擧]라는 뜻으로 오늘날에는 옹호(擁護)로 쓴다. 이 구절은 대략 일상적 법도를 따르고, 선왕의 정령(政令)을 옹호한다는 뜻이다."라고 하였다.

(4) '용(用)'은 연결사로 따라서라는 뜻이다.

'배(配)'는 『옥편(玉篇)』에서 "부합하다[合也]"라고 하였다. 『주역‧계사상(周易‧繫辭上)』에서 "광대함은 천지에 부합하고, 변하여 통함은 사시에 부합한다[廣大配天地, 變通配四時]."라고 하였는데, 공영달의 소에서는 "주역의 이치는 광대함이 천지와 부합하니, 크기는 하늘과 짝하고, 넓음은 땅과 짝한다[以易道廣大配合天地, 大以配天, 廣以配地]."라고 하였다. 이에 대하여 장정랑은 다음과 같이 말하였다.

『시경‧주송‧사문(詩經‧周頌‧思文)』에서 "문덕이 높으신 후직, 저 하늘과 짝하셨도다[思文后稷, 克配彼天]."라고 하였는데,

정전(鄭箋)에서는 "후직의 공은 하늘과 짝하실 만하다[后稷之功能配天]."라고 하였다. 또한 『시경・대아・문왕(詩經・大雅・皇矣)』에서 "하늘이 그 천명에 부합하는 이를 세우시니, 천명을 받음이 이미 굳건하도다[天立厥配, 受命旣固]."라고 하였는데 대진(戴震)은 『모정시고정(毛鄭詩考正)』에서 "'배(配)'는 마땅히 '천명과 부합하다[配命]'라는 것과 '상제에 부합하다[配上帝]'라는 것으로 '배(配)'는 하늘의 마음[天心]에 부합하는 것을 일컫는 말이다. 이는 하늘이 하늘의 마음과 부합하는 자를 세우니, 비로소 이때에 명을 받음이 굳건하여졌으며, 후일에 성대해질 것이라는 뜻이다."라고 하였다.

(5) 장정랑은 '황(簧)'을 '횡(橫)', '치(㡑)'를 '지(至)' 혹은 '치(致)'로 읽는다고 하였다. 『예기・공자한거(禮記・孔子閒居)』에서 "백성의 부모일 것이다! 반드시 예악의 근원에 달통하고 오지(五至)에 이르며, 삼무(三無)를 행하여 이를 천하에 채운다. 사방에 해됨이 있는 것을 반드시 미리 안다.……뜻이 이르는 곳에 시 또한 이른다[夫民之父母乎, 必達於禮樂之原, 以致五至, 而行三無, 以橫於天下, 四方有敗, 必先知之.……志之所至, 詩亦至焉]."라고 하였는데, 정현의 주에서는 "'횡(橫)'은 채운다는 뜻이다. 무릇 이른다고 말한 것은 백성에게 이른다는 것이다. 지(志)는 은혜를 뜻한다. 임금의 은혜가 백성에게 이르니, 시(詩) 또한 이른다는 말이다. 백성의 부모라는 것은 자신이 가진 것을 잘 미루어서 백성과 함께 하는 자이다. 사람이 귀로는 들을 수 없고 눈으로는 볼 수 없지만, 마음에 있는 것을 행하는 것이다[橫, 充也. 凡言至者, 至於民也. 志謂恩意也, 言君恩意至於民, 則其詩亦至也. 民之父母者, 善推其所有以與民共之, 人耳不能聞, 目不能見, 行之在胸心也]."라 하

였다. 의미가 서로 비슷하다. 학사굉(郝士宏)은 『"황치짐심"해("篹
鼒朕心"解)』에서 장정랑의 설을 조금 보완하면서, '치(鼒)'를 '치
(置)'로 읽었다. 『예기·제의(禮記·祭義)』에서 "대저 효란 세워
두면 천지에 가득 차며, 넓히면 사해를 채운다[夫孝, 置之而塞乎
天地, 溥之而橫乎四海]."라고 하여 동정(動靜)·종횡(縱橫)의 느
낌이 분명히 드러난다. 『상주청동기명문선(商周靑銅器銘文選)』에
서는 '황치(篹鼒)'를 '광치(廣侈)'라 읽었다. 『국어·오어(國語·吳
語)』에서 "넓고 큰 오왕의 마음이시여[廣侈吳王之心]."라고 하였
는데, 위소(韋昭)의 주에서는 "치(侈)는 크다는 뜻이다[侈, 大也]."
라고 하였으니, 역시 통한다.

(6) '지(墜)'는 지(地)의 주문(籀文)이다. 여기에서는 '시(施)'로 읽는다.
『상서·낙고(洛誥)』에서 "공의 밝은 덕이 위아래에 빛나고, 부지
런히 사방에 시행된다[惟公明德, 光于上下, 勤施于四方]."라고 하
였다.

(7) '𦅸'는 연결사로 전래문헌에서는 통상 '사(肆)'로 쓰였다.
'餕'는 자서(字書)에 보이지 않으나, 장정랑은 '의(義)'로 읽었다.
이에 대하여 유사배(劉師培)는 『의사석(義士釋)』에서 다음과 같
이 말하였다.

> 『좌전·환공(左傳·桓公)』2년에서 "무왕이 상나라를 이기고 아
> 홉 개의 솥을 낙읍에 옮기자 의사(義士)들은 오히려 이를 비난하
> 기도 하였다[武王克商, 遷九鼎于洛邑, 義士猶或非之]."라고 하였
> 는데, 두예의 주에서는 의사(義士)에 대하여 백이(伯夷)·숙제(叔
> 齊)와 같은 부류라 하였다. 『사기·백이전(史記·伯夷傳)』에서
> 도……송나라 진량(陳亮) 등과 같은 의사(義士)가 바로 다사(多
> 士)이다. 주나라의 입장에서는 완고한 백성[頑民]이고, 은나라의

입장에서는 의사이다.…… 또한 『일주서·상서해(逸周書·商誓解)』에서 "너희들 백관과 헌민들이여[爾百姓獻民]."라고 하였으며, 『일주서·도읍해(逸周書·度邑解)』에서도 "그리고 헌민, 징주, 아홉 주의 무리가 왕을 은나라 교외에서 알현하였다[乃厥獻民徵主九牧之師, 見王于殷郊]."라고 하였으며, 『일주서·작락해(逸周書·作雒解)』에서 "은나라의 유민과 헌민을 구필로 이주시켰다[俘殷獻民遷于九畢]."라고 하였는데, 공조(孔晁)의 주에서는 "헌민은 사대부이다[獻民, 士大夫也]."라고 하였으니, 이 설이 거의 옳다. 따라서 '헌민(獻民)'은 '의민(義民)'으로 인신되었으니, 은나라의 세가귀족(世家貴族)이다.

그러나 본 명문에 보이는 '의사헌민(義士獻民)'은 분명히 주나라 세족이다.

(8) '칭(稱)'의 음은 chèn(칭)이다. 『이아·석언(爾雅·釋言)』에서 "좋다는 뜻이다[好也]."라고 하였는데, 곽박(郭璞)의 주에서는 "사물이 사람 뜻에 맞으니 또한 좋음이 된다[物稱人意亦爲好]."라고 하였으며, 형병(邢昺)의 소에서는 "칭(稱)은 아름답고 좋은 것을 일컫는다[稱, 謂美好]."라고 하였다.

'주(鬻)'에 대하여 『금문편(金文編)』에서 "鬻로 파생된다. 여(戾)로 읽는다[孽乳爲鬻, 讀爲戾]."라고 하였으며, 『광아·석고(廣雅·釋詁)』에서는 "여(戾)는 선(善)의 뜻이다[戾, 善也]."라고 하였다.

'종실(宗室)'은 종묘이다. 〈두폐궤(豆閉簋)〉에서 "만년토록 영원히 보배스럽게 종실에서 사용할지니라[萬年永寶用于宗室]."라고 하였으며, 『시경·소남·채빈(詩經·召南·采蘋)』에서 "이를 두노니, 사당의 창문 아래이네[于以奠之, 宗室牖下]."라고 하였다. 따라서 '칭려선왕종실(稱戾先王宗室)'이란 선왕의 종묘 제사를 잘

지낸다는 뜻이다. 〈진공궤(秦公簋)〉에서 "관리들을 잘 기르고, 문무가 모두 성대하였으며, 부지런히 문무를 익혀 무도한 이를 진압하였다. 나는 제사를 공경히 지낸다[咸畜胤士, 趩趩(譪譪)文武, 鎺(鎮)靜不廷, 虔敬朕祀]."라고 하였는데, 이 두 구절은 의미가 비슷하다.

(9) '호(猷)'는 여왕(厲王)이 스스로 자신의 이름을 일컬은 것이다. 장정랑은 '상이(鸞彝)'는 '종이(宗彝)'에 대응되는 것으로 전자는 삶고 진 음식물을 담는 그릇이며, 후자는 술그릇을 가리킨다고 하였다.

(10) 이 구절에서 '강(康)'에는 '면(宀)'으로 구성되지 않았는데, 아마 중복을 피하기 위해서일 것이다. 『이아·석고(爾雅·釋詁)』에서 "강(康)은 편안한 것이다[康, 安也]."라고 하였다.

'혜(惠)'에 대하여 『시경·대아·사제(詩經·大雅·思齊)』에서 "종묘의 선공들에게 순종한다[惠于宗公]."라고 하였는데, 정현의 주에서는 "혜(惠)는 순종하는 것이다[惠, 順也]."라 하였다.

'황(皇)'은 크다[大]이다.

'문(文)'은 문덕이 밝은 것이다.

'조(祖)'자 앞에 '황(皇)'·'문(文)'·'열(烈)' 세 형용사가 수식된 것은 매우 드문 예이다. 장아초는 "〈진공궤(秦公簋)〉에서 '천명을 공경한다[嚴龔寅天命].'라고 하였는데, 여기에 나오는 '엄(嚴)'·'공(龔)'·'인(寅)' 세 글자는 모두 공경하다는 뜻으로 이를 연결하여 사용한 것은 본 명문의 용례와 유사하다."라고 하였다.

이 구절은 나는 위대하고, 문덕이 있으며, 공적이 뛰어난 선조를 안락하고 화순하게 할 것이라는 뜻이다.

(11) '기(其)'는 어기사로 대체로 '해(該)'와 같다.

'각(各)'은 전래문헌에서 '격(格)'으로 쓰였다. 『자회(字匯)』에서

"느끼고 통한다는 뜻이다[感通也]."라고 하였는데, 서호(徐灝)의 『설문해자주전(說文解字注箋)』에서는 "격(格)은 이르다는 뜻이다. 여기에서 감격이라는 의미가 생겨났다[格, 訓爲至, 而感格之義生焉]."라고 하였다. 『상서・열명하(尚書・說命下)』에서 "황천에 이르렀다[格于皇天]."라고 하였는데, 남조의 배자야(裴子野)는 『송략낙지서(宋略樂志叙)』에서 "선왕께서는 음악을 지으시고, 덕을 숭상하시어 신인에 이르셨다[先王作樂崇德, 以格神人]."라 하였으며, 〈영궤(寧簋)〉에서 "백신을 이르게 하리라[其用各百神]."라고 하였다.

'전문인(前文人)'은 이전에 문덕을 밝힌 선조를 말한다.

(12) '빈(瀕)'은 '빈(頻)'으로 읽는다. 『광아・석고(廣雅・釋詁)』에서 "아우르다[比也]."라고 하였다. 『국어・초어(國語・楚語)』에서 "온갖 귀한 것들이 집에 준비되자, 여러 신들이 아울러 행동하였다[百嘉備舍, 群神頻行]."라고 하였는데, 위소의 주에서는 "빈(頻)은 아우르다는 뜻이다[頻, 幷也]."라고 하였다.

'제정(帝廷)'은 상제의 조정으로 '제소(帝所)'라고도 한다. 〈숙이종(叔夷鐘)〉에서 "밝고 밝으신 성탕이시여, 엄숙히 상제의 조정에 계시도다[虩虩成唐(湯), 有嚴在帝所]."라고 하였다.

'척강(陟降)'은 오르내린다[昇降上下]는 뜻이다. 고대인은 선조가 하늘과 인간세상을 왕래하면서 소리 없이 자손을 보호해 줄 수 있다고 생각하였다. 『시경・대아・문왕(詩經・大雅・文王)』에서 "문왕께서는 오르내리면서 황제의 좌우에 계시다[文王陟降, 在帝左右]."라고 하였는데, 모전에서는 "문왕은 위로 올라가서는 하늘에 접할 수 있고, 아래로 내려가서는 인간에게 접할 수 있다는 말이다[言文王升接天, 下接人也]."라고 하였다.

(13) '𰀀'는 '신소(申紹)'라 읽으며, 거듭하여 잇는다는 뜻이다. 〈호궤개(虎簋蓋)〉 주해 (17)과 〈사장반(史墻盤)〉 주해 (20)을 참고하기 바란다.

'황(皇)'자 아래에는 단지 잔결된 획만 남아있는데, 문장의 의미로 '상제(上帝)'의 합문이라 추측할 수 있다.

'노(魯)'는 '아름답다[嘉]'라는 뜻이다. 『사기·주본기(史記·周本紀)』에서 "주공이 벼를 동토에서 받고 천자의 명을 아름답게 여기셨다[周公受禾東土, 魯天子之命]."라고 하였는데, 『사기·노주공세가(史記·魯周公世家)』에서는 '가천자명(嘉天子命)'으로 쓰였다. 이 구절은 위대한 상제의 아름다운 명을 거듭 이었다는 뜻이다.

(14) '齡'은 '영(令)'으로 읽는다. 『이아·석고(爾雅·釋詁)』에서 "잘하는 것이다[善也]."라고 하였다.

'아가(我家)'는 나의 가족이며, 주 왕실이기도 하다.

'립(立)'은 위(位)로 왕위다.

'신(身)'은 신체를 말한다.

(15) 장정랑은 '타(阤)'를 '이(施)'로 읽었다. 〈중산왕착정(中山王䰠鼎)〉에서 "이는 순수한 덕과 남긴 가르침을 자손에게까지 이끌어 미친 것이다[是有純德遺訓以阤及子孫]."라고 하였는데, 여기에서 '타급(阤及)'은 즉 '이급(施及)'이다. 본 명문에서의 '이이(施施)'는 기쁘고 즐거운 모습이다. 『맹자·이루하(孟子·離婁下)』에서 "기쁘게 밖에서 왔다[施施從外來]."라고 하였는데, 조기(趙岐)의 주에서는 "'이이(施施)'는 '편편(扁扁)'과 같으니 기쁜 모양이다[施施猶扁扁, 喜悅之貌]."라고 하였다.

'강(降)'은 하사하여 내리는 것이다.

(16) '𰀁'은 '헌(憲)'자이며, '선(宣)'으로 읽는다. 『설문해자』에서는 '𰀂'

자의 이체자로 '훤(萱)'이 수록되어 있다.

'䆿'에 대하여 당란은 "자형은 '미(米)'가 '昗' 안에 있는 모습을 상형하였다. '미(米)'로 구성되며 '昗'는 발음을 나타낸다. 즉『설문해자』에서의 '담(糯)'자이다."라고 하였다. 『의례・사우례(儀禮・士虞禮)』에서 "한 달의 간격을 두고 담제사를 지낸다[中月而禫]."라고 하였는데, 정현의 주에서는 "고문 '담(禫)'자는 '도(導)'로 쓰는 경우도 있다[古文禫或爲導]."라고 하였다. 따라서 '헌䆿(憲䆿)'는 '선도(宣導)'이다.

'우(宇)'는 크다[大]라는 뜻이다. '우모(宇慕)'는 전래문헌에서 '우모(訏謨)'로 썼다. 『시경・대아・억(詩經・大雅・抑)』에서 "큰 계책으로 천명을 정하였다[訏謨定命]."라고 하였는데, 모전에서는 "우(訏)는 크다는 뜻이다. 모(謨)는 계책이라는 뜻이다[訏, 大. 謨, 謀]."라고 하였다.

'원유(猿猷)'는 〈사장반(史墻盤)〉에서 "임금을 보필하고 원대한 계책을 내는 심복이었다[逑(仇)匹氒(厥)辟, 遠猷匋(腹)心]."라고 한 데에서도 보인다.

'우모(訏謨)'와 '원유(猿猷)'는 의미가 비슷하며, 원대한 계획・계책을 뜻한다.

(17) 이 구절은 〈호종(䵼鐘)〉에서 "호는 만년토록 사국을 보호할 것이다[䵼其萬年, 㽃(畯)保四國]."라고 한 것과 같은 용례이다.

(18) '상(䊈)'을 장정랑은 '장(將)'으로 읽었다. 『이아・석고(爾雅・詁)』에서 "쌓는 것이다[資也]."라고 하였다.

'실(實)'은 『소이아・광고(小爾雅・廣詁)』에서 "가득한 것이다[滿也]."라고 하였다. 지금 말로 가득 찼다는 뜻이다.

'어(御)'는 '어(禦)'로 읽는다. 『설문해자』에서 "제사이다[祀也]."라고 하였다.

이 구절은 대략 나의 많은 제사를 지내기 위한 재물이 충분하다는 뜻이다.

(19) '개(匄)'의 음은 gài(개)이다. 『설문해자』에서 "비는 것이다[气也]."라고 하였는데, 이는 지금 글자로 '걸(乞)'이며, 즉 빌다[乞求]라는 뜻이다.

'영명(永令)'은 '장명(長命)'이니 기도하여 장수를 빈다는 뜻과 가깝다.

(20) '준(畯)'은 장구하다는 뜻이다.

'체(疐)'는 '체(蒂)'와 같다. 『이아·석목(爾雅·釋木)』에서 "대추와 자두를 '체(疐)'라 한다[棗李曰疐之]."라고 하였는데, 형병(邢昺)의 소에서는 "대추와 자두를 다듬을 때 모두 그 꼭지를 제거하는 것을 일컬은 것이니, '체(疐)'라는 것은 근본이다[謂治棗李皆去其疐, 疐者柢也]."라고 하였다. 『정자통(正字通)』에서는 "체(疐)는 체(蒂)와 통용된다[疐, 通蒂也]."라고 하였다. 『상주고문자독본(商周古文字讀本)』에서 "체(疐)의 음은 dì(체)로 원래는 과일과 나뭇가지가 서로 연결되는 부분을 가리키며, 여기에서는 근본이라는 뜻이다."라고 하였다. 장정랑은 '체(疐)'를 '저(氐)'로 읽었다. 『시경·소아·절남산(詩經·小雅·節南山)』에서 "윤씨 태사여, 주나라의 근본이로다[尹氏大師, 維周之氐]."라고 하였는데, 모전에서는 "저(氐)는 근본이다[氐, 本也]."라고 하였다. 생각건대, '체(疐)'와 '저(柢)'는 통한다. 『노자』에서 "이를 이르러 깊은 뿌리와 굳은 근본이라 하니, 영구히 살 수 있는 도인 것이다[是謂深根固柢, 長生久視之道]."라고 하였는데, 하상공본(河上公本)에서는 '저(柢)'가 '체(蔕)'로 쓰였다. 따라서 '작체재하(作疐在下)'는 인간의 근본이

된다는 뜻이다.
(21) '해[年]'를 '사(祀)'라 하는 것은 본래 은나라 사람의 풍속이나, 본 명문을 말미암아 볼 때 서주말기까지도 이러한 풍속이 이어졌음을 알 수 있다.

48
㝬鐘

전해 내려오는 기물[傳世器]로 청나라 때 출토되어 현재 대북(臺北) 고궁박물원(故宮博物院)에서 소장하고 있다. 정면 징 사이[鉦間]와 왼쪽 북[左鼓] 및 뒷면 오른쪽 북[右鼓]에 명문 17행 122자가 새겨져 있다. 〈종주종(宗周鐘)〉이라고도 한다.

저록(著錄)

『서청고감(西淸古鑒)』36.4,『전상고삼대진한삼국육조문(全上古三代秦漢三國六朝文)』12·10,『양주금문사대계도록고석(兩周金文辭大系圖錄考釋)』圖209錄25考51,『금문통석(金文通釋)』18·260,『은주금문집성(殷周金文集成)』1·260

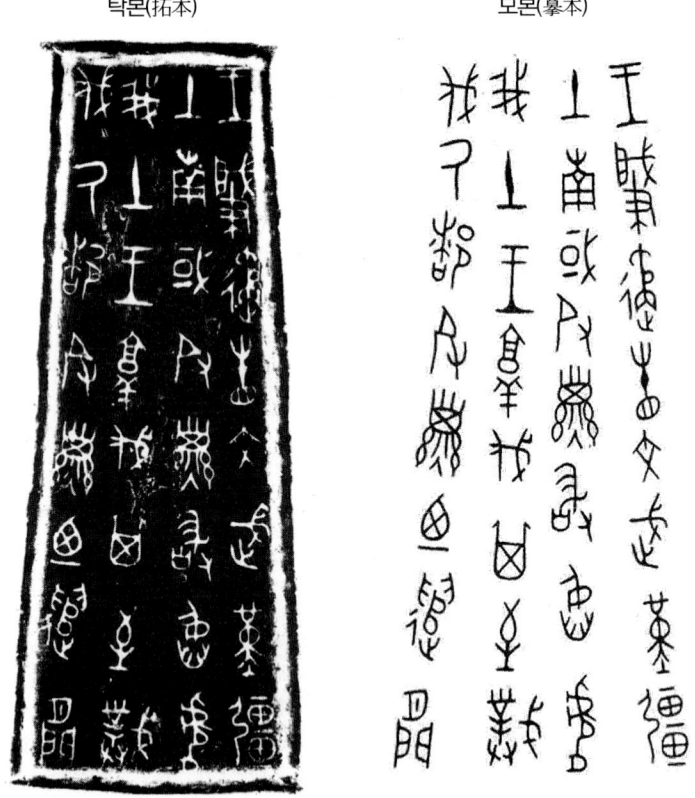

탁본(拓本)　　　　　　모본(摹本)

탁본(拓本)

모본(摹本)

석문(釋文)

王肇(肇)遹眚(省)文武堇(勤)彊(疆)土⁽¹⁾。南或(國)艮(服)孳(子)敢名(陷)虐我土⁽²⁾。王𩽾(敦)伐其至⁽³⁾，戕(刻)，剸伐乎(厥)都⁽⁴⁾。艮(服)孳(子)迺遣閒(間)來逆卲(昭)王⁽⁵⁾，南尸(夷)東尸(夷)具(俱)見，廿(二十)又(有)六邦⁽⁶⁾。隹(唯)皇上帝百神⁽⁷⁾，保余𤔲(小子)。朕猷又(有)成亡(無)競⁽⁸⁾，我隹(唯)司(嗣)配皇天⁽⁹⁾。王對乍(作)宗周寶鐘⁽¹⁰⁾，倉倉悤悤⁽¹¹⁾，雝雝端端龖龖(雍雍)⁽¹²⁾，用卲(昭)各(格)不(丕)顯且(祖)考先王⁽¹³⁾。先王其嚴才(在)上⁽¹⁴⁾，豢豢數數⁽¹⁵⁾，降余多福。福余順孫⁽¹⁶⁾，參(三)壽隹(唯)𥝢(利)⁽¹⁷⁾。獣其萬年，畯(畯)保三(四)或(國)。

번역(飜譯)

왕께서 비로소 문왕과 무왕이 근면하게 강토를 다스린 것을 순시하시었다. 남국의 복자(服子)가 감히 우리 영토를 공격하여 함락시켰다. 왕께서 정벌하시고 도읍을 치셨다. 복자(服子)는 이에 중개하는 사신을 파견하여 왕을 맞이하고 알현하였으며, 남이(南夷)와 동이(東夷)도 함께 알현하니, 26개 방국이었다. 위대한 상제와 각종 신령들이 나 소자를 보우하셨다. 나의 계책은 성취가 있어 필적할 사람이 없으니, 나는 오직 문왕과 무왕의 대업을 계승하고 하늘을 짝하였다. 왕께서 칭송하시고 종주의 보배로운 종을 만드시니, 그 소리가 크고 맑으며, 엄숙하고 온화하며, 정성스런 마음으로 감동시켜 선조·선고·선왕을 크게 드러내었다. 선왕께서 위엄스럽게 하늘에 계시면서 풍성하게 나에게 많은 복을 내리시었다. 복이 나의 자손을 따르니 장수하여 오직 이로울 따름이다. 호(獣)는 장차 만년토록 영원히 사방의 나라들을 보전할지니라.

주해(注解)

(1) 왕(王)은 여왕(厲王)으로 관련 내용은 앞의 〈호궤(㝬簋)〉에서 언급하였다.

'조(肇)'는 『옥편(玉篇)』에서 "길다는 뜻이다[長也]."라고 하였다.

'휼(遹)'은 『이아·석고(爾雅·釋詁)』에서 "쫓다, 따르다[自也, 循也]."라고 하였는데, 곽박(郭璞)의 주에서는 "자(自)는 '종(從)과 같다. 또한 쫓아간다[自, 猶從也, 又爲循行]."라고 하였다.

'휼성(遹省)'은 곧 '순시(循視)'로 곽말약은 "지금의 참관하다[觀摩]는 말과 같다"라고 하였다. '휼성(遹省)'은 앞의 〈대우정(大盂鼎)〉에서도 보이는데, 해당 명문의 주해 (27)에서 관련내용을 언급하였다.

'문무(文武)'는 문왕과 무왕을 가리킨다.

이 구절에 대하여 『상주청동기명문선(商周靑銅器銘文選)』에서 다음과 같이 말하고 있다.

> '근강토(勤疆土)'는 근면하게 강토를 다스리는 것이다. 『시경·송·뢰(詩經·周頌·賚)』에서 "문왕께서 이미 근면하시니, 우리가 응하여 이를 받은 것이라네[文王旣勤之, 我應受之]."라고 하였다. 주나라 사람은 백성과 강토를 상제로부터 받았고, 문왕과 무왕은 근면하게 다스렸다 생각하였으며, 후대 왕들도 반드시 이를 모범으로 삼고자 하였다.

(2) '남국(南國)'은 주나라 때 남방 제후국을 가리킨다.

'복(㚈)'은 나라 이름이다. '𢏛'은 '자(子)'자의 주문(籒文)이다. 따라서 '복자(㚈子)'는 복(㚈)나라의 군주를 말한다. 오랑캐[蠻夷]의 우두머리를 자(子)로 칭하는 경우가 많다. 『예기·곡례하(禮記·曲

禮下)』에서 "동이・북적・서융・남만에서 있다면, 비록 크더라도 '자(子)'라 칭한다[其在東夷, 北狄, 西戎, 南蠻, 雖大曰子]."라고 하였다. 양수달(楊樹達)은 '복(𠬝)'이 강한(江漢) 지역의 '복(濮)'인 것 같다 하였으나, 전래문헌에서 '복(𠬝, 服)'과 '복(濮)'이 통하는 예를 찾을 수 없다.

'함(陷)'은 공격하여 함락시키는 것이다.

'학(虐)'자의 하부구조는 분명히 판별되지 않기 때문에 당란은 '처(處)'로 예정하기도 하였다.

(3) '臺'에서 파생되어 '敦'(〈진유부(陳猷釜)〉)로 쓰기도 한다. 통상 '돈(敦)'으로 쓴다.『설문해자』에서 "노하는 것이다[怒也]."라고 하였다. 따라서 '돈벌(敦伐)'은 노하여 정벌하였다는 뜻이다.『시경・대아・상무(詩經・大雅・常武)』에서 "회수 가에서 군대를 두터이 포진하다[鋪敦淮濆]."라고 하였다.

(4) '戮'은 예전에 '박(撲)'으로 해석하였다.『설문해자』에서 "박(撲)은 치는 것이다[撲, 挨也]."라고 하였는데, 왕균(王筠)은『설문구독(說文句讀)』에서 "『자림(字林)』에 '손으로 서로 치는 것이 '박(撲)'이다[手相搏曰撲也].'라고 하였다. '박(撲)'은 친다[打]라는 뜻이다."라고 하였다. 유소(劉釗)는 곽점초간(郭店楚簡)에 근거하여 '戮'은 '과(戈)'로 구성되고 '박(宰, 業)'은 발음을 나타내며, '잔(剗)' 혹은 '전(翦)'으로 읽는다고 하였다. 여기서는 그의 견해를 따른다.

'도(都)'는 성읍(城邑)이다.『곡량전・희공(穀梁傳・僖公)』16년에서 "백성이 모인 곳을 '도(都)'라 한다[民所聚曰都]."라고 하였다.

(5) '견(遣)'은 파견한다는 뜻이다.

'간(閒)'의 음은 jiàn(간)이며, 밀사[閒使]라는 뜻이다.『한서・괴통전(漢書・蒯通傳)』에서 "괴통이 한신에게 말하길 '장군이 조서를 받고 제나라를 공격하였습니다. 그런데 한나라에서 밀사를 제나라에 보낸 적이 있지만, 조서에 장군에게 그만 두라함이 어찌 있겠습니까?'라고 물었다[通說信曰, 將軍受詔擊齊, 而漢獨發間使下齊, 寧有詔止將軍乎]"라고 하였다.

'역(逆)'은 『설문해자』에서 "맞이하는 것이다[迎也]."라고 하였다.

'소(邵)'는 '소(昭)'로 읽는다. 『이아·석고(爾雅·釋詁)』에서 "알현하는 것이다[見也]."라고 하였다. 손이양(孫詒讓)은 『고주습유(古籒拾遺)』에서 "'소왕(昭王)'은 왕을 알현한다는 뜻이다. 『맹자·등문공하(孟子·藤文公下)』에 '소아주왕(紹我周王)'이란 구절이 있는데, 조기(趙岐)의 주에서 '주왕을 알현하길 원한다[願見周王].'라고 하였다. 『위고문상서·무성(僞古文尙書·武成)』에서도 이 글을 인용하여 '소아주왕(紹我周王)'이라 하였다."라고 하였다. 곽말약은 소왕(昭王)이 주 소왕 생전의 호칭이라 하였으나, 옳지 않다.

(6) '구(具)'는 '구(俱)'로 읽는다. 『설문해자』에서 "모두이다[皆也]."[1]라고 하였다.

'현(見)'은 알현하다는 뜻이다.

'방(邦)'은 제후국을 가리킨다.

(7) '백신(百神)'은 각종 신령을 가리킨다.

(8) '유(猷)'는 계책이다.

'경(競)'은 강하다는 뜻이다. 『시경·대아·억(詩經·大雅·抑)』에서 "이보다 더 강한 사람은 없다[無競維人]."라고 하였는데, 정현의 전(箋)에서는 "경(競)은 강하다는 뜻이다[競, 彊也]."라고 하

---

1) 역자주 : 段玉裁의 『說文解字注』에 의거하여 '偕也'를 '皆也'로 고쳐 읽었다.

였다.

이 구절에 대하여 『상주청동기명문선(商周靑銅器銘文選)』에서는 대략 "나의 나라를 다스리는 계책에 큰 성취가 있어 가히 필적할 만한 사람이 없다."라는 뜻이라 하였다.

(9) '사(司)'는 '사(嗣)'로 읽는다. 『설문해자』에서 "제후가 나라를 잇는 것을 뜻한다[諸侯嗣國也]."라고 하였다.

이 구절은 여왕이 문왕과 무왕의 대업을 계승하고, 천명을 순응하였다는 것을 스스로 일컬은 말이다.

(10) '대(對)'는 대양(對揚)으로 보답·칭송이라는 뜻이다. 왕이 칭송하는 대상은 하늘[天]이다.

'종주(宗周)'는 호경(鎬京)을 말한다.

(11) '창(倉)'은 전래문헌에서 대부분 '쟁(鎗)'으로 쓰였다. 『설문해자』에서는 "쟁(鎗)은 종의 소리이다[鎗, 鐘聲也]."라고 하였는데, 단옥재의 주에서는 "다른 소리로 인신된다. 『시경·채기(詩經·采芑)』에서 '여덟 개 말방울 짤랑짤랑하다[八鸞瑲瑲].'라고 하였는데, 모전에서는 '발음을 나타내는 것이다.'라고 하였다. 『시경·한혁(詩經·韓奕)』에서는 '장장(將將)', 『시경·열조(詩經·烈祖)』에서는 '창창(鶬鶬)'으로 쓰였다. 모두 가차자이다. '장장(鏘鏘)'으로 쓰인 경우도 있는데, 속자를 쓴 것이다[引申爲他聲. 『詩·采』, '八鸞鎗鎗', 毛曰, '聲也.' 『韓奕』作'將將.' 『烈祖』作'鶬鶬.' 皆叚借字. 或作鏘鏘, 乃俗字]."라고 하였다. 또한 '창(瑲)'으로 쓰인 경우도 있는데, 봉상현(鳳翔縣)에서 발굴된 진경공대묘(秦景公大墓)의 경명(磬銘)에서 "빛나고 화합하며 맑으니, 그 소리가 짤랑짤랑하다[煌龢盄(淑), 厥音鍴鍴瑲瑲]."라고 하였다.

'총(恖)'은 전래문헌에서 대부분 '총(總)'으로 쓰였다. 옛날에는 cōng

(총)으로 읽었으나, 오늘날에는 zōng(종)으로 읽는다. 『설문해자』에서 "총(鏓)은 종소리이다[鏓, 鎗鏓也]."라고 하였는데, 단옥재는 『설문해자주(說文解字注)』에서 "'쟁총(鎗鏓)'은 아마 종소리를 형용한 말일 것이다[鎗鏓, 蓋狀鐘聲]."라고 하였다. 따라서 '창창총총(倉倉悤悤)'은 종소리가 크고 맑음을 형용한 말이다.

(12) '雝'자는 '𦈢'으로 쓰였다. 이 글자는 또한 위에서 인용한 〈진경공경(秦景公磬)〉의 명문에도 보인다. 또한 '戠'으로도 쓰니, 산동성 거남현(莒南縣)에서 출토된 거숙(莒叔)의 〈중자평종(仲子平鐘)〉의 명문에 "戠戠雝雝, 聞于夏東"라는 구절이 있다. 이 글자의 해석은 아직까지 정론이 없다.

'𦈢'자에 대하여 학자들은 '앙(央)'·'선(先)'·'자(者)'·'숙(未)' 등으로 해석하고 있지만, 모두 자형에 차이가 있다. 진세휘(陳世輝)는 『戠을 해석하다—갑골문의 불자를 함께 말하다[釋戠—兼說甲骨文不字]』에서 이 글자를 '단(耑)'으로 해석하였다. 진세휘는 '단(耑)'자가 갑골문에서는 '𣎆'(『前』4·42·2), 금문에서는 '𣎆'(〈徐王義楚鍴〉)자로 쓰인 예를 들었으니, 그 설이 믿을만하다. 그는 '단(鍴)'·'戠'·'雝'은 모두 '단(端)'으로 읽어야 하며, '단옹(端雝)'은 곧 엄숙하고 온화하다[肅雝]는 뜻이라고 하였다. 『시경·소남·하피농의(詩經·召南·何彼襛矣)』에서 "어찌 공경하고 화순하지 않으리오. 왕희의 수레로다[曷不肅雝, 王姬之車]."라고 하였는데, 모전에서는 "숙(肅)은 공경이라는 뜻이다. 옹(雝)은 화순하다는 뜻이다[肅, 敬也. 雝, 和也]."라고 하였다. 따라서 이 구절은 종소리가 엄숙하고 온화하다는 뜻이다.

(13) '소(邵)'는 '소(昭)'로 읽으며, 밝다는 뜻이다.

'각(各)'은 격'(格)'으로 읽으며, 이른다는 뜻이다. 진영정(陳永正)

은 이에 대하여 다음과 같이 말하였다.

> '소각(昭各)'은 정성스런 마음으로 상대방을 감동시킨다는 말이다.……전래문헌에는 '소가(昭假)'로 쓰인다.『시경·대아·증민(詩經·大雅·烝民)』에서 "하늘이 주나라를 살펴보심에 아래는 정성스런 마음에 감동한다[天監有周, 昭假于下]."라고 하였는데,『경전석문(經典釋文)』에서는 "'가(假)'의 음은 '격(格)'이며, 이른다는 뜻이다."라고 하였다. 또한『시경·주송·반수(詩經·周頌·泮水)』에서 "진실로 문무를 겸비하여 열조에게 밝게 이르시다[允文允武, 昭假烈祖]."라고 하였으며,『시경·주송·희희(詩經·周頌·噫嘻)』에서도 "아, 성왕이 이미 밝게 너희에게 임하였다[噫嘻成王, 旣昭假爾]."라고 하였는데, 대진(戴震)은 이에 대하여 "정성을 표현하여 '소(昭)'라 하고, 관통하여 이른 바를 가(假)라 한다[精誠表見曰昭, 貫通所至曰假]."라고 하였다.

필자가 보기에 '가(假)'와 '격(格)'은 통용되며, 이는 전래문헌에 자주 보인다.『상서·고종융일(尙書·高宗肜日)』에서 "먼저 왕을 바로잡고서 그 일을 바로잡겠다[惟先格王, 正厥事]."라고 하였는데,『한서·오행지(漢書·五行志)』·『공광전(孔光傳)』은 이를 인용하면서 '격(格)'을 '가(假)'로 썼다. 또한 고형(高亨)은 "'소가(昭假)'의 '가(假)'는 '하(嘏)'로 읽으며, 고한다는 뜻이다. '소가(昭假)'는 즉 밝게 고하는 것이다."라고 하였다.

(14) '엄(嚴)'은 위엄이라는 뜻이다.『시경·소아·유월(詩經·小雅·六月)』에서 "위엄이 있고 공경히 무의 일을 받들리라[有嚴有翼, 共武之服]."라고 하였다. 주나라 사람들은 선조가 죽은 뒤에 위엄스레 상제의 처소에 있다고 여겼기 때문에 "위에 계시다[在上]"라고 하였다. 여기서 '상(上)'은 하늘이다.

(15) '橐橐數數'은 혹 '數數橐橐'로도 쓰는데 〈양기종(梁其鐘)〉·〈괵숙종(虢叔鐘)〉·〈정인종(井人鐘)〉에 보이며, 종소리가 크고 맑음을 형용한 말이다. 당란은 이에 대하여 다음과 같이 말하였다.

 '橐'자는 '천(泉)'으로 구성되며, '龜'은 발음을 나타낸다. 『설문해자』에서 '橐'은 '박(薄)'과 같이 읽는다고 하였으니, '橐橐數數'은 성모가 같은 단어가 중첩된 말이다[聲疊語]. 즉, '봉박(蓬薄)·방박(旁薄)'과 같으며, 풍성함을 형용한 말이다.

(16) '순(順)'은 의지하고 따른다는 뜻이다. 『시경·대아·황의(詩經·大雅·皇矣)』에서 "이 큰 나라에 왕 노릇하여 잘 따르고 잘 친하셨다[王此大邦, 克順克比]."라고 하였는데, 모전에서는 "자애롭고 온화하여 두루 복종함을 순(順)이라 한다[慈和徧服曰順]."라고 하였다. 명문의 '순(順)'자가 조금 잔결되었기 때문에 당란은 '??'로 예정하고, '잉(仍)'으로 읽었다. 『이아·석고(爾雅·釋詁)』에서 "여러 대 후손의 자식을 잉손이라 한다[晜孫之子曰仍孫]."라고 하였다.

(17) '삼수(參壽)'는 즉 '삼수(三壽)'로 금문과 전래문헌에 자주 보인다. 〈자감종(者減鐘)〉에 "소공의 장수는 삼수와 같다[若召公壽, 若參壽]."라고 하였다. 『시경·노송·비궁(詩經·魯頌·閟宮)』에서 "세 명의 원로들과 벗을 삼는다[三壽作朋]."라고 하였는데, 모전에서는 "'수(壽)'는 '고(考)'이다[壽, 考也]."라고 풀었다. 마서진(馬瑞辰)은 『통석(通釋)』에서 "'고(考)'는 '노(老)'와 같고, '삼수(三壽)'는 '삼로(三老)'와 같다[考猶老也, 三壽, 猶三老也]."라고 하였다.
 '唎'는 '이(利)'라 읽으니, 도움이 된다는 뜻이다.

49
禹鼎

송나라 화음(華陰)에서 하나의 기물이 출토되었는데, 명문은 같다. 1942년 섬서성 기산현(岐山縣) 임가촌(任家村, 지금의 扶風縣에 속함)에서 또한 하나의 기물이 출토되었는데, 현재 국가박물관에서 소장하고 있다. 명문은 20행 208자이다. 〈목공정(穆公鼎)〉・〈성정(成鼎)〉이라고도 한다.

저록(著錄)

『역대종정이기관지법첩(歷代鐘鼎彝器款識法帖)』10・16, 『상주금문록유(商周金文錄遺)』99, 『청동기도석(靑銅器圖釋)』圖78, 『양주금문사대계도록고석(兩周金文辭大系圖錄考釋)』圖14・錄91・考108, 『은주금문집성(殷周金文集成)』5・2833

탁본(拓本)

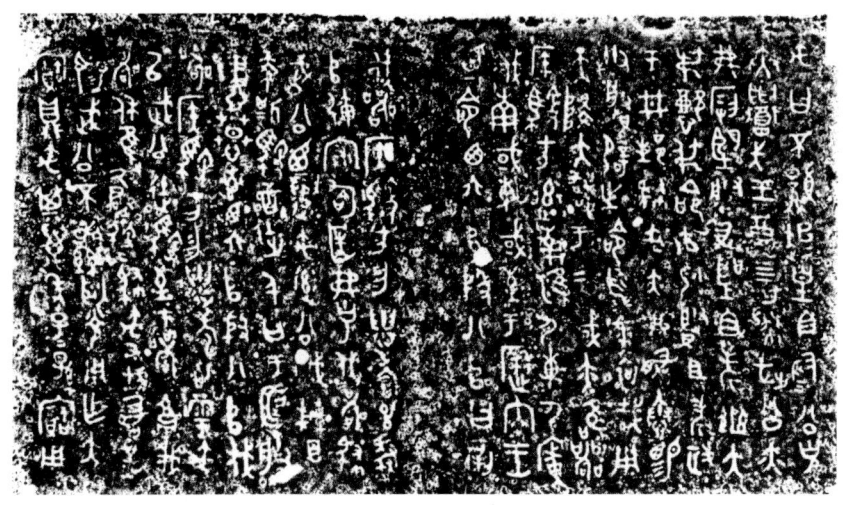

모본(摹本)

석문(釋文)

禹曰[1]: "不(丕)顯趄趄(桓桓)皇且(祖)穆公[2], 克夾盩(召, 紹)先王, 奠四方[3]。緐(肆)武公亦弗叚(遐)望(忘)朕聖且(祖)考幽大叔、懿叔[4], 命禹仦(肖)朕(朕)且(祖)考[5], 政于井邦[6]。緐(肆)禹亦弗敢忞(惷)[7], 賜(錫)共(恭)朕(朕)辟之命[8]。" 烏虖哀哉! 用天降大喪于下或(國)[9]! 亦唯噩(鄂)侯馭(馭)方率南淮尸(夷)、東尸(夷)[10], 廣伐南或(國)、東或(國), 至于歷內[11]。王迺命西六㠯(師)、殷八㠯(師)曰[12]: "쾰(剴, 翦)伐噩侯馭(馭)方, 勿遺壽幼[13]。" 緐(肆)㠯(師)彌宋(怵)甸匡(恇), 弗克伐噩(鄂)[14]。緐(肆)武公迺遣禹率公戎車百乘[15], 斯(厮)馭(馭)二百[16]、徒千[17], 曰: "于匡(將)朕(朕)肅慕惠(唯)西六㠯(師)[18]、殷八㠯(師), 伐噩侯馭(馭)方, 勿遺壽幼。" 雩禹以武公徒馭(馭)至于噩(鄂)。臺(敦)伐噩(鄂), 休隻(獲)氒(厥)君馭(馭)方[19]。緐(肆)禹又(有)成[20], 敢對揚武公不(丕)顯耿光[21]。用乍(作)大寶鼎, 禹其萬年子子孫孫寶用。

번역(繙譯)

우(禹)가 말하였다.

"용감하고 씩씩한 황조 목공이 크게 뛰어나 선왕을 이어 사방을 정하셨다. 무공 또한 나의 조고 유대숙(幽大叔)·의숙(懿叔)을 멀리 잊지 않았고, 조고를 닮은 우(禹)에게 명하여 정방(井邦)을 다스리게 하셨다. 우(禹) 또한 감히 우매하지 않고 스스로 힘써 임금의 명을 공경하였다."

오호라! 슬프도다. 하늘이 천하에 큰 난리를 내리셨도다! 악후(鄂侯)인 어방(馭方)이 남회이(南淮夷)·동이(東夷)를 거느려 널리 남국과 동국을 쳐서 역내(歷內)에 이르렀다. 왕이 이에 서육사(西六師)와 은팔사

(殷八師)에 명하여 이르시었다.

"악후(鄂侯)인 어방(馭方)을 정벌하여 노인과 어린아이를 남기지 마라."

군사들이 오랫동안 두려워하여 악(鄂)을 정벌하여 이기지 못하였다. 무공은 이에 우(禹)를 보내 병거 100승, 수레를 모는 200명, 보병 1,000명을 거느리게 하시고 말씀하시었다.

"나의 과단성, 사랑과 어질음을 서육사(西六師)와 은팔사(殷八師)에게 전하여 악후(鄂侯)인 어방(馭方)을 정벌하여 노인과 어린아이를 남기지 마라."

우(禹)는 무공의 보병을 이끌고 악에 이르렀다. 악(鄂)을 정벌하고, 기쁘게 그 임금 어방(馭方)을 사로잡았다. 우(禹)가 성공을 획득하여 감히 무공의 크게 빛나는 광명을 보답하고 찬양하도다. 크게 보배스러운 정을 만드노니, 우(禹)는 장차 만년토록 자자손손 보배롭게 사용할지어다.

주해(注解)

(1) 이 기물의 주인은 우(禹)이다. 상해박물관에서 소장하고 있는 〈숙향보우궤(叔向父禹簋)〉에의 우(禹)와 같은 인물로 두 명문에서 모두 그의 조부인 유대숙(幽大叔)을 언급하고 있다. 서중서는 우의 황조인 목공과 조부인 유대숙이 모두 정방(井邦)의 채읍 주인이라 하였다. 금문에서 우와 관련된 다른 인물로는 악후어방(噩侯馭方)・무공(武公)・영백(榮伯)・사아(師衙) 등이 있는데 모두 여왕시기 사람들이다. 송나라 사람의 모본은 우(禹)자가 이미 잔결되어서, '成'으로 예정하는 견해도 있으나 이는 잘못이다.

(2) '趄'은 '환(桓)'으로 읽는다. 『상서・목서(尙書・牧誓)』에서 "용감

하고 씩씩함을 숭상한다[尙桓桓].''라고 하였는데, 공씨전(孔氏傳)에서는 '''환환(桓桓)'이란 용감하고 씩씩한 모양이다[桓桓, 武貌].''라고 하였다. 『설문해자』에서 이를 '훤(狟)'이라 썼는데, "개가 가는 것이다. '견(犬)'으로 구성되고, '긍(亘)'은 발음을 나타낸다. 『주서(周書)』에서 '용감하고 씩씩함을 숭상한다.'라고 하였다[犬行也, 从犬, 亘聲. 周書曰, 尙桓桓].''라고 풀었다.

'趄趄'은 〈괵계자백반(虢季子白盤)〉・〈진공궤(秦公簋)〉 등에도 나오며, 금문에서 자주 보이는 언어이다.

'穆公'은 〈윤길정(尹姞鼎)〉・〈이준(盠尊)〉에도 보이며, 목왕과 공왕 때 사람이다. 동시대 기물 〈주궤(走簋)〉에 '정백(井伯)'이 나오는데, 목공은 아마도 이 정백의 만년 존칭일 가능성이 있다.

(3) '전(奠)'은 정하는 것이다. 〈숙향부우궤(叔向父禹簋)〉에서 "거듭 계승하여 우리 방(邦)과 가(家) 정하였다[繼申國紹奠保我邦我家].''라고 하였다. 『상서・우공(尙書・禹貢)』에서 "높은 산과 큰 산을 정하였다[奠高山大川].''라고 하였는데, 공씨전(孔氏傳)에서는 '전(奠)'은 '정(定)'이라 하였다. 『사기・하본기(史記・夏本紀)』에서 이를 인용하여 "높은 산과 큰 내를 정하였다[定高山大川].''라고 하였다.

(4) 무공에 대하여 진진의(陳進宜)는 '위무공(衛武公)'이라 하고, 서중서(徐中舒)는 여기에서의 무공은 〈어궤(敔簋)〉・〈유정(柳鼎)〉에서 보이는 '영공(榮公)'・'남궁류(南宮柳)'와 동시대 사람이라 하면서 "'어(敔)'의 지위는 높고, 왕은 '어(敔)'・'류(柳)'・'무공(武公)'에게 명하여 '우(右)'로 삼았으며, 우(禹)는 '정방(井邦)'을 계승하여 악(噩)을 정벌하는 역할을 담당하였는데, 모두 무공에게 명령을 들었다. 무공과 동시대의 영공은 즉 여왕시기 중신인 '영이공(榮

夷公)'이고, 무공 또한 여왕시기의 '왕관(王官)'이다. 따라서 무공은 여왕이 체(彘)로 달아난 이후 여왕 행정을 대신하였던 '위무공(衛武公)' 혹은 '공백화(共伯和)'가 아니다."라고 하였는데, 견해가 매우 정확하다.

'가(叚)'는 '하(遐)'로 읽으니, 『설문해자』에서 '멀다[遠]'라 하였고, 『시경·소아·원앙(詩經·小雅·鴛鴦)』에서 "군자는 만년토록 장구한 복을 누림에 마땅하다[君子萬年, 宜其遐福]."라고 하였다.

'성(聖)'은 성인의 지혜로 일에 통하지 않음이 없는 것이다.

'유(幽)'·'의(懿)'는 모두 시호로 『설문해자』에서 '유(幽)'는 숨는 것[隱]이라 하고, '의(懿)'는 오랫동안 아름다운 것이라 하였다.

(5) '초(仯)'에 대하여 서중서는 "'초(仯)'는 '소(小)'와 '인(亻)'으로 구성되니, 마땅히 '초(肖)' 혹은 '초(俏)'의 이체자이다. '초(仯)'와 '초(肖)'는 모두 '소(小)' 소리이고, '인(人)'으로 구성된 것과 '육(肉)'으로 구성되는 글자는 의미가 같다."라고 하였다. 『설문해자』에서 '초(肖)'는 골육이 서로 같은 것이라 하였다. 따라서 '초짐조고(肖朕祖考)'는 짐의 조고와 같은 것이지, 조고의 불초 자손이 아니다. 일설에는 마땅히 '尸'로 보아야 한다고 하였으니, 이는 '찬(纘)'자의 간체자로 '찬(纂)' 혹은 '찬(纘)'으로 읽는데, 『설문해자』에서 '찬(纘)'은 잇는 것[繼]이라 하였다.

(6) '정(政)'은 위정(爲政)으로 인신하여 나라를 다스린다는 뜻으로 사용하였다.

'정(井)'은 지명이다. 〈산씨반(散氏盤)〉에 의하면, 정읍(井邑)의 토지와 산(散)의 토지가 서로 접하여 있다고 하였다. 왕휘(王輝)의 「서주기내지명소기(西周畿內地名小記)」에 따르면, '정(井)'은 지금의 섬서성 봉상현(鳳翔縣) 남쪽에 있다.

(7) '惷'은 '심(心)'으로 구성되고 '용(舂)'은 발음을 나타내니 마땅히 '창(意)'자이다. 『설문해자』에서는 이를 어리석다[愚]라고 하였다. 이 구절의 의미는 우(禹)는 감히 우매하지 않겠다는 것이니, 스스로 면려하는 말이다.

(8) '석(賜)'은 '척(惕)'으로 읽는다. 『설문해자』에서 공경한다[敬]라고 하였으니, 여기에서는 '척(惕)'과 '공(恭)'이 같은 뜻으로 연결하여 사용한 용례이다.

(9) '하(下)'자가 조금 잔결되어 혹 '사(四)'라로도 읽는다. '하국(下國)'은 '하계(下界)'로 천하라는 뜻이다. 『시경・노송・민궁(詩經・魯頌・閟宮)』에서 "다스릴 나라를 두어 백성들에게 심고 거두게 하였다[奄有下國, 俾民稼穡]."라고 하였다. 주나라 사람들은 천명을 돈독하게 믿어 하계에서 난리가 나면 모두 하늘이 내린 것이라 여겼다.

(10) '악(噩)'은 전적에서 '악(鄂)'으로 썼다. 『사기・은본기(史記・殷本紀)』에서 주(紂) 임금이 악후(鄂侯)를 삼공의 한 명으로 삼았다고 하였다. 『사기・초세가(史記・楚世家)』에서 "웅거는 강한 사이 백성의 화합을 얻어 군대를 일으켜 용・양・월에서 악에 이르기까지 정벌하였다[熊渠甚得江漢間民和, 乃興兵伐庸楊粤, 至于鄂]."라고 하였는데, 『사기정의(史記正義)』에서는 "'악'은 지명으로 초나라 서쪽에 있다. 뒤에 초나라로 옮겼으니, 지금의 악주이다. 『괄지지(括地志)』에서 이르길 '등주 향성현에서 남쪽으로 20리 떨어진 옛날 성이다.'라고 하였으니, 이는 초나라 서쪽의 '악'이다[鄂, 地名, 在楚之西. 後徙楚, 今在鄂州是也. 括地志云, 鄧州向城縣南二十里西鄂故城. 是楚西鄂]."라고 하였다. 악(噩)은 길(姞)씨 성이니 〈악후궤(噩侯簋)〉에서 "악후가 왕길의 혼수용 궤를 만든

다[噩侯作王姞䲣毁].'라고 하였다. 〈악후어방정(噩侯馭方鼎)〉에 왕과 악후가 연회를 하며, 상을 주고 두텁게 대접한 기록이 있는데, 이를 보면 초나라가 일어나기 전에 악은 남방의 대국으로 자못 주왕실의 중시를 받았음을 알 수 있다.

'어방(馭方)'은 '악후(鄂侯)'의 이름이다.

'회이(淮夷)'에 대하여 〈괵중수(虢仲盨)〉에서 "괵중이 왕명으로 남쪽으로 가서 남회이를 정벌하였다[虢仲以王南征, 伐南淮夷].'라고 하였으며, 『후한서・동이전(後漢書・東夷傳)』에서 "여왕이 무도하여 회이 사람들이 노략질하자 왕은 괵중에게 명하여 이를 정벌하도록 하였으나 이기지 못하였다[厲王無道, 淮夷入寇, 王命虢仲征之, 不克].'라고 하였다.

(11) '역내(歷內)'는 지명이나 소재지는 자세치 않고, '내(內)'자를 과거에는 '한(寒)'으로 해석하였으나 확실치 않다.

(12) '악(噩)'은 전적에서 '악(鄂)'으로 썼다. 『사기・은본기(史記・殷本紀)』에서 주(紂) 임금이 악후(鄂侯)를 삼공의 한 명으로 삼았다고 하였다. 『사기・초세가(史記・楚世家)』에서 "웅거는 강한 사이 백성의 화합을 얻어 군대를 일으켜 용・양・월에서 악에 이르기까지 정벌하였다[熊渠甚得江漢間民和, 乃興兵伐庸楊粵, 至于鄂].'라고 하였는데, 『사기정의(史記正義)』에서는 "'악'은 지명으로 초나라 서쪽에 있다. 뒤에 초나라로 옮겼으니, 지금의 악주이다. 『괄지지(括地志)』에서 이르길 '등주 향성현에서 남쪽으로 20리 떨어진 옛날 성이다.'라고 하였으니, 이는 초나라 서쪽의 '악'이다[鄂, 地名, 在楚之西. 後徙楚, 今在鄂州是也. 括地志云, 鄧州向城縣南二十里西鄂故城. 是楚西鄂].'라고 하였다. 악(噩)은 길(姞)씨 성이니 〈악후궤(噩侯簋)〉에서 "악후가 왕길의 혼수용 궤를 만든

다[噩侯作王姞縢毁]."라고 하였다. 〈악후어방정(噩侯馭方鼎)〉에 왕과 악후가 연회를 하며 상을 주고 두텁게 대접한 기록이 있는데, 이를 보면 초나라가 일어나기 전에 악은 남방의 대국으로 자못 주왕실의 중시를 받았음을 알 수 있다. '어방(馭方)'은 '악후(鄂侯)'의 이름이다. '회이(淮夷)'에 대하여 〈괵중수(虢仲盨)〉에서 "괵중이 왕명으로 남쪽으로 가서 남회이를 정벌하였다[虢仲以王南征, 伐南淮夷]."라 하였고, 『후한서・동이전(後漢書・東夷傳)』에서 "여왕이 무도하여 회이 사람들이 노략질하자 왕은 괵중에게 명하여 이를 정벌하도록 하였으나 이기지 못하였다[厲王無道, 淮夷人寇, 王命虢仲征之, 不克]."라고 하였다.

(11) '역내(歷內)'는 지명이나 소재지는 자세치 않고, '내(內)'자를 과거에는 '한(寒)'으로 해석하였으나 확실치 않다.

(12) '사(自)'자에 대하여 서중서는 다음과 같이 말하였다.

> 금문에서 '육사(六自)'・'팔사(八自)'의 '사(自)'는 모두 '사(自)'로 썼지 '사(師)'로 쓰지 않았다. '사(自)'는 '차(次)'와 같다. 『주례』에서 "관백이 팔차・팔사의 직책 일을 제수받았다[官伯授八次八舍之職事]."라고 하였는데, 정현의 주에서는 "왕궁을 호위하는 자는 반드시 사각과 사중에 거하여 순찰하거나 망을 보기에 편하다. 정사농은 서자가 왕궁을 호위하니, 안에는 '차(次)'가 있고, 밖에는 '사(舍)'가 있다[衛王宮者必居四角四中, 于徼候便也. 鄭司農云, 庶子衛王宮, 在內爲次, 外在爲舍]."라고 하였다. 이에 의하면, '차(次)'는 안에서 호위하는 것으로 즉 천자의 '금군(禁軍)'이 주둔한 곳이다. 이러한 제도는 한나라에서도 아직 존재하고 있으니 이를 '둔(屯)'이라 일컫는다. 『문선・상서부(文選・西京賦)』에서 "위위와 팔둔이다[衛尉八屯]."라고 하였는데, 설종의 주에서는 "위위는 '이(吏)'・'사(士)'를 주나라 궁 밖에서 거느리고 사방의 사각에서

진을 치고 서있으며, 사는 궁 밖에서 시중들며 숙사에 머문다[衛尉帥吏士周宮外, 於四方四角立屯, 士則傅宮外向爲廬舍]."라고 하였다. 이상을 예로 본다면, 이른바 '팔차(八次)'·'팔사(八舍)'·'팔둔(八屯)'은 마땅히 사각(四角)'과 '사중(四中)'에 있었다. '사각'은 망을 보는 곳이고, '사중'은 사대문 출입을 방비하는 곳이다. 만약 '육사(六自)'가 양 문의 방비를 맡은 것이라면 '사각'은 양 가운데 있었을 것이다.

'육사(六自)'·'팔사(八自)'는 또한 〈소신래궤(小臣逨簋)〉·〈이준(螽尊)〉·〈경유(競卣)〉·〈호호(默壺)〉·〈남궁류정(南宮柳鼎)〉에서도 보이는데, 모두 주나라의 숙위군이다.

'서육사(西六自)'는 왕의 금군으로 왕이 직접 지휘하였고, 풍(豐)과 호(鎬) 일대에 주둔하였다. 『시경·대아·역박(詩經·大雅·棫樸)』에서 "주나라 왕이 가시니 육사가 따라가도다[周王于邁, 六師及之]."라고 하였다.

'은팔사(殷八自)'는 동이를 진무하였던 숙위군으로 은나라 옛 땅인 목야(牧野)에 주둔하였다. 〈소신래궤(小臣逨簋)〉에서 "동이가 크게 반란을 일으키자 백무보는 은팔사(殷八自)로 동이를 정벌하였다[䢦東夷大反, 伯懋父以殷八自征東夷]."라고 하였다.

(13) '박벌(戁伐)'에 대해서는 〈호종(默鐘)〉의 주해 (4)를 참고하기 바란다. '수유(壽幼)'는 노인과 어린아이로 이들을 남김없이 죽이라고 하였으니 전쟁의 잔혹함을 알 수 있다.

(14) '이(彌)'는 『소이아·광고(小爾雅·廣詁)』에서 오래되다[久]라 하였고, '宋'은 '출(怵)'로 읽으니 『설문해자』에서 두렵다[恐]고 하였으며, '합(匌)'은 『설문해자』에서 '잡(匝)'이라 하였으니, 겹겹이 두루 미친다는 뜻이고, '광(匡)'은 '광(恇)'으로 읽으니 겁나다는 뜻이다.

이 구절의 의미는 서육사(西六自)와 은팔사(殷八自)의 사기가 떨어지고, 적에 대하여 보편적으로 두려워하여 전쟁에서 승리할 길이 없으며, 악을 정벌하여 승리를 얻으려면, 무공의 친군에 의지하여야한다는 뜻이다.

(15) '융거(戎車)'는 '병거(兵車)'로 『좌전·희공(左傳·僖公)』33년에서 "양홍이 병거를 몰고, 내구는 '우(右)'가 되었다[梁弘御戎, 萊駒爲右]."라고 하였다. 전차 한 대를 1승(乘)이라 하며, 음은 shèng(승)이다.

(16) '사(斯)'는 '시(厮)'로 읽는다. 『옥편(玉篇)』에서 천(賤)이라 하였으니, 즉 천한 노역이다.
'駿'는 고문으로는 '어(馭)'자 이니 수레를 모는 자이다. 따라서 '시어(厮馭)'는 병거에서 노역을 담당하고 있는 사람을 말한다. 『한서·엄조전(漢書·嚴助傳)』에서 "수레를 모는 병사이다[厮輿之卒]."라고 하였으니, '시여(厮輿)'는 '시어(厮馭)'와 같은 말이다.

(17) '도(徒)'는 보병이다. 『좌전·양공(左傳·襄公)』원년에서 "도병을 효상에서 패배시켰다[敗其徒兵于殽上]."라고 하였는데, 두예의 주에서는 '도병(徒兵)'은 보병이라 하였다. 당시 보병과 수레를 모는 '시어(厮馭)'의 비율은 5:1이었다.

(18) '匡'자에 대하여 서중서는 다음과 같이 말하였다.

> '匡'은 〈사송정(史頌鼎)〉에서 "날마다 천자의 명을 받들었다[日匡天子顯命]."라고 하였으며, 〈맥이(麥彝)〉에서도 "들고 나오며 명을 받들었다[出入匡命]."라고 하였다. '匡'은 모두 '徥'에서 나왔고 '遅'라 하니, '遅命'과 '장명(將命)'은 같은 것으로 명을 받든다는 뜻이다.

포산초간 226간에서 "초나라 군사 보병을 거느렸다[遅楚邦之市(師)徒]."라고 하였으며, 228간에서도 "초나라 군사 보병을 거느렸다[遲楚邦之市(師)徒]."라고 하였으며, 하림의(何琳儀)는 『전국고문자자전(戰國古文字字典)』에서 '遅'과 '遲'는 모두 '장(將)'이라 읽으니, 거느린다는 뜻이다. 또한 포산초간 85반(反)에서 "이미 보내어 거느리고 이끌게 하였다[旣愛(發)箭遲以延]."라고 하였는데, 여기서도 역시 '장(將)'으로 읽는다. 『의례·사상견례(儀禮·士相見禮)』에서 "청하여 다시 명을 전한 자에게 폐백을 주었다[請還贄于將命者]."라고 하였는데, 정현의 주에서는 '장(將)'은 전하는[傳] 것과 같다고 하였다. 황덕관(黃德寬)은 『설장(說遲)』에서 이를 전문적으로 논하였다.

'숙(肅)'은 결정력이 있다[果斷]는 의미이다. 『일주서·시법해(逸周書·諡法解)』에서 "마음을 잡고 결단하는 것을 '숙(肅)'이라 한다[執心決斷曰肅]."라고 하였는데, 공조(孔晁)의 주에서는 과단성을 말한다고 하였다.

'모(慕)'는 『설문해자계전(說文解字繫傳)』에서 '애(愛)'라 하였고, '혜(惠)'는 『설문해자』에서 '인(仁)'이라 하였다.

이 구절의 대의에 대하여 서중서는 "악을 정벌하는 군사가 이미 매우 두려워하고 있으니, 과단성 있는 자가 바로잡고, 사랑받고 어진 자가 공족(公族)으로 귀속된 (실패한) 육사(六自)와 팔사(八自)를 모두 은혜로움으로 그들을 결속시켜 사랑과 어질음을 알도록 하여야 한다."라고 하였다. 혹 '모(慕)'자 뒤를 끊어 '모(慕)'를 '모(謨)'로 읽고 "짐의 과단성 있는 계책을 집행하고, 아울러 실패한 서육사(西六師)와 은팔사(殷八師)에게 어질고 은혜로움을 베푼다."라고 해석하기도 한다.

(19) '휴(休)'에 대하여 『광아·석고(廣雅·釋詁)』에서 '기쁘다[喜]'라 하였고, 『시경·소아·청청자아(詩經·小雅·菁菁者莪)』에서 "군자님을 뵈오니, 내 마음 기쁘다. 군자님을 뵈오니 내 마음 편안하다[其見君子, 我心則喜. 其見君子, 我心則休]."라고 하였다.
(20) '유공(有功)'은 성공을 얻었다는 뜻이다.
(21) '경(耿)'에 대하여 『설문해자』에서 두림(杜林)의 견해를 인용하여 '광(光)'이라 하였는데, 여기에서는 '경광(耿光)'을 연결하여서 광명 혹은 광휘의 뜻으로 사용하였다. 『상서·입정(尙書·立政)』에서 "문왕의 밝은 빛을 뚜렷이 하시고, 무왕의 큰 공을 드날리십시오[以覲文王之耿光, 以楊武王之大烈]."라고 하였다.

단대(斷代)

곽말약(郭沫若)은 이왕시기, 당란(唐蘭)은 효왕시기라 정하였으나 모두 너무 빠른 감이 있다. 서중서(徐中舒)는 동시대 인물과 연관시켜 여왕시기라 하였으나 발표되지 않은 설이다. 진진의(陳進宜)는 무공(武公)을 위 무공(衛武公) 즉 공백화(共伯和)로 보고, 유왕시기의 기물이라 단정하였으나 또한 너무 늦은 감이 있다.

50

多友鼎

1980년 섬서성 장안현(長安縣) 두문향(斗門鄕) 하천촌(下泉村)에서 출토되어 현재 섬서역사박물관(陝西歷史博物館)에 소장되어 있다. 명문은 22행에 277자이고, 제6행의 아래에서 두 번째 글자는 주조되지 않았다.

저록(著錄)

『인문잡지(人文雜誌)』1981년 4기, 『은주금문집성(殷周金文集成)』5·2835

탁본(拓本)

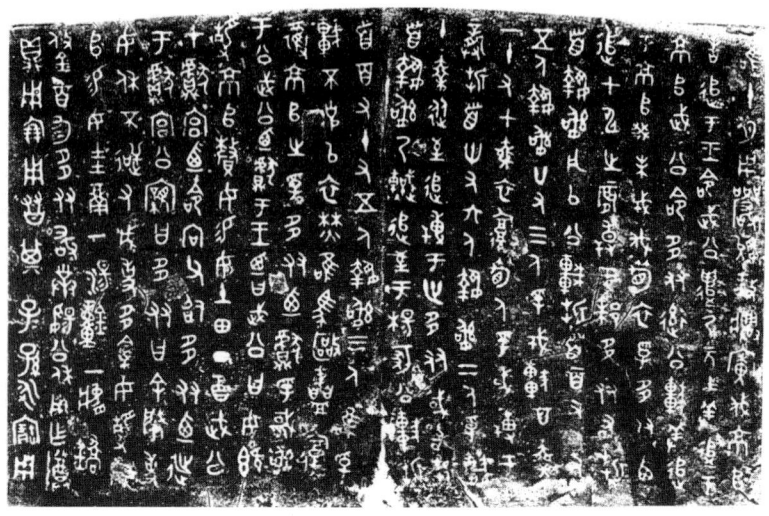

모본(摹本)

석문(釋文)

唯十月用嚴(玁)狁(狁)放(方)襺(興)⁽¹⁾, 實(廣)伐京自(師)⁽²⁾, 告追于王⁽³⁾。命武公: "遣乃元士, 羞追于京自(師)⁽⁴⁾。" 武公命多友衛(率)公車羞追于京自(師)⁽⁵⁾。癸未, 戎伐筍(旬)⁽⁶⁾, 衣(卒)孚(俘)⁽⁷⁾。多友西追, 甲申之屑(晨), 博(搏)于郯(郤), 漆?)⁽⁸⁾, 多友右(有)折首、執訊⁽⁹⁾。凡以公車折首二百又□又五人⁽¹⁰⁾, 執訊廿(二十)又三人, 孚(俘)戎車百乘一十又七乘⁽¹¹⁾。衣(卒)匋(復)筍(郤)人孚(俘)⁽¹²⁾, 或(又)博(搏)于龔(共)⁽¹³⁾, 折首卅(三十)又六人, 執訊二人, 孚(俘)車十乘。從至⁽¹⁴⁾, 追博(搏)于世⁽¹⁵⁾, 多友或(又)右(有)折首、執訊。乃轙(越)追至于楊冢⁽¹⁶⁾, 公車折首百又十五人, 執訊三人。唯孚(俘)車不克以, 衣(卒)焚⁽¹⁷⁾, 唯馬毆(驅)盡⁽¹⁸⁾。匋(復)奪京自(師)之孚⁽¹⁹⁾。多友迺獻孚(俘)、馘(馘)訊于公, 武公乃獻于王⁽²⁰⁾。迺曰武公曰: "女(汝)旣靜(靖)京自(師), 釐(釐)女(汝)⁽²¹⁾, 易(賜)女(汝)土田⁽²²⁾。" 丁酉, 武公才(在)獻宮⁽²³⁾, 迺命向父刉(召)多友⁽²⁴⁾, 迺徙(延)于獻宮⁽²⁵⁾。公親(親)曰多友曰⁽²⁶⁾: "余肇(肇)事(使)女(汝)⁽²⁷⁾, 休不遯(逆)⁽²⁸⁾, 又(有)成事, 多禽(擒)⁽²⁹⁾。女(汝)靜(靖)京自(師), 易(賜)女(汝)圭瓚(瓚)一、湯(錫)鐘一肆(肆)⁽³⁰⁾, 鐈鋚百匀(鈞)⁽³¹⁾。" 多友敢對揚公休, 用乍(作)障鼎。用俐用友⁽³²⁾, 其子子孫永寶用。

번역(飜譯)

10월에 험윤(玁狁)이 함께 일어나 경사(京師)를 크게 혼란시키자 왕에게 추격한 일을 보고하였다. 왕께서 무공(武公)에게 명하시었다. "너의 원사(元士)를 파견하여 경사(京師)로 나아가 추격하여라."
무공(武公)은 다우(多友)에게 공거(公車)를 거느리고 경사(京師)로 나아가 추격하도록 명하였다. 계미일에 융(戎: 玁狁)이 순읍(旬邑)을 쳐서 노획하였다. 다우(多友)는 서쪽으로 추격하여 갑신일 새벽에 칠(郲, 漆?)을 치니, 다우(多友)는 적의 머리를 베거나 잡아서 심문한 자가 있었다. 무릇 공거(公車)로 머리를 벤 자는 2백 몇 십 5명이다. 잡아서 심문한 자는 23명이고, 융거(戎車) 117승을 노획하였다. 사로잡힌 포로와 순읍(旬邑)을 다시 빼앗아 왔고, 또 공(共)을 쳐서 머리를 벤 자는 36명이고, 잡아서 심문한 자는 2명이고, 노획한 수레는 10승이었다. 계속 따라가서 세(世)에서 추격하여 치니, 다우(多友)는 또 머리를 베거나 잡아서 심문한 자가 있었다. 이에 크게 추격하여 양총(楊冢)에 이르니, 공거(公車)로 머리를 벤 자는 115명이고, 잡아서 심문한 자는 3명이었다. 다만 노획한 병거는 사용할 수 없어 마침내 불살라 버리고, 말은 상처가 나서 군사행동이 번거로웠을 뿐이었다. 경사(京師)에서 사로잡혔던 포로를 다시 빼앗아 왔다. 다우(多友)는 이에 무공(武公)에게 포로와 적군의 왼쪽 귀를 바치자 무공(武公)은 다시 왕에게 바쳤다. 왕께서 무공(武公)에게 고하여 말씀하시었다.

"네가 이미 경사(京師)를 안정시켰으니, 너에게 하사품을 하사하고, 너에게 토지를 하사하노라."

정유일에 무공(武公)이 헌궁(獻宮)에서 숙향보(叔向父)에게 다우(多友)를 불러오라 하니, 이에 다우(多友)가 헌궁(獻宮)으로 들어왔다. 무공(武公)이 친히 다우(多友)에게 고하여 말하였다. "내가 처음으로 너에게 일을 시켰는데, 거스르지 않고 훌륭히 완수하며, 공로가 있고 노획도 많았다. 네가 경사(京師)를 안정시켰으니, 너에게 규찬 1개, 정미한 청동으로 제작한 종 1열, 교조(鐈鋚)와 같은 합금 100균을 하사하노라." 다우(多友)는 감히 무공(武公)의 아름다움을 칭송하고 찬양하며, 존귀한 정(鼎)을 만드노라. 이것으로 붕우사이를 돈독하게 하고, 장차 자자손손 영원히 보배롭게 사용할지어다.

주해(注解)

(1) '시월(十月)'은 응당 여왕(厲王) 모년 10월이다. 이것과 위의 〈우정(禹鼎)〉에 모두 무공(武公)이 나오는데, 서중서(徐中舒)・이학근(李學勤)・황성장(黃盛璋)은 모두 여왕시기의 사람으로 보았다. 장아초(張亞初)는 비록 진진의(陳進宜)의 설에 동의하여 무공을 위(衛) 무공(武公)으로 보았으나, 무공이 위로 여왕시기까지도 소급될 수 있다고 여겼다. 『서주청동기분기단대연구(西周靑銅器分期斷代硏究)』에서는 〈다우정(多友鼎)〉을 서주후기의 초기단계에 속하는 기물이라 비정하였으니, 또한 여왕시기로 봄이 마땅하다. '용(用)'은 부사로 '…로 말미암는데[由於]'라는 의미이다.

'엄윤(嚴狁)'은 〈혜갑반(兮甲盤)〉・〈괵계자백반(虢季子白盤)〉・〈불기궤(不其簋)〉에도 보이는데, '厰斁'・'厰允'으로 되어 있고, 전적(典籍)에는 '험윤(獫狁)'(『시경・소아・채미(詩經・小雅・采薇)』)・'험윤(獫狁)'(『사기・흉노전(史記・匈奴傳)』)으로 되어 있다. 험윤(獫狁)은 본래 북방의 소수민족으로 성이 윤(允)인 융(戎)이고, 견융(犬戎)의 한 갈래이다. 험윤은 여러 번 주나라를 침범하였는데, 그 출입지역은 대부분 경수(涇水)와 낙수(洛水) 일대이다. 『시경・소아・채미(詩經・小雅・采薇)』에서 "실가(室家)가 없음은 험윤 때문이네[靡室靡家, 獫狁之故]."라고 하였으니, 그 피해가 극심하였음을 알 수 있다.

'방(放)'은 '방(方)'과 통하니, '병(並)'으로 읽는다. '興'은 '흥(興)'으로 읽는다.[1] 『상서・미자(尙書・微子)』에 "백성들이 함께 일어나 서로 원수가 되어 싸우고 있다[小民方興, 相爲敵讎]."라고 하였는데, 손성연(孫星衍)의 소(疏)에서는 "방(方)이란 『상서・서전(尙書・敍傳)』의 주(注)에 진작(晉灼)은 '함께[並]'라 하고, 흥(興)이란 『이아・석언(爾雅・釋言)』에서 '일으키다[起]'라고 하였다."라고 하였다. 또한 『상서・비서(尙書・費誓)』에서도 "지난번에 회이와 서융이 함께 일어났다[徂茲淮夷徐戎並興]."라고 하였다.

(2) '實'은 '광(廣)'과 같으니, '크다[大]'라는 뜻이다.

'경사(京師)'는 『시경・대아・공유(詩經・大雅・公劉)』의 "후덕하신 공유께서 저 백천에 가시어 저 넓은 언덕을 바라보셨다. 남쪽 산등성이에 올라서 경(京)을 살펴보셨다. 경사(京師)의 들이기에 이에 거처하고, 이에 나그네를 머물게 하였네[篤公劉, 逝彼百泉, 瞻彼溥原. 迺陟南岡, 乃覯于京. 京師之野, 于時處處, 于時廬旅]."와 "후덕하신 공유께서 경(京)에 의지하시네[篤公劉, 于京斯依]."와 "후덕하신 공유께서 빈(豳)땅에 관사를 정하시네[篤公劉, 于豳斯館]."에 보인다. 또한 〈극박종(克鎛鐘)〉의 "왕이 친히 극에게 명하여 경수의 동쪽을 따라 경사에 이르도록 하셨다[王親令克遹涇東, 至于京師]."에도 보인다. 이학근(李學勤)은 경사(京師)가 빈현(豳縣)과 순읍(旬邑) 사이에 있다고 하였다. 전성농(田醒農)과 황성장(黃盛璋)은 전목(錢穆)의 설을 따라 경사는 산서성에 있다고 생각하면서 〈진강정(晉姜鼎)〉 등에 보이며, 『예기・단궁(禮記・檀弓)』에서의 '구원(九原)'과 『태평환우기(太平寰宇記)』에서

---

1) 역자주 : 방(方)은 '바야흐로' 또는 '막'으로 해석하는 것이 더 좋을 듯하다. 『상서・미자(尙書・微子)』의 내용도 '막 일어나서'라고 해석하는 것이 더 좋을 듯하다.

의 '구경(九京)'이라 한 것은 지금의 신강현(新絳縣)에 있다고 하였다. 이 두 학설 중에서 이학근(李學勤)의 설이 옳은 것 같다.
(3) '고(告)'는 '품고(稟告)'로 '보고하다'라는 뜻이다. 경사(京師)에서 험윤을 추격하려는 일을 왕에게 보고하는 것이다.
(4) '명(命)' 앞에 주어인 왕(王)을 생략하였다.
　'내(乃)'는 '무공(武公)'을 가리키는 제2인칭대명사이다.
　'원사(元士)'는 상사(上士)이다. 『맹자·만장하(孟子·萬章下)』에서 "원사는 땅을 받을 때에 자와 남에 준한다[元士受地視子男]."라고 하면서 "군이 한자리이고 경이 한자리이며, 대부가 한자리이고 상사가 한자리이며, 중사가 한자리이고 하사가 한자리이니, 모두 6등급이다[君一位, 卿一位, 大夫一位, 上士一位, 中士一位, 下士一位, 凡六等]."라고 하였다. 또한 『예기·왕제(禮記·王製)』에서 "천자의 대부는 자와 남에게 준하고, 천자의 원사는 부용에 준한다[天子之大夫視子男, 天子之元士視附庸]."라고 하였는데, 정현의 주에서는 "원은 잘하는 것이니, 선사는 명사를 이른다[元, 善也, 善士謂命士也]."라고 하였다.
　'수(羞)'는 『이아·석고(爾雅·釋詁)』에서 '나아가다[進]'라고 하였다.
(5) '다우(多友)'는 기물의 주인으로 무공(武公)에 속한 무장(武將)이다. 다우(多友)는 개인 이름이다. 장아초(張亞初)는 다(多)를 씨(氏)로 의심하였으니, 은상(殷商)에는 다씨(多氏)가 있다.
　'衛'은 곧 '솔(率)'이다. 『설문해자(說文解字)』에서는 '솔(達)'로 쓰고, '선도(先導)'라고 하였으니, 곧 '거느린다[率領]'라는 뜻이다.
　'공거(公車)'는 관청의 수레이다. 『주례·춘관·건거(周禮·春官·巾車)』에서 "공거의 정령을 담당한다[掌公車之政令]."라고 하였는데, 정현의 주에서는 "공(公)은 관(官)과 같다."라고 하였다. 『시경·

노송·민궁(詩經·魯頌·閟宮)』에서 "공의 수레가 천승이니, 붉은 창 꾸밈과 푸른 끈이며, 두 창과 겹 활이로다[公車千乘, 朱英綠縢, 二矛重弓]."라고 하였다. 공거(公車)는 오로지 공(公)이 병거(兵車)가 있음을 가리킨 것이니, 〈우정(禹鼎)〉에서는 '공융거(公戎車)'라 하였다.

(6) 계미(癸未) 및 아래의 갑신(甲申)·정유(丁酉)는 모두 10월의 간지이다.

'융(戎)'은 '험윤(玁狁)'을 가리킨다.

'순(筍)'은 이학근(李學勤)이 말한 섬서성 순읍현(旬邑縣)이다. 『한서·교사지(漢書·郊祀志)』에 한나라 때 미양(美陽)에서 정(鼎)을 얻었다고 기록되어 있다. 장창(張敞)은 그 명문을 해석하였는데, "왕이 이신(夷臣)에게 명하여 이 순읍(栒邑)을 관리하도록 하였다[王命尸(夷)臣, 官此栒邑]."라는 내용이 있으니, 순읍(旬邑)은 서주시기에 이미 지명으로 사용되었음을 알 수 있다.

(7) '의(衣)'를 어떤 학자는 '은(殷)'이라고도 읽고, '크다[大]'는 뜻으로 본다. 어떤 학자는 '이(伊)'·'예(繄)'라 읽고, 뜻이 없는 어조사라고 하였다. 어떤 학자는 아래의 '의부(衣復)'·'의분(衣焚)'과 마찬가지로 '졸(卒)'로 읽어야 한다고 한다. 마지막의 학설이 옳은 듯하다.

(8) '순(脣)'은 '월(月)'로 구성된 것과 '일(日)'로 구성된 것이 같으니, '신(晨)'자의 이체자이다. 『설문해자』에는 '신(晨)'으로 되어 있다. 『이아·석고하(爾雅·釋詁下)』에서 "신(晨)은 아침[早]이다."라고 하였다.

'博'은 '간(干)'으로 구성되었고 '부(尃)'가 발음을 나타내니, '박(搏)'자의 이체자이다. '간(干)'으로 구성된 것은 방패[干]와 창[戈]으로 서로 때림을 표시한 것이다.

'粹'은 어떤 학자는 칠(桼, qī)이라 하니, 곧 칠수(漆水)의 '칠(漆)'로 그 지역은 빈(豳)과 가깝다. 『한서·지리지(漢書·地理志)』에서 부풍(扶風)의 오른쪽에 칠현(漆縣)이 있다고 하였다.

(9) '우(右)'는 '유(有)'로 읽는다.

(10) '범(凡)'은 총계(總計)이다.

'이백(二百)'은 합문(合文)이다.

'又口'에서 결손된 1자는 마땅히 '몇 십[幾十]'을 가리키는 숫자일 것이다.

(11) '융거(戎車)'는 험윤(玁狁)의 병거(兵車)를 가리킨다.

(12) '匓'은 '복(復)'으로 읽으니, 『설문해자』에서 "갔다가 돌아오는 것이다[往還也]."라고 하였으니, '돌아오다'라는 뜻으로 인신되었다.

이 구절은 사로잡힌 포로와 순(旬) 땅을 다시 빼앗아 왔다는 말이다.

(13) '공(龔)'은 곧 전적에서의 '공(共)'이다. 『시경·대아·황의(詩經·大雅·皇矣)』에서 "밀나라 사람이 공손하지 못하여 감히 큰 나라에 대항하고, 완나라를 침공하러 공 땅으로 갔다[密人不恭, 敢距大邦, 侵阮徂共]."라고 하였다. 이 땅은 지금의 감숙성 경천현(涇川縣) 북쪽으로 5리 떨어진 지점에 있다.

(14) '종(從)'은 『설문해자』에서 "수행(隨行)하는 것이다."라고 하였으니, '따르다', '추종하다'라는 뜻이다.

(15) '세(世)'는 지명인데, 이미 고증할 수 없다.

(16) '내(乃)'는 '이에[於是]'이다.

'轙'자는 알지 못하지만, '질(戜)'로 구성되고, '득(得)'이 발음을 나타내는 글자는 대부분 '실(失)'로 구성되며, '득(得)'이 발음을 나타내는 글자와 서로 통한다. 『설문해자』에서 "戜는 '크다[大]'라는 것이니, '대(大)'로 구성되었고 '질(戠)'이 발음을 나타낸다. 『시경』의 '蠿蠿大猷'와 같이 읽는다."라고 하였다. 『시경・소아・교언(詩經・小雅・巧言)』에서 "질서정연한 큰 계책이다[秩秩大猷]."라고 하였으니, '질(轋)'은 곧 '질(軼)'자의 이체자인 듯하다. 『좌전・은공(左傳・隱公)』원년에 "장차 우리를 침범할까 두렵다[懼其侵軼我也]."라고 하였는데, 두예(杜預)의 주에는 "질(軼)은 돌(突)이다."라고 하였다.

(17) '이(以)'는 '용(用)'이니, 융거(戎車)를 사용할 수 없어 마침내 모두 불태웠다는 것이다.

(18) '구(敺)'는 '구(驅)'의 고문(古文)이다.

'진(盡)'의 음은 xì이니, 『설문해자』에서 "상처 나서 아프다[傷痛]"라고 하였다. '진(盡)'자는 『설문해자』에서 '혈(血)'로 구성되었는데, 본 명문에는 '명(皿)'으로 구성되었으니, '명(皿)'은 '혈(血)'이 와전된 것이다.

이 구절의 의미는 말이 상처 난 것으로 뒤쫓았기 때문에 그 군사 행동이 번거로움을 이른 것이다.

(19) '탕(奪)'은 사로잡혔던 경사의 포로를 빼앗아 왔다는 뜻이다.

(20) '부(俘)'는 노획물이고, '괵(馘)'은 적의 왼쪽 귀를 포획한 것이다.

'신(訊)'은 전쟁 포로이고, '공(公)'은 무공(武公)이다. 다우(多友)의 직급이 비교적 낮았기 때문에 무공에게 노획물을 바칠 뿐이니, 무공을 통하여 다시 주나라 왕에게 바치는 것이다.

(21) '내(迺)' 앞에 주어인 왕을 생략하였으니, 이는 위 구절을 이어서 생략한 것이다.

'왕무공왈(曰武公曰)'이란 무공에게 고하여 말한다는 것으로 〈오사위정(五祀衛鼎)〉에서의 '왈려왈(曰厲曰)'과 같은 예이다.

'정(靜)'은 '정(靖)'으로 읽으니, 동사로 '편안하고 조용하다[安靜]'라는 의미이다.

'釐'는 '이(釐)'와 통하니, 음은 xī로 '하사하다'라는 뜻이다.

(22) '토전(土田)'은 곧 토지이니, 『이아·석언(爾雅·釋言)』에서 "토(土)는 전(田)이다."라고 하였다.

(23) '헌궁(獻宮)'은 무공(武公)의 궁실 이름이다.

(24) '향보(向父)'는 숙향보(叔向父)로 곧 위 〈우정(禹鼎)〉의 '우(禹)'이니, 다우(多友)의 지위는 우(禹)보다 낮음을 알 수 있다.

(25) '연(徟, 延)'은 『이아·석고(爾雅·釋詁)』에 '진(進)'이라 하였으니, 곧 '끌어들이다'라는 의미이다.

(26) '공(公)'은 무공(武公)이고, '친(親)'은 곧 '친(親)'자이니, '친히'라는 의미이다.

(27) '사(事)'는 '사(使)'로 읽으니, 〈수궤(守簋)〉에서 "왕은 소신으로 하여금 이(夷)에 사신가게 하였다[王事小臣事于尸(夷)]."라고 하였다

(28) '遱'은 '역(逆)'과 같은 글자이니, 따르지 않는다는 의미이다.

(29) '성(成)'은 '성공(成功)'이니, 『광운(廣韻)』에서 "무릇 공과 업을 이루는 것을 성(成)이라 이른다[凡功卒業就謂之成]."라고 하였다.

'유성(有成)'은 '공(功)'이 있는 것이다.

'사(事)'는 정벌하는 일이다.

(30) '찬(鬲)'자에 대하여 곽말약(郭沫若)은 『양주금문사대계고석·어궤(兩周金文辭大系考釋·敔簋)』에서 "찬(鬲)은 곧 '권(鬳)'자의 고문으로 상형글자이다. '규찬(圭鬲)'은 연문(連文)으로 '규찬(圭瓚)'을 이르는 것이다. 〈모공정(毛公鼎)〉에서도 '관규찬보(鄩圭鬲寶)'라고 하였다. '규찬(圭鬲)'은 울창주를 따르는 데에 사용하였기 때문에 '관(鄩, 祼)'이라 하였고, 이에 귀한 물건이기 때문에 '보

(寶)'라고 하였다."라고 하였다. '찬(瓚)'은 고대에서 관례(祼禮)를 행할 때 사용하던 울창주를 따르는 용구이다. 황금으로 작(勺)을 만들고, 규장(圭璋)으로 자루를 만들었다. 『주례・춘관・전서(周禮・春官・典瑞)』에서 "관규(祼圭)에는 찬(瓚)이 있으니, 선왕에게 사제(肆祭)를 지내고, 빈객에게 술잔을 올릴 때 사용한다[祼圭有瓚, 以肆先王, 以祼賓客]."라고 하였는데, 정현의 주에서는 "한나라의 예에 찬과 반의 큰 것은 5승이니, 입구의 지름은 8촌이고, 아래 소반의 입구가 있는데 지름이 1척이다[漢禮, 瓚槃大五升, 口徑八寸, 下有槃口, 徑一尺]."라고 하였다. 『시경・대아・강한(詩經・大雅・江漢)』에서 "그대에게 규찬과 검정 기장술 한 통을 하사한다[釐爾圭瓚, 秬鬯一卣]."라고 하였으며, 〈사순궤(師詢簋)〉에서도 "너에게 검정 기장술 한 통과 규찬을 하사한다[賜女秬鬯一卣, 圭䚛]."라고 하였다. 금문과 전래문헌이 서로 증명해 주니, '찬(䚛)'을 '찬(瓚)'으로 읽는 것이 마땅히 믿을만하다.

'탕(湯)'은 '탕(盪)'과 통하니, 음은 dàng(탕)이다. 『설문해자』에서 "금의 아름다운 것이다[金之美者]."라고 하였으니, '탕종(湯鐘)'은 정미한 청동으로 제작한 악종(樂鐘)을 말한다. 이 글자는 또 '석(錫)'(〈사호궤(師𩣡簋)〉)・'석(鐊)'(〈초공원종(楚公豪鐘)〉)으로도 쓴다.

'胷'은 〈삼체석경(三體石經)〉의 '일(逸)'자 고문과 같고, '사(肆)'로 읽는다. 『주례・소서(周禮・小胥)』에서 "무릇 악기에서 종과 경쇠를 거는데, 반을 도(堵)라 하고 전부를 사(肆)라 한다[凡樂, 縣鐘磬, 半爲堵, 全爲肆]."라고 하였다. 살펴보건대, '일(逸)'은 '이(肄)'와 통하니, 『상서・반경상(尚書・盤庚上)』에서 "서로 편안함과 수고로움을 함께 하시었다[胥及逸勤]."라고 하였는데, 채옹(蔡

邕)의 〈사공문열후양공비(司空文烈侯楊公碑)〉에서는 일(逸)을 이(肄)로 썼다. 이(肄)는 또 사(肆)와 통하니, 『주례・소종백(周禮・小宗伯)』에서 "거동을 익히는 자리로 삼았다[肄儀爲位]."라고 하였는데, 정현의 주에서는 "고서에는 이(肄)를 사(肆)로 썼다[故書肄爲肆]."라고 하였다.

(31) '교(鐈)'는 음이 qiáo(교)이고, '조(銚)'는 음이 tiáo(조)이니, 합금 명칭의 일종이다. 왕휘(王輝)의 「주진기명고석・중자정(周秦器銘考釋・仲滋鼎)」에서 "교(鐈)・조(銚)・위(鐎)・류(鏐)는 모두 청동의 합금이나, 동・주석・아연의 비율이 다르기 때문에 합금의 색깔도 일정하지 않다. '교(鐈)'는 청백색이고, '조(銚)'는 검기가 철과 같다."라고 하였다.

'균(勻)'은 균(鈞)으로 읽으니, 『설문해자』에서 '30근'이라 하였다. 따라서 '백균(百勻)'은 3,000근으로 상이 후하였음을 알 수 있다.

(32) '용(用)'은 개사(介詞)로 '이(以)'와 같다.

'붕(倗)'은 『설문해자』에서 '보(輔)'라고 하였으니, 곧 붕우(朋友)라는 붕(朋)의 본자(本字)이다. 붕(朋)・우(友) 두 글자는 동사로 사용되었으니, 붕우 사이의 관계를 강화한다는 의미이다.

51
翩攸比鼎

전해 내려오는 기물(傳世器)이다. 원래 육심원(陸心源, 1834~1894)이 소장하였으나, 현재는 일본 쿠로카와 문화연구소(黑川文化硏究所)에서 소장하고 있다. 명문은 10행 102자이다. 〈역종정(翩從鼎)〉이라고도 한다.

저록(著錄)

탁본(拓本)

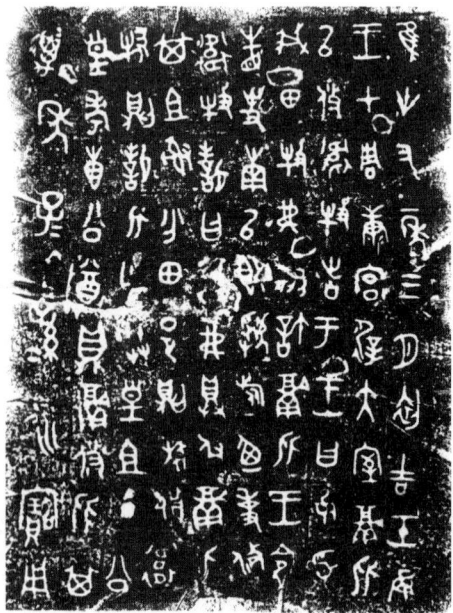

모본(摹本)

『적고재종정이기관지(積古齋鐘鼎彝器款識)』4・31,『전상고삼대진한삼국육조문(全上古三代秦漢三國六朝文)』12,『양주금문사대계도록고석(兩周金文辭大系圖錄考釋)』圖22・錄118・考127,『금문통석(金文通釋)』29・627,『은주금문집성(殷周金文集成)』5・2818

석문(釋文)

隹(唯)卅(三十)又一年三月初吉壬辰[1], 王才(在)周康宮徲大室[2], 鬲比以攸衛牧告于王[3], 曰: "女(汝)覓我田[4], 牧弗能許鬲比[5]." 王令(命)眚(省), 史南以卽虢旅[6], 迺事(使)攸衛牧誓曰: "敢弗具(俱)付鬲比, 其且(助)射分田邑⁽⁷⁾, 則殺⁽⁸⁾." 攸衛牧則誓. 比乍(作)朕皇且(祖)
丁公、皇考叀(惠)公障鼎. 鬲攸比其邁(萬)年子子孫孫永寶用.

번역(飜譯)

여왕(厲王) 31년 3월 초길(初吉) 임진(壬辰)일에 왕이 주(周) 강궁(康宮) 이왕(夷王)의 태실(太室)에 있으니, 역비(鬲比)가 왕에게 유위목(攸衛牧)을 고소하여 말하였다.

"당신[攸衛牧]이 우리 농지를 요구하고, 유위목(攸衛牧)은 역비(鬲比)를 허여할 수 없답니다."

왕이 조사하여 보라고 명하시자 사남(史南)이 이로써 괵숙려(虢叔旅)에게 나아가니, 이에 유위목(攸衛牧)으로 하여금 맹세하게 하여 말하였다.

"감히 역비(鬲比)에게 모두 주지 않거나 장차 전읍(田邑: 농지와 읍락)을 더욱 취하여 나누지 않으면, 죽임을 당할 것입니다."

유위목(攸衛牧)은 이에 맹세하였다. 비(鬲比)는 나의 황조 정공(丁公)과 황고 혜공(惠公)의 존귀한 정(鼎)을 만드노라. 역유비(鬲攸比)는 장차 만년토록 자자손손 영원히 보배롭게 사용할지어다.

주해(注解)

(1) 곽말약(郭沫若)·용경(容庚)·동작빈(董作賓)·당란(唐蘭) 등은 모두 이를 여왕시기의 기물이라 하였고, 『단대연구(斷代硏究)』에서도 "여왕(厲王) 전후의 기물이다."라고 하였다. 여왕 31년은 기원전 847년이다. 어떤 학자들은 '삼십일년(三十一年)'을 '삼십이년(三十二年)'으로 예정하기도 한다.

(2) '지(徲)'는 '지(遲, 遟)'자이다.

'지태실(徲大室)'에 대하여 당란은 이왕(夷王)의 태실(太室)이라 하였다. 〈오호정(吳虎鼎)〉에 '강궁지궁(康宮徲宮)'이라는 언급이 있는데, 이는 본 명문의 '강궁지태실(康宮徲太室)'과 같다.

(3) '역(鬲)'은 씨족(族氏)이며, '역(鬲)'으로 예정하기도 한다. 『광운(廣韻)』에서 "역(鬲)은 성(姓)이다. 은 말기의 현인인 교격(膠鬲)의 후예이다[鬲, 姓, 殷末賢人膠鬲之後]."라고 하였다. 후대에 '역(鬲)'을 '과(鍋)'로 썼다.

'비(比)'는 'ㅆ'로 쓰였는데, 예전에는 '종(從)'으로 해석하였다. 실제 '종(從)'자는 'ㅆ'으로 쓰기 때문에 '비(比)'자와 방향이 다르다. 이(以)는 도치를 나타내며, 현대중국어의 '把……'와 같다.

이 구절은 역비(鬲比) 여왕(厲王)에게 유위목(攸衛牧)을 고발한다는 뜻이다.

(4) '여(汝)'는 '유위목(攸衛牧)'을 가리킨다.

'아(我)'는 '역비(鬲比)'를 가리킨다.

'멱(覓)'은 『광운(廣韻)』에 "구한다는 뜻이다[求也]."라고 하였다.

이 구절은 마땅히 '전(田)'자 뒤에서 끊어 읽어야 하며, 유위목(攸衛牧)이 역유비(鬲攸比)의 토지를 점령함을 가리킨다.

(5) 선행연구에서는 대부분 '목(牧)'자를 위 구절에 연결하여 끊어 읽었는데, 타당하지 않다.

'목(牧)'은 '유위목(攸衛牧)'의 이름이며, 이 구절의 주어가 된다.

'허(許)'는 허락한다는 뜻이다.

(6) '생(眚)'은 생(省)으로 읽는다. '검사하다'·'심사하다'라는 뜻이다.

『설문해자』에서 "성(省)은 본다는 뜻이다[省, 視也]."라고 하였다. 『논어·학이(論語·學而)』편에서 "나는 날마다 세 가지로 내 몸을 살핀다[吾日三省吾身]."라고 하였다.

'사남(史南)'은 여왕의 사관이다.

'괵려(虢旅)'는 인명으로 〈괵숙려종(虢叔旅鐘)〉에서 보이는 '괵숙려(虢叔旅)'이다.

'즉(卽)'은 나아감(就)이다.

(7) '차(且)'는 '조(助)'로 읽는다. 『광운(廣韻)』에 "더한다는 뜻이다[益也]."라고 하였으며, 『주역・계사전(周易・繫辭傳)』에서는 "하늘이 돕는 것이 순(順)함이다[天之所助者順也]."라고 하였다.

'조사(助射)'는 '더욱 취한다(益取)', '많이 취한다(多取)', '크게 취한다(大取)'라는 말과 같다. 『관자・백심(管子・白心)』에서 "도란 조금 취하면 복을 조금 얻고, 크게 취하면 복을 크게 얻는다[道者小取焉則小得福, 大取焉則大得福]."라고 하였다.

'기조사분전읍(其助射分田邑)'은 마땅히 유위목(攸衛牧)의 전읍(田邑)을 더 많이 나누어야 한다는 말이다.

(8) '살(殺)'자에 대하여 예전에는 '방(放)'・'징(懲)'으로 해석하였으나, 자형에서 모두 거리가 있다. '살(殺)'자는 춘추시기의 금문 〈경호(庚壺)〉에는 '𣪊'라 쓰고, 〈삼체석경(三體石經)〉에는 '𣪩', '𣪩'라고 쓰여 있는데, 자형이 서로 비슷하다. 『설문해자』에 "살(殺)은 죽이는 것이다[殺, 戮也]."라고 하였다.

52

散氏盤

『적고재종정이기관지(積古齋鐘鼎彝器款識)』에서 이 기물은 섬서성 봉상현(鳳翔縣)에서 출토되었다고 기록하였다. 현재는 대만 고궁박물원(故宮博物院)에서 소장하고 있다. 안쪽 바닥에 명문 19행 357자가 있다. 〈산반(散盤)〉·〈측인반(矢人盤)〉이라고도 한다.

저록(著錄)

『적고재종정이기관지(積古齋鐘鼎彝器款識)』8·3, 『각재집고록(愙齋集古錄)』16·4, 『양주금문사대계도록고석(兩周金文辭大系圖錄考釋)』圖151·錄127·考129, 『금문통석(金文通釋)』24·191, 『은주금문집성(殷周金文集成)』16·10176

탁본(拓本)

모본(摹本)

석문(釋文)

用矢𢦔(踐)散邑⁽¹⁾，迺卽散用田⁽²⁾。履⁽³⁾：自瀗涉以南，至于大沽(湖)⁽⁴⁾，一奉(封)⁽⁵⁾。以陟，二奉(封)⁽⁶⁾，至于邊柳、復涉瀗，陟雩(越)、𢍰𢑩𨸏⁽⁷⁾。以西，奉(封)于𢼻(敝)城。楮木，奉(封)于芻逨(仇)，奉(封)于芻道⁽⁸⁾，内(入)陟芻，登于厂湶，奉(封)刜(諸)㭫、陟陵、剛(崗)㭫⁽⁹⁾。奉(封)于𠦪(單)道，奉(封)于原道⁽¹⁰⁾，奉(封)于周道⁽¹¹⁾。以東，奉(封)于𣐿(棹)東彊(疆)⁽¹²⁾，右還，奉(封)于履(郿)道⁽¹³⁾。以南，奉(封)于㯱逨(仇)道。以西，至于堆(𤳈)莫。履井邑田⁽¹⁴⁾。自根木道左至于井邑，奉(封)，道以東，一奉(封)，還，以西一奉(封)，陟剛(崗)三奉(封)。降以南，奉(封)于同道⁽¹⁵⁾。陟州剛(崗)，登㭫，降棫二奉(封)⁽¹⁶⁾。矢人有嗣(司)履田： 鮮、且、𢼊、武公、西宮襄⁽¹⁷⁾、豆人虞丂(考)、彔(麓)貞⁽¹⁸⁾、師氏右眚(省)、小門人繇、原人虞芇、淮嗣(司)工虎⁽¹⁹⁾、孝、𩰫、豐父、堆(𤳈)人有嗣(司)荊丂(考)⁽²⁰⁾，凡十又五夫⁽²¹⁾。正履矢舍散田⁽²²⁾： 嗣(司)土(徒)屰(逆)寅、嗣(司)馬𠦪(單)㙷、𩁹人嗣(司)𢍰君⁽²³⁾、宰德父⁽²⁴⁾；散人小子履田： 戎⁽²⁵⁾、𢼍(微)父、𢼻(教)𥾆父⁽²⁶⁾、襄之有嗣(司)橐、州𥹄(就)、倗從𩰫⁽²⁷⁾，凡散有嗣(司)十夫。唯王九月，辰才(在)乙卯。矢卑(俾)鮮、且、𩰫、旅誓⁽²⁸⁾，曰："我旣付散氏田器⁽²⁹⁾，有爽⁽³⁰⁾，實余有散氏心賊⁽³¹⁾，則爰千罰千⁽³²⁾，傳棄之⁽³³⁾。"鮮、且、𩰫、旅則誓。迺卑(俾)西宮襄、武父誓⁽³⁴⁾，曰："我旣付散氏溼田、牆(畛)田⁽³⁵⁾，余有爽𡨄(變)⁽³⁶⁾，爰千罰千。"西宮襄、武父則誓。氒(厥)受(授)圖⁽³⁷⁾，矢王于豆新宮東廷⁽³⁸⁾。氒(厥)左執䋺史正中(仲)農⁽³⁹⁾。

번역(飜譯)

측(矢)나라가 산읍(散邑)을 침략하여 토지를 가로채었으니, 이에 산(散)나라에게 토지를 돌려주는 것을 이행하노라. 경계는 다음과 같다. 헌수(瀗水)를 건너서부터 남쪽으로 큰 고호(沽湖)에 이르는 곳이 첫 번째 경계이다. 올라가 두 번째 경계를 정하는데, 변류(邊柳)에 이르고, 다시 헌수(瀗水)를 건너 월(越) 고개를 지나면 원(釁)・미(陂)에 이른다. 서쪽으로는 폐성(敝城)을 경계로 한다. 저목(楮木)은 추산(芻山)과 구(逨)에서 경계를 삼고, 추산(芻山)의 길에서 경계를 삼으며, 들어가 추산(芻山)을 올라 한천(厂㵎)을 오르고, 여러 나물들이 울창한 미릉(陵陵)・강간(剛栟)에 봉토를 쌓아 경계로 삼는다. 선(巢)・원(原)・주(周) 고을의 길에 봉토를 쌓아 경계로 삼는다. 동쪽으로는 도(韓) 고을의 동쪽 끝까지를 경계로 삼는다. 오른쪽으로 돌아 미(郿)의 길에 봉토를 쌓아 경계로 삼는다. 남쪽으로는 儲・逨의 길에 봉토를 쌓아 경계로 삼는다. 서쪽으로는 홍읍(瑪邑) 묘지에 이른다.

정읍(井邑) 토지의 경계는 다음과 같다. 낭목(根木)의 길에서부터 왼쪽으로 정읍(井邑)에 이르기까지를 경계로 삼는다. 길의 동쪽에 한 경계가 있고, 다시 서쪽으로 한 경계를 삼으며, 언덕을 올라 세 번째 경계를 삼는다. 내려와 남쪽으로 동읍(同邑)의 길에서 봉토를 쌓아 경계로 삼는다. 주읍(州邑)의 언덕을 올라 栟을 올랐다가 역(棫)으로 내려오는 곳이 두 번째 경계이다.

측(矢)나라 사람으로 일을 맡아 토지의 경계를 삼은 사람은 다음과 같다. 선(鮮)・차(且)・미(斂)・무공(武公)・서궁약(西宮襄), 두읍(豆邑) 사람의 산림담당인 고(考)・록(彔)・정(貞)과 우두머리인 우생(右眚), 소문(小門)의 하급관리인 요(繇), 원읍(原邑)의 산림담당인 잉(芳)・회(淮), 사공인 호효(虎孝)・약풍보(龠豐父), 홍읍(瑪邑) 사람의 관리인

형고(荊考) 등 15명이다. 측(夨)나라가 산(散)나라에게 주는 토지를 감정하여 확인하였다. 사도인 역인(㦵寅), 사마인 단곤(單堒), 㒸 사람의 관리인 경군(騡君), 재(宰)의 직책에 있는 덕부(德父), 산(散)나라 사람 하급 토지담당인 융(戎)과 미부(散父), 교(教)의 직책을 맡고 있는 果父, 양읍(襄邑)의 관리인 탁(櫜), 주읍(州邑)의 취(㲋)·焂從䰾 등은 모두 산(散)나라에서 일을 맡은 사람 10명이다.

주나라 천왕 9월 을묘일이었다. 측(夨)나라가 선(鮮)·차(且)·약(䙴)·여(旅)로 하여금 서약하도록 하면서 말하였다.

"우리는 이미 산(散)나라에게 농기구를 교부하였는데, 어긋남이 있어 실로 우리가 산(散)나라의 마음을 상하게 함이 있어 천 환(鍰)이면 천 환의 벌금을 낼 것이며, 그러한 사실을 널리 알려 더 이상 그런 일이 없도록 할 것입니다."

선(鮮)·차(且)·䙴·여(旅)는 서약을 하였다. 이에 서궁약(西宮襄)과 무보(武父)로 하여금 서약하도록 하면서 말하였다.

"우리는 이미 산(散)나라에게 습기가 많은 토지[濕田]와 건조한 토지[牆田]를 주었으니, 우리가 어긋남과 변고가 있어 천 환(爰, 鍰)이면 천 환의 벌금을 물을 것입니다."

서궁약(西宮襄)과 무보(武父)가 서약을 하였다. 그 지도를 두읍(豆邑)에 있는 신궁(新宮) 동정(東廷)에서 측(夨)나라 왕에게 주었다. 그 토지계약서의 왼쪽을 잡아 태사의 우두머리인 사정(史正) 중농(仲農)이 보관하였다.

선(鮮)·차(且)·약(䙴)·여(旅)는 서약을 하였다. 이에 서궁약(西宮襄)과 무보(武父)로 하여금 서약하도록 하면서 말하였다.

"우리는 이미 산(散)나라에게 습기가 많은 토지[濕田]와 건조한 토지[牆田]를 주었으니, 우리가 어긋남과 변고가 있어 천 환(爰, 鍰)이면 천 환의 벌금을 물을 것입니다."

서궁약(西宮襄)과 무보(武父)가 서약을 하였다. 그 지도를 두읍(豆邑)에 있는 신궁(新宮) 동정(東廷)에서 측(矢)나라 왕에게 주었다. 그 토지계약서의 왼쪽을 잡아 태사의 우두머리인 사정(史正) 중농(仲農)이 보관하였다.

주해(注解)

(1) '측(矢)'은 서주시기 기내의 작은 국가로 지금 섬서성 천양(千陽)·농현(隴縣)·보계(寶鷄)의 경계에 있다. 측군(矢君)이 왕을 칭하였음은 〈측왕방정(矢王方鼎)〉·〈측왕치(矢王觶)〉·〈동유(同卣)〉 및 본 명문에서 보인다. 장소형(張筱衡)·유계익(劉啓益) 등은 '오(吳)'자에서 '구(口)'를 생략한 것이 '측(矢)'이라 하였으니, 곧 '우(虞)'이다. 『사기·주본기(史記·周本紀)』에서 "우·예의 사람에 소송이 있으나 해결할 수 없어 주나라로 갔다[虞芮之人有獄不能決, 乃如周]."라고 하였다. 농현(隴縣)에서 〈오중과(吳仲戈)〉가 출토되었는데, 오대백(吳大伯)의 동생 중옹(仲雍)이 제작한 것이라 한다.

'박(鏄)'에 대한 자세한 설명은 〈호종(鎛鐘)〉 주해 (4)를 참고하기 바란다. 여기에서는 '천(踐)'으로 읽으니, 이행하다[履]는 의미이다. 『공양전·선공(公羊傳·宣公)』15년에서 "이랑의 세금은 어떻게 하는가? 이랑 계약을 이행하여 세금을 낸다[稅畝者何, 履畝而稅也]."라고 하였는데, 하휴(何休)의 주에서는 "문서의 계약을 이행하고 가장 좋은 이랑을 선택하여 곡식에서 가장 좋은 것으로 세금을 취한다[履踐案行, 擇其善畝, 穀最好者稅取之]."라고 하였다. 본 명문에서는 앞에서 '천(踐)', 뒤에서 '이(履)'라 썼는데, 두 글자의 뜻은 같은 것이며, 나누어 쓴 것은 중복을 피하기 위함이다. '산(散)'은 '측(夨)'의 동쪽에 이웃한 나라로 대략 지금의 봉상(鳳翔)・천양(千陽)・보계(寶鷄)의 경계에 있다. 측(夨)나라가 산읍(散邑)을 정벌하려고 하였으나 실패하였기 때문에 토지로 산(散)나라에 배상하였다.

(2) '즉(卽)'은 지금 말로 준다는 뜻이고, '용(用)'은 '이(以)'와 같은 용법이다.

(3) '전(田)' 아래의 글자는 옛날에 '미(眉)'로 해석하였고, '미(堳)'로 읽었으니 낮은 담을 가리킨다. 『주례・천관・장사(周禮・天官・掌舍)』에서 "단과 울타리로 궁과 가시나무 문을 만든다[爲壇壝宮棘門]."라고 하였는데, 정현의 주에서는 "왕께서 가다 멈추어 평지에 머무르시며 단을 쌓고, 또한 토담에 흙을 메워 낮은 담을 일으켜 궁을 만드는 것을 일컫는다[謂王行止宿平地, 築壇, 又委壝土, 起堳埒以爲宮]."라고 하였다. 이에 대하여 손이양(孫詒讓)은 다음과 같이 말하였다.

> 『광아・석구(廣雅・釋丘)』에서 '미(堳)'・'랄(埒)'은 '애(厓)'라 하였는데, 『설문해자』에서는 '랄(埒)'을 낮은 담이라 하였다. 정현의 말은 흙을 쌓아 높이 일으켜 '단(壇)'을 만들고, 또한 단 밖 사면에 흙으로 낮은 담을 만들어 제터[墠]보다 높게 하여 낮은 담이 있도록 하는 것을 '궁(宮)'이라 일컫는다는 것이다.

장태염(章太炎)은 이를 '이(履)'로 해석하였고, 구석규(裘錫圭)는 여기에 거듭 해석을 가하였다. 〈오사위정(五祀衛鼎)〉에서 '이(履)'는 '주(舟)'로 구성되고 '미(眉)'는 발음을 나타내며, 명문에서는 '𠱠'라 써서 배가 신발을 신은 형태를 나타내었다. 본 명문에서 '이

(履)'자는 '주(舟)'와 '족(足)'을 생략한 두 가지 형태가 나오는데, 그 뜻은 여전히 〈오사위정五祀衛鼎〉 명문과 같다. 『설문해자』에서 "'이(履)'는 발이 의탁하는 것이다[履, 足所依也]."라고 하였는데, 서호(徐灝)의 주에서는 '이(履)'는 밟는[踐] 것이고, 가는[行] 것이라 하였다. 주준성(朱駿聲)은 "이 글자는 본래 밟는[踐] 것이었으나, 전주(轉注)로 밟는 데 사용하는 도구라는 뜻으로 사용한다."라고 하였다.

(4) '濬'은 강 이름이나 지금 자세치 않다. '濬'은 '헌(瀗)'자를 생략한 형체이고, '헌(憲)'은 '간(干)'소리 글자와 통한다. 『예기·악기(禮記·樂記)』에서 "무(武)를 춤추는 자가 때로는 별안간 꿇어앉아서 바른편 무릎을 땅에 대고, 왼팔을 위로 바라보며 올린다[武坐, 致右憲左]."라고 하였는데, 정현의 주에서는 "헌(憲)은 헌(軒)으로 읽으나 소리는 틀리다."라고 하였다. 『공자가·변악(孔子家語·辯樂)』에서 '헌(憲)'은 '헌(軒)'이라 하였다. 이를 보면, '濬'은 '견(汧, 지금의 千水)'일 가능성이 있다. 왕국유는 이를 '한(扦)'이라 하였으나, 한수(扦水)는 위수 남쪽에 있기 때문에 이 지역과는 합하지 않는다.

'고(沽)' 또한 강 이름이다. 이에 대하여 완원(阮元)은 강 이름으로 보았고[沽水], 오대징(吳大澂)은 호수의 이름으로 보았는데, 일반적으로 후자를 많이 따른다.

(5) '봉(奉)'자는 '𢆶'이고, 〈후마맹서〉에서는 '𦥑'이라 썼고, 손으로 나무그루를 받는 형상을 하고 있으니, 양수달(楊樹達)은 이를 '봉(奉)'으로 해석하고 봉(封)으로 읽었다. '봉(封)'은 흙을 쌓아 나무를 심고 경계를 만든 것이다. 『주례·지관·대사도(周禮·地官·大司徒)』에서 "경기의 경계를 짓고 해자와 봉을 한다[製其畿疆而溝封

之]."라고 하였는데, 정현의 주에서는 "봉은 흙을 일으켜 경계를 삼는 것이다[封, 起土界也]."라고 하였으며, 가공언(賈公彦)의 소에서는 "해자와 봉을 한다는 것은 경계 위에 해자를 하고, 해자는 봉에 나무를 심어 험하고 굳셈을 삼는 것을 일컫는다[溝封之者, 謂於疆界之上設溝, 溝爲封樹以爲阻固也]."라고 하였다. 이하 '일봉(一奉)'·'이봉(二奉)'·'삼봉(三奉)'은 모두 '봉(封)'의 수를 가리킨다. 본 명문에서는 측(夨)과 산(散)이 토지로 인하여 분규를 일으켰기 때문에 현지 조사를 실행하여 견수(汧水)로부터 남쪽으로 향하여 대고(大沽)에 이르기까지 한 길의 봉토(封土)를 수립하여 경계로 삼았음을 말하고 있다.

(6) '척(陟)'은 『설문해자』에서 오르다[登]라고 하였다.

(7) '우(雩)'는 '월(越)'로 읽으니, 〈중산왕착정(中山王䰜鼎)〉에서 "오나라 사람이 월나라를 병합하였다[吳人幷雩]."라고 하였다.

'虡'은 '조(徂)'로 읽으니 가다 또는 이르다는 뜻이다.

'원(邍)'은 즉 '㠅'이니 지금의 '원(原)'과 통한다. 〈석고문〉에 『作邍』편이 있는데 '邍'와 '㠅'은 대략 같다.

'원(原)'은 방위로 보면, 마땅히 봉상현(鳳翔縣) 남부의 원(原)이다. 이후 이곳에 부치(鄜畤)·오양상(吳陽上)·오양하(吳陽下)를 설치하였기 때문에 '삼치원(三畤原)'이라 일컫는다.

'미(陵)'는 지명이나 자세치 않다. 그러나 다음 문장에 미릉(陵陵)이 나오는 것으로 보아 마땅히 큰 지역의 범위를 말하는 것 같다. 『한서·지리지(漢書·地理志)』에 우부풍(右扶風)에 미양현(美陽縣)이 있다고 하였고, 반고는 스스로 주를 달아 기산(岐山)의 서북쪽에 있다고 하였다.

'미양(美陽)'은 지금 무공진(武功鎭, 옛날은 武功縣이었다.)의 서북쪽에 있으며 미현(郿縣)과 서로 이웃하고 있다. 본 명문에서 '미(眉)'를 언급하였으니, '미(渼)'·'미릉(渼陵)'도 미양현에 있었을 것이다.

(8) '敝'를 장아초(張亞初)는 '폐(敝)'로 해석하였고,『저초문·아타(詛楚文·亞駝)』에서 '폐(敝)'를 '敝'로 썼다. 갑골문은 '복(攴)'과 '폐(㡀)'로 구성된 회의자이고, 금문은 '건(巾)'과 '복(攴)'으로 구성되고 '채(采, biàn)'는 발음을 나타낸다. 곽점초간(郭店楚簡) 『치의(緇衣)』에서 '其所以敝'의 끝 글자를 현행본에서 '폐(敝)'라 썼고,『노자』을본에서도 '其用不敝'라 쓴 것을 현행본에서는 '폐(敝)'라 썼다. 따라서 '폐성(敝城)'은 깨진 옛날 성이란 뜻이다.

'저(楮)'는 음이 chǔ(저)로 나무이름이고, 또한 '구수(溝樹)'를 말하기도 하는데, 이는 나무이름을 딴 지명을 말한다. 혹은 '폐성저목(敝城楮木)'을 연결하여 읽고, 깨진 옛 성에 흙을 쌓아 닥나무를 심었다는 뜻으로 해석하기도 한다.

(9) '간(秆)'은 〈작책환유(作冊睘卣)〉에서 말한 '간(厈)' 땅이고, 릉('陵)'은 또한 '능(夌)'이라고도 쓴다. 보계(寶鷄)의 죽원(竹園) 도랑에서 〈능백치(夌伯觶)〉가 출토되었고, 능숙(陵叔)이 만든 〈의정(衣鼎)〉이 후세에 전해지고 있다. '능(陵)'은 기산(岐山)과 봉상(鳳翔)이 교차하는 곳에서 북쪽에 치우쳐 있다.

(10) '선(鄳)'은 즉 '선(單)'자로 종족이름이다. '선(單)' 사람이 후세에 전하는 기물로는 〈선백호생종(單伯昊生鐘)〉이 있다. 이 명문을 보면, '선(單)'은 원래 기내에 있었는데, 이후 하남성 맹진(孟津)으로 옮겼다. 2003년 미현(郿縣)의 양가촌(楊家村)에서 단씨 가족 동기들이 출토되었으니, '단(單)'은 마땅히 미현에 있었다.

'원(原)'도 '읍인(邑人)'으로 아래 문장에 '원인(原人)'이 보인다.

(11) 주나라 사람의 옛날 읍으로 주나라의 〈극생궤(棘生簋)〉와 〈낙수(雒盨)〉는 모두 주나라 종족 사람의 기물이다. 주도(周道)는 『시경・소아・사성(詩經・小雅・四牲)』에서 "네 필의 말 끊임없이 달려도 주나라로 가는 길은 돌아가는 아득한 길이네[四牲騑騑, 周道倭遲]."라고 하였는데, 모전에서는 '주도(周道)'를 기주(岐周)의 길이라 하였고, 주자의 주에서는 큰 길이라 하였다.

(12) '도(棶)'는 '도(梊)'의 다른 구조로 보고 있으며, 음은 zhuō(도)이니, 나무이름이다.

(13) '환(還)'은 '선(旋)'으로 읽으니, 에두르는 것을 말한다.
'이(履)'는 '미(郿, 지금은 다시 眉라 바뀌었다.)'라 읽는다. 〈오사위정(五祀衛鼎)〉에서 '이(履)'는 '주(舟)'로 구성되고, '미(眉)'는 발음을 나타내므로 '미(郿)'라 읽을 수 있다. 『시경・대아・숭고(詩經・大雅・崧高)』에서 "신백이 성실하게 나아가 임금께서 미 땅까지 전송하셨다[申伯信邁, 王餞于郿]."라고 하였으니, 성은 지금 기산현(岐山縣) 동남쪽에 있다.

(14) '堆'은 홍(鴻)의 옛글자이고, '막(莫)'은 곽말약이 묘(墓)라 읽었다. 따라서 고홍진(高鴻縉)은 이를 홍읍(鴻邑)의 묘지라 해석하였다. 이상은 현지 조사를 하여 흙을 쌓고 나무를 심어 측(矢)이 산(散)에게 주었던 토지의 경계를 삼은 일을 말한 것이며, 이하는 현지 조사를 하여 흙을 쌓고 나무를 심어 근방 정읍(井邑)의 측(矢) 사람 땅 경계를 삼은 일을 서술하였다. 정읍과 산읍은 접경으로 대략 지금의 봉상현 남부에 있다. 두 번째 땅은 비록 '정읍전(井邑田)'이라 일컬으나 실제는 여전히 측(矢) 사람의 땅으로 단지 인근 정읍일 따름이다.

(15) '동(同)'도 읍(邑)의 이름으로 〈소신택궤(小臣宅簋)〉・〈심자궤(沈

子篡》에 '동공(同公)'이란 단어가 보인다.

(16) '역려(棫廬)'를 연결하여 이루어진 말은 〈장불화(長由盉)〉에서 '하역거(下棫居)'의 '역(棫)'이니, 이는 즉 『한서·지리지(漢書·地理志)』에서 말한 옹현(雍縣) 역양궁(棫陽宮)의 '역(棫)'이다. 이곳은 대략 지금의 봉상현 성남의 팔기둔촌(八旗屯村) 일대인 옹수(雍水)의 양 언덕에 있다. '역(棫)' 땅은 지대가 낮기 때문에 '강(降)'이라 하였다.

(17) '유사(有司)'는 직관으로 『의례·사관례(儀禮·士冠禮)』에서 "유사는 마치 주인에 복종하는 것 같다[有司如主人服]."라고 하였는데, 정현의 주에서는 "유사는 벼슬아치들에서 일이 있는 자이다[有司, 群吏有事者]."라고 하였다. 이하 15명은 모두 측(夨)사람의 관원이면서 토지의 현지 조사에 참여한 사람들이다.

'서궁약(西宮襄)'은 서궁의 본래 별궁으로 『춘추·희공(春秋·僖公)』20년에서 "5월 을사일에 서궁에서 화재가 났다[五月乙巳西宮災]."라고 하였는데, 두예의 주에서는 "서궁은 공의 별궁이다[西宮, 公別宮也]."라고 하였다. '약(襄)'은 서궁의 관원일 것이다.

(18) '두(豆)'는 기내의 지명으로 〈재수궤(宰峀簋)〉에서 "왕이 '두(豆)'의 산기슭으로부터 와서 사냥하셨다[王來獸(狩)自豆錄(麓)]."라고 하였다. '두(豆)'에 이미 산기슭[麓]이 있으니 반드시 산언덕일 것이다.

'우(虞)'는 산우(山虞)로 산택을 맡은 관리이고, '교(丂)'는 '고(考)'로 읽으니 '우관(虞官)'의 개인 이름이다.

'녹(彔)'은 왕국유가 '녹(麓)'으로 읽었으니 『설문해자』에서 산림을 지키는 관리라 하였고, '정(貞)'은 '임록관(林麓官)'의 개인 이름이다.

(19) '문인(門人)'은 문을 지키는 하급관리로 『곡량전·양공(穀梁傳·襄公)』25년에서 "오자가 아뢰고 초나라를 쳤다.……소에 이르러

문에 들어가자 문을 지키는 사람이 오자에게 활을 쏘았다[吳子謁
伐楚.······至巢, 入其門, 門人射吳子].”라고 하였다.

'잉(艿)' 또한 우(虞) 사람이다.

'회사공호(淮司工虎)'는 회(淮) 사람 사공(司空)으로 이름은 호(虎)
이니, 관명을 이름 앞에 두었다. 『한서·지리지(漢書·地理志)』
에서 우부풍(右扶風) 무공현(武功縣)에 '수산(垂山)'·'사수(斜水)'·
'회수사(淮水祠)' 3곳이 있다고 하였다. '회수(淮水)'에 대하여 조일
청(趙一淸)은 '옹수(雍水)', 왕사탁(汪士鐸)은 '포수(褒水)'의 잘못
이라 하였으나, 모두 유력한 증거가 없다. 본 명문의 앞을 보면,
기내에 마땅히 회수가 있을 것이나 지금은 이미 정확하게 알 수
없다.

(20) '𠂤'도 종족의 읍이나, 소재지는 자세치 않다.

(21) 이상 15명의 계산법은 서로 같지 않으니, 예를 들면 '효약(孝䰩)'을
한 사람으로 보기도 하고 혹은 두 사람으로 보기도 하는데, '형교
(荆丂)'도 이와 마찬가지이다.

(22) '정(正)'은 『옥편(玉篇)』에서 '정(定)'이라 하였으니, 『주례·천관·
재부(周禮·天官·宰夫)』에서 "해를 마치면 벼슬아치들에게 해
를 정하도록 모이게 한다[歲終, 則令群吏正歲會].”라고 하였다.
『설문해자』에서 "정은 옳은 것이다. 일이 반드시 옳은 이후에 정
하므로 인신하여 '정(定)'을 또한 '정(正)'이라 한다[正, 是也. 事必
是而後定, 故引申之, 定亦曰正].”라고 하였다. 따라서 '정리(正履)'
는 감정하는 것이니, 곧 재심사하여 확인하는 것이다.

'사(舍)'는 주는 것으로 〈오사위정(五祀衛鼎)〉에서 "나는 너에게
토지 5전을 주노라[余舍女(汝)田五田].”라고 하였다.

(23) '사토(司土)'는 즉 '사도(司徒)'로 서주말기에서부터 사도가 있었고,

춘추시기 이후는 모두 '사도(司徒)'로 썼다.

'역(屰)'은 사람이 거꾸로 서있는 형상이니, 즉 '역(逆)'자의 초문(初文)이다.

'甈'은 종족 이름이다.

(24) '재(宰)'는 제후 혹은 경대부의 가신이다. 『논어·공야장(論語·公冶長)』에서 "염구는 인구 천호 가량의 읍에 현장으로 삼거나 백대의 병거를 가진 대부의 봉지에 그를 총관으로 삼을 수 있다[求也, 千室之邑, 百乘之家, 可使爲之宰也]."라고 하였다.

(25) '소자(小子)'는 직위가 낮은 하급관리이다.

장아초(張亞初)는 '이전(履田)' 두 글자 뒤에서 글귀를 끊고 '융(戎)'자를 연결시켜 읽지 않았으니, 지금 이를 따른다.

(26) '미보(微父)'는 아마도 미읍(微邑) 사람일 것이다. 미씨 가족은 대대로 기내에 살았으니, 사장(史墻)·미백흉(微伯癟)은 모두 이 가족에 속한다. '孜'은 '교(敎)'와 같은 글자이다.

'孜'는 교(敎)와 같은 글자이다.

(27) '양(襄)'은 종족 이름이고, '㣎從罵'은 혹 '역유비(斁攸比)'이라고도 한다.

(28) 측(矢) 사람은 그의 관원 선(鮮)·차(且)·舜·여(旅)로 하여금 맹세토록 하였다.

(29) '전기(田器)'는 농기구로 『예기·월령(禮記·月令)』에서 "농민에게 명하여 경작할 일의 계획을 세우고, 쟁기와 보습을 수리하며, 농기구를 갖추게 하였다[命農計耦耕事, 脩耒耜, 具田器]."라고 하였다. 서주시기에 농기구는 토지에 부속됨으로 토지와 함께 교부하였다.

(30) '상(爽)'은 어긋나다, 착오가 나다는 뜻이다. 『시경·소아·요소

(詩經・小雅・蓼蕭)』에서 "그 덕이 어긋나지 않았다[其德不爽]."라고 하였는데, 모전에서는 '상(爽)'은 '차(差)'라 하였으니, '유상(有爽)'은 약속이 어긋난 일이 있음을 말한다.

(31) '유산씨심적(有散氏心賊)'은 '유적산씨심(有賊散氏心)'이 거꾸로 된 문장이다. 『옥편(玉篇)』에서 '적(賊)'은 '상(傷)'이라 하였고, 『사기・위강숙세가(史記・衛康叔世家)』에서 "무경이 아직 모이지 않았으니, 아마도 상한 마음이 있는 것 같다[爲武庚未集, 恐其有賊心]."라고 하였다.

(32) '원(爰)'을 탕여혜(湯餘惠)는 '환(鍰)'으로 읽었으니, 중량의 단위이다. 『상서・여형(尚書・呂刑)』에서 "먹칠을 얼굴에 새기는 형벌이 의심스러워 용서할 자는 벌금이 600냥이다[墨辟疑赦, 其罰百鍰]."라고 하였는데, 정현의 주에서 '환(鍰)'은 6냥이라 하였다.

(33) 이에 대하여 『상주청동기명문선(商周靑銅器銘文選)』에서 다음과 같이 말하였다.

> '전기지(傳棄之)'는 잡아서 방축하는 것이니, 관방에서 이러한 서약을 집행하는 것이다. 『맹자・만장(孟子・萬章)』에서 "서인이 폐백을 받들어 신하가 되지 않는다[庶人不傳質爲臣]."라고 하였는데, 조기(趙岐)의 주에서 '전(傳)'은 '집(執)'이라 하였다. '기(棄)'는 여기에서 귀양살이로 해석한다. 『주례・추관사구・장륙(周禮・秋官司寇・掌戮)』에서 "버림은 마치 귀양살이 형벌과 같다[棄如流宥之刑]."라고 하였다.

(34) 이 구절의 의미는 측(矢)사람이 다시 그의 관원 서궁약(西宮襄)과 무보(武父)에게 맹세하도록 하였다는 뜻이다.

(35) '습(溼)'은 '습(濕)'과 같은 글자로 음은 shī(습)이고, 『설문해자』에

서 '유습(幽濕)'이라 하였으니, '습전(濕田)'은 낮은 웅덩이 땅이다. '장(牆)'은 자전에 보이지 않고, 글자는 '전(田)'으로 구성되며, '장(壯)'은 발음을 나타내니, 아마도 높고 건조한 땅 즉 언덕땅[原田]을 가리킨다. 옛사람은 항상 '원습(原濕)' 혹은 '습원(濕原)'을 연결하여 사용하여 읽었다. 『시경・대아・공유(詩經・大雅・公劉)』에서 "습하고 마름을 헤아린다[度其濕原]."라고 하였다.

(36) '蠻'은 변(變)이라 읽으니, 변고를 뜻한다.
(37) '도(圖)'는 측왕(矢王)이 산인(散人)에게 교부한 두 땅덩어리 토지의 지도이다.
(38) '측왕(矢王)'은 즉 '측후(矢侯)'로 옛날에 성이 다른 제후가 종종 그 나라 안에서 왕이라 칭하였다.
(39) '요(緌)'는 '요(要)'와 통하니, 『논어・헌문(論語・憲問)』에서 "이익을 보면 의리에 맞는지 생각하고, 위태로움을 보면 목숨을 바치며, 옛 약속에 대하여 평생의 말을 잊지 않으면 또한 완전한 사람이라 할 만하다[見利思義, 見危授命, 久要不忘平生之言, 亦加以爲成人矣]."라고 하였는데, 하안(何晏)의 주에서 '구요(久要)'는 옛날 '구약(舊約)'이라 하였다. '약(約)'은 즉 계약이다. 따라서 '좌집요(左執要)'는 왼쪽 계약서를 잡는다는 뜻으로 옛날에 토지계약은 쌍방이 각각 절반을 잡았는데 계약의 왼쪽부분은 사관이 가져가서 관청의 문서책에 기입하여 보관하였다.

'사정(史正)'은 사관의 장관이고, '중농(仲農)'은 사관의 이름이다.

단대(斷代)

왕국유는 본 명문에 기록된 일과 정치 상황을 추측하여 볼 때 마땅히 여왕시기의 것이라 하였는데, 이후 학자들은 대부분 이를 따랐다.

53

史頌鼎

2개의 기물이 전래되고 있으며, 글자와 글귀가 완전히 같다. 여기에서는 두 번째 기물의 것을 취하였다. 현재 상해박물관에서 소장하고 있다. 명문은 7행 63자가 있다.

저록(著錄)

『반고루이기관지(攀古樓彛器款識)』1·10, 『군고록금문(攈古錄金文)』三之一 52, 『양주금문사대계도록고석(兩周金文辭大系圖錄考釋)』圖9 錄44考71, 『금문통석(金文通釋)』24·184, 『은주금문집성(殷周金文集成)』5·2787

탁본(拓本)   모본(摹本)

석문(釋文)

隹(唯)三年五月丁子(巳), 王才(在)宗周, 令(命)史頌[1]䀼(省)穌(蘇)𥸤友、里君[2]、百生(姓), 帥(率)䚅(偶)𢾭于成周[3], 休有成事[4]。穌(蘇)賓章(璋)[5]、馬四匹、吉金, 用乍(作)𤔲彝。頌其萬年無彊(疆), 日遝(將)天子覭令(命)[6], 子子孫孫永寶用。

번역(飜譯)

3년 5월 정사일에 왕께서 종주(宗周)에서 사송(史頌)에게 소국(蘇國)을 살피라고 하시었다. 인척과 친구, 관원, 백성들이 무리를 이끌고 성주(成周)로 와서 알현하니, 아름답게 일이 이루어졌다. 소(蘇)가 반쪽 홀, 말 네 필, 좋은 청동을 삼가 바쳐 제사지낼 예기를 만드노라. 사송(史頌)은 장차 만년토록 무강하고, 날마다 천자의 빛나는 명을 받들어 자자손손 영원히 보배롭게 사용할지어다.

주해(注解)

(1) 곽말약은 〈사송정(史頌鼎)〉의 사송(史頌)과 〈송정(頌鼎)〉의 송(頌)은 모두 공왕 때 사람이라 하였으나, 시대를 너무 빠르게 잡았다. 〈사송정(史頌鼎)〉의 형제는 아래쪽으로 드리운 복부, 한 쌍의 세워진 귀, 세 개의 발굽 모양의 발로 이루어졌다. 입구 아래에 절곡문(竊曲紋) 띠를 한 줄이 있는데, 6개의 가름선[扉]이 있다. 복부는 파랑문(波浪紋)으로 장식되었으며, 다리에는 짐승의 머리가 장식되었다. 이러한 형제는 섬서역사박물관에서 소장하고 있는 〈함황보정(函皇父鼎)〉과 같다. 함황보에 대하여 곽말약은 『시경・소아・시월지교(詩經・小雅・十月之交)』에서 보이는 '황보경사(皇父卿士)'로 여왕・선왕을 섬겼으며, 사송과 같은 시대의 사람이라고 하였다. 〈사송정〉과 〈송정〉은 모두 '3년 5월'에 제작되었는데, 〈송정〉의 간지는 갑술(甲戌), 〈사송정〉의 간지는 정사(丁巳)로 18일의 차이가 있다. 그러나 〈송정〉은 둥근 복부, 세워진 귀, 입구 아래에만 한 줄의 현문(弦紋)이 있을 뿐이어서 〈사송정〉과 형제・문양이 모두 다르다. 〈사송정〉 시대가 조금 빠르다. 이에

대하여『상주청동기명문선(商周靑銅器銘文選)』에서 다음과 같이
말하였다.

> 〈사송정(史頌鼎)〉 명문의 기록에 사송이 소국(蘇國)에 간 일이 나
> 오는데, 〈송정(頌鼎)〉에는 왕이 그를 사성주저(司成周貯)・감사
> 신조(監司新造)에 임명한 일이 나오니, 관직이 같지 않다. 뿐만
> 아니라 이 두 일이 18일 동안 일어난 일이니, 두 사건을 나누어
> 두 기물에 주조하는 것도 불가능하다. 〈사송정〉 기물 형태는 〈송
> 정〉보다 이르다. 〈사송정〉은 공화(共和), 〈송정〉은 선왕(宣王) 시
> 기에 둔다.

지금 이 말을 따른다. 공화(共和)는 존재하지 않는 기년으로 선왕 혹은 여왕의 기년에 두어야 한다는 견해도 있다. 금문의 간지에서 '진사(辰巳)'의 '사(巳)'는 '자(子)'로 쓰고, '자축(子丑)'의 '자(子)'는 '𦣞'으로 쓴다.

(2) 사송이 제작한 기물로는 궤(簋)・반(盤)・보(簠)・이(匜) 등이 있다. '성(𤯌)'은 '성(省)'의 번체자이다.『상서・입정(尙書・立政)』에서 "사구인 소공[司寇蘇公]"이라 하였는데, 공안국의 주에는 "분생은 무왕의 사구로 소국에 봉해졌다[忿生爲武王司寇, 封蘇國]."라고 하였다.

'소(蘇)'는 기성(己姓)의 나라이며, 지금의 하남성 온현(溫縣)에 있었다.

'우(友)'의 앞의 글자는 명확히 식별할 수 없지만, 장아초는 '인(姻)'으로 읽었다.

'이군(里君)'은 '이윤(里尹)'으로 마을 안에서 문서와 교육의 업무를 맡은 관리이다.『일주서・상맥(逸周書・嘗麥)』에서 "각종 제

사에 쓸 제물을 바치고, 여솔(閭率)과 이군(里君)은……[供百享歸祭, 閭率・里君……].”이라 하였고, 『관자・소광(管子・小光)』에서 “현명한 백성을 선택하여 이군으로 삼았다[擇其賢民, 使爲里君].”라고 하였다. 이에 대하여 사유지(斯維至)는 다음과 같이 말하였다.

> 『주례』에 '이군(里君)'이란 명칭은 보이지 않는다. 『상서・주고(尙書・酒誥)』에서 "백성과 마을에 거주하는 자[越百姓里居]."라고 하였으며, 『일주서・상서(逸周書・商誓)』에서 "백관과 마을에 거주하는 자[百官里居]."라고 하였다. 왕국유는 '이거(里居)'의 '거(居)'는 '군(君)'자가 잘못 변화한 것이라 하였는데, 이 견해가 확실하여 바꿀 수 없다.

(3) '수(帥)'는 '솔(率)'로 읽으며, 통솔한다는 뜻이다.

'䢦'에 대하여 『상주청동기명문선(商周靑銅器銘文選)』에서 "'𠂤'로 구성되는 글자와 '부(阜)'로 구성되는 글자는 같다. 명문의 '우(隅)'는 '우(偶)'의 가차자이다."라고 하였다. 『사기・경포열전(史記・黥布列傳)』에서 "그리고 그 부류들을 이끌고 장강으로 도망갔다[迺率其曹偶, 亡之江中]."라고 하였는데, 『사기색은(史記索隱)』에서는 "우(偶)는 부류이다[偶, 類也]."라고 하였다.

'敔'은 〈사송궤(使頌簋)〉에서는 '주(斁)'로 쓰였으며, '여(𢾭)'의 생략된 자형일 것이다. 『설문해자』에서 "여(𢾭)는……여(戾)와 같이 읽는다[𢾭, 讀若戾]."라고 하였다. 『시경・노송・반수(詩經・魯頌・泮水)』에서 "노나라 임금이 오셔서 머무르시다[魯侯戾止]."라고 하였는데, 모전(毛傳)에서 "여(戾)는 오다는 뜻이다[戾, 來]."라고 하였다.

(4) '휴(休)'는 아름답다는 뜻이다.

'성사(成事)'는 성공이니, 일을 잘 처리하였다는 뜻이다. 『좌전・선공(左傳・宣公)』12년에서 "선군의 사당을 짓고 일이 이루어진 것을 고할 뿐이다[其爲先君宮, 告成事而已[1]]."라고 하였다.

(5) '빈(賓)'은 『설문해자』에서 "공경하는 것이다[所敬也]."라고 하였으며, '헌납하다', '삼가 바치다'라는 뜻으로 인신된다.

(6) '匩'은 '장(將)'으로 읽는다. 보다 상세한 설명은 〈우정(禹鼎)〉 주해 (18)을 참고하기 바란다.

'艱'자를 서중서는 '경(耿)'으로 읽었다. 『상서・입정(尙書・立定)』에서 "상제의 빛나는 명을 크게 다스리셨다[丕釐上帝之耿命]."라고 하였다.

---

[1] 역자주 : 본래 인용문에서 '告成事而還'으로 제시되었으나, '告成事而已'을 잘못 옮긴 것이다. 바로잡는다.

54

頌壺

전하는 기물은 모두 2개인데 여기에서는 두 번째 기물을 취하였다. 옛날에 왕익붕(王益朋) 집에서 소장하고 있었는데, 현재는 대만고궁박물원에서 소장하고 있다. 기물과 뚜껑에 명문이 있는데, 기물에는 21행 뚜껑에는 37행, 각각 151자가 있다.

저록(著錄)

『적고재종정이기관지(積古齋鐘鼎彝器款識)』5·12, 『종고당관지학(從古堂款識學)』11·12, 『양주금문사대계도록고석(兩周金文辭大系圖錄考釋)』錄56, 『금문통석(金文通釋)』24·153, 『은주금문집성(殷周金文集成)』15·9731

탁본(拓本)

모본(摹本)

석문(釋文)

隹(唯)三年五月既死霸甲戌⁽¹⁾, 王才(在)周康邵(昭)宮⁽²⁾。旦, 王各(格)大室, 卽立(位)。宰引右(佑)頌入門, 立中廷⁽³⁾。尹氏受(授)王令(命)書⁽⁴⁾, 王乎(呼)史虢生冊令(命)頌⁽⁵⁾。王曰:"頌, 令(命)女(汝)官䚈(司)成周貯(賈)廿(二十)家⁽⁶⁾, 監䚈(司)新寤(造)貯(賈)⁽⁷⁾, 用宮御⁽⁸⁾。易女(汝)玄衣黹屯(純)、赤市、朱黃(衡)、䜌(鑾)旂、攸(鋚)勒, 用事⁽⁹⁾。" 頌拜頴首, 受令(命)冊, 佩以出⁽¹⁰⁾, 反(返)入(納)堇(覲)章(璋)。頌敢對揚天子不(丕)顯魯休, 用乍(作)朕皇考龏弔(叔)、皇母龏始(姒)寶障壺⁽¹¹⁾, 用追孝䕃(祈)匃康䚋屯(純)右, 通祿(祿)永令(命)⁽¹²⁾。頌其萬年眉(眉)壽, 畯(畯)臣天子⁽¹³⁾, 霝(令)冬(終)⁽¹⁴⁾。子子孫孫寶用。

번역(翻譯)

3년 5월 기사패 갑술일에 왕께서 주나라 강소궁(康昭宮)에 계시었다. 아침에 왕께서 태실에 이르시어 자리에 나아가셨다. 재관인 인(引)이 송(頌)을 도와 문에 들어와 중정(中廷)에 섰다. 내사윤(內史尹)은 왕명을 기록한 간책을 왕에게 바치자 왕께서 사관 괵생(虢生)을 부르시어 간책을 송(頌)에게 하달하라 하시었다. 왕께서 말씀하시었다. "송(頌)아! 너에게 성주(成周) 지역의 상점 20집을 관리하고, 새로 만들거나 궁중에서 사용하는 물건을 관리하도록 명한다. 너에게 검붉은 옷, 가장자리에 자수가 놓인 비단, 붉은 폐슬, 붉은 옥패, 수레에 꽂는 방울 달린 깃발, 고삐와 재갈을 하사하노니 받들어 직책의 일을 행하여라." 송(頌)은 절하고, 머리 조아리는 예를 행하며, 명하는 글을 받아 몸에 간직한 채 나왔다가 다시 들어가 조회에 뵈올 때 사용하는 옥장을 바쳤다. 송(頌)은 감히 천자의 훌륭하고 아름다움을 칭송하고 찬양하며,

망부 공숙(龔叔)과 망모 공사(龔姒)에게 제사지낼 정을 만든다. 부모를 추모하고 안강함과 큰 도움이 있길 기원하며, 장구한 봉록과 장수하기를 바란다. 송(頌)은 또한 오랫동안 천자의 신하가 되길 원하며, 좋은 명성이 오랫동안 지속되길 기원한다. 자자손손 보배스럽게 사용할지어다.

주해(注解)

(1) 이는 선왕 3년(기원전825)이다. 장배유(張培瑜)의 『중국선진사역표(中國先秦史曆表)』에 의하면, 무신(戊申)일은 초하루[朔]이며, 갑술(甲戌)일은 27일이다.

(2) '주(周)'는 주나라 수도 낙양을 가리킨다.
'강소궁(康昭宮)'은 '강궁(康宮)' 안의 '소궁(昭宮)'을 가리킨다. '강궁(康宮)'은 강왕의 종묘이고, '소궁(昭宮)'은 소왕의 종묘이다.

(3) '재(宰)'에 대해서는 〈산씨반(散氏盤)〉 주해 (24)를 참고하기 바란다. '재(宰)'는 본래 가신이며, 책명에 일에 참여하였다.

(4) '윤씨(尹氏)'는 관직의 일반적 명칭이다. '작책윤(作冊尹)'·'내사윤(內史尹)'은 사관(史官)의 우두머리로 책명에 참여하였다.
'수(受)'는 '수(授)'로 읽는다.
'명서(命書)'는 왕이 내린 명령을 기록한 간책이다. 『의례·근례(儀禮·覲禮)』에서 "여러 공들이 예복을 담은 상자를 받들어, 그 위에 천자의 명을 기록한 글을 더한다[諸公奉篋服, 加命書于其上]."라고 하였다.

(5) '사곽생(史虢生)'에서 '사(史)'는 관명이고, '곽생(虢生)'은 이름이다. '生'은 '생(甥)'으로 읽으며, 괵국의 외생(外甥)이다.
'책명(冊命)'은 간책을 낭독하고 명을 내리는 것이다.

(6) '관사(官司)'는 주관한다는 뜻이다.

'성주(成周)'는 주나라 동쪽 수도인 낙읍으로, 왕성의 동쪽에 있었다. 지금 낙양시 백마사(白馬寺) 일대이다. 성왕 때 주공이 건축하였다.

'저(貯)'는 전래문헌에는 '고(賈)'로 쓰였다. 음은 gǔ(고)이며 상인을 가리킨다.

(7) '감사(監司)'는 감시・관리한다는 뜻이다.

'신조(新造)'의 의미는 정확하지 않은데, 지명이라는 견해도 있고, 관직명이라는 견해도 있다.

(8) '어(御)'는 선발하여 고른다는 뜻이다. 따라서 '궁어(宮御)'는 궁중에서 사용하는 물건을 말한다.

(9) '현(玄)'은 검으면서도 적색을 띠는 색깔을 뜻한다. 따라서 '현의(玄衣)'는 현색(玄色)의 옷으로 경대부들이 조회할 때 입는 옷이다.

'치(黹)'는 음이 zhǐ(치)이고 자수를 말한다.

'둔(屯)'은 '순(純)'으로 읽고 음은 zhǔn(순)이다. 옷깃[衣緣]을 뜻한다.

'용사(用事)'는 맡은 일을 받들어 행한다는 뜻이다.

(10) '명책(命冊)'은 바로 명령서이다. "受命冊, 佩以出, 返納觀璋"은 명을 받은 뒤에 예를 행하는 상황을 기록한 것이다. 본 명문과 〈선부산정(膳夫山鼎)〉에만 보인다. 본 명문은 현존하는 명문 가운데 책명의 제도를 가장 완전히 기록한 것이다.

(11) '황(皇)'자는 본체의 명문에는 빠졌지만, 뚜껑의 명문에 의거하여 보충하였다.

'공(龏)'은 시호이다. 따라서 '공사(龏姒)'는 송(頌)의 돌아가신 모친으로 '공(龏)'은 부인의 시호이고, '사(姒)'는 성씨이다.

(12) '추효(追孝)'는 죽은 사람에게 효도를 행하는 것이다. 『상서・문후지명(尙書・文侯之命)』에서 "그대는 문왕과 무왕을 본받아 그대

의 임금과 뜻을 같이하고, 뜻을 이어서, 앞서 나라를 편안하게 한 분들에게 효를 행하라[汝肇刑文武, 用會紹乃辟, 追孝于前文人]."라고 하였는데, 공씨전(孔氏傳)에서는 "선조의 뜻을 잇는 것을 효라 한다[繼先祖之志爲孝]."라고 하였다.

'旂'은 '언(㫃)'으로 구성되며, '斯'은 발음을 나타낸다. 〈주공탁종(邾公鈬鐘)〉에서는 '기(旂)'로 썼고, '기(祈)'로 읽었다.

'개(匃)'에 대하여 『설문해자』에서 "빌다[气也]."라고 하였으니, 구한다는 뜻이다. '기(祈)'와 '개(匃)'는 뜻이 비슷하니, 통상 연결하여 사용한다.

'강(康)'은 편안하다[安康]라는 뜻이다.

'龘'자에 대해서는 잘 알 수 없으나, 다른 기물에는 혹 '勰'로 쓰기도 한다. 〈선부극정(膳夫克鼎)〉에서 "用匃安勰屯右"라 하였다. '勰'은 '악(樂)'과 통한다.

'둔(屯)'은 전래문헌에서 통상 '순(純)'으로 썼다. 『시경・소아・빈지초연(詩經・小雅・賓之初筵)』에서 "너에게도 큰 복을 내려주신다[錫爾純嘏]."라고 하였는데, 정현의 주에서는 "순(純)은 크다는 뜻이다[純, 大也]."라고 하였다.

'우(右)'는 돕는다는 뜻이다.

'통록(通彔)'에 대하여 서중서는 『금문하사석례(金文嘏辭釋例)』에서 "'통(通)'은 통달궁통(通達窮通)의 통(通)이다. '통록(通彔)'은 즉 '현록(顯祿)'이니, 오늘날의 말로 풀면, 높은 등급의 급여이다."라고 하였다.

'영명(永命)'은 장수라는 뜻이다.

(13) '기(其)'는 희망을 나타내는 어기사이다.

'윤(呁)'은 '준(畯)'과 같으며, '준(駿)'으로 읽는다. 『이아・석고(爾

雅・釋詁)』에 '장(長)'이라 하였다. 따라서 '준신천자(畯臣天子)'는 영원히 신하가 천자를 섬긴다는 뜻이다.

(14) '영(霝)'은 전래문헌에서 '영(令)'으로 쓰며, 좋다[善]라는 뜻이다. 『시경・대아・기취(詩經・大雅・旣醉)』에서 "밝음이 매우 성하니, 높고 밝아서 끝마침을 잘하리로다. 끝마침을 잘하노니, 공시(公尸)가 좋은 말로 고하도다[昭明有融, 高朗令終. 令終有俶, 公尸嘉告]."라고 하였는데, 정현의 주에서는 "'영(令)'은 좋다는 뜻이다. 하늘이 이미 너에게 광명의 도를 주었고, 또한 오래도록 높고 밝은 명예가 있게 하여서, 좋은 이름으로 끝마치니, 이것이 길다는 뜻이다[令, 善也. 天旣其女以光明之道, 又使之長有高明之譽, 而以善名終, 是其長也]."라고 하였다.

55

兮甲盤

송나라 때 발견하였다고 하나 시간과 지점은 확실하지 않다. 『군고록금문(攗古錄金文)』에서 "이순부(李順父)가 〈주백길보반(周伯吉父盤)〉을 소유하고 있었는데, 명문은 130자였다. 집안사람이 그 다리를 잘라 떡을 찌는 시루[餅盤]로 사용하였는데, 선우추(鮮于樞)가 옛날 기물임을 알아 귀속하였다."라고 하였다. 『상주이기통고(商周彝器通考)』에서 "진개기(陳介祺)가 청하도(淸河道) 창고에서 이를 얻었다."라고 하였다. 지금은 단지 탁본만 전하고, 기물은 어디에 있는지 모른다. 명문은 13행 133자이다. 〈혜전반(兮田盤)〉・〈혜백반(兮伯盤)〉・〈혜백길보반(兮伯吉甫盤)〉・〈백길부반(伯吉父盤)〉이라고도 한다.

저록(著錄)

『군고록금문(攗古錄金文)』三之二・67, 『철유재이기관지고석(綴遺齋彝器款識考釋)』7・7, 『양주금문사대계도록고석(兩周金文辭大系圖錄考釋)』錄134考143, 『금문통석(金文通釋)』32・785, 『은주금문집성(殷周金文集成)』16・10174

탁본(拓本)

모본(摹本)

석문(釋文)

隹(唯)五年三月旣死覇庚寅⁽¹⁾, 王初各(格)伐厰(獫)狁(狁)于罿盧⁽²⁾。兮甲從王⁽³⁾, 折首執訊, 休, 亡敃(愍)⁽⁴⁾。王易(賜)兮甲馬四匹、駒車⁽⁵⁾。王令(命)甲政嗣(司)成周四方責(積)⁽⁶⁾。至于南淮尸(夷)⁽⁷⁾。淮尸(夷)舊我賣(帛)畮(賄)人⁽⁸⁾, 毋敢不出其賣(帛)、其責(積)、其進人⁽⁹⁾。其貯(賈)毋敢不卽餗(次)、卽市⁽¹⁰⁾。敢不用令(命), 則卽井(刑)、𢦏(践), 翦(撲)伐⁽¹¹⁾。其隹(唯)我者(諸)侯百生(姓), 氒(厥)貯(賈)毋不卽市, 毋敢或(又)入𣎆(蠻)宄貯(賈), 則亦井(刑)⁽¹²⁾。兮白(伯)吉父乍(作)般(盤), 其眉壽萬年無彊(疆), 子子孫孫永寶用。

번역(飜譯)

5년 3월 기사패 경인일에 왕께서 처음으로 팽아(罿盧)에서 험윤(獫狁)을 토벌하시었다. 혜갑(兮甲)은 왕을 좇아 적의 머리를 자르고 사로잡아 심문하며 크게 근심을 없애었다. 왕께서 혜갑(兮甲)에게 말 네 필과 작은 말에 멍에를 가한 수레를 하사하시었다. 왕께서 혜갑(兮甲)에게 성주(成周) 사방에서 양식과 마초를 징수하도록 명하시었다. 남회이(南淮夷)에 이르렀다. 회이(淮夷)는 옛날 나에게 비단을 조공으로 바쳤던 사람들이다. 감히 그 비단·양식·마초·요역을 조공으로 바치지 않음이 없도록 하여라. 그 장사꾼은 감히 규정한 시장이 아니면, 교역하지 못하도록 하여라. 감히 명령을 따르지 않으면, 형벌로 벨 것이다. 오직 나의 제후와 백성이라도 장사를 시장에서 하지 않음이 없도록 하고, 감히 또한 남쪽 오랑캐에 들어가 법이 아닌 무역을 하지 말며, 그러한 즉 또한 형벌로 다스리겠다. 혜백길보(兮伯吉父)는 반(盤)을 만드니, 장차 장수하여 만년토록 무강하길 바라고, 자자손손 영원히 보배롭게 사용할지어다.

주해(注解)

(1) 이는 선왕 5년(기원전832)이고, 3월은 정묘삭이며, 경인은 24일이다.
(2) '각(各)'은 '격(格)'이라 읽으니 치는 것이다. 『일주서·무칭(逸周書·武儞)』에서 "나를 따라 싸우지 않으면 궁지에 몰린 도둑을 칠 수 없다[追我無格, 窮寇不格]."라고 하였는데, 공조(孔晁)의 주에서 '격(格)'은 싸우다[鬪]라 하였다. 혹은 '약(略)'이라 읽기도 하니, 『좌전·선공(左傳·宣公)』15년에서 "진후가 직에서 군사들을 정돈하여 오랑캐 땅을 취하였다[晉侯治兵于稷, 以略狄土]."라고 하였는데, 두예의 주에서 '약(略)'은 취하는 것[取]이라 하였다.
'䛗虘'는 지명이나 소재지는 자세하지 않다. 왕국유는 이곳을 춘추시기의 팽아(彭衙), 즉 지금의 섬서성 징성현(澄城縣)이라 의심하고 다음과 같이 말하였다.

> 팽아 지역은 한나라 때 좌풍익아현(左馮翊衙縣)으로 바로 낙수(洛水)의 동북쪽에 있었다. 험윤이 주나라를 도둑질할 때 항상 낙수로부터 경수(涇水)로 향하였기 때문에 주나라 사람이 방어하였던 곳 또한 이 사이였다. 〈괵계자백반(虢季子白盤)〉에서 '널리 험윤을 친 곳은 낙수의 남쪽에서이다[博伐嚴允, 于洛之陽].'라고 하였으며, 본 명문에서도 '王初各(格)伐嚴(玁)㽙(狁)于䛗虘'라고 하였으니, 전쟁을 하였던 장소가 바로 서로 합한다.

(3) '혜갑(兮甲)'을 아래 글에서는 또한 '兮白(伯)吉父'라 하였는데, 이에 대하여 왕국유는 다음과 같이 말하였다.

'갑(甲)'은 달의 시작이므로 백길보(伯吉父)라 하였다. '길(吉)'에는 처음이라는 뜻이 있어 옛사람은 '월삭(月朔)'을 '월길(月吉)'이라 불렀다. 달의 초파일을 '초길(初吉)'로 삼은 것이 그 증거이다. '갑(甲)'자는 '길보(吉父)'이다. 본 명문의 위에서는 '혜갑종왕(兮甲從王)'이라 하였고, 아래에서는 '혜백길보작반(兮伯吉父作盤)'이라 하였는데, 전자는 왕에 대하여 말한 것이기 때문에 이름을 일컬었고, 후자는 자신이 기물을 만든 것을 기록하였기 때문에 자(字)를 일컬은 것이다. 이 '혜백길보(兮伯吉父)'는 아마도 『시경・소아・유월((詩經・小雅・六月)』에서 말한 '길보(吉甫)'인 것 같다. 모시에서 처음으로 여기에 '윤(尹)'자를 가하였는데, '윤(尹)'은 관직이고, '혜(兮)'는 성씨이다. 금본 『죽서기년(竹書紀年)』에서 '윤길보(尹吉甫)'가 선왕 5년에 험윤을 물리친 일을 기록하였는데, 무엇을 근거로 한 것인지 모르겠다. 본 명문의 기록 또한 선왕 5년 3월의 일인데 '왕초각벌(王初各伐)'이라 하였으니, 대저 군대를 사용한 처음이나 아직 뜻을 얻을 수 없다.

'혜(兮)'는 아마도 '의(猗)'라 읽어야 할 것 같으니, 『시경・위풍・벌단(詩經・魏風・伐檀)』에서 "하수가 맑고 또한 물결이 잔잔하다[河水淸且漣猗]."라고 하였는데, 왕인지(王引之)는 『경전석사(經傳釋詞)』에서 "'의(猗)'는 '혜(兮)'와 같다[猗猶兮也]."라고 하였다. 한나라 석경에서 '의(猗)'를 '혜(兮)'라 하였다. 명나라 요용현(廖用賢)은 『상우록(尙友錄)』에서 "'의(猗)'는 하남성 진류의 명문집안이다.……'의돈(猗頓)'은 주나라 시대 노나라의 궁벽한 선비이었으나 소금으로 집안을 일으켜 왕과 더불어 부가 같았다[猗, 望出陳留河南.……猗頓, 周魯之窮士, 用鹽起家, 與王者埒富]."라고 하였다.

(4) '민(政)'은 '민(愍)'으로 읽고 음은 mǐn(민)이며 『설문해자』에서 마

음이 아픈[痛] 것이라고 하였다.

(5) 『설문해자』에서 말이 두 살 된 것을 '구(駒)'라고 하였는데, 서호(徐灝)의 주에서는 "'구(駒)'는 비록 두 살 된 말이지만, 구체적으로 말하면 어린 말이 바야흐로 장성함을 일컫는다[駒雖爲二歲馬, 渾言之則爲兒馬方壯之稱]."라고 하였다. 따라서 '구거(駒車)'는 작은 말에게 멍에를 가한 수레를 가리킨다.

(6) '정(政)'은 '징(徵)'으로 읽으니, 징수하는 것이다.

'책(責)'은 '적(積)'으로 읽으니 축적 또는 저장하는 것을 말한다. 『주례·지관·유인(周禮·地官·遺人)』에서 "나라의 곳집을 맡았다[掌邦之委積]."라고 하였는데, 정현의 주에서는 "'위적(委積)'이라는 것은 곳집을 지키는 사람이 구곡을 헤아려 나라의 사용에 족하게 하고, 그 나머지를 바치는 것이니 이른바 나머지 법을 운용하는 것이다.……적은 것을 위(委)라 하고, 많은 것을 적(積)이라 한다[委積者, 廩人倉人計九穀之數足國用, 以其餘共之, 所謂餘法用也.……少曰委, 多曰積]."라고 하였다. 이는 회이를 정벌하는 데에 사용할 양식과 마초를 가리킨다.

'성주(成周)'는 천하의 가운데에 처하여서 양식과 마초를 징수하여 쌓아두는 중심이 되는 곳이다.

(7) '회이(淮夷)'는 회수의 유역, 즉 주나라 남쪽 국경에 거주하고 있었다. '혜갑(兮甲)'은 성주의 사방에서 양식과 마초를 징수하여 쌓아두는 일을 주관하고 있었는데, '남회이(南淮夷)'도 여기에 포함된다.

(8) '賣'자에 대하여 양수달은 "'賣'은 즉 '백(帛)'자이니, 〈익공궤(益公殷)〉에서 '미오가 이르러 알현하고 賣을 바쳤다[眉敖至, 見, 獻賣].'라고 하였다. '賣'은 '패(貝)'·'백(帛)'으로 구성되는데, 여기서 '건

(巾)'을 생략한 '백(白)'으로 구성되었을 뿐이다."라고 하였다. 곽말약은 "'무(晦)'는 응당 '회(賄)'로 읽어야 한다고 하면서,『일체경음의(一切經音義)』사(四)에서 '회(賄)'자는 고문 '賭'와 같으니, 바로 '매(每)'자를 소리부로 한다."라고 하였다.『주례·천관·대재(周禮·天官·大宰)』에서 "여섯 번째는 장사꾼을 말하니, 재화가 잘 통용되도록 하라[六曰商賈, 阜通貨賄]."라고 하였는데, 정현의 주에서는 "금과 옥을 '화(貨)'라 하고, 베와 비단을 '회(賄)'라 한다[金玉曰貨, 布帛曰賄]."라고 하였다.

이 구절의 의미는 회이가 주나라 왕실에 와서 포백의 조공을 바치고 신하가 되었다는 뜻이다.

(9) '출(出)'은 조공을 바치는 것이고, '진인(進人)'은 조공을 바치러 온 요역을 말한다. 이에 대하여『상주청동기명문선(商周青銅器銘文選)』에서 "만(蠻)의 노예는 말을 기르고, 민(閩)의 노예는 새를 기르고, 이(夷)의 노예는 우마를 기르고, 맥(貊)의 노예는 짐승을 기른다. 이와 같은 노역은 모두 사방 오랑캐를 불러서 한 것이니 요역의 상징이다."라고 하였다.

(10) '諫'는 '차(次)'로 읽으니, 저자의 관사로 즉 시장을 관리하는 기구이다.『주례·지관·사시(周禮·地官·司市)』에서 "시장의 관리·가르침·다스림·형벌을 관장하고, 정도를 헤아려 금하는 명령을 하며, 이것으로 땅의 차례를 나누어 시장을 경영한다[掌市之治教政刑, 量度禁令, 以此敘分地而經市]."라고 하였는데, 정현의 주에서는 "'차(次)'는 관리가 다스리는 숙사이다.

'사차(思次)'는 독립된 숙사이니, 지금 시장의 역참과 같다[次, 謂吏所治舍. 思次, 介次也, 若今市亭然]."라고 하였다. 이학근은 "차(次)는 시장을 관리하는 기구이다. 따라서 본 명문에서 회이의 장사꾼에게 규정한 시장으로 가도록 말하였으니, 이는 회이와 내지의 교역을 제어한 구체적인 조치이다."라고 하였다.

(11) '斨'자에 대하여 유쇠(劉釗)는 '천(踐)'·'전(翦)'이라 읽었으니, 〈호종(默鐘)〉의 주해 (4)를 참고하기 바란다. 『여씨춘추·고악(呂氏春秋·古樂)』에서 "성왕이 즉위하자 은나라 백성이 반란하니, 왕은 주공에게 명하여 이를 베도록 하였다[成王立, 殷民反, 王命周公踐伐之]."라고 하였다. 고형(高亨)은 '천벌(踐伐)'을 즉 나무를 자르거나 베어내는 것이라 하였다.

(12) '䜌'은 '만(蠻)'으로 읽으니, 회이를 가리킨다.

'宄'는 귀'(宄)자와 같고 음은 guǐ(귀)이며, 『설문해자』에서 범하는 것[奸]이라 하였다. 따라서 '귀고(宄賈)'는 법이 아닌 무역을 말한다. 이 구절의 의미는 주나라 사람의 제후와 백성이라도 시장에서 교역을 하는데 만일 무역 규정을 준수하지 않으면 형벌에 처한다는 뜻이다.

56
不其簋蓋

전해 내려오는 기물[傳世器]은 단지 뚜껑 하나만 있다. 현재 국가박물관(國家博物館)에서 소장하고 있다. 1980년 3월 산동성 등현(滕縣) 성교향(城郊鄕) 뒤 형구(荊溝)에서 또 다른 기물 및 뚜껑이 출토되어 현재 등주시박물관에서 소장하고 있다. 간보(簡報)의 작가는 "이 궤의 뚜껑은 원래 뚜껑이 아니고, 중국역사박물관에서 소장하고 있는 뚜껑이 원래 이 기물의 뚜껑이다."라고 하였다. 뚜껑의 명문은 13행 152자이다.

저록(著錄)
『종고당관지학(從古堂款識學)』10·36, 『양주금문사대계도록고석(兩周金文辭大系圖錄考釋)』圖97錄89考106, 『금문통석(金文通釋)』32·814, 『은주금문집성(殷周金文集成)』8·4329

탁본(拓本)

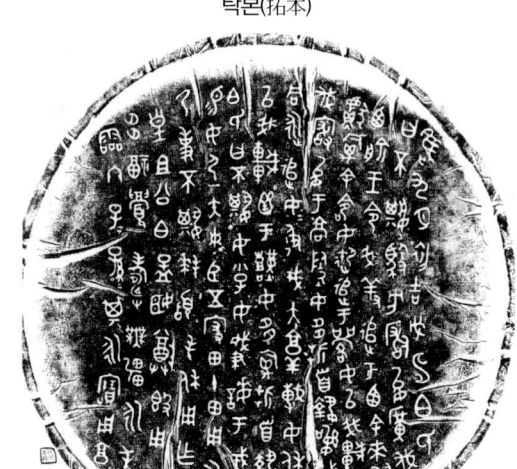

모본(摹本)

석문(釋文)

唯九月初吉戊申[1], 白(伯)氏曰[2]: "不嬰(其)[3], 駿(朔?)方厰(獫)允(狁)廣伐西兪(隅)[4], 王令(命)我羞追于西[5]。余來歸獻禽(擒)[6]。余命女(汝)御(馭)追于晷[7]。女(汝)昌我車宕伐嚴允(獫狁)于高陶(陶)[8]。女(汝)多折首執訊。戎大同杢(永)追女(汝)[9], 女(汝)及戎大臺(敦)戠(搏)。女(汝)休, 弗以我車函(陷)于囏(艱)[10]。女(汝)多禽(擒), 折首執訊。" 白(伯)氏曰: "不嬰(其), 女(汝)小子, 女(汝)肇誨(敏)于戎工(功)[11]。易(賜)女(汝)弓一、矢束、臣五家、田十田, 用永乃事[12]。" 不嬰(其)拜頴(稽)手(首)休, 用乍(作)朕皇且(祖)公白(伯)孟姬障殷[13], 用匄多福, 釁(眉)數無彊(疆), 永屯(純)霝(令)冬(終), 子子孫孫其永寶用享。

번역(飜譯)

9월 초길 무신일에 백씨(伯氏)가 말씀하셨다.

"불기(不嬰)야! 서북 외족 험윤(獫狁)이 주나라 서부의 먼 지역을 널리 토벌하고 있으니, 왕께서 나에게 서(西)에서 쫓으라고 명하셨도다. 내가 가서 사로잡아 바칠 것이다. 내가 너에게 객(晷)에서 병거로 쫓을 것을 명한다. 너는 나의 수레로 험윤을 고도(高陶)에서 크게 토벌하여라. 네가 많이 머리를 베고 잡아서 심문하였다. 융(戎)이 크게 집결하여 길고 멀리 너를 쫓을 것이니, 너와 융(戎)은 크게 싸울 것이다. 네가 스스로 잘하여 나의 수레를 곤경에 빠뜨리지 마라. 너는 많이 사로잡았고, 머리를 베었으며, 잡아서 심문하였다."

백씨(伯氏)가 말씀하셨다.

"불기(不嬰)야! 너는 어린 자식으로 네 공을 열어 민첩하게 하였다. 너에게 활 하나, 화살 1속(束), 신하 5가(家), 토지 10전(田)을 하사하노니,

영원히 너의 직책에 충성하여라."

불기(不娶)가 절하고 머리를 조아리며 나의 조부인 공백(公伯)과 맹희(孟姬)를 위한 존귀한 궤(簋)를 만든다. 많은 복을 빌고 만수무강하며, 좋은 명성이 오랫동안 지속되길 기원하고, 자자손손 영원토록 보배롭게 사용할지어다.

주해(注解)

(1) 이는 선왕 6년 이전 모년 9월 무신일이다. 이에 대하여『진동집석(秦銅集釋)』에서 다음과 같이 말하였다.

> 왕국유는 이 기물의 제작 연대를 주나라가 동천하기 이전의 것이라 하였고, 또한 출토지역은 반드시 섬서성 부근이라 하였으며, 이는 문자 및 명문 기록으로 단정할 수 있다고 하였다. 이후 곽말약(郭沫若)은 다시 이왕시기의 것으로 확정하였으나 유력한 증거가 없다. 진몽가(陳夢家)는『은허복사종술(殷墟卜辭綜述)』283쪽에서 서주시기 금문이나 그 궤는 진(秦)나라 사람의 기물이 아니라 하였다. 그러나 이학근(李學勤)은 이는 진(秦) 장공(莊公)의 기물로 최초의 진(秦)나라 청동기이며 연대는 기원전 820년 전후라 하였다. 이른바 기원전 820년 전후는 진 장공이 즉위한 초기에 해당한다. 왜냐하면, 진중(秦仲)이 피살된 연대를『사기·십이제후년표(史記·十二諸侯年表)』에서 선왕 6년(기원전 822),『후한서·서강전(後漢書·西羌傳)』에서 선왕 4년(기원전 824)이라 하였기 때문이다. 그러므로 진 장공의 즉위는 늦어도 선왕 7년(기원전 822)일 것이다. 대체적으로 이학근의 설이 정확하나 이에 대한 약간의 수정이 필요하다. 이 당시 진 장공이 아직 즉위하지 않았고, 진중이 살아있었으나 장공은 이미 군대를 통솔하고 있었으니, 반드시 성년일 것이다. 그러므로 이 기물은 진중 후기, 즉 선왕 6

년(기원전 822) 이전 수년 이내일 것이다.

(2) '백씨(伯氏)'는 곧 '진중(秦仲)'이다. 이에 대하여 왕국유는 "이 기물은 조부를 위하여 만든 것이고 부친을 언급하지 않았으니, 부친이 아직 살아 있었기 때문이다. 나는 '불기(不其)'가 '백씨(伯氏)'의 아들이고, '백씨(伯氏)'는 또한 '공백(公伯)'의 아들이 아닌가 생각한다."라고 하였다. 이학근은 '백씨(伯氏)'가 진 장공의 형이라 하였다. 장공에게 형제가 5명 있었고, 장공이 장자라 하나 위로 형이 있었다. 그러나 '백씨(伯氏)'는 마땅히 '진중(秦仲)'을 가리킨다. 왜냐하면, 명문에서 '백씨(伯氏)'는 '불기(不其)'를 '소자(小子)'라 불렀고, 또한 활・화살・신하・토지를 하사하였으니, 그 지위는 '불기(不其)'의 위에 있다. 만약 이 당시 '불기(不其)'가 아직 즉위하지 않았다면 진중이 살아 있어 아들이 국사를 장악하지 못하였을 것이고, 만약 '불기(不其)'가 즉위하여 진공이 되었다면 그의 형도 마땅히 이와 같은 일을 행하지 못하였을 것이기 때문이다.

(3) '불(不)'자는 선진시대 때 대부분 뜻이 없는 조사로 쓰였다.
'기(蘷)'자는 이상한 구조를 하고 있으니, 사람이 꿇어앉아 키를 잡는 형상을 하고 있다. 이학근은 이 글자가 진 장공의 이름이라 하였는데, 『사기・십이제후년표(史記・十二諸侯年表)』에서 진 장공의 이름을 '기(其)'로 기록하였다. 『사기・진본기(史記・秦本紀)』에서 "공백이 즉위한 지 3년에 죽었다. 진중을 낳았다.……주 선왕이 즉위하여 진중을 대부로 삼고 서융을 토벌하였으며, 서융은 진중을 죽였다. 진중이 즉위한 지 23년에 오랑캐에게 죽었는데, 아들 5명이 있었고 장자가 장공이었다. 주 선왕이 장공의 형제 5명을 불러 병사 7,000명을 서융을 토벌토록 하여 격파하였다

[公伯立三年, 卒. 生秦仲.……周宣王卽位, 乃以秦仲爲大夫, 誅西戎, 西戎殺秦仲. 秦仲立二十三年, 死於戎, 有子五人, 其長者曰莊公. 周宣王乃召莊公昆弟五人, 與兵七千人, 使伐西戎, 破之]."라고 하였다. 본 명문에 기록한 것은 바로 진 장공이 서융을 격파한 일이다.

(4) '어방(䮾方)'에 대하여 왕국유는 '어방(御方)'이라 하면서 "옛날 서북 외족을 부르는 이름으로 '방(方)'은 '국(國)'이다. 그 사람은 잘 모시므로 어방이라 일컫는다[古中國人呼西北外族之名, 方者國也. 其人善御, 故稱御方]."라고 하였다. 양수달은 '어(馭)'를 '삭(朔)'으로 읽었다. 〈우정(禹鼎)〉에 '악후어방(噩侯䮾方)'이란 말이 보이는데, 어방(䮾方)은 악후의 이름으로 본 명문의 뜻과 다르다. 곽말약은 '불기(不其)'와 '어방(䮾方)'은 악후의 자이고, 이름이라 하였는데, 옳지 않다.

'험윤(獫狁)'은 또한 '견융(犬戎)'이라고도 하며, '서융(西戎)'의 한 지류이다.

'유(兪)'는 '우(隅)'로 읽으니, '서우(西隅)'는 널리 주나라 서부의 먼 지역을 가리킨다.

(5) '서(西)'는 지명으로 원래 서융이 있었던 곳이다. 진 장공이 서융을 격파하자 주 선왕은 진중이 소유하고 있었던 땅을 다시 주고 서수대부(西垂大夫)로 삼았다. '서(西)'는 즉 '서수(西垂[陲])'이다. 진나라 이후 여기에 서현(西縣)을 설치하였으니, 즉 지금의 감숙성 예현(禮縣)이다. '서(西)'가 지명으로 사용한 것은 천수(天水)에서 출토한 〈진공궤(秦公簋)〉, 서안 북쪽 교외의 상가항촌(相家巷村)에서 새로 나온 진나라 봉니, 보계(寶鷄)에서 출토한 〈이십육년과(二十六年戈)〉에서도 보인다.

(6) '헌금(獻擒)'은 전쟁에서 사로잡은 것을 바쳐 종묘에 승전을 고하는 것을 말한다.
(7) '어(御)'는 즉 '어(馭)'이니 수레를 모는 것이고, '어추(御追)'는 병거로 쫓는 것을 말한다.

'객(䜌)'은 지명이나 자세하지 않다. 혹 『한서·지리지(漢書·地理志)』에 나오는 천수군(天水郡) 약양도(略陽道)의 '약(略)'이 아닌가 생각된다.
(8) '䧟'은 2개의 '인(人)'·'토(土)'와 하나의 '부(阝)'로 구성되었으니, 사람이 도랑 언덕에서 점토로 기물을 만드는 형상을 하고 있으며, 혹 '도(陶)'의 본래 글자로 보는 견해도 있다. 『설문해자』에서 "도(陶)'는 다시 만든 언덕으로 '제음(濟陰)'에 있다[陶, 再成丘也, 在濟陰]."라고 하였는데, 여기서 말한 '제음(濟陰)'은 산동성 도구(陶丘)이다. 실제로 '도(陶)'는 본래 이중 언덕으로 이루어진 부뚜막같이 산의 융기된 곳을 가리킨다. 고도(高陶)를 방위로 말하면, 위수 북쪽 혹은 농(隴)의 동쪽 어느 곳에서 황토가 융기된 곳을 가리키니, 산동성 도구(陶丘)와 관련이 없다. 그러나 문헌에 빠져 있어 지금은 자세하게 알지 못한다. 일설에 '䧟'자는 '隆'라 하고 '수(隨)'로 읽어야 한다고 하였다.
(9) '동(同)'은 『설문해자』에서 회합이라 하였으니, '대동(大同)'은 크게 집결한 것을 말한다.

'영(永)'자를 뚜껑의 명문에서 '𣱿'이라 하였고, 기물 명문에서는 '종(從)'이라 하였는데, 마땅히 전자가 맞다. '영(永)'은 길고 멀다는 뜻이다.
(10) '여휴(汝休)'는 네가 스스로 잘하고 있다는 말이다.

'함(圅)'은 함(陷)으로 읽고, '䚟'은 '간(艱)'자의 주문으로 『설문해자』

에서 다스리기 어렵다고 하였으니, 인신하여 곤경을 가리킨다.

(11) '조민우융공(肇敏于戎工)'은 즉 『시경・대아・강한(詩經・大雅・江漢)』에서 "네 공을 열어 민첩하게 하래[肇敏戎公]."라고 한 말과 같다. '회(誨)'와 '민(敏)'은 '매(每)'로 구성되고 '득(得)'은 발음을 나타내니, '득(得)'과 통용되는 예이다. 『이아・석언(爾雅・釋言)』에서 '조(肇)'는 '민(敏)'이라 하였으니, '조(肇)'와 '민(敏)'의 뜻은 가까워 연결하여 사용하며 민첩하다는 뜻이다. 일설에 '肇'는 '조(肇)'이니, 비로소 라는 뜻이라 하였다. '工'은 '공(功)'으로 읽으니, '융공(戎功)'은 군사 활동을 말한다.

(12) '용영내사(用永乃事)'는 영원히 너의 직책에 충성하라는 뜻이다.

(13) 『사기・진본기(史記・秦本紀)』에서 "진후는 즉위한 지 10년에 죽고 공백을 낳았다. 공백은 즉위한 지 3년에 죽고 진중을 낳았다[秦侯立十年, 卒, 生公伯. 公伯立三年, 卒, 生秦仲]."라고 하였다. 공백(公伯)은 진중(秦仲)의 부친이고, 장공(莊公)의 조부이다.

단대(斷代)

곽말약은 이왕시기 기물로 보았는데, 주요 근거는 '불기어방(不其駿方)'과 '악후어방(噩侯駿方)'이 같은 사람이라는 것이다. 그러나 이는 두 사람이지 한 사람이 아니기 때문에 곽말약은 입론의 기초를 잃었다. 이는 선왕시기 기물이라는 것이 정론인 것 같다.

57

虢季子白盤

청나라 도광(1821~1850) 연간에 미현(眉縣)의 지현(知縣)이 섬서성 보계(寶鷄) 괵천사(虢川司)에서 획득하였다. 현재 국가박물관(國家博物館)에서 소장하고 있다. 기물의 길이는 137.2cm, 너비는 86.5cm, 높이는 39.5cm이고, 무게는 450kg이다. 이는 현재 확인된 것 중에서 가장 큰 청동 물그릇이다.

저록(著錄)

『종고당관지학(從古堂款識學)』10・31, 『군고록금문(攟古錄金文)』三之二・37, 『양주금문사대계도록고석(兩周金文辭大系圖錄考釋)』圖152錄88考103, 『금문통석(金文通釋)』32・800, 『은주금문집성(殷周金文集成)』16・10173

탁본(拓本)　　　　　　모본(摹本)

석문(釋文)

隹(唯)十又(有)二年正月初吉丁亥⁽¹⁾, 虢季子白乍(作)寶盤⁽²⁾. 不(丕)顯子白, 甹(壯)武于戎工(功)⁽³⁾, 經緤(維)四方⁽⁴⁾. 尃(搏)伐厰(玁)䖧(狁), 于洛之陽⁽⁵⁾. 折首五百, 執訊五十, 是以先行⁽⁶⁾. 趄(桓)趄(桓)子白⁽⁷⁾, 獻聝于王. 王孔加(嘉)子白義, 王各(格)周廟宣廟(榭)爰鄉(饗)⁽⁸⁾. 王曰: "白(伯)父孔覜有光⁽⁹⁾." 王賜(錫)乘馬, 是用左(佐)王, 賜(錫)用弓, 彤矢其央⁽¹⁰⁾, 賜(錫)用戉(鉞), 用政(征)巒(蠻)方⁽¹¹⁾. 子子孫孫, 萬年無疆(彊).

번역(飜譯)

12년 정월 초길 정해일에 괵계자백(虢季子白)이 보배로운 반(盤)을 만드노라. 크게 빛나는 자백(子白)이여, 군대의 공에 굳세고 용맹하며, 사방을 잘 경영하도다. 험윤(玁狁)을 정벌하여 낙수(洛水) 북쪽에 있도다. 머리 자른 자가 500명이고, 사로잡은 자가 50명이니, 이로써 앞장서서 돌아오도다. 용맹스러운 자백(子白)은 왕에게 참수한 적을 바치노라. 왕은 자백(子白)의 의로움을 크게 가상히 여기시고 성주(成周) 태묘(太廟)의 선사(宣榭)에 이르시어 연회를 베푸시노라. 왕께서 말씀하시었다.

"백보(伯父)께서는 참으로 빛나는 공을 이루셨도다."

왕께서 말 네 필을 하시하시어 이로써 왕을 보좌하도록 하시었다. 붉은 활을 하사하여 붉은 화살을 그 가운데에 하게하고, 도끼를 하사하시어 만방(蠻方)을 정벌하게 하시었다. 자자손손 만년토록 끝이 없을지어다.

주해(注解)

(1) 『종고당관지학(從古堂款識學)』이래로 대부분의 학자들이 모두 이를 선왕시기의 기물이라 하였다. 다만, 곽말약(郭沫若)은 이왕시기로 비정하였고, 고홍진(高鴻縉)은 평왕시기로 비정하였다. 선왕시기에 험윤을 정벌한 전역(戰役)이 여러 번 있었는데, 앞에서 열거한 〈혜갑반(兮甲盤)〉·〈불기궤개(不其簋蓋)〉 등에 보인다. 또한 『시경·소아·유월(詩經·小雅·六月)』에서도 보이는데, 『시서(詩序)』에 "『유월(六月)』은 선왕이 북쪽에서 험윤을 정벌한 것이다."라고 하였다. 『유월(六月)』의 내용 중에서 "천자를 도우라고 하시다[以佐天子]", "흰 깃발이 선명하다[白斾央央]", "먼저 길을 떠나도다[以先啓行]" 등과 같은 내용도 본 명문과 유사하다. 선왕(宣王) 12년은 기원전 816년이 된다. 장배유(張培瑜)의 『중국선진사역표(中國先秦史曆表)』에 의거하면, 이 해 정월은 무자(戊子) 초하루이니, 정해(丁亥)는 초하루 전 1일로 비교적 가깝다.

(2) 괵계자백(虢季子白)은 또한 괵선공자백(虢宣公子白)이라고도 하며, 〈괵선공자백정(虢宣公子白鼎)〉이 전해지고 있다.(『상주금문록유(商周金文錄遺)』90)

'괵(虢)'은 주나라 문왕(文王)의 동생에게 봉한 나라로 지금 섬서성 보계시(寶鷄市)에 있다.

'괵계(虢季)'는 성씨로 괵국 씨족의 한 지류이다.

'자백(子白)'은 이름이다.

(3) '牅'은 장(牆, 醬)의 이체자로 추정되며, '장(壯)'으로 읽는다. 전해오는 〈마해정(䣛亥鼎)〉에 '宋牅公'이 보이니, 곧 송(宋) 장공(莊公)으로, '牅'의 음이 '장(壯)'과 같음이 명백하다.

'무(武)'는 '위무(威武)'로, 위풍당당한 것이다.

'융공(戎工)'의 '공(工)'은 '공(功)'으로 읽는다. '융공(戎功)'은 군사 활동이다. 〈불기궤(不其簋)〉 주해(11)을 참고하기 바란다.

(4) '경유(經維)'에서의 '경(經)'은 직물의 세로선이고, '유(維)'는 사물을 매는 끈이다. '경(經)'과 '유(維)'는 같은 뜻을 연결하여 쓴 것으로 대략 '경영(經營)'과 같으니, '다스린다', '경영 관리한다'라는 의미이다. 『시경·대아·강한(詩經·大雅·江漢)』에서 "사방을 경영하여 왕에게 성공을 아뢰도다[經營四方, 告成于王]."라고 하였다.

(5) '낙(洛)'은 위수의 지류인 북쪽의 낙수(洛水)이고, 물의 북쪽을 '양(陽)'이라 한다.

(6) 양수달(楊樹達)은 "자백(子白)이 포로를 사로잡은 공이 있어서 마땅히 돌아가 왕에게 포로를 바쳐야하기 때문에 '선행(先行)'이라 하였다."라고 하였다. 이는 양수달이 본 기물의 명문과 〈불기궤개(不其簋蓋)〉의 문맥이 서로 비슷하다고 생각한 것이다. 일설에 '선행(先行)'을 '전구(前驅)'라고 하기도 한다.

(7) 『상서·목서(尙書·牧誓)』에서 "힘쓸지어다. 부자(夫子)들아! 부디 굳세고 굳세어 호랑이와 같고 비휴와 같으며, 곰과 같고 큰곰과 같이 하라[勖哉夫子! 尙桓桓, 如虎如貔, 如熊如羆]."라고 하였는데, 『이아·석훈(爾雅·釋訓)』에 "환환(桓桓)은 위엄이다[桓桓, 威也]."라고 하였다.

(8) '주묘(周廟)'는 성주(成周)의 태묘(太廟)로 주왕(周王)이 항상 여기에서 포로를 바치는 예를 행하였다.
'선사(宣廟)'는 곧 '선사(宣榭)'이다. 『춘추·선공(春秋·宣公)』16년에 "여름에 성주의 선사에서 불이 났다[夏, 成周宣榭火]."라고 하였는데, 두예(杜預)의 주에는 "성주(成周)는 낙양(洛陽)이다. 선사(宣榭)는 무예를 연마하던 곳이니, 별도로 낙양에 있었다[成周,

洛陽. 宣榭, 講武屋別在洛陽者]."라고 하였으며, 공영달의 소(疏)에는 "이름을 선(宣)이라 하니, 그 뜻은 아직 듣지 못하였다. 복건(服虔)은 위엄을 선양하는 곳이라 하였는데, 뜻이 그럴듯하다[名之曰宣, 則其義未聞. 服虔云宣揚威武之處, 義或當然也]."라고 하였다. 본 명문에 의하면, 선사(宣榭)는 서주시기에 이미 있었고, 왕은 항상 이곳에서 위엄을 선양하며, 여러 신하들에게 연회를 베풀었음을 알 수 있다.

'원(爰)'은 어조사이고, '향(鄉)'은 '향(饗)'으로 읽는다.

(9) 선왕(宣王)이 자백(子白)을 백부라고 일컬었으니, 이는 자백이 왕과 같은 종씨이면서 항렬 또한 왕보다 높았기 때문이다. 이를 통하여 왕이 자백을 존중하였음을 알 수 있다.

'覭'자에 대해, 서중서(徐中舒)는 '경(耿)'으로 읽었고, 방준익(方濬益)은 '현(顯)'자의 이체자라 하였다.

(10) '궁(弓)'은 '동궁(彤弓)'을 생략한 것이다. 이에 대하여 양수달(楊樹達)은 다음과 같이 말하였다.

내가 살펴보건대, 『상서·문후지명(尚書·文侯之命)』에서 "너에게 검은 울창주 한 동이와 붉은 활 하나와 붉은 화살 백 개를 하사하노라[用賚爾秬鬯一卣, 彤弓一, 彤矢百]."라고 하였으며, 『좌전·희공(左傳·僖公)』28년에서 "내사 숙흥보에게 명하여 진후에게 책명을 내려 후백으로 삼고서 태로의 복(服)과 융로의 복, 붉은 활 하나와 붉은 화살 백 개를 하사하도록 하였다[內史叔興父策命晉侯爲侯伯, 賜之大輅之服, 戎輅之服, 彤弓一·彤矢佰]."라고 하였으니, 모두 붉은 활과 붉은 화살을 함께 하사한 것이다. 금문 중에서 〈백신정(伯晨鼎)〉에 기록된 하사품에도 '붉은 활[彤弓]'과 '붉은 화살[彤矢]'이 보인다. 다만 본 명문에서는 '동시(彤

矢)'라고 기록하면서 활은 다만 '궁(弓)'이라 할 뿐 '동궁(彤弓)'이라 하지 않은 것은 아마도 동궁(彤弓)의 '동(彤)'은 아래 '동시(彤矢)'가 있기 때문에 생략한 것 같다.

'앙(央)'은 색채가 선명한 모양이다.『시경・소아・출거(詩經・小雅・出車)에 "깃발이 선명하도다[旋旂央央].”라고 하였는데, 모전에서는 "앙앙(央央)은 선명한 것이다[央央, 鮮明也].”라고 하였다.

(11) '월(戉)'은 '월(鉞)'의 본자(本字)로『설문해자』에서 "큰 도끼이다[大斧也]"라고 하였다.

'만방(蠻方)'은 주변 이민족의 방국(方國)을 널리 가리키는 것으로 남쪽이나 북쪽이나 모두 이렇게 불렀다.『사기・흉노열전(史記・匈奴列傳)』에서 흉노를 '북만(北蠻)'이라 일컬었으니, 곧 그 예이다.『예기・왕제(禮記・王製)』에서 "제후가 활과 화살을 하사한 연후에 정벌하라 하였고, 도끼를 하사한 연후에 죽이라 하였다[諸侯賜弓矢, 然後征. 賜斧鉞, 然後殺].”라고 하였다. 선왕(宣王)이 자백(子白)에게 활・화살・도끼를 하사한 것은 그에게 매우 높은 군권(軍權)을 수여한 것이다.

58
駒父盨蓋

1974년 섬서성 무공현(武功縣)의 회룡촌(回龍村)에서 출토되었고, 현재 무공현 문화관(武功縣 文化館)에서 소장하고 있다. 뚜껑 안에 명문 9행 82자가 있다.

저록(著錄)
『문물(文物)』176년 5기, 『은주금문집성(殷周金文集成)』9·4464

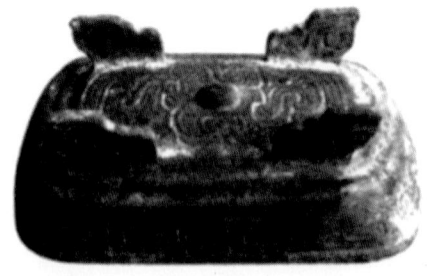

탁본(拓本)

모본(摹本)

석문(釋文)

唯王十又八年正月⁽¹⁾, 南仲邦父命駒父殷(卽)南者(諸)侯逹(率)高父見南淮尸(夷)⁽²⁾, 乎(厥)取乎(厥)服⁽³⁾。董(謹)尸(夷)俗⁽⁴⁾, 豙(遂)不敢不苟(敬)畏王命, 逆見我⁽⁵⁾。乎(厥)獻乎(厥)服⁽⁶⁾。我乃至于淮, 小大邦亡敢不□具(俱)逆王命⁽⁷⁾。四月, 𠬝(還)至于蔡⁽⁸⁾, 乍(作)旅盨, 駒父其萬年永用多休。

번역(飜譯)

왕 18년 정월에 남중방보(南仲邦父)가 구보(駒父)에게 명하여 남쪽에 모인 제후들을 거느리고 고보(高父)가 남회이(南淮夷)를 접견하여 복물을 바치라고 하였다. 이족의 풍속을 존중하고 감히 공경하지 않음이 없도록 하고, 나를 영접하여라. 남회이(南淮夷) 추장이 명을 따라 바치어라. 내가 회수에 이를 때 대소 방국이 좋은 공물을 준비하여 왕명을 받들러 오지 않음이 없도록 하여라. 4월에 다시 채(蔡)로 돌아와 여수(旅盨)를 만드니, 구보는 만년토록 영원히 사용하여 많은 복을 누릴지어다.

주해(注解)

(1) 모든 학자들이 이 기물을 선왕 18년(기원전 810)에 제작된 것으로 본다.

(2) '남중방보(南仲邦父)'는 선왕의 경사(卿士)이다. 『시경·소아·출거(詩經·小雅·出車)』에서 "천자가 내게 명하사 저 북방에 성을 쌓으라 하시니, 혁혁한 남중이여, 험윤을 제거하도다[天子命我, 城彼朔方, 赫赫南仲, 獫狁于襄]."라고 하였다. 또한 『시경·대아·

상무(詩經·大雅·常武)』에서도 "왕이 경사에게 명하시니, 남중이 시조인 태사 황보로다. 우리의 여섯 군사를 정돈하고, 우리 병기를 수리하며, 이미 공경하고 경계하여, 이 남쪽 나라를 은혜롭게 하시었다[王命卿士, 南仲大祖, 大師皇父. 整我六師, 以修我戎. 旣敬旣戒, 惠此南國]."라고 하였다. 〈무혜정(無叀鼎)〉에서는 '사도남중(司徒南仲)'이라 하였다. '방보(邦父)'는 '남중(南仲)'의 존칭이다.

'殷'를 이학근은 '구(鳩)'로 읽었다. 『좌전·정공(左傳·定公)』4년의 주에서 "편안히 모이다[安集也]."라고 하였다. '殷'가 '즉(卽)'의 오자라는 견해도 있는데, 여기서는 이에 따른다.

'솔(達)'은 『설문해자』에서 "앞에서 이끄는 것이다[先導也]."라고 하였다. '솔(率)'과 통한다.

'고보(高父)'는 주나라 신하이고, '현(見)'은 접견 또는 회견한다는 뜻이다. 고대에 윗사람이 아랫사람을 접견하는 것과 아랫사람이 윗사람을 뵙는 것을 모두 '현(見)'이라 하였다.

(3) 『주례·추관·대행인(周禮·秋官·大行人)』에서 "복물을 바친다[其貢服物]."라고 하였는데, 정현의 주에서는 "복물(服物)은 검붉은 비단·베·솜이다[服物, 玄纁絺纊也]."라고 하였다. 황성장(黃盛璋)은 "공물은 주로 베[布]이다. 즉 베나 모시풀[絺紵]과 같은 종류이다."라고 하였다.

(4) '근(堇)'은 '근(謹)'으로 읽는다. 『설문해자』에 "삼가하는 것이다[慎也]."라고 하였다.

'속(俗)'은 풍속이다. 왕휘는 「구보수개명문시석(駒父盨蓋銘文試釋)」에서 다음과 같이 말하였다.

'근이속(堇[謹]夷俗)'은 오랑캐의 풍속을 존중한다는 뜻으로 회이(淮夷)에 대한 일종의 위로·우호의 태도이기도 하다.……서주시기에 회이와의 관계는 대부분 전쟁을 통한 긴장관계였으나, 모종의 역사적 조건 아래 평화적인 상황에 있는 경우도 있었다. 주왕실의 입장에서는 물론 항상 남이·동이를 정벌하였지만, 또한 우호라는 방법 역시 사용하였다. 특히 남이·동이에게 압력을 가하면, 그들이 착취의 상황을 받아들이는 경우도 있었다. ……이러한 우호의 태도는 표면적으로는 회이의 착취를 경감하는 것으로 보이지만, 실제적로는 왕실의 이익을 유지하며 왕실과 제후를 동등시하는 모순을 반영하는 것이기도 하다. '근이속(謹夷俗)'도 이와 같다. 표면적으로는 허울이 좋아서 사신에게 오랑캐의 풍속을 존중하라고 하였지만, 실제로는 부당하게 거두어들이지 말고 경고한 것이다.

이학근도 '근(堇)'은 '근(謹)'으로 읽었으나, '엄격히 금하다[嚴禁]'로 해석하였으며, '속(俗)'은 '욕(欲)'으로 읽었다.

(5) 『설문해자』에서 "역(逆)은 맞아들이는 것이다[逆, 迎也]."라고 하였다.

(6) '헌(獻)'은 『광아·석고(廣雅·釋詁)』에서 "나아가는 것이다[進也]."라 하였으며, 조공을 바치는 것이다. 이에 대하여 황성장(黃盛璋)은 다음과 같이 말하였다.

'궐취궐복(厥取厥服)'과 '궐헌궐복(厥獻厥服)'에서 전자는 '남중(南仲)'이 '구보(駒父)'에게 남회이를 정복하라 명하였으니, 위에서 아래를 취하는 것이기 때문에 '취(取)'라 하였다. 후자는 남회이의 우두머리가 명에 따라 바치는 것으로 아래에서 위로 바치는 것이기 때문에 '헌(獻)'이라 하였다.

(7) '소대방(小大邦)'은 크고 작은 방국을 말한다.

'구(具)'자의 앞 글자가 이미 잔결되어 정확하게 해석할 수 없다. 이학근은 이를 '𣪊'로 예정하고 '저(儲)'로 읽고 "『문선·서경부(文選·西京賦)』의 주에서 『설문해자』를 인용하여 '저(儲)는 갖추다는 뜻이다[儲, 具也].'라고 하였으니, '저구(儲具)'는 축적하여 준비한다는 뜻이다. 따라서 '저구역왕명(儲具逆王命)'은 좋은 공물을 준비하여 왕명이 온 것을 영접한다는 뜻이다."라고 하였다. 이 역시 하나의 설로 가능하다.

(8) '채(蔡)'는 주 무왕의 동생 숙탁(叔度)을 봉한 나라로 지금의 하남성 상채현(上蔡縣)이다. 무왕이 죽은 뒤에 채숙(蔡叔)이 반란을 일으켜 쫓겨났고, 주공이 다시 그의 아들 채중호(菜仲胡)를 봉하고 신채(新蔡)로 옮겼다.

59

吳虎鼎

1992년 섬서성 장안현(長安縣) 신점향(申店鄕)의 서가채촌(徐家寨村)에서 출토되었고, 현재 장안현박물관(長安縣博物館)에서 소장하고 있다. 안의 벽에 명문 16행 164자가 있다.

저록(著錄)
『고고여문물(考古與文物)』1998년 3기

탁본(拓本)

모본(摹本)

석문(釋文)

隹(唯)十又八年十又三月既生覇丙戌⁽¹⁾, 王在周康宮䢔(夷)宮⁽²⁾, 道內右吳虎⁽³⁾, 王令(命)善(膳)夫豐生、䚄(司)工雍毅釐(申)剌(厲)王令(命)⁽⁴⁾, 取吳盉舊彊(疆)付吳虎⁽⁵⁾。 夆(厥)北彊(疆)螽人眾彊(疆), 夆(厥)東彊(疆)官人眾彊(疆)⁽⁶⁾, 夆(厥)南彊(疆)畢人眾彊(疆)⁽⁷⁾, 夆(厥)西彊(疆)莽姜夆(厥)彊(疆)⁽⁸⁾。 夆(厥)朂(俱)履奉(封)⁽⁹⁾: 豐生、雍毅、白(伯)道內䚄(司)土(徒)寺奉⁽¹⁰⁾。 吳虎拜頴(稽)首天子休⁽¹¹⁾, 賓⁽¹²⁾善(膳)夫豐生章(璋)、馬匹, 賓䚄(司)工雍毅章(璋)、馬匹, 賓內䚄(司)土(徒)寺奉□[璧], 爰(瑗)⁽¹³⁾。 書: 尹友守史由⁽¹⁴⁾, 賓史奉韋(幃)兩⁽¹⁵⁾。 虎拜手頴(稽)首, 敢對揚天子不(丕)顯魯休, 用乍(作)朕皇且(祖)考庚孟障䵼⁽¹⁶⁾, 其子子孫孫永寶。

번역(飜譯)

18년 3월 기생패 병술일에 왕께서 주나라 강궁(康宮)과 이궁(夷宮)에서 도내(道內)를 우오호(右吳虎)에 임명하시었다. 왕께서 선부(膳夫)인 풍생(豐生)과 사공인 옹의(雍毅)에게 명하시어 왕명을 거듭 밝혀 오잉(吳盉)의 옛 토지를 취하여 오호(吳虎)에게 교부하라 하시었다. 북쪽 경계는 담인(螽人)의 토지이고, 동쪽 경계는 관인(官人)의 토지이고, 남쪽 경계는 필인(畢人)의 토지이고, 서쪽 경계는 방강(莽姜) 토지이다. 함께 봉지를 감정한 사람은 풍생(豐生)·옹의(雍毅)와 백도내(伯道內)의 사도 사분(寺奉)이다. 오호(吳虎)는 천자의 아름다움을 찬양하고 머리 조아려 절을 하였다. 선부(膳夫)인 풍생(豐生)에게 장(璋)과 말 한 필을 증정하였고, 사공인 옹의(雍毅)에게 장(璋)과 말 한 필을 증정하였으며, 내사도(內司徒)인 사분(寺奉)에게 둥근 옥[璧]과 도리옥[瑗]을 증정하였다. 기록하고, 윤씨(尹氏)의 동료 사관 불(㡀)을 대리로 삼아 사도 분(犇)에게 향낭 2개를 증정하였다. 호(虎)가 손으로 절하고 머리를 조아려 감히 천자의 훌륭하고 위대함을 보답하고 찬양하며, 조고 경맹(庚孟)을 위한 존귀한 자(鼒)를 만드니, 자자손손 영원토록 보배롭게 여길지어다.

주해(注解)

(1) 본 명문에 '신칙왕명(申勅王命)'이라는 글이 있는데, '칙왕(勅王)'은 여왕의 시호로 단지 선왕만이 여왕의 명을 거듭 펼 수 있기 때문에 이 정은 선왕 18년(기원전 810)에 제작되었음을 알 수 있다. 그러나 장배유(張培瑜)의 『중국선진사역표(中國先秦史曆表)』에 의하면, 이 해 13월 정미삭은 병술과 40일 차이가 나기 때문에 서로 합할 수 없다. 이학근(李學勤)은 13월은 마땅히 다음해 정월 신축삭 병술10일이라 하였다. 왜냐하면, 당시 한 차례 윤달을 빠뜨려서 주나라 '건자(建子)'가 잘못 '건축(建丑)'이 되어 한 달의 차이가 났기 때문이다.

(2) '강궁이궁(康宮𢍰宮)'은 또한 기산(岐山)의 동가촌(董家村)에서 출토한 정에도 보이며, 이왕의 종묘이다.

(3) 이학근은 "'도내(道內)'는 인명으로 즉 다음에 나오는 '백도내(伯道內)'이고, 또한 '내(內)'를 생략하기도 한다. 따라서 이름은 '내(內)'이고 자는 '백도(伯道)'이다."라고 하였다. 또한 '오호(吳虎)'에서 '오(吳)'는 마땅히 '우형(虞衡)'의 '우(虞)'로 읽어야 하니, 이는 관직명이라 하였다.

(4) '선부(膳夫)'는 『주례・천관・총재(周禮・天官・冢宰)』에서 "왕의 음식을 차려 올리는 것을 맡아 왕・후・세자를 공양한대[掌王

之食飮膳羞, 以養王及后世子].″라는 데에서 볼 수 있다. '선부(膳夫)'는 본래 왕의 음식을 차리는 것과 제사와 연회 때 음식을 맛보는 일을 맡았으나, 항상 왕의 곁에 있어 또한 왕명을 전달하기도 하였다. 〈대극정(大克鼎)〉에서 "왕이 윤씨에게 선부인 극에게 명령을 내리게 하시고, 왕이 다음과 같이 말하였다. 극이여! 옛날 내가 이미 너에게 짐의 명령을 받아들이도록 하였다[王乎尹氏册令善夫克, 王若曰, 克, 昔余旣令女出內(納)朕令]."라고 하였으며, 〈소극정(小克鼎)〉에서 "왕이 선부인 극에게 성주에서 명령을 내려 팔사를 바르게 하도록 하셨다[王令善夫克舍令于成周, 遹正八𠂤(師)]."라고 하였다. 본 명문에서 선부는 왕을 대신하여 왕명을 펼 수 있고, 오호의 토지에 봉한 왕의 근신이다.

'풍생(豐生)'은 풍(豐)나라의 외종질이다.

'날(剌)'은 '여(厲)'로 읽으니, 『사기·진시황본기(史記·秦始皇本紀)』에서 말한 '여공공(厲共公)'으로 '날공공(剌龔公)'으로 썼다. 또한 〈증후을묘종(曾侯乙墓鐘)〉의 명문에서 주나라의 율명(律名)을 언급한 '날음(剌音)'은 즉 『국어·오어하(國語·吳語下)』의 '여음(厲音)'이다.

(5) '강(彊)'은 '강(疆)'으로 읽으니, 『설문해자』에서 '강(畺)'이라 쓰고 경계라 하였다. 본래는 밭의 경계이었으나, 이후 밭과 토지를 가리켰다. 선왕이 '오잉(吳朁)'의 옛날 토지를 오호에게 주었다. 이학근은 '오잉(吳朁)'를 오호의 선대라 의심하였다.

(6) 본 명문에서 오호에게 봉한 토지 4곳의 이름을 밝혔다. 이학근은 '담인(窞人)'·'관인(官人)'·'필인(畢人)'·'방강(𦬆姜)'이 모두 개인이라 하였다.

'담(窞)'의 음은 dàn(담)이고 『설문해자』에서 "구덩이에서 작은 구덩이다[坎中小坎也].”라고 하였다. '담(窞)'은 '함(圅, 函)'과 통하고 '염(閻)'으로 읽으며, 옛날에 '함(函)'은 '함(肣)'소리 글자와 통하였다. 『사기·예서(史記·禮書)』에서 "함은 사대부에 이르렀다[函及士大夫].”라고 하였는데, 『색은(索隱)』에서는 '함(函)'은 '담(啗)'이라 하였다. 왕국유는 『관당집림(觀堂集林)』권23 『옥계생시연보회전서(玉溪生詩年譜會箋序)』의 주에서 다음과 같이 말하였다.

> 주운(周娟)'은 '주강(周姜)'이란 말과 같으니, 즉 함황보(函皇父)의 여식이 주나라에 시집가자 황보가 이를 위하여 기물을 만들었다. 『시경·소아·시월지교(詩經·小雅·十月之交)』에서 '염처(艷妻)'를 노씨본(魯氏本)에서 '염처(閻妻)'라 하였으니, 이는 '돈함(敦函)'의 가차자이다. '함(函)'은 그 나라의 씨(氏)이고, '운(娟)'은 성(姓)이다.

곽말약은 이를 따랐다. '담(窞)'은 '필(畢)'과 마찬가지로 종족 이름이다.

'관(官)'은 관부 혹은 관사이다. '관(官)' 뒤에 한 글자가 이미 잔결되었으나 혹 '인(人)'으로 해석한다.

(7) '필(畢)'은 호경 부근의 지명으로 지금의 장안현(韋曲鎭)의 서북쪽이다. 『사기·주본기(史記·周本紀)』에서 "9년 무왕이 필에서 제사를 올리셨다[九年, 武王上祭於畢].”라고 하였는데, 『집해(集解)』에서는 마융(馬融)은 문왕묘의 지명이 '필(畢)'이라 하였다. 『원화군현지(元和郡縣志)』에서 필원(畢原)은 현의 서남쪽 28리에 있다고 하였다. 1989년 위곡(韋曲) 북동쪽 위촌(韋村)에서 당나라 위통(韋通)·위최(韋最) 묘지에서 나온 장지를 모두 '필원(畢原)'이라 하였다.

(8) '방강(葊姜)'은 '방경(葊京)' 강(姜)씨의 거주지이다. '방경(葊京)'에 대해서는 여러 설이 있는데, 혹 '풍경(豐京)'·'호경(鎬京)'이라고도 하고, 혹 풍경과 호경의 부근이라고도 하며, 혹 '주원(周原)' 지역이라고도 한다. 본 명문에서 '방(葊)'과 '필(畢)'의 거리는 멀지 않은 것으로 보아 이미 주원(周原)설은 배제할 수 있다. '방경(葊京)'은 여왕이 체(彘)로 달아난 이후 이미 쇠퇴하였을 것이므로 강(姜)씨인 주나라 사람이 살았다고 보아야 할 것이다.

(9) '蝨'은 자전에 보이지 않으나 음으로 보면, '구(俱)'로 읽어야 할 것이다. 『설문해자』에서 이 글자를 함께 한다는 '해(偕)'로 읽었다. '이(履)'는 감정하는 것이고, '봉(奉)'은 '봉(封)'으로 읽으니, 〈산씨반(散氏盤)〉의 주해 (5)를 참고하기 바란다.

(10) 이에 대하여 이학근(李學勤)은 다음과 같이 말하였다.

> 이는 백도내(伯道內)에 소속된 사도(司徒)이다. 그는 풍생(豐生)·옹의(雍毅)와 더불어 세 사람의 유사이나 신분이 다르다. 이를 보면, 풍생·옹의는 아마도 조정의 선부(膳夫)·사공(司空)이 아니라 읍의 선부·사공일 것이다.

(11) '천자(天子)' 앞에 '양(揚)'자가 생략되었다.

(12) '빈(賓)'은 증정한다는 뜻이다.

(13) '원(瑗)' 앞의 한 글자는 분명하지 않으나 남은 획으로 보면, '벽(璧)'자 같다. '벽(璧)'·'원(瑗)'은 모두 예물의 옥이다. 이학근은 이를 '복(復, 覆)'이라 하였다.

(14) '서(書)'는 『설문해자』에서 '저(著)'라 하였으니, 서사하는 것이다. 옛날에 토지를 교부할 때 사관은 반드시 네 곳을 기록하였다.

'윤(尹)'은 '윤씨(尹氏)'를 생략한 것으로 '책윤(冊尹)'이라 하고, 사관의 우두머리인 '사정(史正)'이다.

'우(友)'는 동료이고, '수(守)'는 잠시 대리하는 것이다. 『전국책·진책오(戰國策·秦策五)』에서 "문신후 여불위가 도망하여 사공 마와 함께 조나라로 갔다. 조왕은 임시로 삼았다[文信侯出走, 與司空馬之趙, 趙以爲守相]."라고 하였는데, 고유(高誘)의 주에서는 '수상(守相)'은 임시라 하였다.

'불(甶)'은 사관의 이름이다.

(15) '위(韋)'는 '위(幃)'로 읽으니, 『설문해자』에서 주머니[囊]라고 하였는데, 『옥편(玉篇)』에서 향낭(香囊)이라 하였다.

'양(兩)'은 한 쌍이다. '위(韋)'는 또한 '위(瑋)'로 읽을 수 있으니, 『집운(集韻)』에서 아름다운 옥이라 하였다.

(16) 이 구절에 대하여 이학근은 다음과 같이 말하였다.

> '짐황조고경맹(朕皇且(祖)考庚孟)'은 두 가지로 해석할 수 있다. 하나는 호(虎)의 부친과 조부를 모두 '경맹(庚孟)'이라 부르는 것이고, 다른 하나는 부친·조부와 '경맹(庚孟)'은 다른 사람으로 '경맹(庚孟)'은 호(虎)의 형 항렬이라는 것인데, 전자가 더욱 이치에 맞는 것 같다. 어찌 되었든 간에 '호(虎)'는 경(庚)씨이다. 금문에서 '경계(庚季)'·'경강(庚姜)'·'경영(庚嬴)' 등이 보이는데, 이는 경(庚)씨가 서주에서 적지 않았고, 또한 자못 혁혁하였음을 알 수 있다.

60
毛公鼎

담단경(譚旦冏)의 『모공정의 경력[毛公鼎之經歷]』에 의하면 "이 정은 청나라 도광(1851-1861) 말년에 섬서성 기산현(岐山縣)에서 출토되었다."라고 하였다. 처음에는 진개기(陳介祺)가 소장하였다가 이후 단방(端方)에게 돌아갔다. 항전 기간에 실업가인 진영인(陳詠仁)이 소장하였다가 중앙박물관(中央博物館)에 헌납하였다. 현재 대북 고궁박물원(故宮博物院)에서 소장하고 있다. 배 안에 명문이 있는데 32행에 499자이다. 이를 또한 〈䁽鼎〉이라고도 한다.

저록(著錄)

『종고당관지학(從古堂款識學)』16·18, 『각재집고록(愙齋集古錄)』4·2, 『양주금문사대계도록고석(兩周金文辭大系圖錄考釋)』圖23錄131考134, 『금문통석(金文通釋)』30·637, 『은주금문집성(殷周金文集成)』5·2841

탁본(拓本)

모본(摹本)

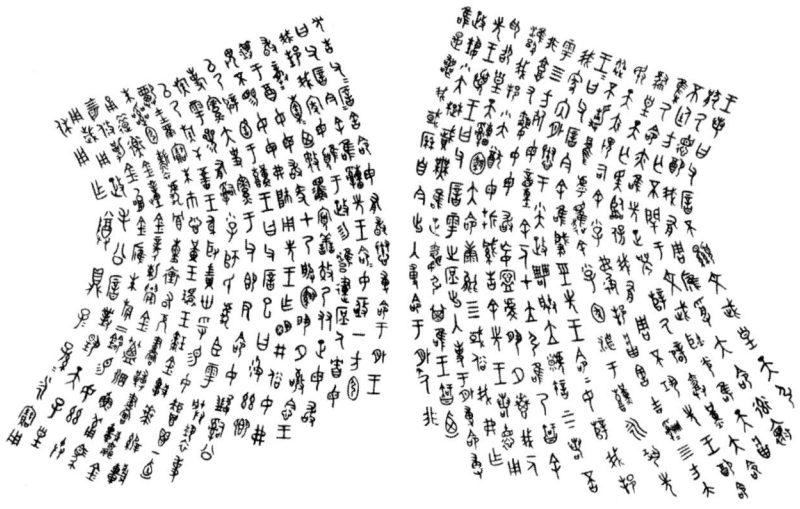

석문(釋文)

王若曰[1]: "父𣪕[2], 不(丕)顯文、武, 皇天引猒(厭)乎(厥)德[3], 配我有周, 雁(膺)受大命[4], 率褱(懷)不廷方[5], 亡不閈于文、武耿光[6]. 唯天𰀁(將)集乎(厥)命[7], 亦唯先正𥃸(襄)辥(乂)乎(厥)辟[8], 舅(勞)堇(勤)大命[9]. 肆皇天亡䦱(斁), 臨保我有周[10], 不(丕)鞏先王配命[11]. 敃(旻)天疾畏(威)[12], 司(嗣)余小子弗彶(及)[13], 邦𰀁(將)害(曷)吉[14]? 䎽䎽四方, 大從(縱)不靜(靖)[15]. 烏虖(呼)! 遱(邋)余小子圂(溷)湛于囏(艱)[16], 永恐先王[17]." 王曰: "父𣪕, 今余唯肈(肇)巠(經)先王命[18]. 命女(汝)辥(乂)我邦我家內外[19], 惷(憃)于小大政[20], 𤰔(屏)朕立(位)[21]. 虩許上下若否[22], 𨗴四方死(尸)毋(母)童(動)[23]. 余一人才(在)位, 引(矧)唯乃智(知)[24], 余非膏(庸)又聞(昏)[25]. 女(汝)母(毋)敢妄(荒)寧[26], 虔夙夕叀(惠)我一人[27], 龖(雍)我邦小大猷[28], 母(毋)折䋌(緘)[29], 告余先王若德[30], 用印(仰)卲(昭)皇天[31], 䚘(申)國(紹)大命[32], 康能四或(國)[33], 俗(欲)我弗乍(作)先王憂[34]." 王曰: "父𣪕, 𨗴之庶出入事于外[35], 尃(敷)命尃(敷)政[36], 埶(藝)小大楚賦[37]. 無唯正聞(昏), 引其唯王智, 酒唯是喪我或(國)[38]. 厤(歷)自今[39], 出入尃(敷)命于外, 乎(厥)非先告父𣪕, 父𣪕舍命[40], 母(毋)又敢惷(憃), 尃(敷)命于外[41]."
王曰: "父𣪕, 今余唯䚘(申)先王命, 命女(汝)亟一方[42], 目(弘)我邦我家[43]. 女(汝)顉于政[44], 勿雝𢚩庶□害[45]. 母(毋)敢龏橐, 龏橐酒孜(侑)緐寡[46]. 善效乃友正[47], 母(毋)敢𤱿(湛?)于酉(酒)[48]. 女(汝)母(毋)敢家(隊), 才(在)乃服[49], 國(紹)夙夕敬念王畏(威)不賜(易)[50]. 女(汝)母(毋)弗帥用先王乍(作)明井(型)[51], 俗(欲)女(汝)弗以乃辟臽(陷)于囏(艱)[52]." 王曰: "父𣪕, 已! 彶(及)兹卿事寮、大史寮于父卽尹[53]. 命女(汝)𩁹嗣(司)公族𨗴參(三)有嗣(司)[54]: 小子、師氏、虎臣, 𨗴(與)

朕褻事$^{(55)}$, 以乃族干(捍)吾(敔)王身$^{(56)}$, 取䝱卅(三十)寽$^{(57)}$。易(賜)女(汝)𩰩鬯一卣、鄭(祼)圭瓚(瓉)寶$^{(58)}$、朱市、恩(蔥)黃(珩)$^{(59)}$、玉環$^{(60)}$、玉瑹$^{(61)}$、金車$^{(62)}$、奉䋐較(較)$^{(63)}$、朱䩹𠄨(虢)𩊚(鞃)䩪(靳)$^{(64)}$、虎冥(幎)熏裡$^{(65)}$、右扂(軛)$^{(66)}$、畫轉$^{(67)}$、畫輯$^{(68)}$、金甬(筩)$^{(69)}$、造(錯)衡$^{(70)}$、金踵(踵)$^{(71)}$、金豙$^{(72)}$、䩞(約)(盛)$^{(73)}$、金簋(簟)弻(笰)$^{(74)}$、魚葡(箙)$^{(75)}$、馬四匹、攸(鋚)勒、金䍀𩛷$^{(76)}$、金雁(膺)、朱旂二鈴　　(鈴)。易(賜)女(汝)茲斧(黼)$^{(77)}$、用歲用政(征)$^{(78)}$。" 毛公䚇對揚天子皇休, 用乍(作)䵼鼎, 子子孫孫永寶用。

번역(飜譯)

왕께서 이와 같이 말씀하시었다.

"부음(父䚇)이여! 위대하고 영명하신 문왕・무왕과 황천(皇天)이 그들에게 장구한 충족의 덕을 베풀어 주나라와 같이 위대한 국가에 짝하기 부끄러움이 없었고, 마땅히 천명을 받아 주나라에 알현하러 오지 않는 방국을 안무하여 문왕・무왕의 통치하에 귀속되지 않음이 없도다. 오직 하늘이 천명을 길게 내리셨고, 또한 문왕・무왕시기에 보필하였던 옛 신하가 임금을 보좌하여 수고롭게 천명을 부지런히 하였다. 황천(皇天)은 싫어함이 없어 임하고 보호하여 나에게 주나라가 있게 하시고, 선왕이 받드신 천명을 크고 견고하게 하시었도다. 하늘이 진노하시어 염려하지 않으시고, 왕위를 계승한 나 소자의 덕행이 선왕에 이르지 못하면, 나라의 일을 장차 어떻게 호전시킬 수 있겠는가? 어지러운 사방은 크게 방종하고 안정되지 않는다. 아! 두려운 나 소자는 어려운 가운데 깊이 빠져 길게 선왕을 두려워하노라."

왕께서 말씀하시었다.

"부음(父厝)이여! 지금 나는 오직 비로소 선왕의 명을 실행하고자 한다. 너에게 명하노니 나의 국가와 가족 안팎일을 보좌하여 크고 작은 다스림에 우직하고 충후하게 하여서 짐의 왕위를 지켜주어야 한다. 두려워하여 천지신기의 좋고 나쁨을 허락하고, 사방의 제후를 주관하여 동란이 발생하지 않도록 하여라. 나 한 사람이 왕위에 있고, 또한 오직 알 것이니, 너는 우매하고 어둡지 않도록 하여라. 너는 감히 편안함에 빠지지 않도록 하고, 아침저녁으로 공경하여 나 한 사람을 은혜롭게 하며, 나의 나라의 크고 작은 계책을 화목하게 하여 입을 닫아 말하지 않음이 없도록 하여라. 나에게 선왕이 덕을 따른 것을 고하고, 황천(皇天)을 비추어 천명을 거듭 계승하도록 하며, 천하를 안락하고 화목하게 하여 내가 선왕의 근심이 되지 않도록 하여라."

왕께서 말씀하시었다.

"부음(父厝)이여! 백관을 넘나들며 밖에서 일을 보좌하고, 명과 정시를 펴며, 부세의 크고 작음을 상법으로 제정하여 다스려라. 오직 정직과 우매함이 없고, 또한 왕만 지혜롭다고 하면 이에 나의 나라를 망치게 된다. 지금으로부터 이후 넘나들며 명을 밖으로 펴는 것은 먼저 부음에게 고하지 않으면 부음은 명령을 발포하는데 감히 경솔함이 없도록 하면서 명령을 밖으로 펴라."

왕께서 말씀하시었다.

"부음(父厝)이여! 지금 나는 선왕의 명을 거듭 계승하고, 너에게 명하노니 한 나라의 모범이 되어 나의 나라와 가족을 크게 하여라. 너는 다스림에 질박하게 하여 서민을 막고 누끼치지 말라. 감히 백성의 재산을 고갈하여 자루에 채우지 말고, 개인의 주머니를 채우면 홀아비와 과부들을 업신여긴다. 좋은 가르침이 벗을 바르게 하니, 감히 술에 빠지지 말라. 너는 감히 떨어지지 말고 직책에서 맡아서 하여야 할 일을 하여라. 아침저녁으로 왕의 위엄이 바뀌지 않음을 공경하게 생각하여라. 너는 선왕이 정의 제도를 분명하게 한 것을 따르지 않음이 없도록 하고, 너는 임금이 곤경에 빠지지 않도록 하여라."
왕께서 말씀하시었다.
"부음(父瘖)이여! 아, 경사료(卿事寮)와 대사료(大史寮)는 네가 다스리고 관할하여라. 너에게 명하노니 공족을 관리하고 삼유사(三有司)를 보좌하여라. 소자(小子)・사씨(師氏)・호신(虎臣)과 나의 집사를 보좌하고, 너의 종족으로 왕의 몸을 보호하고 막으며, 30렬(鋝)을 취하여라. 너에게 울창주 한 항아리, 강신제용 규찬 보물, 붉은 색의 폐슬, 청록색의 옥, 둥근 옥, 아름다운 옥, 동으로 장식한 수레, 꽃무늬 장식이 있는 수레 횡목의 덮개, 붉은 가죽으로 된 수레 장식 덮개, 분홍빛 고운 호랑이 가죽, 말을 수레에 메울 때 멍에를 앞에서 다스리는 기구, 수레와 끌채를 묶는 채색회화의 가죽 띠, 채색회화로 장식한 수레 굴대 중앙에서 수레 상자와 굴대를 연결하는 가죽, 금으로 장식한 전동, 문채가 있는 수레 저울대, 수레 뒤를 지탱하는 수레 뒤턱나무의 동으로 된 부분, 동으로 만든 수레를 그치게 하는 거갑, 긴 수레바퀴의 감속 막대를 묶는 것, 금으로 된 수레 덮개, 물고기 껍질로 만든 화살주머니, 말 네 필, 장식이 달린 고삐와 재갈, 금으로 된 깃털 마관, 금으로 된 말의 이마 장식물, 방울이 둘 달린 붉은 색 지휘 깃발을 하사하노라. 너에게 이러한 예물 품목을 상으로 하사하노니 제사와 정벌에 사용하라."
모공(毛公) 음(瘖)은 천자의 크게 아름다움을 보답하고 찬양하며, 존귀한 정(鼎)을 만드니, 자자손손 영원히 보배롭게 사용할지어다.

주해(注解)

(1) '약(若)'은 대명사로 '여차(如此)'와 같다. 갑골문・금문에서 사관이 왕의 말씀을 서술할 때 종종 '왕약왈(王若曰)'이라 하고, 어떤 권세의 귀족대신이 말하는 것도 '약왈(若曰)'이라 하였다. 우성오는 '왕약왈(王若曰)'은 바로 왕이 이와 같이 말씀하셨다는 뜻이라 하였다.

(2) '부음(父㾕)'은 당시 왕의 아버지뻘로 이 일은 전적에 보이지 않는다. 고홍진(高鴻縉)은 아마도 무왕의 동생 모숙정(毛叔鄭)의 후예일 것이라 하였다.

(3) '인(引)'은 『이아・석고(爾雅・釋詁)』에서 '장(長)'이라 하였으니 장구한 것을 말하고, '염(厭)'은 차다 또는 만족・충족하다는 뜻이다. 『상서・낙고(尙書・洛誥)』에서 "만년토록 당신의 덕에 만족하도다[萬年厭于乃德]."라고 하였다.
이 구절의 의미는 영명하신 문왕・무왕과 위대하신 상천이 그들에게 장구한 충족의 덕을 베풀었다는 뜻이다.

(4) '필(配)'는 배필이니, '배아유주(配我有周)'란 주나라와 같이 위대한 국가에 짝하기 부끄러움이 없다는 뜻이다.
'응(膺)'은 『자회보(字匯補)』에서 '당(當)'이라 하였고, 『상서・무성(尙書・武成)』에서 "크게 천명에 응하시어 사방의 하땅을 안무하셨대[誕膺天命, 以撫方夏]."라고 하였는데, 공안국의 전에서는 "크게 천명에 마땅한 것으로 사방 중하를 안무하고 편안히 하였다[大當天命, 以撫綏四方中夏]."라고 하였다.
'대명(大命)'은 즉 천명이다.

(5) '솔(率)'은 어기조사로 뜻이 없고, '褱'는 회(懷)로 읽는다. 『예기・중용(禮記・中庸)』에서 "제후를 안무하면 천하가 두려워한대[懷

諸侯則天下畏之]."라고 하였는데, 공영달의 소에서는 '회(懷)'를 안무하는 것이라 하였다.

'부정방(不廷方)'은 주나라에 알현하러 오지 않는 방국을 말한다. 『좌전·성공(左傳·成公)』13년에서 "화합하지 않는 자가 있으면 그들을 화합하도록 꾀하고, 따르지 않는 자가 있으면 그들을 칠 것이다[謀其不協, 而討不廷]."라고 하였는데, 두예의 주에서는 "배반하여 왕의 조정에 오지 않는 자를 칠 것이다[討背叛不來王庭者]."라고 하였다.

(6) '한(閈)'의 음은 hàn(한)이고 『설문해자』에서 "문(門)이다. '문(門)'으로 구성되고, '간(干)'은 발음을 나타내며, 여남 평여리의 문을 '한(閈)'이라 한다[門也. 從門, 干聲, 汝南平輿里門曰閈]."라고 하였다. 탕여혜는 '한(閈)'을 인신하여 제한한다는 뜻으로 사용한다고 하였다. 이 구절의 의미는 문왕·무왕의 통치하에 귀속되지 않음이 없다는 뜻이다. 곽말약은 이 글자를 '점(灻)'으로 읽었고, 『광아(廣雅)』에서 '명(明)'이라 훈고하였다. '한(閈)'은 밝다는 뜻이니 만약 의미를 살펴보면, 문왕·무왕의 밝은 빛이 비쳐주고 임한다는 뜻이다. 왕국유의 설은 『상서·입명(尙書·立命)』에서 "문왕의 밝은 빛을 뚜렷이 하다[以覲文王之耿光]."라는 것과 같고, 『상주청동기명문선(商周靑銅器銘文選)』에서는 직접 '한(閈)'을 '근(覲)'이라 하였다. 이런 여러 설에서 탕여혜가 말한 것이 가장 가깝다.

(7) '將'은 〈괵계자백반(虢季子白盤)〉에서 '甹'으로 썼고, '장(將)'으로 읽는다. 『시경·상송·열조(詩經·商頌·烈祖)』에서 "신령의 강령하심 빌며 제사 올리니, 우리가 받은 천명 넓고도 큽니다[以假以享, 我受命溥長]."라고 하였는데, 왕인지(王引之)는 『경의술문

(經義述聞)』에서 "'장(將)'은 긴 것이니, 우리가 받은 천명이 이미 넓고 긴 것을 말한다[將, 長也, 言我受天之命旣溥且長]."라고 하였다.

'집(集)'은 성취 또는 떨어지는 것으로 『상서・문후지명(尙書・文侯之命)』에서 "오직 당시 상제는 그 명을 문왕에게 내리셨도다[惟時上帝, 集厥命于文王]."라고 하였는데, 굴만리(屈萬里)의 주에서 '집(集)'은 떨어지다[降落]고 하였다.

(8) '선정(先正)'은 문왕・무왕시기에 보필하였던 옛 신하를 가리킨다. '정(正)' 아래의 글자를 오식분(吳式芬)은 '양(襄)'으로 해석하였는데, 손이양(孫詒讓)・양수달(楊樹達)도 이를 따랐고, 뜻은 돕는다는 것이다.

'辥'는 '예(乂)'로 읽고, 왕인지(王引之)는 서로 보좌한다는 뜻이라 하였다. 『상서・문후지명(尙書・文侯之命)』에서 "또한 옛날 신하들이 잘 보좌하여 밝게 임금을 섬겼다[亦惟先正, 克左右, 昭事厥辟]."라고 하였는데, 대체적 뜻은 이 구절과 같다.

(9) '舜'은 '작(爵)'이니, '작(爵)'을 갑골문에서 '舜(鐵241・3)・舜(後下2・7)・舜(京津2461)라 하였다. '작(爵)'은 위는 기둥, 중간은 배, 아래는 다리를 형상하고 있다. 지금 '작(爵)'으로 본 것은 혹 기둥이 없거나, 혹 하나의 기둥이 있거나, 혹 두 개의 기둥이 있으나, 두 개의 기둥이 있는 것이 대부분이다. 갑골문의 '작(爵)'은 하나의 기둥으로 두 개의 기둥을 생략하였다. 본 명문에서는 세 개의 기둥이 있으니, 아마도 두 개의 기둥을 잘못한 것 같다. '작(爵)'은 '노(勞)'로 읽으니 위로하다는 뜻이다. 『의례・근례(儀禮・覲禮)』에서 "(후씨가) 북쪽 향하고 서자 왕이 위로하셨고, 후씨는 재배하고 머리를 조아렸다[(侯氏)北面立, 王勞之, 再拜稽首]."라고 하였

는데, 정현의 주에서는 '노(勞)'를는 위로하는 것이라 하였다. 위로하면 반드시 상을 내리므로 인신하여 사물을 하사다는 뜻으로 사용하였다. 오진무(吳振武)는 '작(爵)'이 봉작이라 하였다.

(10) 이 구절은 〈사순궤(師詢簋)〉에서도 보인다.

'황제(皇帝)'는 상제의 존칭으로 『시경·대아·황의(詩經·大雅·皇矣)』에서 '위대하신 상제님[皇矣上帝]'라고 하였다. 〈모공정(毛公鼎)〉에서 "상제가 하늘에서 게으르시지 않고 나의 주나라를 보시고 보호해주셨다[肆皇天亡𢇛, 臨保我有周]."라는 구절과 같은 것으로 '황천(皇天)'은 즉 황제이다.

'亡𢇛'는 '무역(無斁)'으로 게으르지 않다는 뜻이다.

'임(臨)'은 『설문해자』에서 '감시(監視)'라 하였으니, '임보(臨保)'는 보고 보호하는 것이다.

'유주(有周)'는 주나라를 말한다.

(11) '불(不)'은 '비(丕)'로 읽으니 크다는 뜻이고, '공(鞏)'은 '공(鞏)'으로 읽으니, 견고하다는 뜻이다. 『시경·대아·첨앙(詩經·大雅·瞻仰)』에서 "아득히 넓은 하늘은 모든 일 튼튼히 하시다[藐藐昊天, 無不克鞏]."라고 하였다.

(12) '민(敃)'은 전적에 대부분 '민(旻)'으로 썼다. 『시경·소아·우무정(詩經·小雅·雨無正)』에서 "넓고 넓은 하늘 그 덕이 일정하지 않으시다. 상란과 기근을 내리시어 천하를 참하고 벌하시다. 하늘이 진노하시어 염려하지 않으시고 도모하지도 아니하셨다[浩浩昊天, 不駿其德. 降喪饑饉, 斬伐四國. 旻天疾威, 弗慮弗圖]."라 하였고, 『상서·다사(尚書·多士)』에서도 "하늘이 크게 은나라에게 상란을 내리셨도다[旻天大降喪于殷]."라고 하였다. 육덕명(陸德明)은 『석문(釋文)』에서 "어질음이 뒤집혀지고 아래를 걱정하는

것을 민(昬)이라 한다[仁覆愍下謂之昬].”라고 하였는데, 『상주청동기명문선(商周靑銅器銘文選)』에서는 "하늘은 마치 인자한 상천을 말하는 것 같다[昬天猶言仁慈之上天].”라고 하였다.

'질위(疾威)'는 위엄을 발하거나 진노하는 것으로 대부분 '강상(降喪)'과 서로 연결하여 사용한다.

(13) '사(司)'는 '사(嗣)'로 읽으니 계승하다는 뜻이다. 〈숙향부우궤(叔向父禹簋)〉에서 "나의 소자가 짐의 황고를 계승하였다[余小子司朕皇考].”라고 하였는데, 『상서·고종융일(尙書·高宗肜日)』에서 "왕은 백성을 공경하는 일을 계승하셨다[王司敬民].”라고 하였으며, 『사기·은본기(史記·殷本紀)』에서는 '사(司)'를 '사(嗣)'로 썼다. 일설에 '사(司)'는 '사(思)'로 읽고 어조사라 하였다.

'급(彶)'은 '급(及)'으로 읽고, 『설문해자』에서 이르다[逮]고 하였다. 이 구절의 의미는 왕위를 계승한 나 소자의 덕행이 선왕에 이르지 못함을 뜻한다.

(14) '해(害)'는 '갈(曷)'로 읽고 어조사이니, 이 구절의 의미는 나라의 일을 어떻게 호전시킬 수 있는가라는 뜻이다.

(15) '𠡠'에 대하여 곽말약은 "𠷿로 구성되고 책(冊)은 발음을 나타낸다. 어지러운 모양이니, 근심으로 어지러워하는 것과 같다.”라고 하였다.

'정(靜)'은 '정(靖)'으로 읽으니 안정하다는 뜻이다.

(16) '𧾷'을 오대징은 '趯'로 해석하고 "『설문해자』에서 달아나며 뒤를 보는 모양이고, 음은 '구(劬)'와 같다고 하였다. '趯'자는 마땅히 두려워한다는 '구(懼)'로 읽어야 한다.”라고 하였다.

'혼(圂)'은 '혼(溷)'으로 읽고 음은 hùn(혼)이며, 『설문해자』에서 어지러운 것이다. 일왈 물이 탁한 모양이라고 하였으니, 즉 혼탁한 것이다.

'담(湛)'의 음은 chèn(침)이고 『설문해자』에서 빠지다[沒]고 하였고, 단옥재의 주에서는 "옛날 책에 '부침(浮沈)'이란 글자는 대부분 '담(湛)'으로 썼다. '담(湛)'과 '침(沈)'은 옛날과 지금의 글자이고, '침(沉)'은 또한 '침(沈)'의 속자이다[古書浮沈字多作湛. 湛沈古今字, 沉又沈之俗也]."라고 하였다.

탕여혜(湯餘惠)는 이 구절의 대의를 어려운 가운데 깊이 빠진 것이라 하였다.

(17) 시라카와 시즈카[白川靜]는 '공(恐)'을 '공(鞏)'으로 읽고, 선왕이 근심과 두려움을 조성하는 것이라 하였다.

(18) '경(巠)'은 '경(經)'으로 읽으니, 경영 또는 실행한다는 뜻이다. 『주례·천관·대재(周禮·天官·大宰)』에서 "나라를 경영하고, 관부를 다스린다[以經邦國, 以治官府]."라고 하였으며, 『맹자·진심하(孟子·盡心下)』에서 "덕을 행하여 굽히지 않는 것이 봉록을 구하자는 것은 아니다[經德不回, 非以干祿也]."라고 하였는데, 조기(趙岐)의 주에서는 '경(經)'을 행하는 것이라 하였다.

(19) '방(邦)'은 국가이고, '가(家)'는 가족이다. 모공 음(厝)이 천명을 받아 국가와 가족 안팎일을 다스렸으니, 마땅히 집정대신이었다.

(20) '窓'은 '심(心)'으로 구성되고 '夂'은 발음을 나타내니 마땅히 '총(意)'자로 음은 chōng(총)이다. 『설문해자』에서 어리석은 것[愚]이라 하였고, 『일체경음의(一切經音義)』에서 어리석고[愚] 외고집인 성질[戇]이라 하였으나, 인신하여 우직하고 충후한 뜻으로 사용한다.

(21) '粤'은 '병(甹)'자와 같고 '병(屏)'으로 읽는다. 따라서 '병짐립(屏朕立)'은 짐의 지위를 지키고 가리어 막으라는 뜻이다.

(22) '혁(虩)'의 음은 xì(혁)이고, 『설문해자』에서 두려워하는 것이라 하

였다. 『주역』에서 "벼락이 쳐서 놀란 뒤에 웃음소리가 깔깔거릴 것이니 길하다[震來虩虩, 後, 笑言啞啞, 吉]."라고 하였는데, 왕필의 주에서는 '혁혁(虩虩)'을 두려워하는 모양이라 하였다.

'허(許)'를 왕국유는 '혁(虩)'과 같은 것으로 읽었고, '상하(上下)'는 넓게 천신지기를 가리킨다.

'약부(若否)'는 반의사로 신의 도움을 얻는 것을 '약(若)'이라 하고, 이와 반대인 것을 '부(否)'라 한다. 『시경・대아・증민(詩經・大雅・蒸民)』에서 "나라의 좋고 나쁨은 중산보가 이를 밝힌다[邦國若否, 仲山甫明之]."라고 하였다.

탕여혜(湯餘惠)는 이 구절의 대의를 조심스럽게 신령의 의지를 따라 일을 행하는 것이라 하였다.

(23) '우(雩)'는 '월(越)'과 통하고 글머리에 사용하는 어조사로 뜻은 없다. '사(死)'는 '시(尸)'로 읽고, '동(童)'은 '동(動)'으로 읽는다. 『시경・상송・장발(詩經・商頌・長發)』에서 "천하에 용맹을 떨치어 놀라지 않고 떨지 않는다[敷奏其勇, 不震不動]."라고 하였는데, 정현의 전에서는 '부진부동(不震不動)'을 놀라거나 떨 수 없다는 뜻이라 하였다.

이 구절의 대의는 사방의 제후를 주관하여 동란이 발생하지 않도록 한다는 뜻이다.

(24) '인(引)'은 '신(矤)'으로 읽으니 부사로 왕인지(王引之)는 『경전석사(經傳釋詞)』에서 '역(亦)'이라 하였고, 『상서・강고(尙書・康誥)』에서 "큰 악은 크게 미워하니, 또한 오직 효도하지 않고 우애하지 않음에야[元惡大憝, 矤惟不孝不友]."라고 하였다.

'지(智)'는 '지(知)'로 읽는다.

(25) '辜'은 '용(庸)'과 통하고, '용(庸)'은 또한 우매하고 어리석은 것이

란 뜻이다.

양수달은 이 구절의 뜻을 "나는 왕위에 거하고, 오직 너는 나의 과실을 알 수 있으니 마땅히 나에게 아뢰어라."라고 하였으니, 또한 한 사람의 말이다.

(26) '망(妄)'은 '황(荒)'으로 읽으니, 『상서·무일(尙書·無逸)』에서 "백성을 다스리기에 조심하여 감히 편안함에 빠지지 않으셨다[治民祗懼, 不敢荒寧]."라고 하였는데, 공안국의 전에서는 "다스림은 몸을 공경하고 두려워하며, 감히 스스로 편히 하지 않으셨다[爲政敬身畏懼, 不敢荒殆自安]."라고 하였다.

(27) '전(亶)'은 '혜(惠)'로 읽으니 따르는 것이고, 『시경·패풍·연연(詩經·邶風·燕燕)』에서 "마침내 온화하고 또한 따르며 맑게 몸을 삼가하였다[終溫且惠, 淑愼其身]."라고 하였는데, 모전에서는 '혜(惠)'를 따르는 것이라 하였다.

(28) '옹(雍)'은 화목한 것이고, '유(猷)'는 계책이다.

(29) '함(緘)'은 '계(系)'로 구성되고 '함(咸)'의 생략된 자형은 발음을 나타내며, 즉 '함(緘)'자로 음은 jiān(함)이다. 『공자가어·현군(孔子家語·賢君)』에서 "충신과 선비의 입을 막으면 죄를 숨겨 말하지 않는다[忠士折口, 逃罪不言]."라고 하였는데, 왕숙(王肅)의 주에서는 '절구(折口)'를 입을 막는 것이라 하였다. 또한 『관주(觀周)』에서 "세 번 그 입을 다물었다[三緘其口]."라고 하였다. 따라서 '무절함(毋折緘)'은 국가 대사에 대하여 입을 닫아 말하지 않음이 없도록 한다는 뜻이다.

(30) '약덕(若德)'은 덕을 따른다는 것으로 『상서·강고(尙書·康誥)』에서 "크게 하늘에서 덕을 따른다[弘于天若德]."라고 하였다.

(31) '인(印)'자를 갑골문에서 '𠂤'으로 썼는데, 이에 대하여 나진옥(羅振

玉)은 다음과 같이 말하였다.

글자는 '조(爪)'로 구성되고, 사람이 꿇는 형태이니 마치 손으로 사람을 떠받치고 꿇어앉는 형상이다. 이는 허신이 쓴 '억(抑)'이라 하여도 옳고, 글자 형태는 허신이 쓴 '인(印)'이라 하여도 옳다. '인(印)'과 '억(抑)'은 옛날에 한 글자였다.

이를 보면, '인(印)'과 '억(抑)'은 같은 것이니, '앙소(仰昭)'는 '소앙(昭仰)'과 같음을 알 수 있다. 『한서・교사지(漢書・郊祀志)』에서 "천문의 일월성신이 비추는 도다[天文日月星辰, 所昭仰也]."라고 하였다.

(32) '䌛國'은 '신소(申紹)'로 읽으니, 거듭 계승한다는 의미이다. 자세한 설명은 〈사장반(史墻盤)〉 주해 (21), (22)를 참조하기 바란다.

(33) '강(康)'은 화락하는 것이고, '능(能)'은 친선 또는 화목이다. 『정자통(正字通)』에서 '능(能)'은 풍습을 따르는 것이라 하였다. 『한서・서전(漢書・敘傳)』에서 "먼 곳을 편안하게 하고, 가까운 곳을 잘 한다[柔遠能邇]."라고 하였는데, 안사고(顏師古)의 주에서는 '유(柔)'를 편안하게 하는 것이고, '능(能)'을 잘하는 것이라 하였다.

(34) '속(俗)'은 '욕(欲)'으로 읽으니, 바라는 것이다. 양수달은 '유(裕)'로 읽었으니, 『방언(方言)』에서 '도(道)'로 훈고하고, "나를 편안하게 한즉 나를 유도하는 것이다[裕我卽誘導我也]."라고 하였다.

(35) '우(雩)'는 '월(越)'과 통하고, '지(之)'는 '자(茲)'자와 통하며, '서(庶)'는 '서사(庶士)'와 같으니 백관의 관료를 가리킨다. 『상서・대고(尙書・大誥)』에서 "나는 우리 우방의 임금과 여러 관청의 책임자와 여러 선비와 군사의 지휘관에게 고하노라[肆予, 告我友邦君, 越尹

氏, 庶士, 御事].”라고 하였다.

'출입사우외(出入使于外)'와 아래 문장의 '출입부명우외(出入敷命于外)'의 뜻은 대체로 같은 것으로 넘나들며 밖으로 정령을 시행하도록 하라는 뜻이다.

(36) '부(尃)'는 전적에서 '부(敷)'·'부(賦)'·'포(布)' 썼다.『시경·상송·장발(詩經·商頌·長發)』에서 "너그러이 정사를 베푸시다[敷政優優]."라고 하였으며,『시경·대아·증민(詩經·大雅·蒸民)』에서 "밝은 명을 펴게 하도다[明命使賦]."라고 하였는데, 모전에서는 '부(賦)'를 펴는 것[布]이라 하였다.

(37) '𦘭'는 즉 '예(藝)'이니,『광아·석고(廣雅·釋詁)』에서 다스리는 것[治]이라 하였다.

'초(楚)'는 '서(胥)'와 통한다고 하면서 손이양(孫詒讓)은 다음과 같이 말하였다.

> '초(楚)'는 '서(胥)'와 통하니 모두 '疋'을 소리부로 한다.『곤학기문(困學紀聞)』에서『상서대전(尙書大傳)』을 인용하여 "옛날 10에 1일 세금으로 내는데, 이보다 많은 것을 '대걸소걸(大桀小桀)'이라 하였고, 이보다 적은 것을 '대맥소맥(大貊小貊)'이라 하였다. 왕이 옛날 10에 1일 세금으로 내게 하면 칭송을 받았다."라고 하였다. 지금『상서·다방(尙書·多方)』에서 '서부(胥賦)'를 '서백(胥伯)'이라 하였으니, 글의 뜻이 다르다.『복전(伏傳)』에서 '서부(胥賦)'의 '부(賦)' 부세라 하였으니, '서(胥)'는 당연히 '서(糈)'가 되어야 한다. 본 명문의 '소대초부(小大楚賦)'란 부세의 크고 작음을 상법으로 제정한 것이다.

(38) '문(聞)'을 오대징은 '혼(昏)'으로 읽고, "정직과 우매한 구별이 없다."

라고 하였다. 이 구절에 대하여 곽말약은 다음과 같이 말하였다.

'유(唯)'는 '유(惟)'와 통한다. 정직과 우매함이 있음이 없고, 왕의 지혜가 있는 것은 가릴 것 없이 오직 왕의 뜻만 따른다는 것이다. '雩之' 이하 몇 마디는 즉 여왕시기 정치 상황을 개괄하는 것이므로 총결하여 "이에 우리나라가 망하였다."라는 말은 사실을 가리키는 것이지 허무맹랑한 말이 아니다. 이는 기왕의 실패가 있었음으로 '역자금(歷自今)' 이하의 왕명은 모공의 동의로 말미암아 비로소 반포한 명령의 말이니 이른바 "앞일을 잊지 말고 이후의 일에 스승으로 삼아야 한다."라는 것이다.

양수달도 다음과 같이 말하였다.

이 말은 그 일이 정직함과 우매함을 따지지 않고 모두 의왕이 한 것이니, 우리가 알 바 아니다. 이와 같이 책임을 왕에게 돌리니 나라가 망함에 이르렀다. 대저 모공을 권면하여 충으로 나라를 갖추도록 하였다.

(39) '역(厤)'은 '역(歷)'으로 읽고 『설문해자』에서 지나가다[過]라 하였으니, '역자금(歷自今)'은 지금으로부터 이후라는 뜻이다.
(40) '사(舍)'는 명령을 발포하는 것으로 〈측령방이(矢令方彝)〉에서 "사방에다 명령을 발포하였다[舍四方令(命)]."라고 하였다.
(41) '총(叜)'은 어리석다는 뜻이고, 인신하여 경솔하다는 뜻으로 사용하였다.
(42) '극(亟)'은 '극(極)'으로 읽는다. 『광아·석언(廣雅·釋言)』에서 '중(中)'이라 하였으며, 인신하여 법칙이 된다는 뜻으로 사용하였다. 『시경·상송·은무(詩經·商頌·殷武)』에서 "상나라 도읍은

정연하여 천하의 본보기로다[商邑翼翼, 四方之極]."라고 하였는데, 정현의 주에서는 "상나라 도읍의 예속은 정연하여 가히 본받을 수 있어 사방의 올바름이다[商邑之禮俗, 翼翼然可則傚, 乃四方之中正也]."라고 하였다.

(43) '囗'은 '홍(弘)'과 같은 글자로 크다는 뜻이다.

(44) '추(頣)'는 『설문해자』에서 이마가 나온 것이라 하였는데, 본 명문에서는 분명히 이러한 뜻이 아니다. 『상주청동기명문선(商周靑銅器銘文選)』에서는 『한비자·팔설(韓非子·八說)』을 인용하여 "그러한즉 읍양을 행하고, 자혜로움을 높이며, 인후함을 말하였으니, 모두 수레를 밀던 시대의 정치이다[然則行揖讓, 高慈惠而道仁厚, 皆推政也]."라고 하였다. 이는 모공의 다스림은 질박하다는 것을 뜻한다.

(45) '𦘮'를 '건(建)'으로 해석하거나 '율(律)'로 해석하기도 하는데, 자형은 모두 차이가 있다.

'서(庶)'자 아래 한 글자가 잔결되어 있는데, 혹 '인(人)'이라 한다. '𧴭'에 대하여 곽말약은 '저(貯)'로 해석하고 뜻은 조세[賦]라 하였다. 이 구절에 2글자를 정확하게 해석할 수 없고, 한 글자는 잔결되어 대의가 분명하지 않다. 곽말약은 이에 대하여 "너는 서민을 막고 누끼치지 마라."라는 뜻이라 하였는데, 이는 한 사람의 말이다.

(46) '공(龔)'을 오대징은 '공(共)'으로 읽었고, '탁(橐)'은 '탁(橐)'과 통하니 '무감공탁(毋敢龔橐)'이란 백성의 재산을 고갈하여 자루에 채우지 말라는 뜻이다. 이 말은 위에서 아래를 취하여 탐하지 말라는 뜻이다.

'무(敄)'는 '모(侮)'로 읽고, 『설문해자』에서 '상(傷)'이라 하였다. 『시경·대아·증민(詩經·大雅·烝民)』에서 "불쌍한 과부를 업신여기지 말하고, 힘센 폭도를 두려워하지 말라[不侮矜寡, 不畏彊禦]."라고 하였는데, 공영달의 소에서는 "홀아비와 과부 그리고 외롭고 홀로 된 사람을 기만하고 업신여기지 말고, 세력이 강하여 착함을 막는 사람을 두려워하지 말라[不欺侮於鰥寡孤獨之人, 不畏懼於彊梁禦善之人]."라고 하였다.

이 구절의 대의는 개인의 주머니를 채우지 말아야 하니, 개인의 주머니를 채우면 홀아비와 과부들을 업신여긴다는 뜻이다.

(47) '효(效)'는 '교(敎)'로 읽는다.

'선교(善敎)'는 즉 좋은 가르침으로 아래 동료를 지도한다는 뜻이다. '우(友)'는 동료에 속하고, '정(正)'은 장관이다. 모공이 이미 집정하여 그의 직위와 서로 가까운 동료의 일과 혹 아래의 벼슬을 바르게 한다는 뜻이다.

(48) '㵲'에 대해서는 확실히 알 수 없다. 혹 '담(湛)'·'면(湎)'·'흉(洶)'이라 하고, 『상서·주고(尙書·酒誥)』에서 "감히 술에 빠지지 말라[罔敢湎于酒]."라고 하였는데, 이 구절의 대의와 가깝다.

(49) '복(服)'은 직책에서 맡아서 하여야 할 일을 말한다.

(50) '석(錫)'은 '역(易)'으로 읽고, '불역(不易)'은 전일(專一)한다는 뜻이니, 『상서·군석(尙書·君奭)』에서 "천명은 바뀌지 않는다[天命不易]."라고 하였다.

(51) '수용(帥用)'은 대략 '수형(帥型)'과 같으니, 따르다 혹은 법을 본받는다는 뜻이다. 〈목궤(牧簋)〉에서 "너는 감히 선왕이 정의 제도를 분명하게 한 것을 따르지 않음이 없도록 하여라[女毋敢弗帥先王作明井用]."라고 하였는데, 이 구절의 뜻과 서로 같다.

(52) '속(俗)'은 '욕(欲)'으로 읽고, '벽(辟)'은 임금이고, '함(圅)'은 '함(陷)'으로 읽으며, '囏'는 '간(艱)'으로 읽으니 곤경이다.

(53) '이(已)'는 감탄사이니, 『상서·대고(尚書·大誥)』에서 "아, 나는 오직 소자이니 감히 상제의 명을 바꾸지 못할 뿐이다[已, 予惟小子, 不敢替上帝命]."라고 하였다.

'경사료(卿事寮)'·'대사료(大史寮)'는 서주시기 최고 집정기관이다. '경사료(卿事寮)'는 사토(司土)·사마(司馬)·사공(司工) 삼사대부와 사방제후를 주관하고, '태사료(大史寮)'는 태사(大史)·태축(大祝)·태복(大卜)을 주관한다. 모공이 집정하여 '경사료(卿事寮)'와 '태사료(大史寮)'를 총관하였다.

'부(父)'는 모공의 부친 음(䏍)이고, '윤(尹)'은 다스리고 관할하는 것이다.

(54) '𤔲'자는 금문에서 자주 보이며, 『금문편(金文編)』에서는 부록에 넣기도 하였다. 이 글자는 송나라 이래 모두 풀지 못하고 있는데, 이전 사람은 혹 '계(繼)'·'준(駿)'·'병(幷)'·'공(共)'·'적(耤)'·'섭(攝)' 등으로 해석하였고, 문구에서는 대부분 서로 모순되어 통하기 어렵다. 고홍진(高鴻縉)은 이를 '겸(兼)'으로 해석하고 다음과 같이 말하였다.

> 이 글자는 같은 형태 2개의 사물을 손으로 집는 형상을 하고 있으며, '정(井)'을 소리로 삼고 있어 '겸(兼)'자의 초문(初文)으로 보인다. 금문의 예를 보면, '𤔲'은 항상 '사(司)'와 같이 연용하고, 또한 대부분 몇 종류의 직무를 맡고 있다. 예를 들면, 〈번생궤(番生簋)〉에서 "왕이 공족경사대사료를 맡으라고 명하셨다[王命𤔲司公族卿士大史寮]."라고 하였다.

'공족(公族)'은 공족 및 경대부 자제의 교육을 맡았다. 유우(劉雨)·장아초(張亞初)는 『서주금문관제연구(西周金文官製研究)』에서 다음과 같이 말하였다.

> 서주 금문에서 공족은 '공(公)'의 가족을 가리키고, 또한 공족을 관리하는 사람을 가리켜 말하기도 한다. 공의 가족은 왕과 혈연관계의 친근한 동성인 귀족이므로 공족을 관리하는 사람은 종종 지위가 매우 높고 뛰어나다. 서주 명문을 보면, 공족을 관리하는 사람과 '사토(司土)'·'사마(司馬)'·'사공(司工)'의 삼유사(三有司) 신분은 모두 총재에 해당하는 덕망이 높고 귀중한 사람이다.

'삼유사(三有司)'는 '사토(司土)'·'사마(司馬)'·'사공(司工)'을 말한다.

(55) '설(褻)'은 '집(執)'과 통용하니 '집사(執事)'는 좌우 근신을 말한다. 『좌전·희공(左傳·僖公)』26년에서 "신으로 하여금 집사를 대접하라고 하셨습니다[使下臣犒執事]."라고 하였다.

(56) '간오(干吾)'는 즉 '한어(捍敔)'이고, 전적에서는 '한어(扞禦)'로 썼다. 『열자·양주(列子·楊朱)』에서 "사람이란 손톱과 어금니는 지킴을 이바지하기에 부족하고, 살결과 피부는 스스로 방비하기에 부족하다[人者, 爪牙不足以供守衛, 肌膚不足以自捍禦]."라고 하였다.

(57) '賨'자는 즉 '징(徵)'자이니, '패(貝)'로 구성되고, 오로지 세금을 징수하는데 사용하는 글자이다. 『광아·석고(廣雅·釋詁)』에서 '징(徵)'은 세금이라 하였으나 이는 조세와는 다른 것 같다. 지금까지 아는 바에 의하면, 본 명문과 〈양궤(揚殷)〉·〈䚋궤(䚋殷)〉에서와 같이 소송을 하여 세금 5환(鍰)을 징수하였다. 그렇다면, 여기에 서의 '징(徵)'은 판공비와 같을 가능성이 있다.

(58) '䨸'자에 대하여 곽말약은 『양주금문사대계도록고석·어궤(兩周

金文辭大系圖錄考釋·敔篇』에서 다음과 같이 말하였다.

> '𢎐'은 '䖍(虜)'자의 고문이고, 상형글자이다. '규(圭)'와 '𢎐'의 연결 문자는 '규찬(圭瓚)'이다. 〈모공정(毛公鼎)〉에서 "'관(祼)'은 '규찬(圭𢎐)'의 보물이다."라고 하였다. '규찬(圭𢎐)'은 울창주를 따르는 데에 사용하였으므로 '관(祼)'라 말하고, 이에 귀한 사물이기 때문에 보물이라 말한다.
> 𢎐卽䖍之古文, 象形. 圭𢎐連文乃爲圭瓚也. 毛公鼎亦云, 祼圭𢎐寶, 圭𢎐乃用以灌鬯, 故言祼(祼), 乃可貴之物, 故言寶.

'찬(瓚)'은 고대에 '관(祼)'의 예를 행할 때 사용한 울창주를 따르는 용구이니, 황금으로 꼭지를 만들고 '규장(圭璋)'으로 자루를 만들었다.『주례·춘관·전서(周禮·春官·典瑞)』에서 "빈객이 이르면 술잔 제기가 있는데, 희생으로 선왕에게 제사지내고 강신제로 빈객을 대한다[祼圭有瓚, 以肆先王, 以祼賓客]."라고 하였는데, 정현의 주에서는 "한나라 예에 제기와 소반의 큰 것은 다섯 되가 들어가는데 입구의 지름은 8촌이고, 아래 소반 입구가 있는데 지름이 1척이다[漢禮, 瓚槃大五升, 口徑八寸, 下有槃口, 徑一尺]."라고 하였다.『시경·대아·강한(詩經·大雅·江漢)』에서 "그대에게 규찬과 검정 기장술 한 통 하사한다[釐爾圭瓚, 秬鬯一卣]."라고 하였는데, 〈사순궤(師詢簋)〉에서는 "너에게 검정 기장술 한 통과 규찬을 준다[賜女秬鬯一卣, 圭𢎐]."라고 하였다. 금문과 문헌을 검증하면 '𢎐'을 '찬(瓚)'으로 읽는 것은 믿을 수 있다.

(59) '총(悤)'은 '총(蔥)'으로 읽고, 혹 '총(葱)'이라 하니, 청록색이다.
'황(黃)'은 전적에서 '형(珩)'·'형(衡)'으로 썼다.『설문해자』에서 '형(珩)'은 차는 옥이라 하였고,『시경·소아·채기(詩經·小雅·

采芑)』에서 "천자께서 주신 옷 입고, 붉은 폐슬 반짝이며, 푸른 구슬 짤랑거린다[服其命服, 朱芾斯皇, 有瑲葱珩]."라고 하였으며, 『예기・옥조(禮記・玉藻)』에서 "세 번 붉은 폐슬과 푸른 구슬을 명하셨다[三命赤韍葱衡]."라고 하였다.

(60) '환(環)'에 대하여 『설문해자』에서 "'환(環)'은 둥근 옥이다. 옥과 구멍이 비슷하면 '환(環)'이라 일컫는다[環, 璧也. 肉好若一謂之環]."라고 하였다.

(61) 『옥편(玉篇)』에서 "도(琇)는 아름다운 옥이다[琇, 美玉也.]"라고 하였다.

(62) '금거(金車)'는 동으로 장식한 것이 있는 수레를 가리킨다.

(63) '奉'은 금문에서 자주 보인다. 육심원(陸心源)과 우성오(于省吾)는 '奉'을 '반(斑)'으로 읽었으니, 즉 『시경・주남・도요(詩經・周南・桃夭)』에서 "그 열매는 올망졸망 많이 달려 있다[有蕡其實]."라고 한 분(蕡)이고, 『시경・소아・어조(詩經・小雅・魚藻)』에서 "그 머리가 크다네[有頒其首]."라고 한 '반(頒)'이며, 『설문해자』에서는 분(蕡)이라 쓰고 '식(飾)'이라 하였다. 기소군(冀小軍)은 '조(雕)'로 읽었으니, 『상서・오자지가(尙書・五子之歌)』에서 "높은 집과 아로새긴 담이다[峻宇雕墻]."라고 하였는데, 공영달의 소에서는 '조(雕)'를 새겨 장식하는 것이라 하였다.

'벽(襞)'에 대하여 탕여혜(湯餘惠)는 "'멱(幦)'과 같고, 또한 '멱(羃)'이라 하며 기물의 덮개를 말한다."라고 하였다.

'교(較)'는 수레 상자 양 곁의 횡목으로 속자는 '교(較)'이다. 따라서 '조벽교(奉襞較)'는 꽃무늬 장식이 있는 수레 횡목의 덮개를 말한다.

(64) '朱虢'은 〈록백종궤(彔伯㦰簋)〉・목궤(牧簋)〉에서 '주괵(朱虢)'이

라 하였다. '괵(虢)'은 '곽(鞹)'으로 읽으니,『설문해자』에서 모피를 없앤 것이라 하였다.

'冃'은 '굉(䡅)'으로 읽으니,『설문해자』에서 "수레 앞턱 가로나무이다. '혁(革)'으로 구성되고, '홍(弘)'은 발음을 나타낸다[車軾也. 從革, 弘聲]."라고 하였다.『시경・대아・한혁(詩經・大雅・韓奕)』에서 "가죽 댄 수레 앞턱 가로나무와 얇은 덮개이다[鞹䡅淺幭]."라고 하였으니, '궁(穹)'으로 읽는다.

'굉(䡅)'과 '斬'는 〈녹백종궤개(彔伯㦰簋蓋) 주해 (7)을 참고하기 바란다.

(65) '훈(熏)'은 '훈(纁)'으로 읽으니, 분홍빛이다. 이에 대하여 곽말약은 『이아・석기(爾雅・釋器)』를 인용하여서 "한 번 물들이는 것을 '전(縓)'이라 하고, 두 번 물들이는 것을 '정(䞓)'이라 하며, 세 번 물들이는 것을 '훈(纁)'이라 한다."라고 하였다.

(66) '액(厄)'은 '액(軛)'으로 읽으니,『설문해자』에서 '액(軛)'이라 하고 끌채 앞[轅前]이라 하였다. 주준성(朱駿聲)은『설문통훈정성(說文通訓定聲)』에서 "멍에 시초의 가름대와 끌채 시초의 멍에를 모두 '액(軛)'이라 부르고, 그 아래 결한 곳을 멍에로 삼음으로 소와 말을 억제하여 다스리는 것을 일컫는다[輈耑之衡, 轅耑之槅皆名軛, 以其下缺處爲軶, 所以扼製牛馬領而稱也]."라고 하였으니, 즉 소와 말을 수레에 메울 때 멍에를 앞에서 다스리는 기구이다.

(67) '박(䡏)'은『설문해자』에서 "수레 아래를 묶는 것이다[車下索也]."라고 하였는데,『석명・석거(釋名・釋車)』에서 "'박(䡏)'은 묶는 것이니, 수레 아래에서 수레 상자와 서로 연결하여 묶는 것이다[䡏, 縛也, 在車下, 與輿相連縛也]."라고 하였다. 따라서 '화박(畫䡏)'이란 수레와 끌채를 묶는 채색회화의 가죽 띠를 말한다.

(68) '輈'은 수레 굴대 중앙에서 수레 상자와 굴대를 연결하는 차대로 자세한 설명은 〈녹백종궤개(彔伯戜簋蓋) 주해 (10)을 참고하기 바란다.

(69) '용(甬)'은 '용(箚, yǒng)'이라 읽고, 『집운(集韻)』에서 '용(箚)'은 전동[箭室]이라 하였으니, '금용(金甬)'은 금으로 장식한 전동을 말한다.

(70) '착형(造衡)'은 '착형(錯衡)'으로 문채가 있는 수레 저울대이다.
『시경·소아·채기(詩經·小雅·采芑)』에서 "가죽 굴통 무늬 멍에 수레를 타다[約軧錯衡]."라고 하였는데, 모전에서는 '착형(錯衡)'은 무늬 저울대라 하였다.

(71) '踵'의 음은 zhǒng(종)이고, 『설문해자』에서 발꿈치[跟]라 하였으며, 전적에서는 '종(踵)'으로 썼다. 『석명·석형체(釋名·釋形體)』에서 "발 뒤를 '근(跟)'이라 하고, 또한 '종(踵)'이라 일컫기도 한다[足後曰跟, 又謂之踵]."라고 하였다. 탕여혜는 '금종(金踵)'을 "수레 뒤를 지탱하는 수레 뒤턱나무의 동으로 된 부분이다."라고 하였다.

(72) '豙'는 전적에서 '의(豙)'로 썼다. '의(豙)'를 서동백(徐同柏)은 '이(柅)'로 읽었다. 『집운(集韻)』에서 '이(柅)'는 수레를 멈추게 하는 수레바퀴 나무라 하였다. 따라서 '금니(金柅)'는 동으로 만든 수레를 그치게 하는 것이니, 즉 '거갑(車閘)'이다.

(73) '豹'자를 장아초는 '약(約)'으로 읽었고 뜻은 묶는 것이다.
'䚅'자는 모르겠으나 시라카와 시즈카[白川靜]는 "만약 '약(約)'자에 약속의 뜻이 있다면, 혹 『시경』에서 말한 '가죽 굴통 무늬 멍에 수레를 타다[約軧錯衡].'라고 한 '약저(約軧)'가 아니겠는가?"라고 하였는데, 일리가 있는 말이다. 상고음에서 경부선뉴(耕部禪紐)로 이루어졌고, 저(軧)의 음은 qí(기)로 지부군뉴(支部群紐)이며, 지

(支)와 경(耕)은 음양대전(陰陽對轉)이니 독음이 접근한다. 『설문해자』에서 "'저(軧)'는 긴 수레바퀴의 감속 막대이니, 붉은 것으로 이를 묶었다[軧, 長轂之軧也, 以朱約之]."라고 하였는데, 서호의 주에서 "수레바퀴 위에 바퀴살통을 설치하고 앞뒤는 모두 가죽으로 묶었고, 붉은 장식을 '저(軧)'라 한다. '저(軧)'는 혹 '제(軧)'라 하니 가죽을 가리켜 말한 것이다[轂上置輻, 前後皆以革約, 而朱飾之謂之軧. 軧或作軧, 指革而言也]."라고 하였다.

(74) '簟'은 '점(簟)'과 같고 음은 diàn(점)이며 대자리이다.
'茀'은 또한 '불(笰)'·'불(茀)'·'폐(蔽)'로 썼다. 『시경·대아·한혁(詩經·大雅·韓奕)』에서 "대자리 덮개와 물개 가죽 전대[簟茀魚服]."라고 하였는데, 정현의 주에서는 "'점불(簟茀)'은 대자리를 칠하여 수레 덮개를 만든 것이니, 지금의 수레 휘장이다[簟茀, 漆簟以爲車蔽, 今之藩也]."라고 하였다.

(75) '葡'와 '복(箙)'은 옛날과 지금의 글자이고, 『설문해자』에서 '복(箙)'은 화살을 넣은 통이라 하였으며, '복(箙)'은 전적에서 혹 '복(服)'으로 쓰기도 하였다. 『시경·소아·채기(詩經·小雅·采芑)』에서 "대자리 덮개와 물개 가죽 전대[簟茀魚服]."라고 하였다.
'어복(魚箙)'은 물고기 껍질로 만든 화살주머니이다.

(76) '金㪍'을 손이양(孫詒讓)은 '금렵(金鬣)'이라 하고, '만(叐)'으로 해석하였다. '만(叐)'의 음은 mǎn(만)이고, 『설문해자』에서 뇌의 덮개[㐁蓋]라 하였으며, 단옥재의 주에서 다음과 같이 말하였다.

> 사마표(司馬彪)는 『여복지(輿服志)』에서 "수레에 금 덮개를 한 것을 탔다[乘輿金叐]."라고 하였는데, 유소(劉昭)의 주에서는 채옹의 『독단(獨斷)』을 인용하여 "'금만(金叐)'라는 것은 말의 관으로

높이와 너비는 각각 5촌이고, 위는 마치 다섯 꽃 형태와 같으며 말 다팔머리 앞에 있다. '뇌개(甾蓋)'는 사람의 정수리이다[金者, 馬冠也, 高廣各五寸, 上如五華形, 在馬髦前. 甾蓋, 人囟也]."라고 하였다.

'금만(金㚇)'은 말머리 위의 장식품이다. 상고음으로 '만(㚇)'은 담부명뉴(談部明紐)이고, '렵(巤)'은 합부래뉴(盍部來紐)이며, 대개 양입대전(陽入對轉)을 말하니, 음이 매우 접근하고 있다.

(77) 弅'은 마치 양손으로 사물을 바치는 형상이고, '짐(朕)'을 생략한 문장이다.『이아·석고(爾雅·釋詁)』에서 '짐(朕)'은 '여(予)'라 하였는데, 곽박의 주에서는 모두 하사하여 주는 것이라 하였다. 이 4글자는 위 글을 총괄하여 너에게 이러한 예물 품목을 상으로 하사한다는 뜻이다.

(78) '세(歲)'는 해마다 지내는 제사로 출토 문자 및 전적에 많이 보인다.『묵자·명귀(墨子·明鬼)』에서 "조부를 부친처럼 제사 지내어 해를 끌어 장수하다[歲于祖若考, 以延年壽]."라고 하였다.

'정(政)'은 '정(征)'으로 읽으니, 정벌이다. "나라의 큰일은 제사와 전쟁에 있다[國之大事, 在祀與戎]."(『左傳·成公』13년)라는 것처럼 명문에서 물품을 모공에게 하사하고 제사와 정벌에 쓰라 하였다.

단대(斷代)

오기창(吳其昌)과 동작빈(董作賓)은 성왕시기 기물이라 판단하였지만, 너무 이른 감이 있다. 곽말약은『모공정의 연대[毛公鼎之年代]』에서 선왕시기의 것이라 정하고, 그 이유를 다음과 같이 말하였다.

첫째, 기물의 꽃무늬와 매달린 장식이 〈모공정(毛公鼎)〉과 같은 틀을 하고 있는 것으로 보아 서로의 거리가 멀지 않음을 알 수 있다. 둘째, 글의 포치가 〈문후지명(文侯之命)〉과 같은 것으로 보아 공왕·의왕 이전의 것이 아님을 알 수 있다. 셋째, 글의 시대 배경이 주나라 초와 이미 멀다. 문왕·무왕의 신하를 '선정(先正)'이라 일컬었고, 사방에서 크게 난리가 났던 때에 처해 있었으며, 또한 신(新)에 망국의 화가 있던 것으로 보면, 선왕에 속하지 않고 반드시 평왕에 속한 것임을 알 수 있다. 넷째, 기물이 관중에서 출토되었으니 선왕·유왕 이후에 얻은 것이 아니고, 평왕과도 합하지 않는다. 다섯째, 당시 왕은 영매하고 떨쳐 일어남이 있었다고 하니, 반란과 반정의 뜻이 있었다는 것이다. 이는 선왕의 중흥하려는 기상과 서로 부합된다.

이러한 이유는 충분한 것으로 학자들은 대부분 이를 따른다.

61

柞鐘

1960년에 부풍현(扶風縣) 제가촌(齊家村) 청동기 교장에서 출토되었다. 모두 8개이나 여기에서는 네 번째 것을 취하였다. 현재 섬서역사박물관(陝西歷史博物館)에서 소장하고 있다. 징(鉦)과 왼쪽 고(鼓) 부분에 명문 6행 45자가 있다.

저록(著錄)

『문물(文物)』1961년 7기, 『섬이(陝二)』159, 『은주금문집성(殷周金文集成)』1·136

석문(釋文)

隹(唯)王三年四月初吉甲寅[(1)], 仲大師右柞[(2)], 柞易(賜)載, 朱黃(珩)、 綟(鑾)[(3)], 嗣(司)五邑甸人事[(4)]。柞拜手對揚仲大師休, 用乍(作)大鑠(林)鐘[(5)], 其子子孫孫永寶。

탁본(拓本)

모본(摹本)

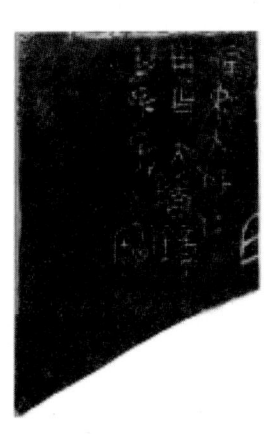

번역(翻譯)

왕 3년 4월 초길 갑인일에 중태사(仲太師)는 작(柞)의 책명을 도왔다. 작(柞)은 검은색 예복, 붉은 노리개, 수레의 말고삐에 다는 방울을 하사받고, 오읍 전인(甸人)의 직책을 맡았다. 작(柞)은 손을 모아 절하며 중태사(仲太師)의 아름다움을 보답하고 찬양하노라. 큰 임종(林鐘)을 만드니, 자자손손 영원히 보배롭게 여길지어다.

주해(注解)

(1) 본 기물의 형제는 〈호종(猷鐘)〉과 비슷하며, 서주말기의 기물이다. 『상주청동기명문선(商周青銅器銘文選)』에서 '삼년(三年)'이 유왕(幽王) 3년(기원전 779)이며, 이 해 4월 신해(辛亥)일은 초하루[朔]이기에 (『중국선진사역표(中國先秦史曆表)』에 의하면, 신해(辛亥)일 5월 초하루로 한 달의 오차가 있다. 〈오호정(吳虎鼎)〉 주해 (1)을 참고하기 바란다.
'갑인(甲寅)'일은 초사일이 된다.

(2) '태사(大師)'는 군대의 사령관[統帥]으로 서주시기 지위가 매우 높았다. 『시경・소아・절남산(詩經・小雅・節南山)』에서 "윤씨 태사는 주나라의 근본이로다. 나라를 고루 다스림을 맡으니, 사방을 이에 유지하도다[尹氏大師, 維周之氐. 秉國之均, 四方是維]."라고 하였다. 동주시기에 '태사(大師)'는 모두 '악관(樂官)'을 가리켜서 서주시기와는 차이가 있다. 〈백공보궤(伯公父簋)〉・〈백극호(伯克壺)〉에는 모두 '백태사(伯大師)'가 나오는데, 본 명문에서는 '중태사(仲大師)'가 나오니, 이로써 '태사(大師)'에 '백(伯)'과 '중(仲)'의 구별이 있음을 알 수 있다. 장아초는 '태사(大師)'가 2사람이 있다고 보았으니, 정과 부의 구별이 있는 것이다.

(3) '재(載)'는 〈순궤(詢簋)〉의 주해 (7)를 참고하기 바란다.
(4) '전인(甸人)'은 대략 『주례・천관(周禮・天官)』의 전사(甸師)에 해당한다. "전사(甸師)은 그 속관(屬官)들을 거느려서 왕자(王藉)를 경작하여 때에 맞게 들이며, 자성(齋盛)을 공납한다[甸師掌帥其屬而耕耨王藉, 以時入之, 以共齋盛]."라고 하였다. 『좌전・성공(左傳・成公)』10년에서 "진후가 새 보리를 먹고 싶어 하여 전인(甸人)에게 보리를 바치게 하였다[晉侯欲麥, 使甸人獻麥]."라고 하였는데, 두예의 주에서는 "전인(甸人)은 주로 공전을 다스리는 사람이다[主爲公田也]."라고 하였다.

'오읍(五邑)'은 일종의 등급이다. 금문에서는 '오읍주마(五邑走馬)'・'오읍축(五邑祝)'이라는 말도 보인다. '오읍(五邑)'이 일반적인 명칭인지, 아니면 특정한 5개의 구체적 읍을 가리키는 것인지 확실하지 않다.

(5) '鑅'은 전래문헌에서는 '임(林)'으로 쓴다. 12악률의 하나이다. 『예기・월령(禮記・月令)』에서 "그 음은 치(徵)에 해당하며, 악률은 임종(林鍾)이다[其音徵, 律中林鍾]."라고 하였다.

62

秦公及王姬鎛

1978년 섬서성 보계현(寶鷄縣) 태공묘촌(太公廟村)에서 박(鎛) 3개, 종 5개가 출토되어 현재 보계청동기박물관(寶鷄靑銅器博物館)에서 소장하고 있다. 명문은 26행 135자가 있다. 〈진공박(秦公鎛)〉이라고도 한다. 송나라 사람의 『고고도(考古圖)』 저록에 실려 있는 또 다른 〈진공박(秦公鎛)〉과 구별하기 위하여 여기에서는 〈진공급왕희박(秦公及王姬鎛)〉이라 하였다.

저록(著錄)
『문물(文物)』1978년 11기, 『은주금문집성(殷周金文集成)』1·267

탁본(拓本)

모본(摹本)

석문(釋文)

秦公曰: "我先且(祖)受天命商(賞)宅受或(國)[1], 剌(烈)剌(烈)卲(紹)文公、靜公、獻公不豖(隆)于上[2], 卲(昭)合(答)皇天[3], 以虩事䜌(蠻)方[4]." 公及王姬曰[5]: "余小子, 余夙夕虔敬朕祀, 以受多福, 克明又〈氒, 厥〉心[6]. 嚻龢冑士, 咸畜左右[7], 趩(藹)趩(藹)允義[8], 翼受明德[9], 以康奠協朕或(國)[10]. 盜百䜌(蠻)[11], 具卽其服[12]. 乍(作)氒(厥)龢鐘, 霝(靈)音鍴鍴雍雍[13], 以匽(宴)皇公[14], 以受大福, 屯(純)魯多釐[15], 大壽萬年." 秦公嬰(其)眈(畯)龢(令)才(在)立(位)[16], 雁(膺)受大令(命), 釁(眉)壽無彊(疆), 匍有四方[17], 嬰(其)康寶.

번역(飜譯)

진공(秦公)께서 말씀하시었다.

"나의 선조가 천명을 받으셔 상으로 집을 받으시고, 나라를 받으셨도다. 공업과 덕행이 빛나고 영광된 문공·정공·헌공이 이으시어 위에서 천명을 상실하지 않으시고, 황천(皇天)에 환히 답하여서 두렵게 서융을 대하셨도다."

무공과 왕희(王姬)께서 말씀하시었다.

"나 소자는 아침저녁으로 짐의 제사를 공경하여서 많은 복을 받고, 그 마음을 밝혔도다. 세습한 관료들이 화합하여 모두 신변에서 봉양하고, 훌륭한 신하들의 정성과 믿음이 마땅하며, 공경하여 광휘가 찬란한 덕행을 받아서 짐의 나라를 안정시키는 데에 협조하였도다. 소인인 주위 부족 방국들이 모두 복종하였도다. 화종(龢鐘)을 만드니, 영활한 음이 엄숙하고 온화하여서 위대한 선공을 즐겁게 하여 큰 복을 받고, 큰 복이 집안에 많아 크게 만년토록 장수할지어다."

진공(秦公)은 오랫동안 잘 왕위에 있어 천명을 받고 만수무강하며 사방을 보우하길 희망하며 평안하게 보물로 여길지어다.

주해(注解)

(1) 왕휘(王輝)는 『진기명문총고·선조수천명(秦器銘文叢考·先祖受天命)』에서 다음과 같이 말하였다.

> 본 명문에서 선조가 이미 천명을 받고 또한 '상택수국(賞宅受國)'이라 하였으니, 즉 주나라 왕이 준 토지를 접수한 것이지 양공에 속한 것이 아님을 알 수 있다. '선조(先祖)' 이하 '문공(文公)'까지 연결된 것 또한 진나라의 세계(世系)와 서로 합한다. 장공(莊公)

이 비록 주 선왕이 준 것을 접수하였으나 여전히 '서수대부(書垂大夫)'이지 제후가 아니어서 결코 나라를 받은 것이 아니다. 양공은 주 평왕에게 제후에 봉해져서 비로소 나라라 하였고 제후와 더불어 사신을 초빙하는 예를 행하였다. 뿐만 아니라 기산 서쪽의 땅을 하사받아 나라를 연 선조이다.

이령(李零)은 '상택(賞宅)'과 '수국(受國)'이 모두 피동형이니, 즉 상으로 집을 받았고, 나라를 받았다고 하였으며, 여기서 '택(宅)'과 '국(國)'은 동의어라 하였다.

(2) '열열(烈烈)'은 공업과 덕행이 빛나고 영광된 것을 형용한 말이다. 『한서·위현전(漢書·韋賢傳)』에서 "밝고 밝으신 천자의 뛰어난 덕이 대단하시다[明明天子, 俊德烈烈]."라고 하였다.

'문공(文公)'은 양공(襄公)의 아들로 50년간 재위하였고, '정공(靜公)'은 문공(文公)의 태자로 일찍 죽어 정공(靜公)이란 시호를 내렸다(『史記·秦本紀』에서는 정공(竫公)으로 썼다.).

'헌공(獻公)'은 정공(靜公)의 장자로 문공(文公)을 이어 즉위하여 12년간 재위하였다.

'불추(不墜)'는 상실하지 않았다는 뜻이니, 문공·정공·헌공이 재위하여 천명을 상실하지 않았음을 뜻한다.

(3) '소(卲)'는 '소(昭)'로 읽고, 합('合')은 '답(答)'으로 읽는다. 『좌전·선공(左傳·宣公)』2년에서 "이미 답하고 와서 노나라로 도망쳤다[既合而來奔]."라고 하였는데, 두예의 주에서는 '합(合)'을 답하는 것이라 하였다.

(4) '혁(虩)'의 음은 xi(혁)이고, 『설문해자』에서 두려워하는 것이라 하였다. 『주역』에서 "벼락이 쳐서 놀란 뒤에 웃음소리가 깔깔거릴 것이니 길하다[震來虩虩, 後, 笑言啞啞, 吉]."라고 하였는데, 왕필

의 주에서는 '혁혁(虩虩)'을 두려워하는 모양이라 하였다.

'만방(蠻方)'은 본래 서방의 방국을 가리키나 여기에서는 서융(西戎)을 가리킨다. 최근 대부분 사람들은 '만(蠻)'·'이(夷)'·'융(戎)'·'적(狄)'을 모두 중화민족 이외의 소수민족으로 여기고 방위도 분별하지 않는다. 진나라는 춘추초기에 나라를 세우고 얼마 되지 않아 주변에 '융(戎)'·'만(蠻)'에 둘러싸였기 때문에 조심스럽게 서융의 관계를 처리하였는데, 이는 진나라의 존재 여부와 발전의 관건이었다.

(5) '공(公)'은 진(秦) 무공(武公)이고, '왕희(王姬)'는 주나라 왕의 딸이며, 무공의 모친이다. 진(秦) 헌공(憲公)에 세 아들이 있었다. 헌공이 죽자 불기(弗忌) 등 세 아들이 태자에서 폐위되었고, 출자(出子)가 왕이 되었다가 6년 뒤에 복위되었음으로 태자 무공(武公)이라 한다. 헌공은 10세에 즉위하여 12년간 재위하다 죽으니 겨우 22세였다. 당시 출자는 5세이니, 헌공보다 17살이 적었기 때문에 무공은 많아야 2살이 더 많았다. 출자는 10세에 피살되었으니 당시 무공은 많아야 12살이었음으로 그의 모친인 왕희(王姬)가 수렴청정한 것은 매우 자연스러운 일이다. 왕희와 공을 나란히 열거한 것을 보면, 어떤 실권이 있었던 것 같다. 본 명문에서 진공이 무공이 있음을 "모든 오랑캐들이 복종하였다."라고 하였으니, 출자에 해당하는 것은 아닐 것이다. 무공이 출자 이후 즉위함에 이르러 출자를 언급하지 않은 것은 아마도 무공이 출자의 형이어서 형이 동생을 선공(先公)이라 하지 않기 때문이다.

(6) '우(又, ㋡)'와 '궐(氒, ㋢)'은 형태가 가까워 잘못 변형되었다.

(7) '여(嫠)'를 『설문해자』에서 "'여(嫠)'는 어그러짐을 돕는 것이다. 발음은 '여(戾)'와 같다[嫠, 弼戾也. 讀若戾]."라고 하였다. 『한서·장

이진여전찬(漢書・張耳陳餘傳贊)』에서 "뒤에서 서로 등지는 것이 여(螫)이다[後相背之螫也]."라고 하였는데, 안사고(顔師古)의 주에서는 "'여(螫)'는 옛날 '여(戾)'자이다[螫, 古戾字]."라고 하였다. 『이아・석고하(爾雅・釋詁下)』에서 "'여(戾)'는 이르는 것이다[戾, 至也]."라고 하였다.

'화(龢)'는 '화(和)'자의 옛글자이다. 당란은 '여화(戾和)'가 곧 '치화(致和)'라 하였다. 『상서・군석(尙書・君奭)』에서 "오직 문왕만이 화합을 닦는 것을 숭상하여서 나에게 주나라가 있었다[唯文王尙克修和我有夏]."라고 하였다. 여기서 '수화(修和)'와 '치화(致和)'의 의미는 서로 같다. 또한 『이아・석고하(爾雅・釋詁下)』에서 "'여(戾)'는 정하는 것이다[戾, 定也]."라고 하였는데, 『광아・석고(廣雅・釋詁)』에서 "'여(戾)'는 잘한다[戾, 善也]."라고 하였으니, 혹 '여화(戾和)'는 '선화(善和)'・'정화(定和)'와도 통한다고 하겠다. 처음 다스림에서 화합이 이루어지기 시작하여 정사의 조화에 이르렀다는 말이다.

'윤사(胤士)'는 부자가 세습한 관직으로 『설문해자』에서 '윤(胤)'은 자손이 서로 이어 계속하는 것이라 하였다.

'함(咸)'은 모두이고, '축(畜)'은 봉양하는 것이며, '좌우(左右)'는 신변이라는 뜻이다.

(8) '趡趡'를 손이양은 '趨趨'라고 하였는데, 『설문해자』에서 '趡'는 노하여 달리는 것이라 하였다. 이 글자는 또한 〈진공궤(秦公簋)〉에도 보이는데, 우성오는 '애애(譪譪)'로 읽었다. 『설문해자』에서 '애(譪)'는 신하가 힘을 다하는 아름다움이라 하였고, 『시경・대아・권아(詩經・大雅・卷阿)』에서 "여러 임금과 훌륭한 신하들이 모였다[譪譪王多吉士]."라고 하였는데, 곽박의 주에서는 모든 현사

들의 성대함이 이르렀다고 하였다.

'윤(允)'은 정성과 믿음이고, '의(義)'는 마땅하다는 뜻이다.

(9) '익(翼)'에 대하여 『시경·소아·유월(詩經·小雅·六月)』에서 "위엄이 있고 공경함이 있으며, 군무를 받들다[有嚴有翼, 共武之服].”라고 하였는데, 모전에서는 '익(翼)'을 공경하다고 하였다.

'명덕(明德)'은 광휘가 찬란한 덕행이다.

(10) '강전(康奠)'은 안정이라는 뜻이다.

(11) 『설문해자』에서 '연(次)'자를 주문으로 '㳄'으로 썼다. '도(盜)'자를 '盗'로 쓴 것은 진나라 문자의 특징이다. 『시경·소아·교언(詩經·小雅·巧言)』에서 "군자는 소인을 믿는다[君子信盜].”라고 하였는데, 정현의 주에서는 '도(盜)'를 소인이라 하였다. 따라서 '도백만(盜百蠻)'이란 주위 부족 방국에 대하여 모욕성을 띤 호칭이다.

(12) '구(具)'는 모두이고, '즉(即)'은 나아가는 것으로 인신하여 봉행이란 뜻이 되었다.

'복(服)'은 직책의 일이나 인신하여 복종이라는 뜻이 되었다. 『주례·하관·직방씨(周禮·夏官·職方氏)』에서 "그 외 사방 500리가 주나라에 복종한다고 하였다[其外方五百里曰侯服].”라고 하였는데, 정현의 주에서는 '복(服)'을 천자에게 복종하는 것이라 하였다.

(13) '령(霝)'은 령(靈)으로 읽으니 아름답고 좋은 것이며, '단단옹옹(鍴鍴雍雍)'은 〈호종(鈇鐘)〉 주(12)를 참고하기 바란다.

(14) '언(匽)'은 '연(宴)'으로 읽고 전적에서는 '연(燕)'으로 썼는데, 즐거운 것이다. 『좌전·성공(左傳·成公)』2년에서 "형보가 몇 해의 즐겁지 못한 생활을 참지 못하였다[衡父不忍數年之不宴].”라고 하였는데, 두예의 주에서는 '연(宴)'을 즐거운 것이라 하였다.

'황공(皇公)'은 위대한 선공을 말한다.

(15) '둔노(屯魯)'는 전적에서 '순하(純嘏)'로 썼으니, 큰 복을 가리킨다. 『시경·노송·민궁(詩經·魯頌·閟宮)』에서 "하늘이 임금에게 큰 복을 내리시도다[天錫公純嘏]."라고 하였는데, 정현의 주에서는 '순(純)'을 큰 것이고, 복을 받는 것을 '하(嘏)'라 한다고 하였다. '이(釐)'의 음은 xī(이)이고 『설문해자』에서 집안의 복이라 하였다.

(16) '嬰'은 즉 '기(其)'로 어기조사이고, 희망을 표시한다.

'윤(旽)'은 '준(畯)'으로 읽으니 길다는 뜻이다.

'黎'은 '영(令)'으로 읽으니, '잘한다' 또는 '좋다'라는 뜻이다.

(17) '포유사방(匍有四方)'에 대하여서는 〈대우정(大盂鼎)〉 주해 (6)을 참고하기 바란다.

63

子犯鐘

대북고궁박물원에서 근년에 소장한 것이 모두 12개 있다. 이 중에서 8개의 크기는 일정하지 않고, 높이와 무게는 차례대로이다. 나머지 4개는 8개의 것과 중복된다. 첫 번째의 것에서 네 번째의 것에는 각각 징 사이에 22자씩 주조되었고, 다섯 번째에는 12자, 여섯 번째에서 여덟 번째에는 각각 10씩 주조되었으며, 또한 중문(重文)이 2글자 있어 모두 132자이다.

저록(著錄)
『고궁문물월간(故宮文物月刊)』13권 1기(1995년 4월)

탁본(拓本) 모본(摹本)

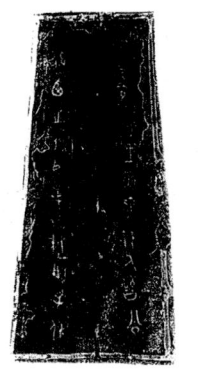

탁본(拓本) 모본(摹本)

탁본(拓本)   모본(摹本)

탁본(拓本)   모본(摹本)

석문(釋文)

隹(唯)王五月初吉丁未[1], 子䣄(犯)宥(佑)晉公左右[2], 來復其邦[3]。者(諸)楚荊(第一鐘) 不聖(聽)令(命)于王所[4], 子䣄(犯)及晉公達(率)西之六自(師), 博(搏)伐楚荊[5], 孔休。(第三鐘) 大上楚荊, 喪氒(厥)自(師), 滅氒(厥)瓜(孤)[6]。子䣄(犯)宥(佑)晉公左右, 燮者(諸)侯[7], 卑(俾)潮(朝)(第二鐘)王[8], 克奠王立(位)[9]。王易(賜)子䣄(犯)輅車、四馬、衣常(裳)、帶、巿、佩[10]。者(諸)侯羞元(第四鐘) 金于子䣄(犯)之所[11], 用爲龢鐘九堵[12]。(第五鐘) 孔嘉(淑)虘(且)碩[13], 乃龢虘(且)鳴[14]。用匽(宴)(第六鐘) 用寧[15], 用享用孝。用旂(祈)釁(眉)壽, (第七鐘) 萬年無彊(疆)。子子孫孫, 永寶用樂。(第八鐘)

번역(飜譯)

왕 5월 초길 정미일에 자범(子犯)이 진 문공의 신변을 도와 그 나라에 돌아오도록 하였다. 초나라와 동맹국이 왕이 있는 곳에서 명을 듣지 않아 자범(子犯) 및 진 문공이 서육사(西六師)를 거느려 초나라를 쳐서 크게 그만두게 하였다. 크게 초나라를 압도하여 그 군사를 상하게 하고 자옥을 멸하였다. 자범(子犯)은 진 문공 신변을 도와 제후를 화목하게 하고, 왕을 조회하도록 하였으며, 왕위를 안정시켰다. 왕은 자범(子犯)에게 큰 수레, 말 4필, 의상, 띠, 폐슬, 노리개를 하사하셨도다. 제후가 좋은 동을 자범(子犯)이 있는 곳에 바쳐 종 9도를 만든다. 좋고 커서 화평하게 울릴 수 있다. 즐겨 쓰고 평안히 사용하며, 제사에 쓰고 효도에 쓰리라. 장수를 빌며 만년토록 만수무강할지니라. 자자손손 영원히 보배롭게 여겨 즐겁게 사용할지어다.

주해(注解)

(1) 장광원(張光遠)은 본 명문의 내용이 진과 초나라의 '성복지전(城濮之戰)'과 조금 뒤의 '천토회맹(踐土會盟)'과 관계가 있다고 하였다. 이 일은 진(晉) 문공(文公) 5년, 주(周) 양왕(襄王) 20년, 노(魯) 희공(僖公) 28년인 기원전 632년 일이다. 이 해의 역산(曆算)은 각자 조금씩 차이가 있다. 『중국선진사역표(中國先秦史曆表)』에서 5월 병신삭이라 정한 것을 양백준(楊伯峻)은 왕도(王韜)의 말에 따라 무술삭이라 추정하였고, 구석규(裘錫圭)는 동작빈(董作賓)의 설을 인용하여 왕도의 설이 맞는다고 하였다.

'정미(丁未)'는 초10일이고, 황성장(黃盛璋)은 '초길(初吉)'을 길일의 처음이니, 초10일도 초길이라 할 수 있다고 하였다.

(2) '범(軓)'은 『설문해자』에서 '범(軓)'이라 하였으니, 즉 '범(範)'의 정자이다. 정진(鄭珍)은 『윤여사전(輪輿私箋)』에서 "그 글자는 즉 '범(範)'의 정자이다. 옛날에 '범(軓)'·'범(軋)'·'범(范)'으로 쓴 것을 빌려 '범(範)'으로 썼다[其字卽法範正字. 古作軓軋范, 借作範]."라고 하였다. '자범(子軓)'을 『좌전』에서 '자범(子犯)'으로 썼으니, 진나라 호언(狐偃)의 자(字)이다. '자범(子犯)'은 진 문공 중이(重耳)의 외숙부로 또한 '구범(舅犯)'이라고도 한다. 진 문공이 공자였을 때 밖에서 19년간 그와 그의 형 호모(豪毛)가 쫓아다녔다. 문공이 패왕을 다툴 때 호언(狐偃)은 좌우에서 보좌한 공이 제일이었다.

'宥'은 '우(佑)'로 읽으니, 보좌하는 것이고, '진공(晉公)'은 진 문공 '중이(重耳)'를 말한다.

(3) 『이아·석언(爾雅·釋言)』에서 '복(復)'은 돌아오는 것이라 하였다. 이 구절은 지난 일을 술회하며 진 문공이 밖에서 망명생활 19년 뒤에 조국에 돌아온 것을 기록한 것이다.

(4) '제형초(諸荊楚)'는 초나라와 그 동맹국을 말한다. 진문공 원년(魯僖公 14년, 周襄王 16년, 기원전 636) 겨울 주(周) 양왕(襄王)의 동생 왕자 대(帶)가 반란을 일으키자 왕은 정나라 땅 범(氾)에서 나와 진(秦)·진(晉)에게 구원을 청하였다. 다음해 봄 진 문공이 출병하여 4월에 왕을 도와 왕성에 들어가 왕위를 회복시켜 주었다. 당시 초나라는 진(陳)·채(蔡)·정(鄭)·허(許)나라와 결맹하였고, 진나라는 송(宋)·제(齊)·진(秦)나라와 결맹하여 패권을 다투었으며, 5년에 '성복지전(城濮之戰)'이 있었다.

이 구절은 진나라 사람이 초나라를 친 이유, 즉 초나라 사람이 왕명을 듣지 않은 것을 기술하였다.

(5) '서육사(西六師)'는 본래 서주시기 호경에 주둔하고 있던 부대를 가리킨다. 천자의 군대를 '육사(六師)'라 일컫는데, 본 명문에서는 진나라와 그의 동맹국 군대를 가리키니, 동맹군을 명의상 천자의 군대라 할 수 있다. 제후에는 본래 '삼군(三軍)'이 있는데, 진 문공이 또한 '좌(左)'·'중(中)'·'우(右)'의 '삼행(三行)'을 더하였기 때문에 실로 '육군(六軍)'과 같다.

'박(博)'은 '박(搏)'으로 읽는다.

(6) '상(上)'은 '상(尙)'과 통하니, 이학근(李學勤)은 이 구절을 현대어로 말하면, 적을 압도하였다는 뜻이라 하였다.

'상궐사(喪厥師)'의 주어는 진(晉)나라로 진(晉)나라가 초(楚)나라의 군대를 상실하게 하였다는 말이다.

'과(瓜)'에 대하여 구석규는 '고(孤)'로 읽고 왕인지(王引之)의 『경의술문(經義述聞)』을 인용하여 "대개 육경에서 국정을 잡은 자의 지위가 독존임으로 '고(孤)'라 일컫는다. '고(孤)'라는 것은 홀로라는 뜻으로 대국의 '경(卿)'에 비유한 말이다."라고 하였다. '고(孤)'는 초나라 군사를 통솔하는 '자옥(子玉)'을 가리킨다. '성복지전(城

濮之戰)' 이후 자옥은 패하여 자살하였다.

(7) 섭(燮)'에 대하여 『설문해자』에서 '화(和)'라 하였다.

(8) '비(卑)'는 '비(俾)'로 읽으니 '하여금'이란 뜻이고, '조왕(朝王)'은 '성복지전(城濮之戰)' 이후 진 문공이 초나라 포로를 왕에게 바치자 왕은 예를 행하고, 책명으로 후백(侯伯)에 임명하였다. 희공 28년 임신일에 진 문공은 왕이 계신 곳에서 조회를 하였다.

(9) 『상서·우공(尙書·禹貢)』에서 "높은 산과 큰 강을 안정시켰다[奠高山大川]."라고 하였는데 공안국의 전(傳)에서는 '전(奠)'을 '정(定)'이라 하였다. 따라서 '정왕위(定王位)'는 진 문공이 주 양왕을 도와 왕위를 회복한 일을 가리킨다. 『좌전·희공(左傳·僖公)』 28년에서 '천토회맹(踐土會盟)' 때를 기록하며, "왕자 호가 요청하여 말하길 모두 왕실을 돕는 것이니 서로 해됨이 없도록 하여라[王子虎)要言曰, 皆獎王室, 無相害也]."라고 하였다.

(10) '로(輅)'의 음은 lù(로)이고 전적에서는 '노(路)'로 썼으며, 『옥편(玉篇)』에서 이는 큰 수레라 하였다. 『논어·위령공(論語·衛靈公)』에서 "은나라의 수레를 타다[乘殷之輅]."라고 하였는데, 하안은 『집해』에서 마융의 말을 인용하여 "은나라 수레를 대로(大輅)라 한다[殷車曰大輅]."라고 하였으며, 육덕명(陸德明)은 『석문(釋文)』에서 '노(輅)'는 또한 '노(路)'로 쓴다고도 하였다.

'대(帶)'자를 구석규(裘錫圭)가 해석한 바로는 『설문해자』에서 "'대(帶)'는 '신(紳)'이라 하니, 남자는 말의 뱃대끈을 띠로 하고, 여자는 실을 띠로 하니 노리개를 찬 형태와 같다. '패(佩)'는 반드시 '건(巾)'이 있어야 하니 '건(巾)'으로 구성된다[佩, 紳也. 男子鞶帶, 婦人帶絲, 象繫佩之形. 佩必有巾, 從巾]."라고 한 것이다. 장광원과 이학근은 '보(黼)'라 하였다.

'패(佩)'는 『설문해자』에서 크게 노리개를 차는 것이라 하였으니, 의대에 매는 장식품을 가리킨다.

(11) '수(羞)'는 바치는 것이고, '원금(元金)'은 좋은 동을 말한다.

(12) 『주례・춘관・소서(周禮・春官・小胥)』에서 "무릇 종과 경쇠를 매다는데 반이 '도(堵)'이고, 전부가 '사(肆)'이다[凡縣(懸)鐘磬, 半爲堵, 全爲肆]."라고 하였는데, 정현의 주에서는 "종 1도(堵)와 경쇠 1도(堵)를 '사(肆)'라 일컫는다[鐘一堵磬一堵謂之肆]."라고 하였다. 『좌전・양공(左傳・襄公)』11년에서 "종 2열 및 그 종・경쇠를 노래에 연주하였다[歌鐘二肆, 及其鎛磬]."라고 하였는데, 두예의 주에서는 "'사(肆)'는 나열하는 것이다. 종 16개를 매단 것이 1사(肆)이고, 2사(肆)는 32개이다[肆, 列也. 縣(懸)鐘十六爲一肆, 二肆三十二枚]."라고 하였다. 두예의 말에 의하면, 종 8개를 '도(堵)'라 하고, 경 8개 또한 '도(堵)'라 한다고 하였는데, 자범종(子犯鐘) 8개를 도(堵)라 일컫는 것은 두예의 설과 서로 합한다. 그러나 어떤 학자는 출토된 종과 경의 상황을 보면 '사(肆)'와 '도(堵)'가 모두 일정한 수가 없다고 하였으니, 두예의 설은 한나라 상황을 말한다.

(13) '𠁁'은 '숙(淑)'으로 읽으니, 『이아・석고(爾雅・釋詁)』에서 '선(善)'이라 하였다.

'석(碩)'은 『설문해자』에서 머리가 큰 것이라고 하였는데, 단옥재(段玉裁)는 『설문해자주(說文解字注)』에서 인신하여 무릇 큰 것을 일컫는 말이라 하였다.

(14) '내화차명(乃龢且鳴)'은 종이 아름답고 커서 화평하게 울릴 수 있다는 말이다.

(15) '영(寧)'은 안녕이다. 이 종으로 빈객을 즐겁게 하여 편안하도록 한다는 뜻이다.

64

邵鸄鐘

청나라 동치(1862 - 1874) 초년에 산서성 하현(河縣) 후토사(后土祠) 옆의 강가에서 출토되었는데, 모두 13점이다. 현재 6점(일설에는 11점)이 상해박물관에 소장되어 있고, 하나는 런던대영박물관, 하나는 대만고궁박물원에서 소장하고 있다. 명문은 모두 같고, 고(鼓)의 오른쪽에 4행, 왼쪽에 5행으로 모두 86자가 있다. 일명 〈여종(邵鐘)〉이라고도 한다.

저록(著錄)

『반고루이기관지(攀古樓彛器款識)』上1, 『각재집고록(愙齋集古錄)』1·7, 『양주금문사대계도록고석(兩周金文辭大系圖錄考釋)』圖228錄269考232, 『금문통석(金文通釋)』35·125, 『은주금문집성(殷周金文集成)』1·230

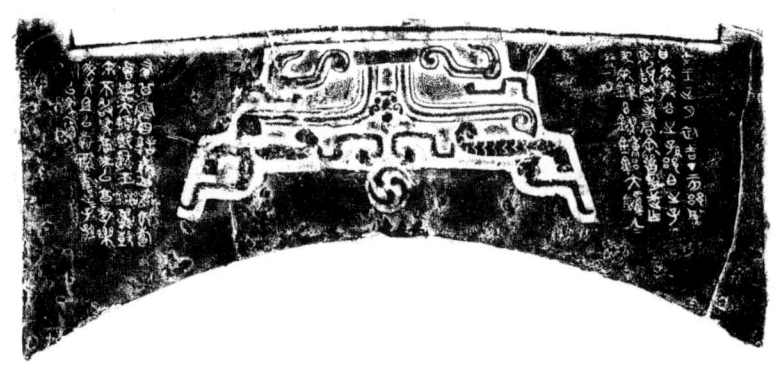

탁본(拓本)

모본(摹本)

석문(釋文)

佳(唯)王正月初吉丁亥[1], 邵䕩曰[2]: "余畢公之孫[3], 邵白(伯)之子[4]。余頡𦥑事君[5], 余嘼嬖(其)武[6]。乍(作)爲余鐘, 玄鏐鏽鋁[7]。大鐘八聿(肆), 其寵(造)四堵[8]。喬(蹻)喬(蹻)其龍, 旣旆(伸)㞭(暢)虞[9]。大鐘旣縣(懸), 玉鑮嵒鼓[10]。余不敢爲喬(驕)[11], 我以享孝。樂我先且(祖),

以媚(旂)釁(眉)壽。子子孫孫，永以爲寶。"

번역(飜譯)

왕 정월 초길 정해일에 여계(鄔簋)가 말하였다.

"나는 필공(畢公)의 손자이고, 여백(鄔伯)의 아들이다. 나는 완곡하고 부드럽게 임금을 섬기고, 전쟁에서 무용을 빛내겠다. 나의 종을 만드는 데, 질이 좋은 흑자갈색과 검은 색에 적황색을 띤 동의 합금과 질이 좋은 동의 재료 덩어리를 사용한다. 큰 종 8사와 석경 4도를 서로 짝하여 사용한다. 건장한 용이 이미 넓게 쇠북 거는 틀 기둥을 세운 데에서 길게 굽어 있다. 큰 종을 이미 매달고, 옥의 큰 경쇠와 악어 북 둥둥 울린다. 나는 감히 교만하지 않고, 제사하며 효도할 것이다. 나의 선조를 즐겁게 하여서 만수무강을 빌겠다. 자자손손 영원히 보배롭게 여길지어다."

주해(注解)

(1) 〈왕자오정(王子午鼎)〉 주해(2)를 참고하기 바란다.
(2) 이에 대하여 왕국유는 다음과 같이 말하였다.

> 나는 '여(鄔)'가 『춘추좌씨전(春秋左氏傳)』에서 보이는 진(晉)나라 '여생(呂甥)'의 '여(呂)'라 본다. 여생은 일명 '하여이생(瑕呂飴甥)'·'음이생(陰飴甥)'이라고도 하는데, '하(瑕)'·'여(呂)'·'음(陰)'은 모두 진나라의 읍이다. 여생이 죽자 땅은 위(魏)씨 소유가 되었는데, 여기서 '여백(鄔伯)'·'여계(鄔簋)'는 모두 위씨이다. 『사기·위세가(史記·魏世家)』를 보면, 진 문공이 위무자(魏武子)에게 명하여 위(魏)를 다스리게 하였고, 도자(悼子)를 낳았다. 도자

는 곽(霍)으로 이주하였고, 위강(魏絳)을 낳았다.……위(魏)는 한나라 때 하동군 하북현(河北縣)이고, 곽(霍)은 후한의 하동군 영안현(永安縣)이다. 유소(劉昭)는 『속한서·군국지(續漢書·郡國志)』의 영안현(永安縣) 주에서 『박물기(博物記)』를 인용하여 "여향(呂鄉)이 있는데, 여생의 식읍이다"라고 하였다. 도자는 곽으로 이주하고 '여(呂)'에서 다스리는 경우도 있었기에 마침내 '여(呂)'를 성으로 삼았다. '위기(魏錡)'를 '여기(呂錡)'라 하고, 위기의 아들 '위상(魏相)'을 또한 '여상(呂相)'·'여선자(呂宣子)'라 일컫는 것이 모두 그 증거이다. '여기(呂錡)'는 즉 '도자(悼子)'이다. 언릉(鄢陵)에서 초나라 왕의 눈을 명중시키고 퇴각하다 전사하였으니, 도(悼)라는 시호와 부합한다. 위씨는 '필공(畢公)'에서 나왔는데, 본 명문에서 필공의 자손이고 여백의 아들이라 하였으니, 이 기물을 만든 사람은 여기의 자손임이 분명하다.

유우(劉雨)는 '𪓐'자를 '대(黛)'로 예정하고, 이에 근거하여 '여대(邵黛)'가 '위강(魏絳)'이라 하였다. 그리고 '대(黛)'는 흑색이라는 뜻이고 '강(絳)'은 진홍색이란 뜻이니, 하나는 이름이고 하나는 자라고 하였다. 그러나 탕여혜(湯餘惠)는 '呂𪓐'는 '여기(呂錡)'의 또 다른 아들 '여상(呂相)'이라 하면서 "𪓐'는 '계(啓)'가 발음을 나타내는데, '상(相)'자와 뜻이 비슷하다. '계(啓)'와 '상(相)'은 모두 앞서 이끈대[前導, 開導]라는 뜻이 있으니, 하나는 이름이고 하나는 자이다."라고 하였다. 탕여혜의 설이 옳다. 진(晉) 여왕(厲王) 4년(기원전 577) 여상(呂相)은 진(秦)에 사신으로 갔으며, 『여상절진서(呂相絶秦書)』가 전해진다. 도공이 즉위하자 여상을 경으로 삼고 '신군(新軍)'을 거느리도록 하였다.

(3) '필공(畢公)'은 주 무왕의 서자 '필공고(畢公高)'를 가리킨다. 『사기·위세가(史記·魏世家)』에서 "위의 선조는 필공고의 후예이다.

필공고는 주나라와 같은 성이다. 무왕이 주나라를 치고 필에 봉하였다[魏之先, 畢公高之後也. 畢公高與周同姓. 武王伐紂, 而高封於畢]."라고 하였다. 필공은 여씨(呂氏)의 시조이다.

(4) 『사기・위세가(史記・魏世家)』에서 "필만은 진헌공을 섬겼다. ……위를 필만에게 봉하고 대부로 삼았다.……위도자는 곽으로 옮겨 다스렸다[畢萬事晉獻公……以魏封畢萬爲大夫……魏悼子徒治霍]."라고 하였다. 『원화군현지(元和郡縣志)』의 하동도(河東道) 진주곽읍협(晉州霍邑縣)의 아래에 "도자가 곽으로 이주하고, 여에서 다스리는 경우도 있었기에 마침내 여로 씨를 삼았다[悼子徒霍, 或治於呂, 故遂以呂爲氏]."라고 하였다.

'여백(郘伯)'은 즉 '여백(呂伯)'으로 '도자(悼子)'인 '여기(呂錡)'이다.

(5) 탕여혜(湯餘惠)는 "'頡䍿'은 '힐곡(詰曲)'으로 읽는다. '힐곡사군(頡䍿事君)'은 완곡하고 부드럽게 임금을 섬기는 것을 말한다."라고 하였다.

(6) 嘼를 탕여혜(湯餘惠)는 '선(單)'으로 예정하고, 손이양(孫詒讓)을 따라 전(戰)으로 읽었다.

'丮'는 본래 '극(丮)'자이며, '기(其)'로 읽는다.

'무(武)'는 무용(武勇)이다. 여상이 '신군(新軍)'을 거느리고 "나는 전쟁에서 용맹할 것이다[余戰其勇]."라고 선언하였다.

(7) 『설문해자』에서 "현(玄)은 아득하다는 뜻이다. 검붉은 색을 '현(玄)'이라 한다. 그윽하게 들어가 덮은 것을 형상하였다[玄, 幽遠也. 黑而有赤色者爲玄, 象幽而入覆之也]."라고 하였는데, 『이아・석기(爾雅・釋器)』에서는 "황금을 '탕(盪)'이라 하고, 그 아름다움을 유(鏐)라 한다[黃金謂之盪, 其美者謂之鏐]."라고 하였으며, 곽박의 주에서는 "유(鏐)는 질 좋은 금속이다[鏐爲紫磨金]"라고 하였

다. 따라서 '현류(玄鏐)'는 질 좋은 검붉은 색의 동의 합금이다.

'鏞'는 즉 '노(鑪)'자로 『설문해자』에는 '鑪'의 주문(籀文)으로 '부(鏞)'가 수록되어 있다. 〈조후고(曹侯固)〉의 "황로(黃鑪)", 〈주공화종(邾公華鍾)〉 명문의 "현류적로(玄鏐赤鑪)"라는 말을 통하여 검으면서도 적황색을 띤 동의 합금임을 알 수 있다.

'여(鋁)'는 〈길일임오검(吉日壬午劍)〉에서 '여(呂)'로 썼는데, 이 또한 동의 합금이다. '여(鋁)'가 질 좋은 동의 재료 덩어리라는 견해도 있다.

(8) '사(肆)'와 '도(堵)'에 대해서는 〈자범종(子犯鐘)〉 주해 (12)를 참고하기 바란다.

'簉'는 『설문해자』에서 '簉'로 쓰였으며, '조(造)'·'추(簉)'와 통한다. 『좌전·소공(左傳·昭公)』 11년에서 "맹희자는 그녀들을 그의 첩 위씨의 심부름을 하게 하였다[僖子使助薳氏之簉]."라고 하였는데, 두예의 주에서는 "추(簉)는 곁에서 돕는다는 뜻이다[簉, 副倅也]."라고 하였다.

곽말약은 '종(鐘)'은 '경(磬)'과 함께 사용되며, 종을 보조하는 것이 경이라 하였다.

이 구절의 의미는 큰 종 8사(肆)와 석경 4도(堵)를 서로 짝하여 사용한다는 뜻이다. 일설에 '조(造)'는 제작하는 것이라 말하기도 하였다.

(9) '교(喬)'를 오대징(吳大澂)·손이양(孫詒讓)은 '교(蹻)'로 읽었다. 『시경·대아·숭고(詩經·大雅·崧高)』에서 "네 수컷 말이 건장하고, 갈고리와 가슴걸이가 빛나도다[四牡蹻蹻, 鉤膺濯濯]."라고 하였는데, 모전에서는 교교(蹻蹻)를 건장한 모양이라 하였다. 장아초(張亞初)는 이를 '교(矯)'로 읽었고, 『옥편(玉篇)』에서는 이를

강한 것이라 하였으니, 또한 통한다.

'旂'은 곽말약이 해석한 것이며, 다른 학자들은 대부분 수(壽)로 해석한다. 곽말약은 다음과 같이 말하였다.

> 〈석고문·전거(石鼓文·田車)〉에 이 글자가 있다. 본의(本義)는 깃발이 연달아 굽은 모양을 뜻한다. 이는 또한 용이 연달아 굽은 모습 형용하는데, 즉 건장한 용의 형태가 있는 가로지른 악기 틀이 넓게 쇠북 거는 틀 기둥을 세운 데에서 길게 굽어 있음을 뜻한다.

장아초는 이를 '신(伸)'으로 읽었다.

(10) '鐈'을 손이양은 이를 '효(鷤)'로 읽었다. 『이아·석악(爾雅·釋樂)』에서 큰 경쇠를 '효(鷤)'라 한다고 하였다.

(11) '교(喬)'는 '교(驕)'로 읽는다. 『옥편(玉篇)』에서 "방종하다는 뜻이다[逸也]."라고 하였다. 『상서·필명(尙書·畢命)』에서 "교만하고 음란하며 지나치게 자만하여 장차 악으로 말미암아 끝난다[驕淫矜侉, 將由惡終]."라고 하였는데, 공영달의 소에서는 "무리 은나라 선비들이 교만하고 방자함이 지나치며 할 수 있는 바를 뽐내면서 스스로 크게 자랑하니, 이와 같은 것을 변하지 않으면 장차 악으로 끝날 것임을 말한 것이다[言衆殷士, 驕恣過製, 矜其所能, 以自侉大, 如此不變, 將用惡自終]."라고 하였다.

단대(斷代)

진(晉) 도공(기원전 572~기원전 557) 때 여상(呂相)이 경(卿)이 되었으니, 종은 마땅히 이때 만들어졌을 것이다.

65

國差𦉢

전해 내려오는 기물[傳世器]로 현재 대북(臺北) 고궁박물원(故宮博物院)에서 소장하고 있다. 어깨 위에 명문 10행 52자가 있다. 〈국차부(國差瓿)〉·〈제후담(齊侯甔)〉·〈공사구로(工師㝬鑪)〉라고도 한다.

저록(著錄)

『적고재종정이기관지(積古齋鐘鼎彝器款識)』8·10, 『양주금문사대계도록고석(兩周金文辭大系圖錄考釋)』圖197錄239考202, 『금문통석(金文通釋)』38·340, 『은주금문집성(殷周金文集成)』16·10361

탁본(拓本)

모본(摹本)

석문(釋文)

國差(佐)立(蒞)事歲⁽¹⁾, 戌日〈月〉丁亥⁽²⁾, 攻(工)帀(師)𠈇鑄西章(墉)寶
鎛四秉⁽³⁾。用實旨酉(酒)⁽⁴⁾, 侯氏受福釁(眉)壽⁽⁵⁾, 卑(俾)旨卑(俾)瀞
(淸)⁽⁶⁾。侯氏母(毋)瘠(咎)母(毋)𥈭⁽⁷⁾, 齊邦鼎(諡)靜安盌(寧)⁽⁸⁾。子子
孫孫永保用之。

번역(飜譯)

국좌(國佐)가 자리에 임하여 정사를 돌보는 해의 술일 정해일에 장인의 우두머리가 기물을 주조하고 보관하는 곳에서 보배로운 양병 4병을 잘못하였다. 실로 맛있는 술로 후씨(侯氏)는 만수무강의 복을 받고, 술지게미를 거른 맑은 청주를 드소서. 후씨(侯氏)는 재앙과 황폐함이 없도록 하였으니, 제나라가 조용하고 편안하도다. 자자손손 영원히 보존하여 사용할지어다.

주해(注解)

(1) '차(差)'를 허한(許瀚)은 '좌(佐)'로 읽었으니, '국좌(國佐)'는 제나라 경으로『춘추·성공(春秋·成公)』10년(기원전 599)에 보인다. 또한『춘추·성공』2년(기원전 589)에서 "가을 7월에 제나라 후가 국좌를 제후의 군중에 보냈다. 기유일에 제후가 국좌와 원루에서 결맹하였다[秋七月, 齊侯使國佐如師. 己酉, 及國佐盟于袁婁]."라고 하였다. 또한 성공 18년(기원전 573)에서 "제나라가 대부 국좌를 죽였다[齊殺其大夫國佐]."라고 하였으니, 이 기물은 마땅히 이전에 제작하였을 것이다.

'립(立)'은 '이(蒞)'로 읽으니, "정사에 몸소 임한다.[蒞臨政事]"라는 것은 제나라 기물 명문에서 항상 '모모입사세(某某立事歲)'라는 방식의 기년으로 나타난다. 문헌에 잔결이 있어 국좌가 어느 때 제나라 정사를 주재하였는지 모르겠다. 어떤 학자는 국좌가 노 성공 3년, 제 경공 11년, 즉 기원전 588년에 집정을 시작하였으므로 기물은 이 해 혹은 조금 늦은 기원전 587년에 제작하였을 것이라 추측하였다.

(2) '술일(戌日)'은 원래 '岕'로 썼는데, 이에 대하여 王國維는 다음과 같이 말하였다.

> 제나라 기물은 대부분 연도·달·월을 한꺼번에 기록하였는데, 예를 들면 〈자화자부(子盉子釜)〉에서 '△△立絲日, 嬰月丙午'라 한 것이다. 본 명문도 이와 같으나 술일(戌日) 다음에 무슨 달인가를 빠트렸다.

(3) '공사(工師)'는 장인의 우두머리이다. 『좌전·정공(左傳·定公)』 10년에서 "숙손이 후의 장인 사적에게 말하였다[淑孫謂邱工師駟籍曰]."라고 하였는데, 두예의 주에서는 "공사는 장인을 맡은 관리이다[工師, 掌工匠之官]."라고 하였다. 『여씨춘추·계춘기(呂氏春秋·季春紀)』에서 "이 달에 공사에 명하여 다섯 수레의 양을 심사하도록 하였다. 모든 장인들이 모두 처리하고 감공은 날마다 호령하여 때에 어그러짐이 없도록 하였다[是月也, 命工師, 令百工, 審五車之量. 百工咸理, 監工日號, 無悖于時]."라고 하였으며, 고유(高誘)의 주에서는 "감공은 공관의 우두머리이다[監工, 工官之長]."라고 하였다. '감공(監工)'은 즉 '공사(工師)'이다. 『예기·월령(禮記·月令)』 정현의 주에서 "백공들이 모두 그 일을 처리할 때

공사는 이를 감독하고 날마다 호령하였다[於百工皆理治其事之時, 工師則監之, 日號令之].”라고 하였다.

'서용(西墉)'는 기물을 주조하거나 이를 보관하는 곳이다.

'담(鐔)'에 대하여 완원(阮元)과 양수달(楊樹達)은 '담(甔)'이라 하였으니, '와(瓦)'로 구성되는 글자와 '부(缶)'로 구성되는 글자의 의미는 같다. 『광아·석기(廣雅·釋器)』에서 '담(甔)'은 '병(甁)'이라 하였고, 『방언(方言)』에서 "'앵(罃)'을 제나라 동북쪽에서 '담(甔)'라 일컫는다[罃, 齊之東北海岱之間謂之甔].”라고 하였다. '담(甔)'은 큰 양병[大罌] 혹은 작은 양병[小罌]을 말한다. 양수달은 '담(甔)'이 본래 양을 정하는 이름이 아니니, '두(豆)'·'구(區)'·'부(釜)'·'종(鐘)' 등과 구별이 있다고 하였다. '담(甔)'은 『보온루이기도석(寶蘊樓彝器圖釋)』에 의하면, 3말 5되 4홉의 용량이라 한다.

'병(秉)'은 『설문해자』에서 벼를 묶은 것이라고 하였는데, 양수달(楊樹達)은 '병(柄)'으로 읽고 기물의 네 귀를 가리킨다고 하였는데, 아마도 이것이 맞는 것 같다.

(4) '지(旨)'는 '미(美)'이니, 『시경·소아·녹명(詩經·小雅·鹿鳴)』에서 "나에게 맛있는 술이 있어 잔치 베풀어 반가운 손님의 마음을 즐겁게 한다[我有旨酒, 以燕樂嘉賓之心].”라고 하였다.

(5) '후씨(侯氏)'는 제후 개인으로 본 명문에서는 '제후(齊侯)'를 가리킨다. 『의례·근례(儀禮·覲禮)』에서 "교외에 이르러 왕이 가죽 고깔과 둥근 옥으로 위로하게 하자 후씨 또한 가죽 고깔로 휘장문 밖에서 영접하였다[至于郊, 王使人皮弁用璧勞, 侯氏亦皮弁迎于帷門之外].”라고 하였는데, 정현의 주에서는 "제후라 하지 않고 후씨라고 한 것은 나라마다 다르게 한 것을 분명히 하기 위함이니, 예가 범상치 않다[不言諸侯言侯氏者, 明國殊舍異, 禮不凡之

也].”라고 하였다.

(6) '정(瀞)'은 전적에서 '청(淸)'으로 썼으니, 술지게미를 거른 맛있는 술을 가리킨다. 『주례·천관·주정(周禮·天官·酒正)』에서 "네 개의 마시는 것을 분별하면 첫째가 '청(淸)'이고, 둘째가 '의(醫)'이고, 셋째가 '장(漿)'이고, 넷째가 '이(酏)'이다[辨四飮之物, 一曰淸, 二曰醫, 三曰漿, 四曰酏]."라고 하였는데, 정현의 주에서는 "'청(淸)'은 단술의 맑은 술이다[淸謂醴之沛者]."라고 하였다. '제(沛)'는 모두 술지게미를 거른 것을 말한다.

(7) '瘖'는 즉 '구(咎)'자이니, 재앙을 뜻한다.

'연(痟)'은 『설문해자』에 보이지 않으나 단옥재(段玉裁)는 사령운(謝靈運)의 시 「발임해교(發臨海嶠)」에서 이선(李善)이 주를 단 것을 근거하여 '피(疲)'라 하였다. 곽말약(郭沫若)은 이 글자를 '㾟'이라 하고 '황(荒)'으로 읽었다.

(8) '멱(鼏)'자는 본 명문에서 '𩰫'로 썼으니 '패(貝)'와 '정(鼎)'의 형태가 가까워 틀리기 쉽고, 'ㅂ'·'H'·'ㄇ' 또한 형태가 비슷하여 틀리기 쉬우니, '𩰫'는 즉 '鼏'이다. 〈진공궤(秦公簋)〉에서도 '멱(鼏)'자를 '𩰫'으로 썼으니, 'H'로 구성되는 것과 'ㄇ'로 구성되는 것은 같다. '멱(鼏)'자는 '정(鼎)'으로 구성되고 '멱(冖)'은 발음을 나타내니, 마땅히 '복(宓)' 혹은 '밀(謐)'로 읽어야 한다. 『의례·사관례(儀禮·士冠禮)』에서 "빗장과 솥뚜껑을 설치하였다[設扃鼏]."라고 하였는데, 정현의 주에서는 고문의 '멱(鼏)'을 '복(宓)'이라 하였으며, 『설문해자』에서 '복(宓)'은 평안한 것이고 '밀(謐)'은 조용한 말이라 하였다. 본 명문에서는 제나라가 조용하고 편안함을 일컫는다.

66

王子午鼎

1976년 하남성 석천현(淅川縣) 하사(下寺) 2호 초나라 묘에서 출토되어 현재 하남박물원(河南博物院)에서 소장하고 있다. 모두 7점이며 명문은 동일하다. 뚜껑에 명문 4글자, 본체 복부에 명문 14행 84자가 있다.

저록(著錄)

『문물(文物)』1980년 10기, 『은주금문집성(殷周金文集成)』5·2811

탁본(拓本)

모본(摹本)

석문(釋文)

倗之遷(歷)獻⁽¹⁾　(蓋銘)

隹(唯)正月初吉丁亥⁽²⁾, 王子午擇其吉金⁽³⁾, 自乍(作)𩰬彝遷(歷)鼎, 用享以孝, 于我皇且(祖)文考。用祈(祈)眉(眉)壽⁽⁴⁾。𠭰(弘)龏䵼(舒)屖(遲)⁽⁵⁾, 畏(畏)期(忌)趩趩⁽⁶⁾, 敬氒(厥)盟祀⁽⁷⁾, 永受其福。余不畏(畏)不差⁽⁸⁾, 惠于政德⁽⁹⁾, 慇(淑)于威義(儀)⁽¹⁰⁾。䦨䦨獸獸⁽¹¹⁾, 命(令)尹子庚, 殹民之所亟(極)⁽¹²⁾。萬年無諆(期), 子孫是制⁽¹³⁾。　(器銘)

번역(飜譯)

붕(倗)이 기물을 순서대로 진열하였다.

정월 초길 정해일에 왕자오(王子午)는 좋은 금속을 골라 제사용 기물을 스스로 만들고 정을 진열하여 나의 위대한 조상과 문덕을 가진 아버지께 제사하고 효를 바치노라. 장수를 기원하도다. 크게 공손하고 우아하며, 엄숙하고 경건하고 신중하고 소홀함 없이 회맹과 제사를 공경히 행하니, 영원히 복을 받으리로다. 나는 위엄을 부리지 않아도 덕을 잃지 않았으며, 정사를 은혜롭게 다스렸으며, 의용이 아름다웠다. 종소리 조화롭고, 영윤 자경(子庚)은 백성의 모범이로다. 만년토록 기한 없이 후세 자손을 가르치고 인도하여 영원히 선조가 고한 훈계로 자신을 약속하노라.

주해(注解)

(1) '붕(倗)'은 초나라 귀족으로 이름은 원자빙(薳子馮, 혹은 蔿子馮)이고, 초강왕(楚康王) 때 대사마(大司馬)를 역임하였으며, 기원전 548년에 죽었다.

'遡'자는 대부분 초나라 계통의 기물에 보이며, '착(辵)'으로 구성되지 않는 경우도 있다. 이 글자에 대하여 고석한 학자가 많아서 '재(䢅)'·'승(脀)'·'치(淄)'·'사(猷)' 등으로 보기도 하지만, 모두 통하기 어려운 곳이 있다. 오진무(吳振武)는 『遡을 해석하다[釋遡]』에서 "이 글자는 '乁'로 구성되며 '膏'은 발음을 나타낸다. 『설문해자』에서 '乁는 흐른다는 뜻이다[乁, 流也].'라고 하였으니, 물이 흐른다는 것이다. 그러므로 이 글자는 '역(瀝)'자의 이체자로 '역(歷)'으로 읽으며, 진열한다는 뜻이다."라고 하였다. 왕자오(王子午)의 기물은 세트를 이루고 있는데, 의례를 행할 때 일정한 순서로 진열하기 때문에 '역기(歷器)'라 하였다.

'鼾'은 『설문해자』에 보이지 않는다. 『금문편(金文編)』에서 "입구가 넓고 평평한 바닥을 한 정의 전용 이름이다."라고 하였다.

(2) '정월초길정해(正月初吉丁亥)'는 명문에 많이 보이며, 춘추전국시기 초나라 기물에 특히 많이 보인다. 이에 대하여 왕국유는 "고대인이 주조한 기물에 정해(丁亥)가 많은 것은 한 대(漢代)의 경(鏡)에 병오(丙午)가 많은 것과 같은 것이라고 하지만, 살펴보면 실제와 부합하지 않는다."라고 하였다. 오사겸(伍仕謙)도 다음과 같이 말하였다.

> 정월에 주조한 기물이 다른 달에 주조한 것보다 많고, 동시에 어떤 기물은 정월에 주조한 것이 아님에도 불구하고 정월이라 한 것도 있다. 예를 들면, 〈여의종(余義鐘)〉에서 "유정구초길정해(唯正九初吉丁亥)"라고 한 것을 보면,……'정(正)'의 의미는 한 해가 시작하는 달 이외에 길상(吉祥)의 의미가 있음을 알 수 있다. 『대대례·하소정(大戴禮·夏小正)』에서 "정해일에 간척무(干戚舞)를 추고 태학에 들어간다. 정해라는 것은 길일이다[丁亥萬用入

學. 丁亥者, 吉日也].”라고 하였다. 이를 보면, 전국시기 이전의 사람들이 정해일을 길일로 보았음을 알 수 있다.……따라서 '정월 초길정해(正月初吉丁亥)'는 역일을 사실대로 기록한 것이 아님을 확실히 알 수 있다.

(3) '왕자오(王子午)'는 초나라 장왕의 아들로 자는 자경(子庚)이다. 『좌전・양공(左傳・襄公)』15년에서 "초나라가 공자 오를 영윤으로, 공자 파융을 우윤으로, 위자풍을 대사마로 삼았다[楚公子午爲令尹, 公子罷戎爲右尹, 蒍子馮爲大司馬].”라고 하였으며, 또한 『좌전・양공(左傳・襄公)』18년에서도 "초나라 공자 오가 군대를 이끌고 정나라를 쳤다[楚公子午帥師伐鄭].”라고 하였는데, 21년에서는 "여름에 초나라 자경이 죽었다[夏, 楚子庚卒].”라고 하였다.

(4) '諽'는 '旞'자의 이체자이다. '旞'는 '단(單)'과 '기(旂)'로 구성된다. '단(單)'은 본래 '𢧀'로 쓰며, 무기이다. '諽'는 '언(言)'과 '기(旂)'로 구성된다. 오사겸(伍仕謙)은 '旞'자에 대하여 "전쟁을 할 때 깃발 아래에서 기도한다는 의미일 것이다.”라고 하였다. '諽'는 '언(言)'으로 구성되며, 후대에 만들어진 글자로 "기도를 하여 복을 구할 때에는 반드시 말로 표현해야할 것이다.”라고 하였다.

(5) '䯤'은 '홍(弘)'으로 읽는다. 크다는 뜻이다.
'호서(馱屖)'는 '서지(舒遲)'로 읽으니, 〈왕손고종(王孫誥鐘)〉에서는 '서(屖)'가 '지(遲)'로 쓰였다. 『예기・옥조(禮記・玉藻)』에서 "군자의 몸가짐은 한가하고 우아하다[君子之容舒遲].”라고 하였는데, 공영달의 소에서는 '서지(舒遲)'를 한가하고 우아한 것이라 하였다.

(6) '외(畏)'는 '외(畏)'로 읽는다.

'기(惎)'는 즉 '기(其)'이며, '기(忌)'로 읽는다. '외기(畏忌)'는 돌아보아 거리낌이 있는 바이다.

'익익(趩趩)'은 즉 '익익(翼翼)'이다. '외기익익(畏忌翼翼)'은 엄숙하고 경건하여 거동이 신중하고 소홀함이 없음을 말한다.

(7) '경궐맹사(敬氒盟祀)'는 회맹과 제사의 큰 의례를 공경히 진행한다는 뜻이다.

(8) '외(畏)'는 '위(威)'로 읽는다. 『순자·천론(荀子·天論)』에서 "난은 그 잘못됨에서 나온다[亂生其差]."라고 하였는데, 양경(楊倞)의 주에서는 "'차(差)'는 잘못된 것이라는 뜻이다[差, 謬也]."라 하였다. '불외불차(不畏不差)'에 대하여 오사겸(伍仕謙)은 "두려워하지 않고 잘못되지 않음은 내가 위엄을 부리지 않아도 덕을 잃음이 없다는 뜻이다."라고 하였다.

(9) 『설문해자』에서 "혜(惠)는 어진 것이다[惠, 仁也]"라고 하였으며, 『논어·공야장(論語·公冶長)』에서 "백성을 길러줌이 인애롭다[其養民也惠]."라고 하였다.

(10) '위의(威儀)'는 위엄이 있는 행동거지로 『상서·고명(尙書·顧命)』에서 "부인 생각하느라 스스로 위엄과 행동거지가 어지러웠다[思夫人自亂于威儀]."라고 하였는데, 공안국의 전(傳)에서는 "위엄이 있어야 두려워하고, 예의가 있어야 본받으니, 그러한 연후에 사람을 거느릴 수 있다[有威可畏, 有儀加象, 然後足以率人]."라고 하였다. 따라서 '숙우위의(淑于威儀)'는 의용이 아름답다는 뜻이다.

(11) '간간수수(闌闌獸獸)'는 〈영호군사자호(令狐君嗣子壺)〉에 "柬柬獸獸"로 쓰였다. 양수달(楊樹達)은 〈왕손유자종(王孫遺者鍾)〉을 해석하면서 『시경·상송·나(詩經·商頌·那)』의 "북을 연주하니 소리가 조화롭다[秦鼓簡簡]."와 같으며, '간간(闌闌)'은 '간간(簡簡)'

으로 음악소리가 조화롭다는 뜻이라고 하였다. 『시경·대아·증민(詩經·大雅·蒸民)』에서 "공경스럽고 공경스러운 왕명, 중산보가 받드노라[肅肅王命, 仲山甫將之]."라고 하였는데, 정현의 전(箋)에서는 "숙숙(肅肅)은 공경스럽다는 뜻이다[肅肅, 敬也]."라고 하였다.

(12) '예(殹)'에 대하여 오사겸(伍仕謙)은 '예(翳)'로 읽고, 머리말에 쓰는 어조사로 '유(惟)'와 같다고 하였다.

'극(亟)'은 '극(極)'으로 읽으니 모범이라는 뜻이다.

(13) '제(制)'는 약속 또는 제약으로 『상서·반경상(尚書·盤庚上)』에서 "백성들이 간사한 말을 하면 오히려 서로 돌아보며 고쳐주어 말에 지나침이 있을까 걱정하는데, 하물며 나는 그대들의 목숨을 약속하였다[相時憸民, 猶胥顧于箴言, 其發有逸口, 矧予製乃短長之命]."라고 하였다.

이 구절의 의미는 후세 자손을 가르치고 인도하여 영원히 선조가 고한 훈계로 자신을 약속한다는 뜻이다.

단대(斷代)

왕자오(王子午)는 노양공 21년, 초강왕 9년 즉 기원전 551년에 죽었다. 본 명문에서 왕자오는 스스로 "정사를 은혜롭게 다스렸으며, 의용이 아름다웠다[惠于政德, 淑于威儀]."라고 한 것을 보면, 이미 젊지 않았을 것이니, 본 기물은 영윤시기에 제작되었을 것이다. 영윤은 정치를 주관하는 재[執政]로 영윤이 있어야만 비로소 정치에 대해 논의할 수 있었을 것이다. 조세강(趙世綱)의 추산에 의하면, 왕자오는 대략 46세에 죽었다.

67

蔡侯驪盤

1955년 안휘성 수현(壽縣)의 채후묘(蔡侯墓)에서 출토되어 현재 안휘성박물관(安徽省博物館)에서 소장하고 있다. 기물 복부의 안쪽에 명문 16행 95자가 있다.

저록(著錄)
『고고학보(考古學報)』1956년 1기, 『오성출토중요문물전람도록(五省出土重要文物展覽圖錄)』도판50, 『수현(壽縣)』도판13:2・3・38, 『은주금문집성(殷周金文集成)』16・10171

탁본(拓本)

모본(摹本)

석문(釋文)

元年正月, 初吉辛亥⁽¹⁾, 蔡侯䚄(申)虔共(恭)大命⁽²⁾, 上下陟祔⁽³⁾, 敬敬不惕(易)⁽⁴⁾, 肇(肇)𨍰(佐)天子⁽⁵⁾。用詐(作)大孟姬䁀(媵)彝盤(盤)⁽⁶⁾, 禋享是台(以), 甹(祇)盟嘗啇⁽⁷⁾, 祐受母(毋)已⁽⁸⁾。 禲(齋)□整譸(肅)⁽⁹⁾, 籲(?)文王母⁽¹⁰⁾。 穆穆亹(亶)亹(亶), 恩(聰)害(介)訢旟⁽¹¹⁾。 威義(儀)遊(優)遊(優), 霝(令)頌託商⁽¹²⁾。 康諧龢好⁽¹³⁾, 敬配吳王⁽¹⁴⁾。 不諱考壽, 子孫蕃昌⁽¹⁵⁾。 永保用之, 冬(終)歲無疆⁽¹⁶⁾。

번역(飜譯)

원년 정월 초길 신해일에 채후(蔡侯) 신(申)은 공경하게 천명을 받들어 지위의 고하를 막론하고 엄정하고 공경한 마음을 바꾸지 않고 천자를 보좌하였다. 대맹희(大孟姬)가 시집가는데 가지고 갈 제사용 반을 만드니, 이로서 정결히 제사를 지내고, 체제사를 정성껏 지내어 보우 받음이 끝이 없을 지어다. 장중·□·정결·엄숙히 문왕의 어머니를 본받아라. 근면하고 정중하며 공손하여 총명함으로 정절을 지켜 기쁨을 발양하여라. 위엄스러우면서도 너그러우며, 상나라의 송을 빌어 오나라 왕을 칭송하라. 편안하고 조화롭고 화목하며, 공경히 오나라 왕의 배필이 되어라. 어그러짐 없이 장수하고, 자손은 번창하리라. 영원토록 보배로이 사용하여 세상이 끝나도록 한이 없을 지어다.

주해(注解)

(1) 우성오(于省吾)는 다음과 같이 말하였다.

> 반(盤)과 준(尊)에 "원년정월(元年正月)"이라 하였는데, '조좌천자(肇佐天子)'라는 말을 통하여 당시 채후(蔡侯)가 주나라 왕의 정삭(正朔, 즉 冊曆)을 받들었음을 확실히 알 수 있다. 그러므로 명

문의 '원년(元年)'은 주나라 왕을 지칭하는 것이다. 『사기・십이제후년표(史記・十二諸侯年表)』에서 채 소후(蔡昭侯) 원년은 주나라 경왕(敬王) 2년이라 하였지만, 실제로 채소후 원년은 주나라 경왕 원년이다. 『사기』에 1년의 차이가 나는 것은 아마 채소후의 형 도후(悼侯)의 재위 마지막 해 때문일 것이다. 그가 재위한 기간이 매우 짧았기에, 채소후가 이미 즉위하였을 것이기 때문이다……

우성오의 견해를 통하여 이 기물은 채소후 원년(기원전519)에 만들어졌음을 알 수 있다.

(2) 위나라 때 만들어진 〈삼체석경(三體石經)〉에 '채(蔡)'의 고문이 '𣋊'로 쓰여서, 본 명문의 '𣋊'와 자형이 유사하다. '채(蔡)'는 제후국으로 시조는 주나라 문왕의 아들 숙도(叔度)이다.

'𦥑'자에 대하여 구석규(裘錫圭)・이가호(李家浩)는 〈증후을종(曾侯乙鐘)〉에 나오는 '𦥑'・'𦥑'와 동일한 글자로 서주 금문에 보이는 '𦥑'의 이체자이며, '신(申)'으로 읽는다고 하였다. 왕인총(王人聰)은 '𦥑'은 '畚'이 구성요소인 동시에 발음요소이며, '畚'은 '전(田)'이 구성요소인 동시에 발음요소이기 때문에 '전(田)'과 '신(申)'의 발음은 가까워 통한다고 하였다. 『사기・관채세가(史記・管蔡世家)』에서 "(蔡)도후는 즉위 3년에 죽고, 동생 소후 갑이 즉위하였다[悼侯三年卒, 弟昭侯甲立]."라고 하였는데, 장문호(張文虎)는 "'갑(甲)'은 중통(中統)・유(游)・모본(毛本)의 판본은 모두 '신(申)'으로 쓰였고, 『사기・십이제후연표(史記・十二諸侯年表)』에서도 '신(申)'으로 쓰여 『춘추・애공(春秋・哀公)』4년의 경문과 일치한다."라고 하였다.

『시경・대아・한혁(詩經・大雅・韓奕)』에서 "밤낮으로 해이하지 말고, 그대의 위치에서 공경히 행하라[夙夜匪解, 虔共爾位].''라고 하였는데, 정현의 주에서는 "옛날에 '공(恭)'자는 '공(共)'으로 썼다[古之恭字或作共].''라고 하였다. 따라서 '건공(虔恭)'은 공경이라는 뜻이고, '대명(大命)'은 천명을 말한다.

(3) '상하(上下)'는 군신을 뜻한다. 『상주고문자독본(商周古文字讀本)』에서 "'척(陟)'은 상승으로 지위가 높은 사람을 가리킨다. '祏'는 '시(示)'로 구성되며, '부(否)'는 발음을 나타낸다. '부(否, pǐ)'와 통한다. '척(陟)'과 상대적인 말로 지위가 낮은 사람을 가리킨다.''라고 하였다.

(4) '歟'은 '복(攴)'으로 구성되며, '엽(巤)'은 소리를 나타낸다. 우성오(于省吾)는 '여(厲)'로 읽어야 한다고 말하였다. 『논어·자장(論語·子張)』에서 "그 말을 들어보면 엄정하다[聽其言也厲].''라고 하였는데, 정현의 주에서는 "여(厲)는 엄정하다는 뜻이다[厲, 嚴正].''라고 하였다.

'척(惕)'은 '역(易)'으로 읽으며, '바꾸다'라는 뜻이다. '불역(不易)'은 한마음 한뜻이라는 의미다.

(5) '轓'는 '차(車)'로 구성되고, '차(差)'는 소리를 나타내며, '좌(佐)'로 읽는다. 보좌한다는 뜻이다.

(6) '대맹희(大孟姬)'에 대하여 우성오(于省吾)는 채소후(蔡昭侯)의 장녀라 하였으나, 어떤 학자는 그의 여형제라 하기도 한다.

'잉(媵)'은 '잉(媵)'과 같고 음은 ying(잉)이다. 『이아·석언(爾雅·釋言)』에서 "보낸다는 뜻이다[送也].''라고 하였다. 즉, 시집갈 때 보내는 혼수품이다.

'鑾'은 '반(盤)'과 같다. 따라서 '이반(彝盤)'은 제사에 사용하는 '반(盤)'을 말한다.

(7) '인향(禋享)'은 정결한 제사이다. 『설문해자』에서 "정결한 제사라는 뜻이다. 정성스런 뜻으로 제사를 지내는 것을 인(禋)이라고 하기도 한다[潔祀也. 一曰精意以享爲禋]."라고 하였다.

'䙴'은 명문에 '䙴'로 쓰였는데, 위나라 〈삼체석경〉에서 '지(祇)'자를 '䙴'로 쓴 것과 자형이 유사하다. 『설문해자』에서 '지(祇)'는 공경이다[祇, 敬也]."라고 하였다.

'맹(盟)'은 '명(明)'으로 읽으며, '정명(精明)' 또는 '성신(誠信)'이라는 뜻이다. 『예기・제통(禮記・祭統)』에서 "군자의 재계란 그의 정성스럽고 밝은 덕을 오롯이 하는 것이다[君子之齊也, 專致其精明之德也]."라고 하였다.

'啻'자에 대해서는 알 수 없다. 『상주고문자독본(商周古文字讀本)』에서는 '시(啇)'의 이체자로 추정하고 '체(禘)'로 읽었다. 『예기・왕제(禮記・王制)』에서 "천자와 제후가 종묘 제사에서 지내는데, 봄 제사를 '약(礿)', 여름 제사를 '체(禘)', 가을 제사를 '상(嘗)', 겨울 제사를 '증(烝)'이라 한다[天子諸侯宗廟之祭, 春曰礿, 夏曰禘, 秋曰嘗, 冬曰烝]."라고 하였다.

(8) '무(母)'는 '무(無)'이다.

'이(已)'는 그친다는 뜻이다. 따라서 '우수무이(祐受母已)'는 보우 받음이 영원히 그치지 않는다는 뜻이다.

(9) '제(褅)'는 '재(齋)'자와 같다. 『예석・동백준원묘비(隸釋・桐柏淮源廟碑)』에서 "군수가 제사를 받듦에 가지런하고 깨끗하며, 마음을 가라앉혀 제사를 지냈다[郡守奉祀, 褅絜沈祀]."라고 하였는데, 홍적(洪適)의 주에서는 "자서(字書)에 '제(褅)'자가 보이지 않으나, 글의 뜻으로 추측하건데 재계한다는 '재(齋)'자일 것이다[字書無褅字, 以文意推之, 當爲齋戒之齋]."라고 하였다. 『광운(廣韻)』에서

"'재(齋)'는 장중하다[莊], 공경하다[敬]는 뜻이다."라고 하였다.

'禔' 아래의 글자는 왼쪽 부수가 '언(言)'이지만, 오른쪽 부수에는 손상이 있어 확정할 수 없다.

'譸'은 '숙(肅)'으로 읽으며, '정숙(整肅)'은 정제‧엄숙이란 뜻이다. 『포박자‧주계(抱朴子‧酒誡)』에서 "더디고 무거운 자는 흐트러지게 구르고 어지러이 파문을 일으키며, 정제하여 가지런하고 엄숙한 자는 사슴과 물고기가 뛰듯이 한다[遲重者蓬轉而波擾, 整肅者鹿踊而魚躍]."라고 하였다.

(10) 이에 대하여 『상주고문자독본(商周古文字讀本)』에서 다음과 같이 말하였다.

> '籥'자는 '죽(竹)'‧'미(米)'로 구성되고, '혈(頁)'은 발음을 나타내며, '절(節)'과 통한다. 절도 또는 법도라는 뜻이다. 여기에서는 '~을 법도를 삼는다.'라는 뜻이다. '문왕모(文王母)'는 주 문왕의 모친인 '태임(太任)'이다.

『사기‧주본기(史記‧周本紀)』에서 "태강이 어린 아들 계력을 낳았고, 계력은 태임을 아내로 맞이하였다. 이들은 모두 현명한 부인이었다. 창(즉 문왕)을 낳자 성인의 길조가 있었다[太姜生少子季歷, 季歷娶太任, 皆賢夫人, 生昌有聖瑞]."라고 하였는데, 『사기정의(史記正義)』에서는 『열녀전(列女傳)』을 인용하여 "태임의 성정은 단정하고 한결같이 정성스럽고 장중하여 오직 덕으로 행하였다. 임신하였을 때 눈으로는 나쁜 색을 보지 않았고, 귀로는 지나친 소리를 듣지 않았으며, 입으로는 거만한 말을 내지 않아 자식을 잘 태교하였으며, 문왕을 생산하였다[太任之性端一誠莊,

維德之行. 及其有身, 目不視惡色, 耳不聽淫聲, 口不出傲言, 能以胎教子, 而生文王].”라고 하였다. 본 명문을 통하여 춘추시기의 사람은 이미 문왕의 모친을 어머니로서의 전범으로 삼았음을 알 수 있다. 그러므로 채후 신(申)은 이것으로 대맹희(大孟姬)를 권면하였다.

(11) 『이아·석고(爾雅·釋詁)』에서 "'목목(穆穆)'은 공경스럽다는 뜻이다[穆穆, 敬也].”라고 하였다.

'䫉䫉'은 전래문헌에서 '미미(亹亹)'로 쓰였으며 음은 wei(미)이다. 『시경·대아·문왕(詩經·大雅·文王)』에서 "근면하고 근면하신 문왕이 아름다운 소문 그치지 않네[亹亹文王, 令聞不已].”라고 하였는데, 모전에서는 "'미미(亹亹)'는 근면하다는 뜻이다[亹亹, 勉也].”라고 하였다. 따라서 '목목미미(穆穆亹亹)'는 장중하고 근면하다는 뜻이다. 『대대예기(大戴禮記)·오제덕(五帝德)』에서 "우의 사람됨이 민첩하고 부지런하니, 그의 덕은 위배되지 않았고, 그의 인애로움은 친할 만하며, 그의 말은 믿을 만하였다. 그의 음성은 악률이 되었고, 그의 몸가짐은 법도가 되었으니, 저울로써 나옴이다. 근면하고 장중하여 기강이 되었다[禹爲人敏給克濟, 其德不違, 其仁可親, 其言可信. 聲爲律, 身爲度, 稱以出. 亹亹穆穆, 爲綱爲紀].”라고 하였다.

'총(恖)'은 '총(聰)'으로 읽는다. 지혜[明悟]라는 뜻이다.

'해(害)'를 우성오(于省吾)는 '개(介)'로 읽었다. 〈무혜정(無叀鼎)〉에서의 '용할미수만년(用割䫉壽萬年)'이라는 말은 바로 『시경·빈풍·칠월(詩經·豳風·七月)』의 "장수를 돕는다[以介眉壽].”라는 말이다. '개(介)'는 '절(節)'로 읽는다. 『초사·비회풍(楚辭·悲回風)』에서 "절개와 높은 뜻이 미혹되는 바이니[介眇志之所惑兮].”

라고 하였는데, 왕일(王逸)의 주에서는 "개(介)는 절개이라는 뜻이다[介, 節也]."라고 하였다. 『순자·수신(荀子·修身)』에서 "선이 자신에게 있으면, 단단히 지켜서 반드시 그것을 스스로 좋아하여야 한다[善在身介然, 必以自好也]."라고 하였는데, 양경(楊倞)의 주에서는 "'개연(介然)'은 견고한 모양이다[介然, 堅固貌]."라 하였다. 본 명문에서는 여자의 절조가 굳세고 곧다는 뜻이다.

'흔(訢)'의 음은 xīn(흔)이고, 『설문해자』에서 "기쁘다는 뜻이다[喜也]"라고 하였다.

'𩕳'은 '양(揚)'으로 읽으며, 펼쳐 일으키다[發揚]라는 자신감이 있는 모습이다.

(12) '위의(威儀)'에 대해서는 〈왕자오정(王子午鼎)〉 주해 (10)을 참고하기 바란다.

'유유(遊遊)'를 우성오는 '우우(優優)'로 읽었다. 『논어·헌문(論語·憲問)』에서 "조와 위의 가로(家老)가 되면 여유로워질 것이다[爲趙魏老則優]."라고 하였는데, 황간(皇侃)의 소에서는 "'우(優)'는 여유롭다는 말과 같다[優, 猶寬閑也]."라고 하였다. 『회남자·시칙(淮南子·時則)』에서 "너그러움을 널리 펴도다[優優簡簡]."라고 하였는데, 고유(高誘)의 주에서는 "너그러움을 펴는 모습이다[寬舒之貌]."라고 하였다.

'영(𩕳)'은 '영(令)'으로 읽으며, 잘하다[善]라는 뜻이다.

'송(頌)'은 칭송하고 찬양하는 것이다.

'상(商)'에 대하여 우성오(于省吾)는 『시경·상송(詩經·商頌)』을 가리키며, '송(頌)'이란 공을 노래하고 덕을 칭송하는 시라 하였다. 그는 "'영송탁상(𩕳頌託商)'은 글이 4자로 제한되어있기 때문에 생략이 있다. 『상송(商頌)』과 같은 체제를 빌어서 오나라 왕을 잘 칭송한다는 뜻이다."라고 하였다.

(13) '강(康)'은 편안하다[安康]라는 뜻이다.

'해(諧)'는 조화롭다[和諧]는 뜻이다.

(14) '배(配)'는 배우자를 뜻한다.

(15) '휘(諱)'를 우성오(于省吾)는 '위(違)'로 읽으며, 잘못[違失]이라는 뜻이라 하였다.

'고(考)'는 늙다[老]는 뜻이다. 따라서 '불위노수(不違老壽)'는 늙도록 수명을 오래도록 누린다는 뜻이다.

'번(蕃)'은 많다[繁多]하다는 뜻이다.

'창(昌)'은 창성하다는 뜻이다.

(16) '보(保)'는 '보(寶)'로 읽는다.

'동(冬)'은 '종(終)'으로 읽으며, 장구하다는 뜻이다. 따라서 '종세(終歲)'는 만년(萬年)이라는 말과 같다.

68

吳王光鑒

1955년 안휘성 수현(壽縣)의 채후묘(蔡侯墓)에서 출토되어 현재 국가박물관(國家博物館)에서 소장하고 있다. 기물 안쪽 밑바닥에 명문 8행 53자가 있다.

저록(著錄)

『수현(壽縣)』, 도판15, 39, 『오성출토중요문물전람도록(五省出土重要文物展覽圖錄)』도판51, 『금문통석(金文通釋)』40・588, 『오월서서(吳越徐舒)』45쪽, 『은주금문집성(殷周金文集成)』16・10298

석문(釋文)

隹(唯)王五月, 旣字白期⁽¹⁾, 吉日初庚⁽²⁾, 吳王光睪(擇)其吉金⁽³⁾, 玄鏐、白鏞⁽⁴⁾, 台(以)乍(作)弔(叔)姬寺吁宗彊(彝)薦鑒⁽⁵⁾。用享用孝, 釁(眉)壽無疆。往已(矣)弔(叔)姬⁽⁶⁾, 虔敬乃后⁽⁷⁾, 子孫勿忘⁽⁸⁾。

탁본(拓本)　　　　　　　　모본(摹本)

번역(飜譯)

왕 5월 기생패 길일 초경에 오나라 왕 광(光)은 좋은 금속을 고르고, 납과 주석으로 숙희사우(叔姬寺吁)가 사용할 제사용 물그릇을 만드노라. 제사와 효행에 사용하여 장수가 끝이 없을지어다. 숙희(叔姬)는 가서 너의 군주를 공경히 모시고, 자손들을 잊지 말지어다.

주해(注解)

(1) 춘추시기는 오나라도 왕이라 칭하였기 때문에 '왕(王)'은 주나라 왕과 오나라 왕을 모두 지칭할 수 있다. 곽말약은 다음과 같이 말하였다.

'기자백기(旣子白期)'는 기생패(旣生霸)에 해당한다. '자(子)'는 '자(孶)' 혹은 '자(滋)'와 같으며, 낳는다[生]라는 뜻이다. '백(白)'은 옛날 '백(伯)'의 고자(古字)로 '패(覇)'와 통한다.

곽말약이 말한 '자(子)'는 실제로는 '자(字)'자이다. 『광아·석고(廣雅·釋詁)』에서 "'자(字)'는 낳는다는 뜻이다[字, 生也]."라고 하였다. 진몽가(陳夢家)는 '자백(子白)'을 '왕료(王僚)'의 자(字)라 하였고, 당란(唐蘭)은 '자백(子白)'을 오왕 광(光)의 큰아들이라 하였으나, 모두 취할 수 없다.

(2) 곽말약(郭沫若)은 "'기자백기, 길일초경(旣字白期, 吉日初庚)'이라 하였으니, 초길(初吉)의 뒤이며, 기생패 중의 첫 번째 경일(庚日)로 5월 9일 전후이다."라고 하였다. 또한 황성장(黃盛璋)은 다음과 같이 말하였다.

> 날을 길일이라 칭하는 것 중 시대가 가장 빠른 것은 〈오왕광감(吳王光鑒)〉의 '길일초경(吉日初庚)'이다. 이는 춘추말기의 기물로 이전에는……단지 '초길(初吉)'이라고만 할 뿐 '길일(吉日)'이라 하지 않았다.

(3) '오왕광(吳王光)'은 즉 오나라 왕 합려(闔閭 혹은 闔廬, 기원전 514~기원전 496)를 가리킨다. 『사기·오태백세가(史記·吳太伯世家)』에서 다음과 같이 말하였다.

> 오왕(吳王) 요(僚) 2년에 공자 광(光)이 초나라를 쳤다.……공자 광은 오왕 제번의 아들이다.……13년……4월 병자일에 광은 무장병을 지하실에 매복시키고, 오왕 요와 주연을 하였다.……드디

어 왕료를 시해하였다. 공자 광이 마침내 왕이 되었으니, 바로 오왕 합려이다.

王僚三年, 公子光伐楚.……公子光者, 王諸樊之子也.……十三年四月丙子, 光伏甲士於窟室, 而謁王僚飮.……遂弑王僚. 公子光竟代立爲王, 是爲吳王闔廬.

진몽가는 합려(闔廬)가 광(光)의 자라고 하였는데, 『좌전·양공(左傳·襄公)』17년에 "우리 같은 소인들도 모두 문이 닫히는 집이 있다[吾儕小人, 皆有闔廬].라고 하였는데, 두예의 주에서 "'합(闔)'은 문을 닫는 것이다[闔爲門戶閉塞]."라고 하였는데, 그 의미가 '광(光)'과 반대가 된다.

(4) 이에 대하여 곽말약(郭沫若)은 "두 개의 '광(銧)'자는 '광(礦)'의 이체자이다. '현광(玄銧)'은 납, '백광(白銧)'은 주석을 가리키며, '길금(吉金)'은 청동이다."라고 하였다. 일설에 '현광(玄銧)'은 동, '백광(白銧)'은 주석 혹은 납, '길금(吉金)'은 청동을 가리킨다고도 하였다.

(5) '이(台)'는 '구(口)'로 구성되고, '이(㠯)'는 발음을 나타내며, '이(㠯, 以)'로 읽는다.

'숙희사우(叔姬寺吁)'는 오나라 왕 광(光)의 딸 혹은 여형제로 채나라에 시집갔다. 오왕 광과 채소후(蔡昭侯)는 동시대 사람이니, '숙희사우('叔姬寺吁')'는 마땅히 소후의 비이다. 수현(壽縣)에 있는 채묘(蔡墓)는 채소후의 묘이다. 〈채후신반(蔡侯◼盤)〉을 참고하기 바란다. 〈채후신반〉은 오왕 광이 딸 혹은 여형제를 위해 만든 혼수용 기물[媵器]이기 때문에 채후묘에서 출토되었다. '숙(叔)'은 항렬이고, '희(姬)'는 성이며, '사우(寺吁)'는 이름이다. 오왕의 딸 혹은 여형제가 희성(姬姓)이라는 점은 오나라가 확실히 주나라의 후예임을 증명하여주고 있다.

'彛'은 '이(彝)'로 읽는다. '종이(宗彝)'는 본래 종묘의 제기를 가리키지만 여기에서는 일반적으로 청동기를 가리킨다.

'천(薦)'은 바치다[進獻]로 제사하다란 뜻이다. 『주역・예괘・상전(周易・豫卦・象傳)』에서 "상제에게 성대히 바치고, 이로써 조상을 상제와 배향한다[殷薦之上帝, 以配祖考].'라고 하였는데, 공영달의 소에서는 "성대한 음악으로 상제에게 올리고 제사지낸다[用此殷盛之樂, 薦祭上帝也]."라고 하였다. 『예기・왕제(禮記・王制)』에서 "사대부의 종묘 제사에 토지가 있으면 제사지내고, 토지가 없으면 제물을 올린다[士大夫宗廟之祭, 有田則祭, 無田則薦]."라고 하였다.

'감(鑒)'은 『설문해자』에서 "커다란 동이라는 뜻이다[大盆也].1)"라 하였으며, 물을 담는 기물이다. 따라서 '천감(薦鑒)'은 제사에 사용하는 물을 담는 기물이다.

(6) '이(已)'는 '의(矣)'와 통용된다. 『논어・위령공(論語・衛靈公)』에서 "오늘날에는 없을 따름이다[今亡已夫]."라고 하였다.

이 구절은 황간본(皇侃本)에 "금무의부(今亡矣夫)"로 되어 있다.

(7) 『이아・석고(爾雅・釋詁)』에서 "'후(后)'는 군주이다[后, 君也]."라고 하였다.

'내후(乃后)'는 너의 군왕으로 채소후(蔡昭侯)를 가리킨다.

(8) '자손(子孫)'은 원래 '孫='으로 쓰였으며, 합문(合文)이다. '손손(孫

---

1) 역자주 : 왕휘는 '大盆地'라 하였으나, '大盆也'가 옳다.

孫)'으로 해석하기도 한다.

단대(斷代)

오나라 왕 합려(闔閭, 기원전 오나라 왕 합려(闔閭, 기원전 514~기원전 496까지 재위)가 만든 본 기물은 분명 재위기간에 제작되었을 것이다. 동초평(董楚平)은 같은 묘에서 출토된 〈오왕광잔종(吳王光殘鐘)〉이 합려 9년에 제작되었고, 10년(기원전 505)에 본 기물이 제작되었으며, 명문의 두 번째 글자인 '왕(王)'은 오나라 왕을 가리킨다고 하였다. 고려할만한 견해이다.까지 재위)가 만든 본 기물은 분명 재위기간에 제작되었을 것이다. 동초평(董楚平)은 같은 묘에서 출토된 〈오왕광잔종(吳王光殘鐘)〉이 합려 9년에 제작되었고, 10년(기원전 505)에 본 기물이 제작되었으며, 명문의 두 번째 글자인 '왕(王)'은 오나라 왕을 가리킨다고 하였다. 고려할만한 견해이다.

부록 · 1

(一) 저록간목

1. 博古: 宋 王黼等,『博古圖錄』, 明嘉定七年(1528) 蔣暘龥刻元至大重修本.
2. 薛氏: 宋 薛尙功,『歷代鐘鼎彝器款識法帖』, 南宋紹興十四年(1144) 夕刻本.
3. 嘯堂: 宋 王俅,『嘯堂集古錄』, 宋淳熙樓本, 1922年 涵芬樓影印於『續古逸叢書』.
4. 西淸: 淸 梁詩正等,『西淸古鑒』, 淸乾隆二十年(1755) 內府刻本.
5. 積古: 淸 阮元,『積古齋鐘鼎彝器款識』, 淸嘉慶九年(1804) 阮氏自刻本.
6. 筠淸: 吳榮光,『筠淸館金文』, 1842年.
7. 攀古: 潘祖蔭,『攀古樓彝器款識』, 1872年.
8. 從古: 徐同柏,『從古堂款識學』, 1886年.
9. 攗古: 淸 吳式芬,『攗古錄金文』, 淸光緒二十一年(1895) 刊行本.
10. 愙齋: 淸 吳大澂,『愙齋積古錄』, 1917年 影印本.
11. 綴遺: 淸 方濬益,『綴遺齋彝器款識考釋』, 1935년 涵芬樓影印本.
12. 貞松: 羅振玉,『貞松堂集古遺文』, 1930年 摹寫石印本.
13. 貞松續: 羅振玉,『貞松堂集古遺文續編』, 1934年 摹寫石印本.

14. 三代: 羅振玉,『三代吉金文存』, 1937年影印本.
15. 鄴: 黃濬,『鄴中片羽初集』, 1935 - 1942年影印本.
16. 通考: 容庚,『商周彝器通考』, 1941年哈佛燕京學社出版.
17. 斷代:　陳夢家,『西周銅器斷代』(『考古學報』9 - 14冊), 1955 - 1956年.
18. 壽縣: 安徽省文管會・博物館,『壽縣蔡侯墓出土遺物』, 1956年.
19. 錄遺: 于省吾,『商周金文錄遺』, 1957年.
20. 大系: 郭沫若,『兩周金文辭大系圖錄考釋』, 1935年初印本圖錄・考釋分爲二冊, 1958年重印合併.
21. 全上古: 嚴可均,『全上古三代秦漢三國六朝文』, 清光緒年間初版, 1958年重印.
22. 五省: 展覽籌委會,『五省出土重要文物展覽圖錄』, 1958年.
23. 圖釋: 陝西省博物館,『青銅器圖釋』, 1960年.
24. 集錄: 陳夢家,『美帝國主義怯掠的我國殷周銅器集錄』, 1963年.
25. 白川通釋: 日本 白川靜,『金文通釋』, 1962 - 1975年.
26. 中日歐美澳紐: 巴納・張光裕,『中日歐美澳紐所見所拓所摹金文滙編』, 1978年.
27. 陝青: 陝西省考古研究所等,『陝西出土商周青銅器』, 1979年.
28. 總集: 嚴一萍,『金文總集』, 1983年.
29. 集成: 中國社科院考古研究所,『殷周金文集成』, 1984 - 1994年.
30. 銘文選: 上海博物館編寫組,『商周青銅器銘文選』, 文物出版社 1986年.
31. 吳越徐舒: 董楚平,『吳越徐舒金文集釋』, 1992年.
32. 金文引得: 教育部人文社會科學重點研究基地華東師範大學中國文字研究與應用中心,『金文引得』(殷商西周卷), 2001年.

33. 文參: 『文物參考資料』編輯部編.
34. 文物: 『文物』月刊編輯部編.
35. 考古: 中國社會科學院考古研究所, 『考古』編輯部編.
36. 考古學報: 中國社會科學院考古研究所, 『考古學報』編輯部編.
37. 考古與文物: 陝西省考古研究所, 『考古與文物』編輯部編.
38. 故宮文物月刊: 臺北故宮博物館, 『故宮文物月刊』編輯部編.
39. 古文字研究: 中華書局編輯部·中國古文字研究會編.

(二) 인용서목

1. 于省吾: 『甲骨文字釋林』, 中華書局 1979년.
2. 于省吾: 「穆天子傳新證」, 『考古社刊』6期.
3. 于省吾: 「利簋銘文考釋」, 『文物』1978年 3期.
4. 于省吾: 「墻盤銘文十二解」, 『古文字研究』第5輯, 中華書局 1981年.
5. 于省吾: 「壽縣蔡侯墓銅器銘文考釋」, 『古文字研究』第1輯, 中華書局 1979年.
6. 于豪亮: 「墻盤銘文考釋」, 『古文字研究』第7輯, 中華書局 1982年.
7. 于豪亮: 「陝西省扶風縣强家村出土虢季家族銅器銘文考釋」, 『于豪亮學術文存』, 中華書局 1958年.
8. 萬樹瀛: 「滕縣後荊溝出土不嬰簋等青銅器群」, 『文物』1981年 9期.
9. 王人聰: 「蔡侯龖考」, 『古文字研究』第12輯, 中華書局 1985年.
10. 王文耀: 『簡明金文辭典』, 上海辭書出版社 1985年.
11. 王世民等: 「關於夏商周斷代工程中的西周銅器斷代問題」, 『文物』1999年 6期.

12. 王世民·陳公柔·張長壽:『西周靑銅器分期斷代硏究』, 文物出版社 1999년, 이를 간칭『銅器分期』라고도 한다.
13. 王國維:『觀堂古金文考釋』,『王國維遺書』6, 上海古籍書店에서 1983년에 商務印書館 1940년版에 의거하여 영인하였다.
14. 王國維:「兮甲盤跋」,『觀堂集林·別集』, 中華書局 1959년影印.
15. 王國維:「毛公鼎銘考釋」,『王國維遺書』6.
16. 王國維:「邵鐘跋」,『觀堂集林』卷18.
17. 王國維:「玉溪生時年譜會箋序」,『觀堂集林』卷23.
18. 王國維:「齊國差罐跋」,『觀堂集林』卷18.
19. 王輝:『秦銅器銘文編年集釋』, 三秦出版社 1990년.
20. 王輝:『一粟集—王輝學術文存』, 臺灣藝文印書館 2002년.
21. 王輝:「西周畿內地名小記」,『考古與文物』1985년 3期.
22. 王輝·陳復澂:「幾件銅器銘文中反映的西周中葉的土地交易」,『遼海文物學刊』1986년 2期
23. 王輝:『秦文字集證』, 臺灣藝文印書館 1999년.
24. 王輝:「逆鐘銘文箋釋」,『考古與文物』叢刊第2號『古文字論集』(一), 1983년.
25. 王輝:「史密簋釋文考釋」,『人文雜誌』1991년 4期.
26. 王輝:「周秦器銘考釋」,『考古與文物』1991년 6期.
27. 王輝:「駒父盨蓋銘文試釋」,『考古與文物』1982년 5期.
28. 王輝:「秦器銘文叢考」,『文博』1988년 2期.
29. 王輝:『古文字通假釋例』, 臺灣藝文印書館 1993년.
30. 王愼行:『古文字與殷周文明』, 陝西人民教育出版社 1992년.
31. 王愼行:「乙卯尊銘文通釋譯論」,『古文字硏究』第13輯, 中華書局 1986년.

32. 王慎行:「師𩰬鼎銘文通釋譯論」,『求是學刊』1982年 4期.

33. 王翰章・陳良和・李保林:「虎簋蓋銘簡釋」,『考古與文物』1997年 3期.

34. 方述鑫:「太保罍・盉銘文考釋」,『考古與文物』1992年 6期.

35. 尹盛平:『西周微氏家族青銅器群研究』, 文物出版社 1982年.

36. 孔令遠:「徐國的考古發現與研究」, 四川大學博士論文, 2002年.

37. 巴納・張光裕:『中日歐美澳紐所見所拓所摹金文滙編』, 臺灣藝文印書館 1978年.

38. 盧連成:「序地與昭王十九年南征」,『考古與文物』1984年 6期.

39. 盧連成・尹盛平:「古矢國遺址墓地調查記」,『文物』1982年 2期.

40. 盧連成:「周都淢鄭考」,『考古與文物』叢刊第2號『古文字論集』(一), 1983年.

41. 盧連成・楊滿倉:「陝西寶雞縣太公廟村發現秦公鐘・秦公鎛」,『文物』1978年 11期.

42. 田醒農・雒忠如:「多友鼎的發現及其銘文試釋」,『人文雜誌』1981年 6期.

43. 白于蘭:「玄衣順純新解」,『中國文字』第26期, 臺灣藝文印書館 2000年.

44. 『考古』記者:「北京琉璃河出土西周有銘銅器座談紀要」,『考古』1989年 10期.

45. 『考古與文物』編輯部:「虎簋蓋銘座談紀要」,『考古與文物』1997年 3期.

46. 『考古與文物』編輯部:「吳虎鼎銘座談紀要」,『考古與文物』1998年 5期.

47. 朱鳳瀚・張榮明:『西周諸王年代研究』, 夏商周斷代工程叢書,

貴州人民出版社 1998년.

48. 朱鳳瀚:『古代中國靑銅器』,南開大學出版社 1995年.
49. 伍仕謙:「秦公鐘考釋」,『四川大學學報』哲社版 1980年 2期.
50. 伍仕謙:「王子午鼎・王孫誥鐘銘文考釋」,『古文字研究』第9輯,中華書局 1984年.
51. 伍仕謙:「微氏家族銅器群年代初探」,『古文字研究』第5輯,中華書局 1981年.
52. 劉啓益:「西周夨國銅器的新發現與有關的歷史地理問題」,『考古與文物』1982年 2期.
53. 劉啓益:「西周金文中所見的周王后妃」,『考古與文物』1980年 4期.
54. 劉啓益:「微氏家族銅器群初探」,『古文字研究』第5輯,中華書局 1981年.
55. 劉雨:「多友鼎的時代與地名考訂」,『考古』1983年 2期.
56. 劉雨:「邵黛編鐘的重新研究」,『古文字研究』第12輯,中華書局 1985年.
57. 劉釗:「利用郭店楚簡字形考釋金文一例」,『古文字研究』第24輯,中華書局 2002年.
58. 劉彬徽:『楚系靑銅器研究』,湖北教育出版社 1995年.
59. 劉翔・陳抗・陳初生・董琨:『商周古文字讀本』,語文出版社 1998年 9月. 簡稱『讀本』.
60. 湯餘惠:「洀字別議」,『容庚先生百年誕辰紀念文集』,廣東人民出版社 1998年.
61. 孫常敍:「翏鼎銘文淺釋」,『吉林師大學報』哲社版 1977年 4期.
62. 孫常敍:「秦公及王姬鎛鐘銘文考釋」,『吉林師大學報』哲社版 1978年 4期.

63. 孫稚雛:『金文著錄簡目』, 中華書局 1981년.
64. 李亞農:「長甶盉銘釋文注釋」,『考古學報』1955年 第9冊.
65. 李仲操:「史墻盤銘文試釋」,『文物』1978年 3期.
66. 李仲操:「也談多友鼎銘文」,『人文雜誌』1982年 6期.
67. 李長慶・田野:「祖國歷史文物的又一次重要發現—陝西眉縣發掘出四件周代銅器」,『考古與文物』1981年 1期.
68. 李伯謙:「叔夨方鼎銘文考釋」,『文物』2001年 8期.
69. 李啓良:「陝西安康市出土西周史密簋」,『考古與文物』1989年 3期.
70. 李學勤:『夏商周年代學札記』, 遼寧大學出版社 1999年.
71. 李學勤:『走出疑古時代』, 遼寧大學出版社 1997年.
72. 李學勤:『新出青銅器研究』, 文物出版社 1990年.
73. 李學勤:「班簋續考」,『古文字研究』第13輯, 中華書局 1986年.
74. 李學勤:「師詢簋與祭公」,『古文字研究』第22輯, 中華書局 2000年.
75. 李學勤:「談叔夨方鼎及其他」,『文物』2001年 10期.
76. 李學勤:「論史墻盤及其意義」,『考古學報』1978年 2期.
77. 李學勤:「西周中期青銅器的重要標尺—周原莊白・強家兩處青銅器窖藏的綜合研究」,『中國歷史博物館館刊』1979年 1期.
78. 李學勤:「論𥂴鼎及其反映的西周製度」,『中國史研究』1985年 1期.
79. 李學勤:「岐山董家村訓匜考釋」,『古文字研究』第1輯, 中華書局 1979年.
80. 李學勤:『史密簋銘所記西周重要事實』, 遼寧大學出版社 1997年.
81. 李學勤:「論多友鼎的時代及意義」,『人文雜誌』1981年 6期.
82. 李學勤:『兮甲盤與駒父盨—論西周末年周朝與淮夷的關係』, 文物出版社 1990年.
83. 李學勤:「秦國文物的新認識」,『文物』1980年 9期.

84. 李學勤:「吳虎鼎考釋—夏商周斷代工程考古學筆記」,『考古與文物』1998年 5期.

85. 李學勤:『吳虎鼎研究的擴充』,遼寧大學出版社 1999年.

86. 李學勤:「補論子犯編鐘」,『中國文物報』1995년 5月 28日.

87. 李學勤:「宜侯夨簋與吳國」,『文物』1985年 7期.

88. 李學勤:「試論董家村青銅器群」,『文物』1976年 6期.

89. 李學勤:「師穎鼎剩義」,文物出版社 1990年.

90. 李學勤:「論䢅公盨及其重要意義」,『中國歷史文物』2002年 6期.

91. 李零:「新出秦器試探—新出秦公鐘鑄銘與過去著錄秦公鐘·殷銘的對讀」,『考古』1980年 2期.

92. 李永延·葉正渤:『商周青銅器銘文簡論』,中國礦業大學出版社 1998年.

93. 杜迺松:『青銅器鑑定』,中國文物鑑定叢書,廣西師範大學出版社 1983年.

94. 杜勇:「金文生稱謚新解」,『歷史研究』2002年 3期.

95. 吳大焱·羅英杰:「陝西武功縣出土駒父盨蓋」,『文物』1976年 5期.

96. 吳鎮烽:『金文人名滙編』,中華書局 1987年.

97. 吳鎮烽·雒忠如:「陝西省扶風縣強家村出土的西周銅器」,『文物』1975年 8期.

98. 吳鎮烽:「史密簋銘文考釋」,『考古與文物』1989年 3期.

99. 吳鎮烽:「新出秦公鐘銘考釋與有關問題」,『考古與文物』1980年 1期.

100. 吳振武:「釋䚔」,『文物研究』第6輯,黃山書社 1990年.

101. 汪中文:『西周官製研究』,臺灣復文圖書出版社 1993年.

102. 張天恩:「對秦公鐘考釋中有關問題的一些看法」,『四川大學學報』

哲社版 1980年 4期.

103. 張世超:「史密簋眉字說」,『考古與文物』1995年 4期.
104. 張亞初:『殷周金文集成引得』,中華書局 2001년.
105. 張亞初:「西周銘文所見某生考」,『考古與文物』1983年 5期.
106. 張亞初:「周厲王所作祭器𣪘考」,『古文字研究』第5輯,中華書局 1981年.
107. 張亞初:「談多友鼎銘文的幾個問題」,『考古與文物』1982年 3期.
108. 張光遠:「故宮新藏春秋晉文稱霸子犯和鐘初釋」,『故宮文物月刊』13卷1期, 1995年 4月.
109. 張政烺:「周厲王𣪘釋文」,『古文字研究』第3輯,中華書局 1980年.
110. 張桂光:「沫司徒疑簋及其相關問題」,『古文字研究』第22輯,中華書局 2000年.
111. 張培瑜:『中國先秦史曆表』,齊魯書社 1987年.
112. 張培瑜・周曉陸:「吳虎鼎銘紀時討論」,『考古與文物』1998年 3期.
113. 張筱衡:「禹鼎考釋」,『人文雜誌』1958年 1期.
114. 張筱衡:「散盤考釋」,『人文雜誌』1958年 2-4期.
115. 張懋鎔:「再論虎簋蓋及其相關銅器的年代問題」,『陝西歷史博物館館刊』第7輯,三秦出版社 2000年.
116. 趙懋鎔・趙榮・鄒東濤:「安康出土的史密簋及其意義」,『文物』1989年 7期.
117. 扶風縣圖博館:「陝西扶風發現西周厲王𣪘」,『文物』1979年 4期.
118. 陳平:『燕史紀事編年會按』,北京大學出版社 1995年.
119. 陳平:「克罍・克盉銘文及其有關問題」,『考古』1991年 6期.
120. 陳平:「再論克罍・克盉銘文及其有關問題」『考古與文物』 1995年 1期.

121. 陳世輝・湯餘惠:『古文字學概要』, 吉林大學出版社 1988年.

122. 陳世輝:「匋簋及弭叔簋小記」,『文物』1960年 8-9期合刊.

123. 陳世輝:「釋戠—兼說甲骨文不字」,『古文字研究』第10輯, 中華書局 1983年.

124. 陳進宜:「禹鼎考釋」,『光明日報』1951年 7月 7日.

125. 陳初生:『金文常用字典』, 陝西人民出版社 1987年.

126. 陳邦懷:「永盂考略」,『文物』1972年 11期.

127. 陳夢家:「壽縣蔡侯墓銅器」,『考古學報』1956年 2期.

128. 林澐:『林澐學術文集』, 中國大百科全書出版社 1998年.

129. 林澐:「琱生簋新釋」,『古文字研究』第3輯, 中華書局 1980年.

130. 林澐:「說干・盾」,『古文字研究』第22輯, 中華書局 2000年.

131. 林劍鳴:「秦公鐘・鎛銘文釋讀中的一個問題」,『考古與文物』1980年 2期.

132. 楊樹達:『積微居金文說』. 中華書局 1997年.

133. 羅西章・吳鎮烽・雒忠如:「陝西扶風縣出土伯㦰諸器」,『文物』1976年 6期.

134. 龐懷靖等:「陝西岐山縣董家村西周銅器窖穴發掘簡報」,『文物』1976年 5期.

135. 河南省丹江庫區文物發掘隊;「河南省淅川縣下寺春秋楚墓」,『文物』1980年 10期.

136. 陝西周原考古隊:「陝西扶風莊白一號西周青銅器窖藏發掘簡報」,『文物』1978年 3期.

137. 趙世綱・劉笑春:「王子午鼎銘文試釋」,『文物』1980年 10期.

138. 趙平安:「西周金文中的䵼新解」,『于省吾教授百年誕辰紀念文集』, 吉林大學出版社 1996년

139. 故宮博物院編:『唐蘭先生金文論集』,紫禁城出版社 1995年.
140. 郝士宏:「簋薾朕心解」,『考古與文物』叢刊第四號 2001年.
141. 段紹嘉:「陝西藍田縣出土弭叔等彝器簡介」,『文物』1960年 2期.
142. 饒宗頤等:「曲沃北趙晉侯墓地M114出土叔夨方鼎及相關問題研究筆談」,『文物』2002年 5期.
143. 夏含夷:「從駒父盨蓋銘文談周王朝與南淮夷的關係」,『考古與文物』1988年 1期.
144. 夏商周斷代工程專家組:『夏商周斷代工程1996－2000年階段成果報告』,世界圖書出版公司 2000年. 簡稱『斷代工程報告』.
145. 徐中舒主編:『漢語古文字字形表』,四川辭書出版社 1981年.
146. 徐中舒:「西周墻盤銘文箋釋」,『考古學報』1978年 2期.
147. 徐中舒:「弋射與弩之起源及關於此類名物之考釋」,『中央研究員歷史言語研究所集刊』四本四分. 1934年.
148. 徐中舒:「𤔲敦考釋」,『中央研究員歷史言語研究所集刊』二本二分. 1931年.
149. 徐中舒:「禹鼎的年代及其相關問題」,『考古學報』1959年 3期.
150. 殷瑋璋:「新出土的太保銅器及其相關問題」,『考古』1990年 1期.
151. 高明:『中國古文字學通論』,北京大學出版社 1996年.
152. 郭沫若:『殷周青銅器銘文研究』,科學出版社 1961年.
153. 郭沫若:「保卣銘釋文」,『考古學報』1958年 1期.
154. 郭沫若:「關於眉縣大鼎銘辭考釋」,『文物』1972年 7期.
155. 郭沫若:「班簋的再發現」,『文物』1972年 9期.
156. 郭沫若:『兩周金文辭大系圖錄考釋』,上海書店出版社 1999年.
157. 郭沫若:「長由盉銘釋文」,『文物參考資料』1955年 2期.
158. 郭沫若:「弭叔簋及訇簋考釋」,『文物』1960年 2期.

159. 郭沫若:「戈珌瓾鉭必彤沙說」,『考古學報』1958年 1期.
160. 郭沫若:「盠器銘考釋」,『考古學報』1957年 2期.
161. 郭沫若:「禹鼎跋」,『光明日報』1951年 7月 7日.
162. 郭沫若:「由壽縣蔡器論到蔡墓的年代」,『考古學報』1956年 1期.
163. 唐蘭:『西周青銅器銘文分代史徵』, 中華書局 1986年.
164. 唐蘭:「西周銅器斷代中的康宮問題」,『考古學報』1962年 1期.
165. 唐蘭:「用青銅器銘文來研究西周史」,『文物』1978年 3期.
166. 唐蘭:「略論西周微史家族窖藏銅器的重要意義」,『文物』1978年 3期.
167. 唐蘭:「永盂銘文解釋」,『文物』1972年 1期.
168. 唐蘭:「永盂銘文解釋的一些補充—并答讀者來信」,『文物』1972年 11期.
169. 容庚・張維持:『殷周青銅器通論』, 文物出版社 1984年新一版.
170. 容庚:「弭叔簋及訇簋考釋的商榷」,『文物』1960年 8・9期合刊.
171. 黃盛璋:「銅器銘文宜虞矢的地望及其與吳國的關係」,『考古學報』1983年 3期.
172. 黃盛璋:「保卣銘的時代與史實」,『考古學報』1957年 3期.
173. 黃盛璋:「穆世標準器—鮮盤的發現及其相關問題」,『徐中舒先生九十壽辰紀念文集』, 巴蜀書社 1990年.
174. 黃盛璋:「西周微家族窖藏銅器群的綜合研究」,『社會科學陣線』1978年 3期.
175. 黃盛璋:「岐山新出儠匜若干問題探索」,『文物』1976年 6期.
176. 黃盛璋:「多友鼎的歷史與地理問題」,『考古與文物』叢刊第2號『古文字論集』(一), 1983年.
177. 黃盛璋:「駒父盨蓋銘文研究」,『考古與文物』1983年 4期.

178. 黃德寬:「說遲」,『古文字研究』第24輯, 中華書局 2002年.
179. 黃德寬・陳秉新:『漢語文字學史』, 安徽教育出版社 1990年.
180. 曹發展・陳國英:「咸陽地區出土青銅器」,『考古與文物』1981年 1期.
181. 曹錦炎:「關於逆鐘釋文的一點看法」,『考古與文物』叢刊第2號『古文字論集』(一), 1983年.
182. 曹錦炎:「吳越青銅器銘文略述」,『古文字研究』第17輯, 中華書局 1989年.
183. 彭裕商:「伯懋父考」,『四川大學考古專業創建四十周年暨馮漢驥教授百年誕辰紀念文集』, 四川大學出版社 2001年.
184. 彭裕商:「麥四器與周初的邢國」,『徐中舒先生百年誕辰紀念文集』, 巴蜀書社 1998年.
185. 彭裕商:「渣司徒遼簋考釋及相關問題」,『于省吾教授百年誕辰紀念文集』, 吉林大學出版社 1996年.
186. 彭裕商:「西周金文所見夷厲二王在位年數及相關問題」,『歷史研究』2002年 3期.
187. 彭裕商:「董家村裘衛四器年代新探」,『古文字研究』第22輯, 中華書局 2000年.
188. 彭裕商:「也論申出虎簋蓋的年代」,『文物』1999年 1期.
189. 斯維至:『兩周金文所見職官考』,『中國文化研究叢刊』第7卷.
190. 斯維至:「關於召伯虎簋的考釋及僕庸土田問題」,『徐中舒先生九十壽辰紀念文集』, 巴蜀書社 1990年.
191. 溫廷敬:「毛公鼎之年代」,『史學專刊』1・3, 1936年.
192. 裘錫圭:「論䟒簋的兩個地名—棫林和胡」,『考古與文物』叢刊第2號『古文字論集』(一), 1983年.

193. 裘錫圭:「史墻盤銘解釋」,『文物』1978年 3期.
194. 裘錫圭:「說□□白大師武」,『考古』1978年 5期.
195. 裘錫圭:「䚄公盨銘文考釋」,『中國歷史文物』2002年 6期.
196. 蔡運章:『甲骨金文與古史新探』,中國社會科學出版社 1996年.
197. 穆曉軍:「陝西長安縣出土西周吳虎鼎」,『考古與文物』1998年 3期.
198. 戴家祥:「墻盤銘文通釋」,『上海師大學報』哲社版 1979年 2期.

부록 · 2

Ⅰ. 夏・商・周年代簡表[1]

夏・商・周年代簡表

王朝		年代	期間
夏		기원전 약 2100 - 1600년	약 500년
商	商	기원전 약 1600 - 1028년	약 550년 이상
	殷	기원전 1300 - 1028년	273년
周		기원전 1027 - 256년	772년
	西周	기원전 1027 - 771년	257년
	東周	기원전 770년 - 256년	515년
	春秋	기원전 770 - 476년	295년
	戰國	기원전 475 - 221년	255년

 상나라는 탕(湯)임금이 하나라를 멸망시키고 은(殷)으로 천도하기 이전까지 다음과 같이 20명의 왕으로 이어졌다.

 湯(太乙)→太丁→外丙→中壬→太甲→沃丁→太庚→小甲→雍己→太戊→中丁→外壬→下亶甲→祖乙→祖辛→沃甲→祖丁→南庚→陽甲→盤庚

---

[1] 萬國鼎 編,『中國歷史紀年表』, 商務印書館, 64 - 67쪽, 1978.

殷

王	年代	在位期間
盤庚・小辛・小乙	기원전 1300 - 1239년	62년
武丁	기원전 1238 - 1180년	59년
祖庚	기원전 1179 - 1173년	6년
祖甲	기원전 1172 - 1140년	33년
廩辛・康丁	기원전 1139 - 1130년	10년
武乙	기원전 1129 - 1095년	35년
文丁	기원전 1094 - 1084년	11년
帝乙	기원전 (1084, 1080) - (1060, 1050)년	25 - 31년
帝辛	기원전 (1060, 1050) - 1027년	24 - 34년

西周

王	年代	在位期間
武王	기원전 1027 - 1025년	3년
成王	기원전 1024 - 1005년	20년
康王	기원전 1004 - 967년	38년
昭王	기원전 966 - 948년	19년
穆王	기원전 947 - 928년	20년
共王	기원전 927 - 908년	20년
懿王	기원전 907 - 898년	10년
孝王	기원전 897 - 888년	10년
夷王	기원전 887 - 858년	30년
厲王	기원전 857 - 842년	16년
共和	기원전 841 - 828년	14년
宣王	기원전 827 - 782년	46년
幽王	기원전 781 - 771년	11년

東周

王	年代	在位期間
平王	기원전 770 - 720년	51년
桓王	기원전 719 - 697년	23년
莊王	기원전 696 - 682년	15년
釐王	기원전 681 - 677년	5년
惠王	기원전 676 - 652년	25년
襄王	기원전 651 - 619년	33년
頃王	기원전 618 - 613년	6년
匡王	기원전 312 - 607년	6년
定王	기원전 606 - 586년	21년
簡王	기원전 585 - 572년	14년
靈王	기원전 571 - 545년	27년
景王	기원전 544 - 521년	24년
悼王	기원전 520 - 520년	1년
敬王	기원전 519 - 476년	44년
元王	기원전 475 - 469년	7년
貞定王	기원전 468 - 442년	27년
哀王	기원전 441 - 441년	1년
思王	기원전 441 - 441년	1년
考王	기원전 440 - 426년	15년
威烈王	기원전 425 - 402년	24년
安王	기원전 401 - 376년	26년
烈王	기원전 375 - 369년	7년
顯王	기원전 368 - 321년	48년
愼靚王	기원전 320 - 315년	6년
赧王	기원전 314 - 256년	59년

이상에서 상과 주나라를 전기·후기, 서주를 초기·중기·말기, 동주를 춘추·전국시기로 나누어 일곱 단계로 구분하면 다음과 같다.

- 1단계 : 商前期(기원전 1600 - 1300년, 湯 - 盤庚)
- 2단계 : 商後期(기원전 1300 - 1027년, 盤庚 - 帝辛)
- 3단계 : 서주초기(기원전 1027 - 948년, 武王 - 昭王)
- 4단계 : 서주중기(기원전 947 - 888년, 穆王 - 孝王)
- 5단계 : 서주말기(기원전 887 - 771년, 夷王 - 幽王)
- 6단계 : 춘추시기(기원전 770 - 476년, 平王 - 敬王)
- 7단계 : 전국시기(기원전 475 - 221년, 元王 - 秦王政)

II. 금문

금문이란 청동기 명문을 일컫는 말로 주명(鑄銘)과 각명(刻銘) 두 종류가 있다. 전국시기 이전에는 대부분 '주명'이었고, 전국시기에는 '각명'이 더 많았다. 이러한 명문들은 중요한 사료적 가치가 있을 뿐만 아니라 명문의 서체·포국·내용은 시대에 따라 발전하고 변화하였기 때문에 청동기의 시대를 결정하는 데에 중요한 표준이 되기도 한다.

금문에 대한 연구는 고문자학에 속하는 중요한 내용이다. 고문자학의 과학적 연구방법으로 금문 자형의 특징·수사·어귀·문법의 습관과 변천과정을 구체적으로 연구하여야 비로소 여기에 쓰인 문자를 비교적 심각하게 이해할 수 있다. 그러므로 금문에 관한 문제는 전적으로 고문자학 측면에서 다루어져야 할 것이다. 이러한 점을 고려하여 여기에서는 외재적 형식에 중점을 두고 각 시기 금문에서 자주 보이는 내용, 시대를 결정하는 데에 도움이 되는 글귀, 자형의 특징·풍격·포국의 상황을 약술하도록 하겠다.

　현재까지 발견된 것 중에서 명문이 있는 청동기는 은나라 즉 상나라 말기의 것을 가장 빠른 것으로 삼고 있다. 그러나 소수 전해지는 이리강(二里崗) 상층기의 청동기에도 오히려 '주명'이 있다. 상나라 이리강 문화시기에 속하는 청동기에 명문에 있다는 것은 긍정할 수 있다. 그러나 매우 극소수가 발견되는 원인의 하나는 이 시기에 청동기에 '주명'을 한 것이 아직 풍토를 이루지 못하였기 때문이고, 다른 하나는 청동기 묘(墓)와 관계가 있다. 따라서 여기에서는 상주의 금문, 즉 상나라 말기에 속하는 은나라의 금문으로부터 설명을 시작하도록 하겠다.

1. 상나라 말기의 금문

　이 시기 금문에서 가장 흔히 보이는 형식은 다음과 같다.

　첫째, 이른바 종족, 즉 가족의 명호(名號)로 기물을 만든 사람을 표시하는 명문이 있다. 이 가운데 어떤 것은 복합씨명(複合氏名), 즉 기물을 만든 사람이 가족의 명호를 서명함과 동시에 또한 가족에서 더욱 높은 가족 명호를 서명하여 종족조직의 보계(譜系) 관계를 나타내기도 하였다. 이러한 종족 명문은 종종 아(亞)자형과 서로 결합하여 아(亞)자형 안 혹은 밖에 나타내기도 하였다. 아(亞)자형에 함유된 의미에 대하여서는 아직까지 견해가 일치하지 않고 있다.

　둘째, 종족 명호 이외에 죽은 선인의 '일명(日名)'을 붙이는 경우가 있다. 예를 들면, 갑·을·병·정·무·기·경·신·임·계(甲·乙·丙·丁·戊·己·庚·辛·壬·癸)의 십간을 '조(祖)·부(父)·비(匕)·모(母)' 등의 뒤에 붙이는 경우이다. 혹은 단지 '일명'만 있고, 선인의 칭호를 생략하기도 한다. 이는 가족에서의 귀족으로 오로지 제사를 위하여 '일명'을 갖춘 선인의 제기라는 것을 나타내는 것이다.

셋째, 단지 '일명'만 있을 뿐이다. 이는 아마도 둘째 형식의 생략으로 보인다.

넷째, 단지 기물을 만든 사람의 이름만 있을 뿐이다. 가족의 우두머리 개인의 명호는 가족의 명호로 쓰이므로 이러한 형식의 명문은 비록 기물을 만든 개인의 명호일 수 있지만 개별적인 것(예를 들면, '자모(子某)'도 가족의 명호일 수 있다.

상나라 말기의 명문은 대부분 이상의 내용에 속하므로 명문의 글자수는 단지 몇 글자에 지나지 않는다. 『삼대길금문존(三代吉金文存)』・『상주금문록유(商周金文錄遺)』・『은주금문집성(殷周金文集成)』에 수록된 명문에서 2-3자 혹은 3-4자가 있는 것은 대부분 상나라 말기에 속하고, 수량이 많을 뿐만 아니라 상주 금문에서 상당히 높은 비율을 차지하고 있다. 이러한 금문은 말이 간단하나 뜻은 깊다고 할 수 있다. 이상에서 설명한 몇 종류의 형식은 당시 상나라 사람의 가족형태・가족제도・종교관념 등의 중요한 문제를 반영하고 있다. 비록 많은 학자들이 이에 대하여 연구하였지만 아직까지 심각한 내용을 밝히지 못하고 있어 이후 금문 연구의 중요한 과제로 남는다.

은나라 소수의 청동기에 비교적 긴 명문이 있으나 모두 은나라 말기에 속한 기물들이다. 이 가운데 글자 수가 가장 많은 것은 현재 일본에서 소장하고 있는 〈소자䀗유(小子䀗卣)〉의 명문 44자이다. 이외에 〈아방정(我方鼎)〉은 명문 끝에 있는 '아약(亞若)'을 제외하고 41자의 긴 명문이 있으며, 북경고궁박물원에서 소장하고 있는 〈사사유(四祀卣)〉의 명문은 42자에 달한다.

이렇게 비교적 긴 명문의 내용은 대부분 상나라 말기의 중요한 전쟁, 왕실의 제사 활동, 왕실과 귀족 관계 등을 다루고 있지만 어떠한 글자들이 함유하고 있는 의미와 반영하고 있는 제도의 실정에 대하여서는 아직까지 연구가 부족하다.

이 시기의 금문은 선명한 시대적 특색을 갖추고 있다. 첫째, 인체·동물·식물·기물을 표시하는 글자의 자형에서 비교적 농후한 상형의 의미를 갖추고 있다. 인체의 형상을 취하는 문자는 머리 부분이 항상 굵고 둥근 점을 하며, 넓적다리 부분은 꿇어앉은 형상을 하고 있다. 이러한 자형은 이 시기의 문자가 아직 원시단계에 처한 것을 나타내는 것이 결코 아니고, 단지 미화의 수단이자 정중의 표시일 뿐이다. 둘째, 절대 다수의 필획이 혼후하고, 머리와 꼬리는 필봉을 나타내었으며, 전절을 하는 곳은 대부분 파책이 있다. 셋째, 자형의 크기가 일정하지 않고, 포국도 정제하지 않다. 세로는 비록 기본적으로 행을 이루고 있으나, 가로는 오히려 배열되어 있지 않다. 소수의 명문은 필치의 굵고 가늪이 비교적 고르고 수경(瘦勁)하나 이러한 풍격은 상나라 금문에서 비교적 드물게 보이는 경우이다.

2. 서주시기의 금문

서주 청동기의 시대 구분 연구는 이미 깊기 때문에 서주시기 각 단계의 면모가 대체적으로 분명하게 나타나고 있다. 따라서 이 시기를 초기·중기·말기로 나누어 발전과 변천상황을 개술할 수 있다. 물론 각 단계별로 어떤 공통의 유행과 시대성을 띤 풍격이 있지만 이러한 주류에 합하지 않고 개성을 나타낸 명문도 결코 배척할 수 없다. 왜냐하면, 당시의 서예가는 풍격에서 모두 같음을 따르지 않았기 때문에 각 단계별 특징의 소개는 단지 대체적으로 설명한 것에 지나지 않는다.

(1) 서주초기의 금문

서주초기의 금문은 두 단계로 나누어 설명할 수 있다.

첫 번째 단계는 주로 무왕과 성왕시기이나 강왕시기도 여전히 부분적으로 이 단계에 속하는 특징을 갖춘 것들이 있다. 내용에서 글자 수는 비교적 많아졌고, 종족 명호 및 선조와 '일명'을 조합한 명문이 적으나마 여전히 존재하고 있다. 이러한 명문은 대부분 상나라가 망한 뒤에 주나라에 신하로 복종한 상나라 유민의 것에 속한다. 그러나 장편의 명문이 많아짐에 따라 내용은 대부분 서주초기의 중요한 역사적 사실과 당시의 관제·군제 등을 다루었다. 전체적으로 보면, 이 단계의 금문은 상나라 말기 금문의 특징을 적지 않게 보유하고 있었다. 먼저 포국은 규정적이지 않고, 세로는 행을 이루고 있으나 가로는 배열되어 있지 않았다. 자형의 크기는 여전히 고르지 않고, 상형성이 아직까지 비교적 강하다. 즉 인체를 표현하는 글자, 卩·母와 같은 부수, 넓적다리 부분은 여전히 꿇어앉은 형상을 하고 있다. 서사한 기세가 호방하고, 필획은 비교적 혼후하고 무겁게 응축되었으며, 어떤 필획의 중간은 굵고 살지며, 머리와 꼬리는 뾰족함을 나타내었으며, 날획은 모두 파책이 있다. 이러한 것들은 모두 상나라 금문의 특징과 거의 같다. 이상의 특징은 무왕시기의 〈이궤(利簋)〉, 성왕시기의 〈보유(保卣)〉·〈언후정(匽侯鼎)〉, 강왕시기의 〈작책대방정(作冊大方鼎)〉 등의 명문에서 볼 수 있다.

두 번째 단계는 강왕과 소왕시기이다. 이 단계의 명문은 대부분 장편이고, 내용의 범위는 첫 번째 단계의 명문과 같이 당시의 전쟁·정치·봉사(封賜) 등의 중요한 역사적 사실을 다루었다. 종족의 명호는 이미 드물게 보이고, 첫 번째 단계의 명문과 다른 점은 대부분 명문이 규정적이며, 세로로 행을 이루고 가로로 배열되어 있다는 것이다. 그러나 여전히 부분적 명문은 각 세로 행의 글자 수와 글씨의 크기가 아직 일률적이지 않으나, 전체적으로 비교적 정제한 상황에서 개별적으로 정제하지 않은 것들이 나타나고 있다. 이 단계의 금문은 두 종류 서체 형식이 있다. 하나는 필획은 여전히 혼후하고, 파책이 분명하며, 부분적 필획은 중간이 굵고 양 가장자리가 뾰족한 형태를 나타내고 있다. 예를 들면, 강왕 23년의 〈대우정(大盂鼎)〉과 소왕시기의 〈절굉(折觥)〉이 그러하다. 다른 하나는 자형을 한 번 고쳐 혼후하고 호방한 서풍을 나타내면서 규정적이고 딱딱하다. 많은 글자의 필획이 고르나 여전히 어떤 글자들의 점과 획에서 굵고 살진 것들이 보인다. 예를 들면, '天'자 위의 가로획, '王'자 아래의 가로획, '재(才[在])'자의 가로획과 세로획이 접하는 곳 등이 모두 그러하다. 이외에 어떤 글자의 오른쪽 날획은 여전히 파책이 있다. 이러한 형식의 명문은 대체로 소왕시기에 나타나니, 예를 들면 〈어정위궤(御正衛簋)〉와 〈계유(啓卣)〉 등이 그러하다.

이상 두 종류의 자형은 두 번째 단계에 속하는 주류이다. 그러나 여기에 속하는 것 이외에 성글고 산만한 형식의 것도 있다. 즉 세로로 배열한 글자 수가 기본적으로 같으나 글씨의 크기가 같지 않고, 가로의 배열은 기본적으로 정제하지 않으며, 자형 또한 파책이 있어 여전히 첫 번째 단계가 남긴 서풍을 갖춘 듯하다. 다만 필획이 비교적 가늘고 원필이 많을 뿐이다. 예를 들면, 소왕시기의 〈소신謎궤(小臣謎簋)〉· 〈過백궤(過伯簋)〉 등이 그러하다.

(2) 서주중기의 금문

이 시기의 금문에서 주나라 왕이 궁정에서 책명의 예를 진행하는 명문이 비로소 나타났고, 아울러 점차 관례를 이루었다. 예를 들면, '자자손손만년영보용(子子孫孫萬年永寶用)'[2]과 같은 글귀가 처음 유행하였다. 이 시기에는 명문 뒤에 종족 명호가 있는 것이 극소수에 지나지 않는다. 서체 형식은 대체로 다음과 같이 3단계로 나눌 수 있다.

첫 번째 단계는 주로 목왕시기이고, 공왕시기의 부분적 명문이 이 단계의 특징에 속한다. 명문은 기본적으로 위에서 말한 소왕시기에 나타난 특징을 따르고 있고, 전체적으로 정갈한 풍모가 분명히 나타나고 있다. 문자의 상형성은 이미 약화되었고, 인체를 표현하는 글자는 더 이상 꿇어앉은 형상을 하지 않으며 다리를 아래로 향하여 펼쳤다. 예를 들면, 목왕시기의 〈종정(螽鼎)〉과 목왕 혹은 공왕초기의 〈장불화(長由盉)〉 등이 그러하다.

두 번째 단계는 공왕에서 의왕에 이르는 시기이다. 부분적 명문의 포국이 규정적이고, 자형의 결체에서 아직 첫 번째 단계의 특징들이 남아있지만 필획의 굵고 가늚이 이미 일치하고 있으며, 선의 방향이 진일보 발전적이고, 파책과 굵고 살진 필획이 모두 이미 존재하지 않는다. 이는 분명히 서사하기가 더욱 편리하다. 자형에서도 상대적으로 첫 번째 단계의 딱딱한 형식에서 비교적 너그럽고 느슨한 변화를 분명히 나타내고 있다. 이러한 풍격은 공왕시기의 〈장반(墻盤)〉·〈사극정(師𩰫鼎)〉과 의왕시기의 〈帥백궤(帥伯簋)〉 등에서 볼 수 있다. 이 단계의 또 다른 풍격으로 포국이 비교적 산만하고 비록 파책과 살진 필획은 없으나 서체는 넓게 펼치고 돈후한 것이 있다. 예를 들면, 대략 공왕시기의 〈작조정(趞曹鼎)〉과 의왕시기의 〈사㝬부정(師㝬父鼎)〉 등이 그러하다.

---

2) 명문에서 흔히 보이는 글귀 격식의 변화는 張振林의 「論銅器銘文形式上的時代標記」(『古文字硏究』第五輯, 1981年)과 林巳奈夫의 「殷―春秋前記金文의 書式與常用語句의 時代變遷」(『東方學報』五十五冊, 京都, 1983年)을 참고하기 바란다.

이상으로 알 수 있는 것은 두 번째 명문 또한 규정적이고 거친 두 종류의 풍격이 존재하고 있는데, 이전의 것을 주류로 삼고 있음을 알 수 있다. 이 시기의 세 번째 단계는 대략 효왕시기이나 이미 다음에 설명할 서주말기의 형식이 나타나고 있다. 예를 들면, 〈흥호(瘋壺)〉와 같은 형식의 명문은 주로 서주말기에 유행하였기 때문에 아래에서 자세하게 설명하도록 하겠다.

(3) 서주말기의 금문

이 시기는 이왕에서 유왕에 이르는 시기이다. 장편의 명문이 많고, 내용은 대부분 관례화된 조정의 책명이다. 전쟁과 토지 소송 등의 내용을 언급한 것도 많이 보인다. 선왕시기의 것으로 현재까지 가장 긴 서주시기의 금문은 〈모공정(毛公鼎)〉으로 499자에 달하고 선왕이 모공에 대한 고명(誥命)을 기록하였다. 이외에 이 시기의 명문은 끝에 복을 비는 글귀가 많아 '만년무강(晚年無疆)'·'만년수수무강(萬年釁壽無疆)'·'수수무강(釁壽無疆)' 등이 성행하였다. 특히 이 시기의 명문에 운문(韻文)이 많은 것 또한 매우 특징적이다. 포국이 정제되고 규범적이며, 세로로 행을 이루고 가로로 배열하였으며, 소수의 탁본에서 장방형의 계격을 분명히 볼 수 있다. 이는 당시 거푸집을 제조할 때 먼저 계격을 그리고 이에 맞추어 글씨를 썼음을 나타내는 것이다. 이 시기의 자형 특징은 비교적 분명하다. 하나는 보편적으로 장방형을 이루면서 자형의 크기가 서로 같다는 것이고, 다른 하나는 절대 다수의 필획이 가늘고 굳세면서 고른 선을 나타내고 있다는 것이다. 단지 개별적인 글자, 예를 들면 '天'자 위의 가로획과 '旦'자 아래의 가로획은 여전히 둥근 점의 형상을 하였고, '丁'자도 대부분 둥근 점으로 썼을 뿐이다. 이러한 금문은 혹 '옥저체(玉箸體)'라고도 일컫는다. 이러한 '옥저체'는 사실 서주중기의 끝에서 기원하였으나 이 시기에 들어와 비로소 성행하였다. 자형이 전아하고, 행과 열이 정제되어 있으므로 전체적으로 장중하고 엄숙하며 그윽한 특징을 나타내고 있다. 이상의 특징이 분명하게 나타나는 명문으로는 이왕시기의 〈사송정(史頌鼎)〉, 이왕 혹은 여왕시기의 〈대극정(大克鼎)〉, 여왕시기의 〈호궤(㝅簋)〉 등이 있다. 특히 주의할 가치가 있는 것은 〈괵계자백반(虢季子白盤)〉으로 자형이 규정적이고 수경하며, 방필이 많아 이 시기 서부지역의 서풍을 대표하고 있다. 따라서 이미 알고 있는 춘추시기 진국(秦國)문자와 어떠한 공통적 특징이 있어 진국문자 형체의 연원을 살필 수 있는 중요한 자료이다.

3. 춘추시기의 금문

춘추시기의 청동기는 주로 각 제후국과 각국의 경대부들이 만든 것이다. 따라서 이 시기의 금문은 대부분 제후·사대부들의 사회활동과 전장제도를 반영하였고, 내용은 물론이며 형식에서도 농후한 지역성을 나타내고 있어 이전에 있지 않은 풍부하고 다채로운 국면을 형성하였다. 이러한 상황은 주나라 왕실이 쇠미해진 이후 열국들이 다투어 자신의 세력을 과시하고, 국내의 경대부 집안에서도 점차 흥성하는 정치형세와 서로 부합하고 있다. 이외에 역사적 배경으로 발생한 이상의 변화로 말미암아 춘추초기로부터 시작하여 서주말기 금문에서 흔히 보이는 책명의 내용이 이미 보이지 않는다.

(1) 춘추초기의 금문

춘추초기는 서주시기와 접근하고 있기 때문에 열국의 금문은 모두 서로 다른 정도로 서주말기 금문의 특징들을 보유하고 있는 것이 문자의 결구와 서체에서 나타나고 있다. 특히 중요한 제후국의 금문은 더욱 서주말기 금문의 형태와 가까워 문자는 장방형을 이루고 단정하며 중후하게 응축되어 있으면서 포국은 비교적 정제되어 있고 규범적이다. 예를 들면, 〈진강정(晉姜鼎)〉·〈제후이(齊侯匜)〉·〈노백후부반(魯伯厚父盤)〉·〈증후궤(曾侯簋)〉 등이 그러하다. 춘추초기의 진국(秦國) 금문은 특히 서주말기의 〈괵계자백반(虢季子白盤)〉과 자형·결구·풍격에서 매우 가깝다. 이는 1978년 보계(寶鷄)의 태공묘(太公廟)에서 출토된 춘추초기의 〈진공박(秦公鎛)〉과 〈괵계자백반〉의 명문을 서로 비교하여 얻은 결과이다. 이상에서 말한 바와 같이 진국문자는 서주말기 경기지역 안의 서부지역 문자 특징을 계승하였음을 설명해주고 있다. 그러나 이와 동시에 열국의 금문에서는 서주말기 금문과 차별을 나타내고 있으니, 주요 표현은 다음과 같다. 하나는 포국이 산만하고 가로로 배열하지 않았으며, 자형 또한 규정적이지 않고 크기가 일정하지 않으며 모두 장방형이 아니다. 예를 들면, 〈소보인이(蘇甫人匜)〉·〈언공이(匽公匜)〉·〈정강백이(鄭姜白匜)〉 등이 그러하다. 이런 종류의 서체는 당시 유행하였던 속체[3] 혹은 '수사체(手寫體)'라 일컫는 것에 가까울 가능성이 있다. 그러나 위에서 말한 서주말기의 금문과 가까운 규정적인 금문은 마땅히 특별히 가공하였거나 비교적 정중한 정체(正體)에 속한다. 다른 하나는 회수(淮水)·한수(漢水) 유역과 이 사이의 여러 국가들의 어떤 금문은 서주말기의 금문과 서로 다른 풍격을 나타

---

[3] 裘錫圭는 『文字學槪要』(商務印書館, 1988年, 48쪽)에서 "서주 춘추시기의 일반 금문의 서체는 대개 당시의 正體를 대표할 수 있지만 일부분 초솔하게 쓴 금문은 俗體의 정황들을 반영하고 있다."라는 견해를 제시하였다.

내고 있다. 예를 들면, 〈진백원이(陳伯元匜)〉·〈초영이(楚嬴匜)〉 등의 금문은 글씨의 크기가 일정하지 않고, 구부린 필획이 많으며, 고의적으로 필획을 길게 당기는 추세를 나타내고 있다.

(2) 춘추중기와 말기의 금문

춘추중기와 말기에 이르는 열국의 금문은 형체에서 모두 이미 선명한 시대 특색을 형성하고 있다. 서로 다른 지역, 심지어 같은 지역에서도 서로 다른 국가 사이의 금문에서도 비교적 큰 차별을 나타내고 있다. 그러나 당시 크고 작은 나라들이 매우 많아서 지금의 금문 자료만 가지고 세밀하게 국가별로 나누어 연구하기에는 부족하고 어려운 점이 많다. 단지 현재 있는 자료를 근거하여 이 시기의 금문을 대체로 다음과 같이 네 지역으로 나누어 개략적으로 살펴보기로 하겠다.

① 제·노(齊·魯)

이 지역은 제나라 금문의 자료가 비교적 풍부하다. 춘추중기로부터 제나라 금문에 두 종류의 풍격이 나타나고 있다. 하나는 자형이 파리하고 길며 정제되어 있는 풍격이다. 필획은 유창하고, 세로획은 종종 길게 드리우면서 구부러져서 장중하고 전아함이 분명하다. 예를 들면, 이현(易縣)에서 출토된 이른바 '제후사기(齊侯四器)'(즉, 鼎·敦·盤·匜)와 〈숙박(鱐鎛)〉·〈제후우(齊侯盂)〉 등이 그러하다. 다른 하나는 자형이 모나고, 필획은 펼쳤으며, 호방한 풍격이다. 예를 들면, 〈국차담(國差鐔)〉과 후세에 전해지는 〈원자맹강호(洹子孟姜壺)〉의 명문이 이러한 풍격에 속할 수 있으나 단지 포국이 초솔할 따름이다. 이상 두 종류의 형식은 비록 필법이 다르지만 자형의 결구는 오히려 일맥상통하고 있다. 이상에서 전자는 뜻을 두고 가공한 예술적 서체이고, 후자는 당시 유행하였던 '수사체' 혹은 속체에 접근하고 있다.

노나라와 제나라는 서로 이웃하고 있지만 이 시기 노나라 금문에서는 제나라처럼 파리하고 길며 정제되면서 드리운 필획이 많은 서체가 드물게 보인다. 노나라의 서체는 여전히 서주말기 금문의 풍격을 보유하고 있어 정중하고 돈후하다. 이는 아마도 노나라에서 보존하고 있는 주나라 예의와 많은 관계가 있는 것 같다. 다만 이 시기의 금문 자형은 크기가 이미 모두 같지 않고 서주말기에 비하여 개별자의 필획 또한 구부러졌고, 포국은 너그럽고 느슨함을 많이 나타내고 있어 시대의 풍격을 따랐을 뿐이다. 전형적인 작품으로는 〈노대사도후씨원궤(魯大司徒厚氏元簋)〉·〈노대사도자중백이(魯大司徒子中白匜)〉 등이 있다.

이 시기의 제와 노나라 금문은 서체에서 차별이 있을 뿐만 아니라 자형의 결구도 습관적으로 같지 않음을 채용하고 있다. 물론 어떤 글자에서는 공통점이나 특수한 필법을 보이고 있다. 예를 들면, '수(壽)'자 윗부분의 필획(老자의 머리)이다. 그러나 제와 노나라 서체 결구의 차별은 더욱 주목을 끌고 있다. 예를 들면, 〈노대사도자중백이〉와 〈제후우〉의 명문을 비교하면, '기(其)·수(釁)·수(壽)·만(萬)·보(保)'자 등의 필법과 결구에서 차이를 발견할 수 있다. 이상 제와 노나라 금문이 같지 않은 점을 통하여 열국이 정치적으로 독립성이 강하고, 지역적으로 할거한 상태에서 문화의 격차가 더욱 심각하여졌음을 설명할 수 있다. 설령 지역적으로 이웃하고 있다고 하더라도 또한 이러한 상태를 면할 수 없다.

② 진국(晉國)

진나라의 정치 중심은 남쪽에 있어 중원에 속한다고 할 수 있다. 이

시기 진나라 금문은 발견된 것이 많지 않다. 현재 중국역사박물관에서 소장하고 있는 〈난서부(欒書缶)〉의 명문에 '난서(欒書)'라는 이름은 『좌전』에 보이며, 진경공과 진여공 때의 사람이다. 그는 춘추중기에 활동하였던 사람이고, 이 기물은 일반적으로 '난서'가 제작하였다고 한다. 어떤 학자는 이 기물이 초나라 기물이고, 문자 또한 초나라 계통에 속한다고 하였다. 이러한 설을 가지게 된 것은 이 기물의 연대가 전국시기 혹은 춘추말기로 보기 때문이다. 기물 복부에 있는 명문은 착금을 하였고, 뚜껑에는 8자가 음문으로 되어 있다.

현재 이 시기 것으로 볼 수 있는 〈진공전(晉公奠)〉은 춘추말기의 기물이고, 진공에 대하여서는 평공(平公, 기원전 557 - 기원전 532)과 정공(定公, 기원전 511 - 기원전 477)이라는 설이 있다. 명문의 포국은 산만하고 가로로 배열되지 않았으며, 글자 크기 또한 같지 않다. 그러나 필획은 가늘고 굳세며 방절이 많아 〈후마맹서(侯馬盟誓)〉에 가까우니 당시 유행하였던 '수사체'에 속한다. 대략 춘추말기의 〈여종(邵鐘)〉은 위(魏)씨의 기물로 명문의 서체는 〈진공전〉과 가까우나 둥근 필획이 비교적 많다. 이외에 하남성 휘현(輝縣)에서 출토된 유명한 〈조맹개호(趙孟庎壺)〉는 현재 영국박물관에서 소장하고 있다. 명문에는 기원전 482년에 진정공과 오왕 부차의 '황지지회(黃池之會)'를 기록하고 있어 춘추말기에 제작되었음을 알 수 있다. 〈진공전〉과 분명히 다른 점은 자형이 길고 필획이 정제되어 있으면서도 유창하여 정중한 예술형 서체를 보여주고 있다는 것이다.

이상에서 언급한 몇 가지 기물을 통하여 진나라 금문의 서체는 비교적 복잡하나 대체로 '수사체'와 예술형 서체 두 가지로 나눌 수 있다. 전자는 또한 방절과 원필의 구분이 있다.

③ 남방열국(南方列國)

여기서 말하는 남방열국이란 주로 당시 강회(江淮)유역 혹은 인근의 여러 나라, 즉 채·허·서·초·오·월(蔡·許·徐·楚·吳·越) 등을 가리킨다. 송나라는 북쪽에 있었으나 금문의 자형을 보면, 또한 여기에 귀속시킬 수 있다. 이 지역의 금문은 대체로 3종류의 형식이 있다.

첫째, 비교적 뜻을 따라 쓴 것으로 '수사체' 혹은 '속체'라 할 수 있다. 특징은 자형은 장방형 혹은 파리하게 길고, 원필이 많고, 조금 거칠고, 필획을 대부분 길게 당겼고, 끝은 구부렸다. 이러한 서체는 마땅히 위에서 말한 춘추초기의 〈진백원이〉·〈초영이〉의 풍격을 답습한 것이다. 이러한 형식의 명문은 크기가 통일되지 않았고, 포국 또한 규정적이지 않으니, 〈서왕의초단(徐王義楚鍴)〉·〈채대사여정(蔡大師䑃鼎)〉·〈송공난보(宋公欒簠)〉·〈초왕자신잔(楚王子申盞)〉 등을 보면 알 수 있다.

둘째, 비교적 정제된 예술형 서체이다. 자형은 크고 길며, 필획은 가늘고 굳세며, 별과 날획에 구부러짐이 많다. 아울러 필획은 즐겨 평행으로 구불거려 장식성이 매우 강하다. 예를 들면, 〈오왕손무임정(吳王孫無壬鼎)〉·〈채공자의공보(蔡公子義工簠)〉·〈허자장보(許子妝簠)〉 등이 그러하다. 〈초왕손유자종(楚王孫遺者鐘)〉은 조금 초솔하나 대체로 이러한 형식에 속한다.

셋째, 특수한 도안의 서체이다. 즉 이른바 '조충서(鳥蟲書)'로 항상 착금 형식으로 고귀와 화려함을 나타내고, 장식효과가 풍부하여 춘추말기에서 전국초기에 유행하였다. 이러한 서체는 '충서(蟲書)'와 '조서(鳥書)' 두 가지로 분류할 수 있으나 어떤 경우에는 한 명문에 동시에 존재하기도 한다. '조서'를 또한 '조전(鳥篆)'이라고도 한다. 즉 문자와 새의 형태를 융합한 것으로 혹 글자 부수와 위아래에 새의 형태를 장식한 서체를 가리킨다. 예를 들면, 〈월왕구천검(越王句踐劍)〉·〈월왕주구검(越王州句劍)〉 등이 그러하다. 이러한 것은 대부분 병기에서 보이고, 용기(容器)에서는 드물게 보인다. 이후 한나라의 예기와 인장, 그리고 당나라 비액에서도 볼 수 있다. '충서'는 일부러 구불거리고 에워싸는 형상을 만들었다. 중간은 북처럼 일어나고, 머리와 꼬리는 뾰족함을 나타내었으며, 긴 다리를 드리워 마치 벌레 같은 몸체의 구불거림을 나타내었다. 춘추말기의 〈초왕자오정(楚王子午鼎)〉은 '조서'에 가까운 몇 글자를 제외하고 나머지 모두 '충서'에 속한다. 〈오왕자우과(吳王子于戈)〉 또한 '충서'와 '조서'가 함께 있다. '충서'는 용기와 병기에 보일 뿐만 아니라 전국시기 고새와 한나라 청동기·인장·와당 등에서도 보인다. '충서'라는 명칭은 허신의 『설문해자·서』에서 팔체(八體)의 하나라 하였으니, 또한 진나라에서도 유행하였음을 알 수 있다.[4]

④ 진국(秦國)

이 시기의 진나라 금문은 발견된 것이 비교적 적다. 단지 현재 있는 자료로 보면, 당시 동방 및 남방의 금문과 자형의 결구와 서체에서 분명한 차별성을 나타내고 있다. 1919년 감숙성 천수(天水)에서 출토된 〈진공궤(秦公簋)〉가 이 시기 금문을 대표하고 있다. 이것과 춘추초기의 〈진공박(秦公鎛)〉과 비교하면, 이 시기의 금문은 춘추초기 진나라 금문의 특징, 즉 서주말기 금문의 유풍을 계승하고 있음을 알 수 있다. 〈진공박〉·〈진공궤〉·〈석고문〉은 자형의 결구는 물론이고 서체도 서

---

[4] '鳥蟲書'의 발전과 변천과정에 대하여서는 容庚의 「鳥書考」(中山大學學報, 1964년 1期)와 馬承源의 「鳥蟲書論稿」(『古文字研究』第10輯)를 참고 바람.

로 가깝다. 〈석고문〉의 연대는 학자들마다 다르지만 대체로 춘추중기와 말기의 것으로 잡는다. 〈진공궤〉의 자형 결구와 서체 특징을 〈진공박〉에 비교하면 〈석고문〉에 더욱 가깝다.

〈진공박〉의 글씨는 펼쳤고 원전이 많으나, 〈진공궤〉는 〈석고문〉과 마찬가지로 결구가 근엄하고 방정하며, 자형은 더욱 정제되어 있을 뿐만 아니라 필법은 원전(圓轉)을 고쳐 원절(圓折)로 바꾸었다. 이는 진나라 금문이 춘추중기에 들어와 비로소 진일보 개조하고 규범화하여 점차 소전에 접근하고 있음을 설명하는 것이기도 하다.

4. 전국시기의 금문

춘추말기와 전국시기에 이르러 사회·정치·경제 형태에 많은 변화가 발생하였다. 전통적 귀족정치가 새로운 집권정치로 전환하였고, 신흥의 지주계층이 정치 무대에 등장하였으며, 사회의 각 방면에서 모두 새로운 면모를 나타내었다. 이러한 형세가 청동기에 반영되어 예기제도에 변화가 발생하였을 뿐만 아니라 명문 또한 큰 개혁이 있었다.

명문의 내용은 춘추시기에도 여전히 존재하고 있었던 선조의 칭송, 가족 단결의 축원과 창성 등이 전국초기에 들어와 서서히 줄어들기 시작하였다. 이러한 명문은 단지 제나라에서만 오랫동안 이어졌고, 기타 열국에서 발견된 것은 많지 않으며, 대부분 간단하게 기물을 만든 사유와 주인만 기록하였을 뿐이다. 전국중기 이후 집권정치의 발전에 따라 정부는 병기와 도량형에 관련한 수공업을 규제하기 시작하였다. 이에 따라 명문의 체재가 크게 확장되었고, 동시에 기물에 장인의 이름을 새기는 '물륵공명(物勒工名)'이 나타났다. 즉 청동기 제조를 책임지고 감독하였던 관직명과 직접 기물을 주조하였던 장인의 이름이 병기와 양기(量器)에서 많이 보인다. 또한 주기(酒器)・식기(食器)에는 사용하였던 곳과 이를 관장하였던 관직이 보인다. 양기 또한 용량과 중량 및 사용하였던 곳을 기록하였다.

이 시기의 주기・식기의 명문은 자료가 적기 때문에 서체 변화의 정황을 계통적으로 설명할 수 없다. 단지 몇 국가 혹은 지역의 금문 특징을 개괄적으로 설명할 뿐이다.

제나라는 전국초기의 금문에 춘추말기의 특징을 띠고 있으나 이미 개조한 바가 있다. 예를 들면, 〈진만보(陳曼簠)〉는 비록 춘추말기의 파리하고 길면서 정제된 형식을 보전하고 있지만 고의적으로 길게 끌고 구부린 필획은 이미 적고 또한 행필은 대부분 방절이다. 전국중기 이후 제나라 금문은 서체에서 이미 춘추말기의 특징을 크게 개변시켰다. 주기・식기의 금문은 배열이 비록 규정적이고 서체는 장방형이나 '수사체'에 가까운 필획은 중후하고 간략하며, 자형은 당시 농후한 지방색채를 띠고 있다. 〈십사년진후오돈(十四年陳侯午敦)〉은 이 시기 제나라 예기의 전형적 서체를 보여주고 있다. 〈진순부(陳純釜)〉・〈자화자부(子盉子釜)〉도 이와 가깝다.

이 시기에 진(晉)나라부터 나누어진 한・조・위(韓・趙・魏) 삼국의 금문 자형과 서사 풍격은 많은 공통점을 가지고 있다. 자형은 규정적이니 낙양의 금촌(金村) 동주묘(東周墓)에서 출토한 〈표강종(驫羌鐘)〉이 가장 유명하다. 명문의 내용에서 알 수 있듯이 이 종은 한나라 기물로 기원전 404년(주 위열왕 22년)에 주조된 것이다. 결체는 장방형으로 고르고, 필획은 원전이면서 가늘고 굳세며, 소전에 접근하고 있다. 단정하고 펼친 풍격은 중후하게 응축된 제나라 금문과 차별성이 있다. 춘추말기 진(晉)나라의 〈조맹개호(趙孟疥壺)〉처럼 고의적으로 길게 만든 서체에 비교적 안온하고 고른 것은 당시 서쪽에 있었던 진

(秦)나라 문자의 영향을 받았을 가능성이 있다. 낙양의 금촌에서 출토된 것 중에 〈령과(호)군사자호(令瓜(狐)君嗣子壺)〉는 위나라 기물로 명문은 〈표강종(驫羌鐘)〉과 가까우나 '수사체'인 속체에 접근하고 있어 규정적인 정도가 조금 차이가 난다.

한·조·위와 이웃하고 있었던 중산국(中山國)의 명문은 매우 아름답다. 1977년 하북성 평산(平山)의 중왕묘(中王墓)에서 출토된 '평산삼기(平山三器)'인 〈중산왕착정(中山王𰁹鼎)〉·〈방호(方壺)〉·〈첩차원호(舒蟄圓壺)〉는 자형이 길고 가늘며 굳세면서도 소쇄하고, 점과 획 사이에 혹 장식성을 갖추어 감히 이 시기에서 가장 예술성을 갖춘 서체라 하겠다. 특히 〈방호〉의 명문은 450자에 달하여 이 시기에서 가장 긴 금문이다.

남방의 초나라는 전국중기까지도 여전히 춘추시기 특징을 보유하고 있어 자형이 비교적 너그럽고, 필획은 구불거리며 유창하다. 예를 들면, 〈초왕염장박(楚王酓章鎛)〉을 같은 시기 북방의 금문과 비교하면 현격한 차이를 나타내고 있다. 전국말기에 이르러 초나라 금문 형체는 대부분 넓적하고 평평한 쪽으로 변하였다. 필획은 짧고 휜 것이 많으며, 성글고 산만하며 초솔함이 분명하여 전국중기 이전과는 다른 명확한 차이를 나타내고 있다. 예를 들면, 〈초왕염志정(楚王酓忎鼎)〉이 그러하다.

이 시기에 새로 나타났고 흔히 보이는 '물륵공명' 형식의 명문은 대부분 청동기를 주조한 이후 날카로운 기물을 이용하여 겉에 새긴 것이다. 이는 대부분 장인의 손에서 나온 것이어서 형체가 규정적이지 않고, 필획의 가늚은 마치 터럭 같으며, 글씨도 초솔하고 속체가 많다.

전국중기와 말기의 금문은 이상의 특징 이외에 지역성이 강화되었고, 자형 또한 지역에 따라 다르며, 결구도 많은 차이를 나타내고 있다.

이 시기에서 특히 주의할 가치가 있는 것은 새로운 형성자가 불어나 장편의 명문에서 가차자를 대량 사용하였으니, 이러한 현상은 이전에 볼 수 없었다.

이 시기의 금문은 병기의 명문이 주종을 이루고 있다. 고문자학의 다년간 연구에 의하여 열국의 병기에 새겨진 내용과 형식을 이미 알 수 있다. 예를 들면, 한·조·위 삼국의 병기에 새겨진 것은 처음에 기년을 쓴 뒤에 차례대로 관직과 인명을 새겼으니 그 형식은 아래의 표와 같다.

三晉靑銅兵器 명문의 監制·主持·冶造者 직명 형식표

나라	지역	監制者(고급관직)	主持者(工官)	冶造者(工長)
韓	國都	奠(鄭)令 奠(鄭)令·司寇	(某)庫 工師	冶尹(或冶)
	地方	(某)令 (某)令·司寇	(某)庫 工師	冶
趙	國都	相邦(或守相)·大工尹	(某)庫 工師	冶尹(或冶)
	地方	(某)令(或相)	(某)庫 工師	冶
魏	國都	邦司寇	(某)庫 工師	冶
	地方	(某)令	(某)庫 工師	冶

한·조·위 삼국에서 '공사(工師)'는 대부분 합문을 하였고, 앞에다 '모고(某庫)'를 더하였다. 예를 들면, 한나라 기물에 보이는 국도와 지방의 '좌고(左庫)'와 '우고(右庫)', 조나라 국도의 '방좌고(邦左庫)'·'방우고(邦右庫)'와 지방의 '좌고(左庫)'·'우고(右庫)'·'상고(上庫)'·'하

고(下庫)', 위나라의 '상고(上庫)'・'우고(右庫)'・'좌고(左庫)' 등이다. 이러한 고(庫)는 모두 당시 각국에서 병기를 제조하거나 저장하였던 곳이다. 기년에 '왕립사(王立事)'를 사용하거나 이윤(冶尹) 뒤에 '집제(제)(執齊(劑)'의 글자가 있는 것은 대부분 조나라 기물이다.

진나라 병기 또한 이상과 같이 관직과 인명을 주조하였는데, 기년을 먼저 한 뒤에 관직과 인명을 기록하였다. 진나라 병기 주조는 중앙과 지방 두 종류가 있다. 중앙에서 주조한 병기 명문은 책임자를 상방(相邦)・공사(工師)・공(工), 상방(相邦)・조사(詔事)・승(丞)・공(工), 상방(相邦)・사공(寺工)・승(丞)・공(工)의 순으로 기록하였다. 최고 책임자가 승상이면 승상(丞相)・사(師)・공(工), 혹은 승상(丞相)・승(丞)・고(庫)・공(工)의 순으로 기록하였다. 지방에서 주조한 것은 수(守)・공사(工師)・승(丞)・공(工)의 순으로 기록하였다. 여기서 장인[工]의 신분 또한 공귀신(工鬼薪)・공예신(工隸臣)・성단(城旦) 등의 형도(刑徒)들이 있다. 진나라 병기에서는 '공사'를 합문하지 않고, '공잡(工幣)' 혹은 '공사(工師)'라 하였는데 후자는 비교적 늦게 나왔다.

연나라의 병기에서 2급 혹은 3급의 감독관 이름을 소수 볼 수 있다. 3급은 언왕모(郾王某)・공(공)?(윤)(攻(工)?(尹)・공(공)(攻(工)이고, 2급은 단지 공윤(工尹)과 공(工)이 있을 뿐이다. 일반 감독관과 장인의 이름을 기록하지 않고, 단지 연나라 왕의 이름만 기록한 것은 왕을 기물 주인으로 삼은 것이다. 이러한 병기류는 단지 극(戟)・과(戈)・모(矛)가 있을 뿐이고, 명문의 형식은 '언[연]후모(郾[燕]侯某)', 언[연]왕모('郾[燕]王某)', '조모기(造 (혹 作)某器)' 등이다. 연나라 소수의 병기에는 또한 감독관을 장군이거나 혹은 기타 관리로 기록한 것들도 있다. 이러한 것들 이외에 연나라 병기에는 병기가 소속된 군대의 명칭을 기록하기도 하였는데, 예를 들면 '좌군과(左軍戈)'・'우군모(右軍矛)' 등이다. 연나라 병기의 이와 같은 특징은 다른 나라 병기에서 찾아볼 수 없는 것들이다.

제나라 병기는 주로 명문을 주조한 것으로 문자가 비교적 거칠다. 아직 '물륵공명'의 형식은 보이지 않고, 감독관과 장인의 이름도 기록하지 않았다. 내용은 다음과 같은 두 종류가 있다. 하나는 병기를 주조한 지명을 나타내는 것으로 형식은 '모지과(某地戈)'이고, 지명으로는 평음(平陰)·평양(平陽)·고밀(高密)운(鄆)·아무(阿武)·평아(平阿) 등이 있다. 지명 아래에 마을 이름을 명시한 것으로는 〈평양고마리과(平陽高馬里戈)〉과 있고, 지명 아래 '조과(造戈)' 두 글자를 더한 것으로는 〈고밀조과(高密造戈)〉가 있으며, 지명 아래 '좌과(左戈)' 혹은 '우과(右戈)'를 더한 것으로는 〈평아좌과(平阿左戈)〉 등이 있다. 다른 하나는 병기의 주인을 나타내는 것으로 실제는 병기를 사용하는 군사의 통솔자를 가리킨다. 대부분 진후(陳侯, 즉 田齊國君)과 경대부의 귀족으로 형식은 '모모과(某某戈)' 혹은 '모모조과(某某造戈)'이다. 창의 명칭을 혹 도과(徒戈)·산과(散戈)·거과(車戈)라 일컬었다. 제나라 병기에서 '과(戈)'를 흔히 '钱'라 썼고, '造'를 '艁·艁'라 쓴 것이 특징이다.

초나라 병기의 명문은 매우 적다. 이 시기 초나라 병기는 여전히 '조충서'를 사용하고 있었다. 춘추중기와 말기에서 유행하였던 서체가 당시에도 여전히 존재하고 있어 병기 명문에 주조한 것이다. 내용은 주로 기물 주인을 나타낸 것으로 형식은 '모지기(某之器)' 혹은 '모지고(조)(某之郜(造))'이다. 예를 들면, 강릉(江陵)의 우대산(雨臺山) 3기묘 M100에서 출토된 〈주鳩지과(周鳩之戈)〉는 여전히 춘추말기의 크고 긴 예술적 서체를 답습하고 있으나 필획을 짧게 변화시키고 구부러진 필치가 많지 않다. 수현(隨縣)의 증후을묘(曾侯乙墓)에서 출토된 〈석군묵계과(析君墨啓戈)〉의 서체는 비록 춘추말기 남방에서 유행하였던 파리하고 긴 속체의 형식에 가까우나 필획을 길게 당긴 것이 이미 분명하지 않고, 풍격은 대략 뜻을 따랐다. 초나라 병기 명문의 내용은 큰 변화가 없고, 다만 앞에 기년을 기록할 때 '×××세(歲)'라는 형식을 취하였을 뿐이다. 비록 기년을 기록하였으나 명문은 이미 주조하는 것에서 새기는 것을 위주로 전환하였고, 또한 결구도 느슨하고 산만하며 심지어 초솔하기까지 하였다. 이러한 서체의 변화와 전체 초나라 금문의 변천과정은 서로 상부하고 있다.

Ⅲ. 청동기의 종류

　상주시대의 청동기는 주조기술, 조형공예, 문양을 새기고 장식하는 수준이 이미 최고조에 달하였다. 이 시기의 귀족들은 제사를 거행하거나 연회 혹은 혼인상제의 예의를 할 때 모두 청동예기를 사용하였다. 이는 한편으로 선조를 공경하는 것이고, 다른 한편으로는 이를 빌려 자신의 높은 지위와 재부를 선양하는 것이기도 하다. 따라서 청동예기는 상주시대 통치계급의 상징이었다. 일반 귀족들도 재력이 허락하면 힘써 자신의 예기를 정미하게 제조하였다. 이는 상주시대 청동공예가 장족의 발전을 하게 된 중요 원인이다. 상주시대의 청동예기에 관해서는 일찍이 송나라로부터 시작하여 전문 연구 저작이 있었고, 지금은 이미 전문학과가 되었다.

　상주시대에는 모두 자신의 예식이 있었고, 특히 주나라에서는 매우 엄격한 예악제도를 갖추었다. 귀족의 의·식·주·행위와 혼인상제는 모두 예악제도의 규정을 따랐다. 예악제도는 실제적으로 노예의 주인인 귀족의 특권을 옹호하는 불성문법이다. 예기는 당시 예의를 거행할 때 사용하는 구체적 실물로 예의의 형체이다. 각종 예기의 명칭·용도·연원·의의는 모두 어느 정도의 내용을 가지고 있다. 예기의 연구를 통하여 예악제도의 내용을 더욱 깊게 이해할 수 있을 뿐만 아니라 예기의 변화를 통하여 예악제도의 변천을 고찰하고 통치계급 내부의 모순과 각 계층의 변화를 이해할 수 있다. 예기와 명문은 마찬가지로 당시 역사를 연구하는 데에 중요한 자료가 된다.

정확하게 명문 자료를 운용하려면 먼저 이것의 시대를 이해하여야 한다. 그러나 시대를 변별하는 것은 복잡한 문제이다. 단순히 명문만 고찰해서는 부족하고, 반드시 기형·문양·문자 등 몇 가지 방면을 종합적으로 연구하여야 비로소 결론을 얻을 수 있다. 시기 구분에 관한 연구는 두 종류가 있다. 하나는 역사시기에 따른 구분으로 예를 들면, 상나라의 청동기, 서주시기의 청동기, 춘추와 전국시기 청동기 등이다. 이는 초보적 구분으로 단지 역사시기의 청동기 특징만 개괄적으로 설명할 수 있을 뿐이어서 학술연구의 요구를 만족시킬 수 없다. 다른 하나는 청동기 자체의 발전과정을 나누어 구분하는 방법으로 각 역사시기를 몇 개의 발전단계로 나누는 것이다. 예를 들면, 상나라의 청동기는 현재 있는 자료를 근거로 하여 대체적으로 초기·중기·말기의 3시기로 나눌 수 있다. 서주시기의 청동기는 명문의 내용에 의거하여 시대를 확정하는 것 이외에 일반 기물도 초기·중기·말기의 3시기로 나눌 수 있다. 춘추와 전국시기 청동기는 각국 제후와 경대부들이 주조한 기물이 많고, 각 지역마다 생활·경제·문화·풍속이 다르기 때문에 매우 농후한 지역 특징을 가지고 있다. 따라서 먼저 이것의 시대 차별과 지역 특징을 이해하여야 한다. 만약 청동기 자체의 지식을 전혀 갖추지 않고, 단지 명문에만 착안하면 때로는 청동기에 관한 문제를 해석하기가 어려울 수 있다.

후세에 전해지는 청동기와 명문에서 때때로 가짜들을 만나게 된다. 가짜를 제조하는 방법은 많고, 솜씨도 매우 좋다. 때로는 기물 전체와 명문을 위조하기도 하고, 때로는 진짜 기물에 가짜 명문을 모각하기도 한다. 특히 명문을 위조하는 방법은 매우 다양하다. 명문을 첨가하거나, 덧붙이거나, 보충하여 상감하는 방법 등이 있어 항상 가짜로 진짜를 어지럽힌다. 만약 상주 청동기 방면의 기본 지식과 가짜 변별 능력을 갖추지 못하면 속임을 당하기가 쉽다. 그러므로 청동기 명문 연구와 동시에 청동기 자체도 연구하여야 한다. 두 가지는 동등하게 중요하기 때문에 절대로 한쪽으로 치우쳐서는 안 된다.

청동기의 종류는 매우 많다. 이 중에는 예기(禮器)·악기(樂器)·병기(兵器)·거마기(車馬器)·공구(工具)·생활용구(生活用具)·부절(符節)·인새(印璽)·도량형(度量衡) 등을 포괄하고 있다. 여기에서는 예기에 대하여 간단한 설명을 하도록 하겠다. 예기의 종류는 매우 복잡하고 각 시기마다 완전히 같지 않으며, 어떠한 기물은 용도가 단일이 아닌 것도 있다. 예를 들면, 정(鼎)은 고기를 삶는 취기(炊器)이나 또한 연회에서 음식을 담는 찬구(餐具)로 사용하고, 작(爵)은 온주기(溫酒器)이면서 또한 음주기(飮酒器)이어서 용도에 따라 분명하게 구분하기가 어렵다. 그러므로 문헌의 기록과 주요 용도에 따라 팽임기(烹飪器)·성식기(盛食器)·주기(酒器)·수기(水器) 4종류로 구분하도록 하겠다. 각 종류의 주요 기물 명칭·용도·형제(刑制)를 분별하여 설명하면 다음과 같다.

1. 팽임기(烹飪器)

(1) 정(鼎)

'정'은 앙소문화시기(仰韶文化時期, 기원전 4800 - 기원전 2500년?) 심지어 이보다 더욱 빠른 자산문화시기(磁山文化時期, 기원전 6000 - 기원전 5000년?)에 이미 나타난 보통 질그릇 취기(炊器)이다. 문헌의 기록에 의하면, 하나라에서 일찍이 구정(九鼎)을 주조한 뒤에 상주에 이어졌고, 춘추시기 초·제·진나라가 주나라 정을 탈취할 것을 도모하였다는 내용이 나온다. 이는 당시 정이 이미 국가 정권의 상징물이 되었음을 설명하는 것이다. 『예기』의 기록에 의하면, 당시 정의 규격으로 각급 귀족 신분을 구분하는 표식으로 삼았으니, 청동기 정의 예기는 상주시대에 특수한 의의가 있었음을 알 수 있다.

『설문해자』에서 "정은 세 개의 다리와 두 개의 귀, 다섯 가지 맛을 갖춘 보배스러운 기물이다[鼎, 三足兩耳, 和五味之寶器也]."라고 하였다. 일반적 정의 형태는 대부분 둥근 배[圓腹], 세 개의 다리[三足], 두 개의 귀[兩耳]를 갖추었으며, 또한 네 개의 다리가 있는 모난 정[方鼎]도 있으나 수량은 많지 않다. 주나라의 정은 용도에 따라 확정(鑊鼎)·승정(昇鼎)·수정(羞鼎) 3종류로 나눌 수 있다. 확정은 고기와 음식을 삶는 취기이고, 승정은 자리 앞에 고기와 음식을 담은 찬구를 진열하는 것인 까닭에 또한 정정(正鼎)이라고도 하며, 수정은 승정 이외에 고기를 먹을 첨가하는 조미료를 담아두던 정이기 때문에 또한 배정(陪鼎)이라고도 한다. 이 3종류 청동기 정의 형상은 분명하게 다른 점이 없어 반드시 순장제도와 결합하여야 비로소 구분할 수 있다. 하휴(何休)는 『공양전』 환공 2년의 주에서 "예식과 제사에서 천자는 아홉 개의 정을 사용하고, 제후는 일곱, 경대부는 다섯, 원사는 세 개를 사용한다[禮祭, 天子九鼎, 諸侯七, 卿大夫五, 元士三也]."라고 하였다. 이는 서주시기 정정(正鼎)을 사용하는 옛날 제도를 가리키는 것이나 동주 이후 귀족 사이에 참월의 방식으로 자신을 향상시킬 목적으로 정의 규격을 끊임없이 파괴시켰다. 전국말기, 특히 진나라가 육국을 통일한 이후 이러한 제도는 완전히 붕괴되었다. 비록 한나라 초에 일부 귀족들이 주나라 정의 제도를 답습하였지만 일시적 현상에 지나지 않았다.

청동기 정이 지속된 시간이 길기 때문에 형제도 매우 많다. 특히 동주시기에는 농후한 지역 색채를 띠고 있었기 때문에 일일이 열거할 수 없을 정도이다. 여기에서는 단지 몇 가지 전형적 기물만 소개하니 참고하기 바란다.

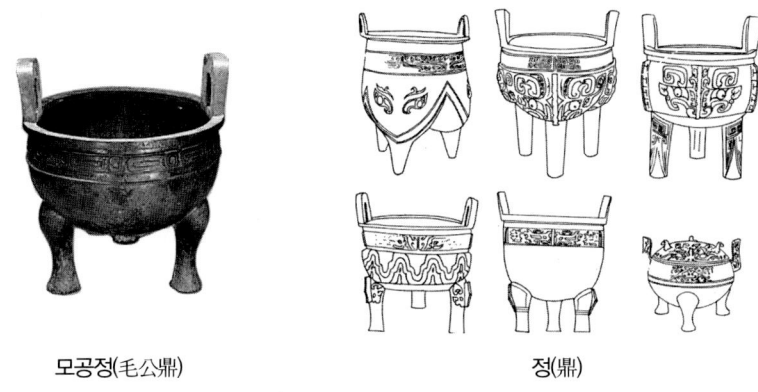

모공정(毛公鼎)　　　　　　　정(鼎)

(2) 격(鬲)

'격'은 앙소문화시기에 이미 보편적으로 사용하였던 도기의 일종이다. 이는 음식물을 삶는 취구일 뿐만 아니라 동양 특유의 문화 특징을 갖추고 있다. 『이아·석기(爾雅·釋器)』에서 "솥에 굽은 다리가 있는 것을 격이라 일컫는다[鼎款足者謂之鬲]."라고 하였다. 실물을 보면, 확실히 둥근 배[圓腹]와 사치한 입[侈口]과 세 다리 중간이 비어있다. 청동기 격은 도기 격을 모방한 분당(分襠)과 평당(平襠) 두 종류가 있다. 초기는 대부분 분당을 만들었고, 말기는 대부분 평당이다. 상나라 청동기 격은 때때로 두 귀를 첨부하였지만 주나라 격은 일반적으로 귀가 없다. 이 기물은 은주시기에 성행하였고, 춘추중기에는 이미 쇠락하였으며, 전국시기에는 드물게 보이다가 진·한 이래로 완전히 없어졌다.

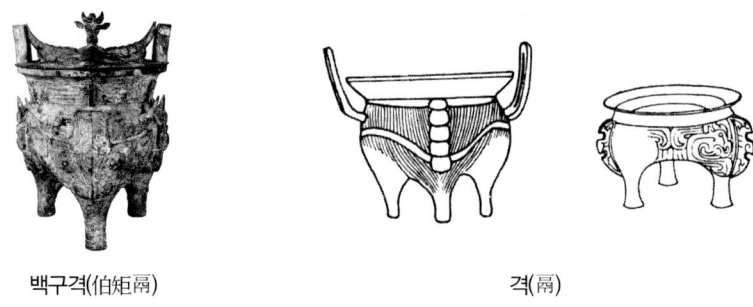

백구격(伯矩鬲)   격(鬲)

(3) 언(甗)

『설문해자』에서 언(甗)은 증(甑)이라 하였다. 『박고도록·언정총설(博古圖錄·甗錠總說)』에서 "언의 기물을 만듦은 위는 마치 증과 같아 족히 음식물을 불 땔 수 있고, 아래는 마치 격과 같아 족히 음식을 익힐 수 있으며, 두 기물을 겸한 것도 있다[甗之爲器, 上若甑而足以炊物, 下若鬲而足以飪物, 兼二器而有之]."라고 하였다. 언의 형제를 분석하면 확실히 증과 격 두 기물을 합성한 증식기(蒸食器)이다. 아랫부분의 격은 물을 담고, 윗부분의 증은 음식물을 담으며, 중간은 수증기를 통하게 하는 청동 종다래끼로 서로 사이를 떼고 있다. 격에 담은 물이 끓어 수증기가 위로 올라가서 음식물을 찐다. 상나라 언은 대부분

원형이고 사치스러운 입과 두 개의 귀가 있으며, 허리는 묶고 세 개의 굽은 다리가 있으며, 증과 격이 혼연일체를 이루고 있다. 서주전기에도 여전히 옛날 제도를 답습하였고, 후기에 비로소 네모난 언[方甗]이 있었으며, 춘추중기 이후는 대부분 둥근 언[圓甗]이었다. 그러나 증과 격을 분리하여 두 개로 하기도 하고, 때에 따라서는 둘을 합치기도 하였다.

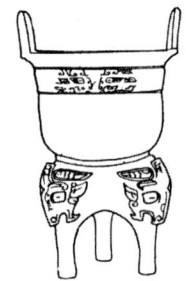
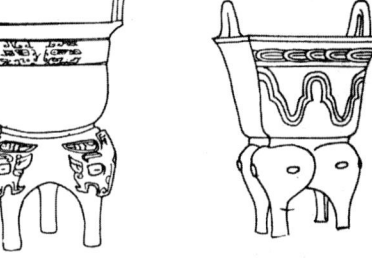

입록대언(立鹿大甗)　　　　　　　　언(甗)

2. 성식기(盛食器)

(1) 궤(簋)

청동기 궤는 기장을 담는 예기로 상나라 이후부터 나타나기 시작하여 동주시기에 이르러서도 줄곧 사용하였다. 이것이 존재하였던 시간이 비교적 길기 때문에 형제의 변화도 복잡하고, 시기마다 다른 특징을 나타내고 있다. 한나라 학자들은 이에 대하여 잘 이해하고 있지 못하여 각자의 설에 서로 모순을 드러내었다. 예를 들면, 모시·정현·허신은 모두 궤가 모나거나 둥글다고 하였고, 『석문(釋文)』·『어람(御

覽)』에서는 옛날『예도(禮圖)』를 인용하여 "안은 모나고 밖이 둥근 것을 궤라 한다[內方外圓曰簋]."라고 하였다. 이를 보면, 당시 이에 대하여 충분히 이해하지 못하고 있음을 알 수 있다. 송나라 학자는 사치스러운 입[侈口], 동그란 다리[圈足], 두 귀[兩耳]와 뚜껑이 없는 청동 궤를 모두 이(彝)라 일컬었고, 입을 오그린 것[斂口], 동그란 다리[圈足], 두 귀[兩耳]와 뚜껑이 있는 청동 궤를 모두 돈(敦)이라 일컬었다. 청나라 전점(錢坫)이 제일 먼저 그 잘못을 지적하고 금문에서 '簋'를 마땅히 궤(簋)라 해석하여야 돈(敦)자가 아니라 하였다. 뒤에 진개기(陳介祺) 또한 송나라 사람이 말한 이(彝)도 잘못되었음을 지적하며 이(彝)는 기물의 어떤 명칭이 아니라 전체 기물을 가리키는 것이라 하였다. 이에 이르러 비로소 예기의 명칭과 명문의 고석(考釋)이 정확해졌다.

주나라 귀족이 사용하였던 종궤도 일정한 규격이 있었다. '정'의 제도와 마찬가지로 귀족의 지위에 따라 일정한 수량을 정하였으니, 일반적으로 구정(九鼎)은 팔궤(八簋), 칠정(七鼎)은 육궤(六簋), 오정(五鼎)은 사궤(四簋), 삼정(三鼎)은 이궤(二簋)와 짝하였다.

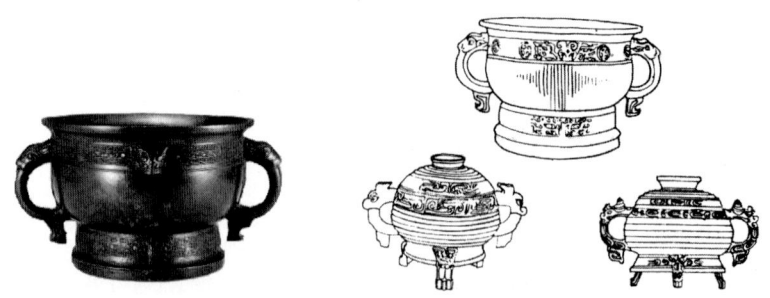

청동기룡문궤(靑銅夔龍紋簋)　　　　　궤(簋)

종궤의 형제는 매우 복잡하나 대체로 두 종류를 나눌 수 있다. 하나는 사치스러운 입[侈口], 둥근 배[圓腹], 동그란 다리[圈足], 두 귀[兩耳]에 뚜껑이 없는 것은 즉 송나라 사람이 말했던 이(彛)이다. 때로는 동그란 다리 아래 모든 좌대가 있는 것은 모두 초기의 형식이나 소왕·목왕 이후 드물게 나타났다. 다른 하나는 입을 오그린 것[斂口], 둥근 배[圓腹], 두 개의 짐승 형태 귀[兩獸形耳]와 뚜껑이 있고, 동그란 다리 혹은 동그란 다리 아래 세 개의 짐승 형상을 한 다리를 붙인 것이 있다. 때로는 짐승 형태 귀를 두 개의 고리로 변화시키기도 하였는데, 이는 모두 서주중기 이후의 형제이다.

(2) 돈(敦)

전점(錢坫)이 '敦'를 '돈'으로 잘못 해석한 것을 궤(殷)로 교정한 이후 황소기(黃紹箕)는 또한 『설궤(說殷)』에서 궤와 돈 두 기물의 형제와 형음(形音) 방면으로부터 두 종류의 서로 다른 기물임을 논증하였다. 그러나 이는 화사첨족으로 새로운 오해를 불러일으켰다. 전점이 '敦'를 궤(殷)자라 하고 '돈'자가 아니라고 한 것은 정확한 견해이지만, 궤(殷)와 '돈'이 서로 다른 기물이라 한 것은 정확하지 않다. 궤(殷)와 '돈'은 실제 같은 기물이고, 형제가 다른 것은 시대가 다르기 때문에 발생한 변화이다. 궤와 돈의 발전도판을 보면, 이들의 계승과 발전 관계를 분명히 볼 수 있다. 또한 『예기』에서 궤와 돈에 관한 용법을 보면, 피차 통용하는 같은 예기를 가리키고 있음을 알 수 있다. 예를 들면, 『의례·공식대부찰(儀禮·公食大夫札)』에서 '서직육궤(黍稷六簋)'라 하였고, 『의례·사혼례(儀禮·士婚禮)』에서 '서직사돈(黍稷四敦)'이라 하였다. 여기서 육(六)과 사(四)라는 수량의 차이는 단지 귀족의 신분이 다르기 때문에 사용한 예기가 같지 않았을 뿐이다. 이러한 현상에 대하여 황소기는 해석할 길이 없어 단지 아마도 이미 혼란이 많았던 것 같다고 하였을 뿐이다. 용경(容庚)은 『상주이기통고(商周彝器通考)』에서 "내가 주문으로 『의례』를 읽은즉 돈과 궤는 한 글자이다[余籀讀儀禮則謂敦簋爲一字也]."라고 하였다. 그는 『의례』에서 3가지 증거를 제시하며 결론적으로 "무릇 이는 모두 殷이 궤가 되는 증거이니 돈과 궤는 한 글자이다[凡此皆足證殷之爲簋而敦簋爲一字]."라고 하였다.

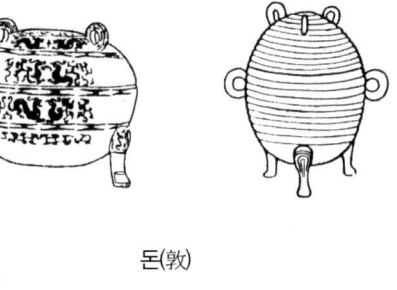

청동기 돈(敦)   돈(敦)

자형으로 말하면, '궤'자는 상주로부터 전국시기에 이르기까지 궤(殷)·궤(簋)·궤(㔲)·궤(甌)·궤(軌)·구(朹) 등 몇 종류 형태로 나타났다. 산동성 제나라 국경 안에서 나타난 춘추시기의 또 다른 결구의 글자체로 錞·鐏자가 있고, 혹 이를 생략하여 辜라고도 한다. 이 글자는 지금의 순(錞)자로 즉 『의례』에서 말한 '돈(敦)'이다. 〈진후오錞(陳侯午錞)〉·〈공극鐏(公克鐏)〉·〈제후辜(齊侯辜)〉는 이 3종류의 서로 다른 글자체를 분별하여 채용한 것이나 실제로는 모두 '돈(敦)'에서 나온 것이다. 이중에서 〈제후辜(齊侯辜)〉가 시대적으로 가장 빠르고, 형제는 춘추시기 청동기 궤(殷)와 같다. 이를 보면, '돈(敦)'자가 기물 이름으로 사용한 최초의 것은 '궤'라는 기물에서 나왔음을 알 수 있다. 1950년 낙양의 서궁에서 진나라의 동기들이 출토되었는데, 이중에서 청동 '돈'도 '궤

(軌, 簋)'라 하였으니 '궤'와 '돈'은 확실히 같은 예기임을 증명할 수 있다. '궤'의 사용기간이 가장 오래되었다. 상나라로부터 전국시기까지 이어졌으므로 기물의 형태나 자형에 모두 큰 변화가 있었다. 예를 들면, 궤(簋)·궤(毁)·궤(甌)·순(錞) 등의 이체자는 이후 별도의 다른 글자들이 되었다. 춘추전국시기에는 각 지역마다 방음이 있어 새로운 글자들이 많이 생겨졌다. 예를 들면, '궤'자는 『설문해자』에 6종류의 형체가 있었다. 이중에서 어떤 것은 이미 도태되었고, 어떤 것은 글자 뜻이 인신(引申)되어 음이 달라진 것도 있다.

궤(簋)와 순(錞)은 원래 같은 글자의 별체여서 고음은 반드시 서로 같을 것이니 '궤'는 구(九) 또한 계(癸)와 같이 읽는다. 예를 들면, 왕일(王逸)은 『구사·민상(九思·憫上)』의 주에서 궤(軌)·조(造)·도(道)·유(幽)·소(霄)는 같은 운으로 궤(軌)는 구(九)와 같이 읽고, 양웅(揚雄)은 「박사잠(博士箴)」에서 궤(軌)·사(士)·지(脂)·지(之)는 같은 운으로 궤(軌)는 계(癸)와 같이 읽으며, 반고(班固)는 「유통부(幽通賦)」에서 궤(軌)·기(跂)·지(支)·지(脂)는 같은 운으로 궤(簋)는 계(癸)와 같이 읽는다고 하였다.

궤(軌)와 궤(簋)는 같은 예기의 명칭이고, 독음도 서로 같다. 한나라의 독음은 상고음운 계통에 속하기 때문에 선진까지 거슬러 올라갈 수 있다. 궤(軌)와 궤(簋)의 독음이 계(癸)와 같은즉 순(錞)·돈(敦)과 통한다. 궤(簋)의 운은 미부(微部)에 있고, 돈(敦)은 문부(文部)에 있으며 문미대전(文微對轉)이다. 성뉴(聲紐)로 분석하면, 궤(軌)와 궤(簋)는 모두 견뉴(見紐)에 보이는 글자이고, 순(錞)과 돈(敦)은 단뉴(端紐)에 있다. 그러나 순(錞)과 돈(敦)은 모두 형(亨)자로부터 소리를 얻었기 때문에 〈제후돈(齊侯敦)〉의 돈(敦)자를 臺(亨)으로 썼다. 『광운(廣韻)』에서 "형(亨)은 허(許)와 양(兩)의 반절이다[亨, 許兩切也]."라고 하였고,

옛날에는 후음효뉴(喉音曉紐)에 속하였으며, 형(亨)으로부터 소리를 얻은 글자이다. 중고시대에 분별하여 단(端)·선(禪)·견(見)뉴에 귀속되었으나 그 음의 연원을 거슬러 올라가면 모두 형(亨)자에서 소리를 얻었다.

구체적 실물과 문자의 형·음·의에 근거하여 고찰하면, '궤'와 '돈'은 같은 예기임을 확정할 수 있다. 모두 기장을 담는 음식도구로 시대가 오래되어 기물 형태와 문자에 많은 변화가 있었다. 시대의 구분을 편리하게 하기 위하여 초기의 기물 형태를 궤(簋)라 칭하고, 말기의 형태를 돈(敦)이라 하겠다.

(3) 고(匧)

고(匧)는 『설문해자』에서 고(盬)라 하였으니 예기를 근거로 하여 새로 확정한 명칭이다. 『설문해자·명부(說文解字·皿部)』에서 "고(盬)는 기물이다. '缶'·'皿'를 구성요소로 하고, 고(古) 소리이다[盬, 器也, 從缶皿, 古聲]."라고 하였다. 이는 주나라에 나왔고, 전국시기 이후 다시 사용하지 않았다. 형태는 장방형이고, 배는 말[斗]의 형상이고, 곱자 형태의 동그란 다리[圈足]가 있다. 기물과 뚜껑이 형상은 서로 같고, 명문을 보면 벼와 기장을 담는 기물임을 알 수 있다. 이러한 예기는 문헌에 많이 보이는데 호(胡) 혹은 호(瑚)라 일컫는다. 예를 들면, 『좌전』 애공 11년에서 "공자가 말하길 '호와 궤와 같은 예식의 일은 일찍이 배웠으나 군사의 일은 들어 본 적이 없습니다.'라고 하였다[仲尼曰, 胡簋之事則嘗學之矣, 甲兵之事, 未之聞也]."라 하였고, 『예기·명당위(禮記·明堂位)』에서 "은나라는 6호, 주나라는 8궤가 있다[殷之六瑚, 周之八簋]."라고 하였다. 이렇게 벼와 기장을 담는 모난 기물의 명칭이 확정된 것은 『설문해자』에서의 '고(盬)'이고, 청동기 명문에서 스스로 그렇게 부른 것을 근거하여 고증하였다. 이 글자를 송나라 학자는 궤(簋)자로 해석하였는데, 주요 근거는 정현의 『주례·사인(周禮·舍人)』 주에서 "둥근 것을 궤라 하고, 모난 것을 보라 한다[圓曰簋, 方曰簠]."라고 한 것이다. 이러한 설은 천 년이 지나도록 의의가 없었다. 사실 이는 송나라 사람이 잘못한 것이 아니라 한나라 학자가 이미 잘못한 것이다. 예를 들면, 『논어·공야장(論語·公冶長)』에서 공자가 자공의 물음에 "호련이다[瑚璉也]."라고 하였다. 이에 대하여 하안(何晏)은 포함(包咸)의 주를 인용하여 "포함이 말하길 '호련은 기장을 담는 기물로 하나라에서 호(瑚)라 하였고, 은나라에서 련(璉)이라 하였으며, 주나라에서 보궤라 하였으니, 종묘의 기물로 귀한 것이다[包曰, 瑚璉黍稷之器, 夏曰瑚, 殷曰璉, 周曰簠簋, 宗廟之器貴者]."라고 하였다. 지금 보면 포함의 주는 완전히 틀렸으니 그 이유는 다음과 같다. 첫째, 호(瑚)는 주나라에 이르러 비로소 나타났고, 은나라에 없었으니 하물며 하나라는 더 말할 필요가 없다. 둘째, 궤(簋)는 련(璉)이라 칭하지 않으며, 련(璉)의 잘못된 글자이다. 련(璉)은 원래 연(連)자로 궤(軌)자의 잘못이다. 지금 종궤의 명문에서 볼 수 있는 것처럼 모두 궤(段) 혹은 궤(軌)라 하였지 련(璉)이라 한 것은 하나도 없다. 셋째, 주나라의 보(簠)는 결코 호(胡)라 부르지 않았으니, 호(胡)와 보(簠)는 두 종류의 서로 다른 기물이다. 실물과 명문은 모두 글자와 기물명의 잘못을 증명해주고 있으니 마땅히 새로운 고증이 있어야 한다.

　호(胡)는 예기의 명칭이다. 이는 가차자에서 나온 것으로 원래의 글자 아니나 명문에서 사용한 자형은 자서(字書)에는 보이지 않는다. 1977년 섬서성 부풍현(扶風縣)에서 서주시기의 청동기들이 출토되었는데, 이중에 〈백공부고(白公父簠)〉가 있었다. 명문에서 스스로 '고(盬)'라 한 것은 장기간 풀지 못하였던 문제를 해결하는 데에 좋은 증거가

되었고, 이는 또한 모난 형태에 벼와 기장을 담은 옛날에 보(簠)라 일
컬었던 예기임을 증명하였다. 진정한 명칭은 마땅히 『설문해자』에서
'고(盬)라 한 것이다. 이를 근거로 청동기에서 스스로 𠤎·광(匡)·匱·
고(㔶) 등 글자의 성부와 독음을 고찰해보니 모두 고(盬)와 문헌에서
호(胡)라 한 독음과 서로 같았고, 대부분 같은 글자의 이체자였다. 이
로부터 과거에 이것들을 보(簠)라 한 것이 확실히 잘못되었음을 증명
할 수 있었다. 이러한 방식으로 모난 형태의 예기를 계통적으로 검사
해보니 스스로 보(簠)라 불렀던 기물은 하나도 없었다. 그러나 오직
『군고록금문(攟古錄金文)』권3에 〈광보(匡簠)〉라고 부른 기물 하나가
수록되었는데, 오식분(吳式芬)은 명문을 근거하여 '광보(匡甫)'라 하였
으므로 그것이 모난 '보'의 일종임을 고증하였다. 그러나 실제로 오식
분은 명문을 잘못 읽었을 뿐만 아니라 기물의 이름도 틀렸다. 곽말약
은 『양주금문사대계(兩周金文辭大系)』에서 '匡甫'의 甫는 명사가 아니
고 동사이며, 이는 음식물을 담았던 동보(銅簠)가 아니라 술을 담았던
동유(銅卣)라 하였다.

　고(㔶) 즉 고(盬)의 기물 형태는 기본적으로 두 종류로 나눌 수 있다.
초기의 것은 배가 말[斗]의 형상에 목이 없고 다리는 짧다. 말기의 것
은 배위에 목이 있고 다리는 비교적 높다.

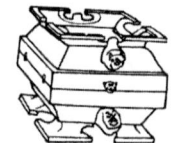

청동기 고(㔶)　　　　　　　　　　　　고(㔶)

(4) 보(簠)

'보'는 밥을 담는 예기로 모난 것이 아니라 둥근 기물이다. 이는 바로 허신이 『설문해자』에서 "보는 기장을 담는 둥근 기물이다[簠, 黍稷圓器也]."라고 한 것이다. 구체적 형상은 위는 얕은 배와 둥근 소반 형태를 하고 있고, 아래는 나팔형태에 꽃무늬를 투조하였으며, 반두(盤豆)와 서로 가깝기 때문에 옛날에는 대부분 두(豆)의 종류로 보았다. 현재 볼 수 있는 자료를 근거하면, 최초의 청동기 '보'는 서주중기에 나타났다. 예를 들면, 섬서성 부풍현 장백(莊白)에서 출토된 〈미백흥보(微伯瘋簠)〉, 하남성 섬현(陝縣)에서 출토된 〈소맥보(穌貉甫)〉, 호북성 경산(京山)에서 출토된 〈증중방부보(曾仲放父甫)〉, 산동성 곡부(曲阜)에서 출토된 〈노대사도후씨보(魯大司徒厚氏匭)〉 및 과거 저록에 있는 〈두유포(杜嬬鋪)〉·〈덕인여보(德人旅甫)〉 등은 모두 이에 속하는 한 종류 기물이다. 이상의 기물들은 스스로 보(簠)·보(甫)·보(匭)·포(鋪)라 하였으니, 즉 문헌에서 기록된 보궤의 '보'이다. 과거에 고형(高亨)은 포(鋪)를 변(籩)이라 해석하였고, 진몽가(陳夢家)는 이 설을 따랐으나 모두 정확한 것이 아니다. 당란(唐蘭)은 이 기물에 대하여 다음과 같이 설명하였다.

교룡문보(交龍紋簠)

보(簠)

두(豆)와 같으면서 크다. 얕은 배가 평평하고 낮으며, 둥그런 다리는 투조하였다. 명문에 보(䀉)라 한 것은 보(簠)의 원래의 글자이다. 송나라에 〈유공포(劉公鋪)〉가 있었고, 1932년에 출토된 〈후씨원보(厚氏元匜)〉를 과거에 모두 두(豆)의 종류에 귀속시켰으나 잘못이다. 『설문해자』에서 "보는 기장을 담는 둥근 기물이다[簠, 黍稷圓器也]."라고 한 것이 바로 이 기물이다.5)

(5) 수(盨)

청동기 명문에 스스로 수(盨)라 한 것이 있으나 『의례』에 이러한 명칭은 보이지 않는다. 『설문해자』에서 "수(盨)는 작은 받침대를 싣는 기물이다[盨, 槦盨負載器也]."라고 하였으니, 예기와는 무관하다. 송나라 학자는 '수'도 '궤'라 하였으나 전점(錢坫)이 궤(簋)는 '궤'이지 '돈'이 아님을 제시한 이후 비로소 이를 '궤'에서 독립시켰다. '수'의 기물 형태는 타원형에 입을 오그린 것[斂口], 두 개의 귀[兩耳], 동그란 다리[圈足]와 뚜껑이 있다. 이것의 용도도 음식을 담는 기물로 궤(簋)의 용도와 대체로 같다. 따라서 어떤 기물 형태는 '수'이나 스스로 궤(簋)라 한 것도 있다. '수'는 주나라 중기에 나타났고, 춘추시기 이후에 사용되지 않았다.

청동기 수(盨)　　　　　　　　　　수(盨)

---

5) 唐蘭, 「略論西周微史家族窖藏銅器的重要意義」, 『文物』 1978年 3期.

(6) 두(豆)

'두'는 고기와 채소를 담는 기물로 『설문해자』에서 "두는 옛날 음식과 고기를 담는 기물이다[豆, 古食肉器也]."라 하였다. 또한 『주례·천관·해인(周禮·天官·醢人)』에서 "4개 두의 내용을 담당한다[掌四豆之實]."라고 하였으니, 즉 조사두(朝事豆)·궤식두(饋食豆)·가두(加豆)·수두(羞豆)의 4종류이다. '두'의 형태는 일반적으로 위는 얕은 받침대이고, 받침대 아래에 긴 교(校)가 있다.

청동기 두(豆)

두(豆)

(7) 개두(蓋豆)

'개두'는 후인이 붙인 명칭으로 위에서 말한 '두'와 같지 않다. 이것의 배는 바리때[鉢] 형태를 하고, 양측에 귀가 있고, 뚜껑이 있으며, 아래는 나팔 형태의 교(校)가 있다. 용도는 '두'와 다르고 고기 혹은 채소를 담는 기물이 아니다. 발굴된 자료를 보면, 기물 안에 항상 기장과 쌀과 같은 흔적이 있었다고 한다. 낙양의 애성숙묘(哀成叔墓)에서 출토된 2개의 '개두'는 스스로 '盬'이라 하였으니, '궤'와 같이 음식을 담는 기물에 속할 가능성이 있다. 이러한 예기의 출토 수량은 매우 많고, 춘추말기에서 전국중기에 유행하였다. 정확한 명칭은 아직 더 고찰이 필요함으로 여기에서는 잠정적으로 '개두'라 칭하여 '두'와 구별하기로 하겠다.

3. 주기(酒器)

(1) 작(爵)

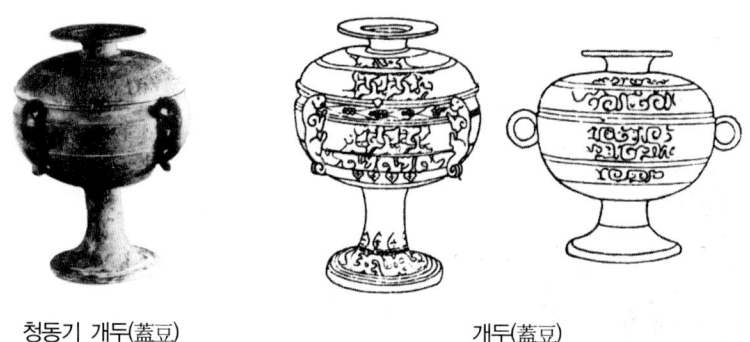

청동기 개두(蓋豆)　　　　　　　개두(蓋豆)

'작'은 고대에 술을 마시는 기물로 『의례』에서 주인이 손님에게 술을 권할 때 항상 '작'을 사용한다고 하였다. 『설문해자』에서 "작은 예기이다. 잔의 형태를 형상하였고, 가운데는 울창주가 있다. 또한 이를 보존하는 것이다. 그러므로 마시는 기물이 잔을 형상한 것은 수컷 봉황이 절절하고 암컷 봉황이 족족하고 우는 소리를 취한 것이다[爵, 禮器也. 象爵之形, 中有鬯酒. 又, 持之也. 所以飮器象爵者, 取其鳴節節足足也]."라고 하였다. '작'의 형태는 깊은 배를 하였는데, 초기에는 평평한 바닥이었으나 말기에는 둥근 바닥이었다. 앞면에는 흐르는 곳[流]이 있고, 뒷면은 뾰족한 형태의 꼬리가 있고, 곁에는 손잡이의 끈[鋬]이 있고, 위에는 두 기둥이[柱] 있고, 아래에는 세 발[足]이 있다. 상나라에서

성행하였고, 서주중기 이후 드물게 보였다. 또한 하나의 기둥[柱]과 뚜껑이 있는 것도 있으나 수량은 많지 않다.

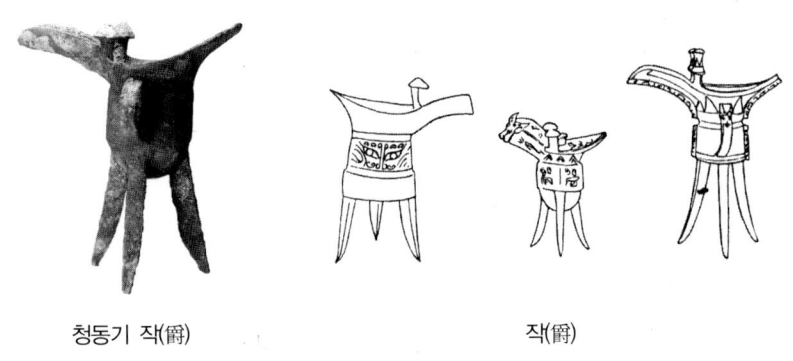

청동기 작(爵)　　　　　　　작(爵)

(2) 가(斝)

'가'는 『예기』・『주례』・『의례』 등에서 자주 보이고, 용도는 술을 마시거나 혹은 제사할 때 술을 담아 두었던 기물이다. '가'의 형상은 '작'과 같으면서 비교적 크고, 둥그런 입[圓口]과 평평한 바닥에 아래에는 세 발[足]이 있고, 술을 마시는 입[口沿]위에도 두 기둥이[柱] 있다. 또한 어떤 것은 세 발 위가 비대하고 중간은 비었으며, 배의 형태는 솥[鬲]과 같은 것도 있다. 그러나 청동기에서는 아직 스스로 '가'라 한 명문이 발견되지 않았으니, 이는 송나라 사람이 문헌을 근거하여 정한 명칭이다. 『의례』에서 주기(酒器)를 언급할 때 종종 산(散)과 기타 주기를 연결하곤 하였다. 나진옥은 『은허서계고석(殷墟書契考釋)』에서 '산(散)'은 곧 '가(斝)'라 하였다. 이후 왕국유는 『설가(說斝)』에서 진일보 나진옥의 설을 실증하고 다섯 가지의 예를 들어 '산(散)'과 '가(斝)'가 같은 기물임을 증명하였다.

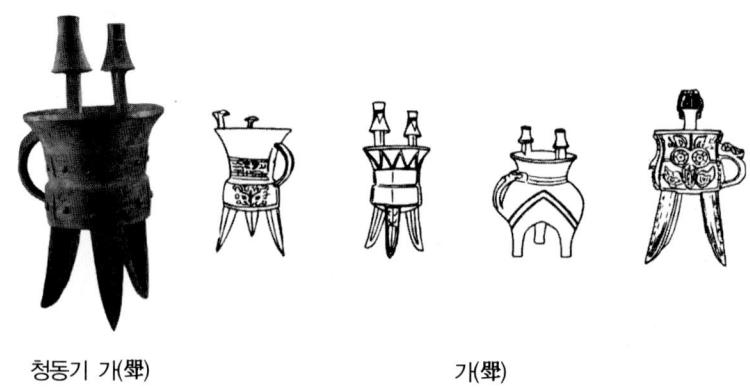

청동기 가(斝)　　　　　　가(斝)

(3) 각(角)

'각'도 술을 마시는 기물로 형태는 '작'과 같으나 기둥이 없다. 앞에는 또한 술이 흐르는 곳[流]이 없고, 양 가장자리는 똑 같이 길고 예리한 꼬리를 하였다. 『예기·예기(禮記·禮器)』에서 "종묘의 제사에서 높은 사람은 치(觶)를 들고, 낮은 사람은 각(角)을 든다[宗廟之祭, 尊者舉觶, 卑者舉角]."라고 하였다. 이 기물이 전해지는 것은 많지 않고, 대부분 상나라 기물이다.

 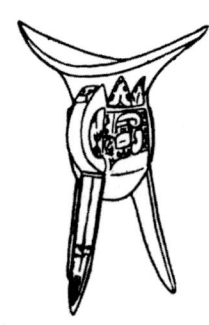

청동기 각(角)　　　　　　각(角)

(4) 고(觚)

『설문해자』에서 "고(觚)는 향음주의 잔이다[觚, 鄕飮酒之爵也]."라고 하였다. 오늘날 동고(銅觚)는 송나라 학자들이 추측한 것으로 명칭이 실물의 옛날 뜻과 부합하는지에 대하여서는 더욱 고증이 필요하다. 일반적으로 사치스러운 입[侈口], 긴 목[長頸], 가는 허리[細腰]를 하고 있다. 상나라와 서주초기에 유행하였고, 용도는 작·가·각(爵·斝·角)과 같이 술을 마시는 기물이다.

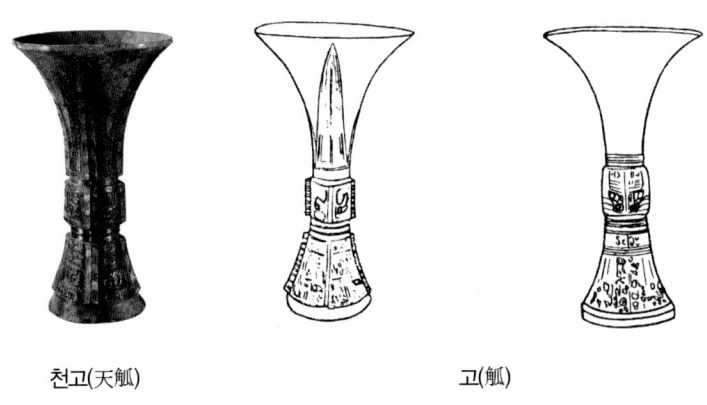

천고(天觚)　　　　　　　　　고(觚)

(5) 치(觶)

『설문해자』에서 "치(觶)는 향음주의 각(角)이다[觶, 鄕飮酒之角也]."라고 하였다. 송나라 학자들이 옛날 예의를 근거하여 그 명칭을 추측하여 정하였다. '치'의 형상은 대부분 둥근 배[圓腹], 사치스러운 입[侈口], 동그란 다리[圈足]에 뚜껑이 있고, 어떤 것은 배를 타원형으로 만든 것도 있다. 동치(銅觶)는 상나라와 서주초기에 유행하였다. 춘추시기의 〈서왕의초단(徐王義楚鍴)〉 3기물은 형태가 '치'와 같으나 기물의

청동기 치(觶)　　　　　　　　치(觶)

몸이 가늘고 높으며 스스로 단(鍴)·단(嵩)이라 하였다. 왕국유의 고증에 의하면, 문헌에 기록된 치(觶)·단(觛)·치(巵)·鱓·觛 등 5글자는 같은 소리이니 마땅히 같은 기물이라 하였다.

(6) 굉(觥)

『설문해자』에서 "굉(觵)은 무소뿔로 마실 수 있는 것이다. '각(角)'을 구성요소로 하고, 황(黃) 소리이다. '굉(觥)'은 굉(觵)의 속체자로 광('光')을 구성요소로 한다[觵, 兕牛角, 可以飮者也, 從角黃聲. 觥, 俗觵從光]."라고 하였다. '굉'은 술을 담기도 하고 술을 마시기도 하는 기물이다. 이는 『시경』에 여러 번 나온다. 예를 들면, 『시경·칠월(詩經·七月)』에서 "저기 임금 계신 곳에 올라가 저 무소뿔잔을 들어 빈다[躋彼公堂, 稱彼兕觥]."라 하였고, 『시경·권이(詩經·卷耳)』에서 "내 잠시 저 무소뿔잔에 술을 따르네[我姑酌彼兕觥]."라고 하였다. 송나라의 『고고도(考古圖)』와 청나라의 『서청고감(西淸古鑒)』에서 모두 시굉

청동기 굉(觥)　　　　　굉(觥)

(兕觥)을 이(匜)와 혼동하였으나, 오직 『속고고도(續考古圖)』만 '시굉' 두 기물을 기록하였다. 왕국유는 일찍이 「설굉(說觥)」에서 6종류의 기물을 예로 들어 굉(觥)과 이(匜)를 변별하면서 다음과 같이 말하였다.

> 송나라 이래로 이른바 이(匜)라 일컫는 것이 두 종류 있었다. 하나는 기물이 얕으면서도 크며, 다리가 있고 뚜껑이 없으면서 술을 따르는 곳이 좁으면서도 길다. 다른 하나는 기물이 조금 작으면서도 깊고, 혹 다리가 있거나 없으면서 모두 뚜껑이 있고 술을 따르는 곳이 사치스럽고 짧으며, 뚜껑은 모두 소머리 형태를 하고 있다.6)

그는 여기에서 전자를 이(匜)라 하였고, 후자를 굉(觥)이라 하였다.

(7) 화(盉)

『설문해자』에서 '화'는 조미(調味)라 하였으니, 허신 당시에 이것이 주기(酒器)의 이름이란 것을 몰랐던 것 같다. 왕국유는 섬서성 보계현

---

6) 王國維,「說觥」,『觀堂集林』卷三.

(寶鷄縣)에서 출토된 주기 가운데 하나의 '화'가 있는 것을 보고 이것이 물과 술을 조화시키는 기물로 술의 농도를 절제하는 데에 사용하였음을 깨달았다. 그리고는 「설화(說盉)」에서 다음과 같이 말하였다.

'화'라는 것은 술에 물을 넣어 조화시키는 기물로 술의 농도를 조절하는 역할을 한다. 옛날에는 술 단지를 설치할 때 반드시 현주(玄酒)가 있었기 때문에 두 항아리를 사용하였다. 현주 없이 단지 술만 사용하는 것을 측준(側尊)이라 일컫는다. 가례(嘉禮)·빈례(賓禮)·길례(吉禮)에 모두 현주가 있었다. 옛날에 잔이 큰 것은 몇 되에 이르렀으나 반드시 마시는 것이 예의였다. 선왕은 예가 이루어지지 않거나 또한 예를 이룸에 고달프지 않도록 하기 위하여 현주로 이를 조절하였다.[7]

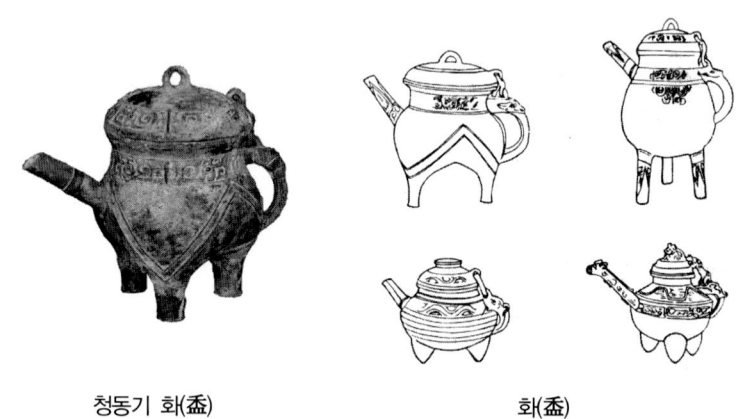

청동기 화(盉)   화(盉)

---

7) 王國維, 「說盉」, 『觀堂集林』卷三.

'화'의 형상은 큰 배에 입을 오그렸고, 앞에는 따르는 곳[流]이 있고, 뒤에는 손잡이의 끈[鋬]이 있고, 뚜껑이 있고, 아래에는 세 발 혹은 네 발이 있다. 춘추전국시기의 동화(銅盉)는 형체가 짧고 낮아 이후의 차호(茶壺)와 매우 닮았다.

(8) 유(卣)

'유'의 명칭은 송나라 학자들이 추정하여 정한 것이다. 후세에 전해지는 기물에 아직 스스로 '유'라 한 것은 없으나 『시경』·『좌전』 및 청동기 명문에서 항상 '찰기장 울창주 한 통[秬鬯一卣]'이라는 말이 나온다. 『주례·창인(周禮·鬯人)』에서 "사당에서 수를 사용하였다[廟用修]."라 하였고, 정현의 주에서 "수는 유라 읽으니, 유는 가운데 술통으로 시루 형상에 속하는 것을 일컫는다[修讀曰卣, 卣, 中尊, 謂甒象之屬]."라고 하였다. '유'의 형상은 둥근 배에 긴 목을 하거나 타원형 배에 목이 없거나 또한 부엉이 형태를 한 것도 있다. 뚜껑과 손잡이가 있고, 동그란 다리를 하거나 네 발 다리가 있으며, 모두 상나라와 서주초기의 유물이다.

청동기 유(卣)　　　　　　　　　유(卣)

(9) 준(尊)

'준'에는 공통적 명칭과 고유 명칭 두 종류를 함유하고 있다. 공통적 명칭은 술을 담는 모든 예기를 통틀어 '준'이라 하고, 고유 명칭은 단지 큰 입과 동그란 다리를 하고 술을 담는 기물만 가리킬 뿐이다. '준'은 예기에서의 지위가 높아 단술을 담아 빈객에게 바치는 데에 사용하였다. 『주례』에서 "6개 '준'의 명물을 변별하여서 제사와 빈객을 대하였다[辨六尊之名物, 以待祭祀賓客]."라고 하였다. 상나라의 동준(銅尊)은 모난 형태에 무소뿔 모서리를 띤 것이 있고, 서주시기 동준은 대부분 원형이다.

용호준(龍虎尊)　　　　준(尊)

춘추시기의 희준(犧尊)　　　희준(犧尊)

(10) 희준(犧尊)

'희준'은 새나 짐승의 형상을 한 주기로 옛날 청동기에서 확실히 특수한 형제이다. 『삼례도(三禮圖)』에서 준(尊)과 이(彝)의 형제를 아직 구분하지 못하였기 때문에 닮은 형태이나 명칭이 달랐고, 새와 짐승의 형태를 한 준이(尊彝)를 통칭하여 '준'이라 하였다. 내용은 새·부엉이·소·코끼리·호랑이·양 등의 짐승 형태에 술을 담은 기물로 상나라와 서주초기에 유행하였고, 춘추시기에도 나타났지만 수량이 많지 않다.

(11) 호(壺)

동호(銅壺)는 서주시기에 유행하였고, 춘추전국시기에 성행하였으며, 상나라 동호는 수량이 많지 않다. 초기 '호'의 형태는 대부분 둥근 배 혹은 타원형 배이고, 가장 큰 배의 지름은 배의 바닥에 접근하고 있어 목이 긴 것이 뛰어났다. 일반적으로 동그란 다리[圈足]와 꿴 귀[貫

청동기 호(壺)

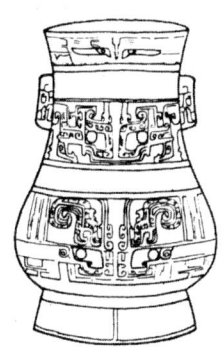
호(壺)

耳]를 한 것은 상나라와 서주초기의 것이다. 춘추전국시기에는 또한 손잡이가 있는 '호'[提梁壺], 짐승의 귀가 있는 '호'[獸耳壺], 꽃무늬 뚜껑이 있는 '호'[花蓋壺] 등이 있었는데 모두 술을 담았던 기물들이다.

(12) 뢰(罍)

극뢰(克罍)

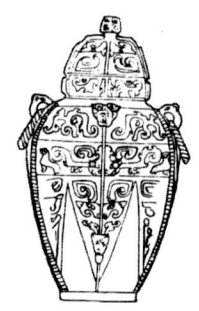

뢰(罍)

『설문해자』에서 "뢰(櫑)는 거북이 눈을 한 술통으로 나무를 깎아 구름과 우레의 형상을 하였고, 형상 베풀음은 다함이 없다. '뢰(罍)'는 뢰(櫑)의 혹체자로, '부(缶)'를 구성요소로 한다[櫑, 龜目酒尊, 刻木作雲雷象, 象施不窮也. 罍, 櫑或從缶]."라고 하였다. '뢰'는 술을 저장하였던 기물로『시경·권이(詩經·卷耳)』에서 "내가 잠시 저 금 술독을 따르네[我姑酌彼金罍]."라고 하였다. 이 기물의 형상은 모난 것과 원형 두 종류로 구분하는데, 모두 너그러운 어깨[寬肩], 두 귀[兩耳], 뚜껑이 있다.

(13) 방이(方彝)

고대 문헌에 '방이'라는 명칭은 없고, 청동기 명문에서도 스스로 '방이'라고 한 기물이 아직 발견되지 않았다. 이(彝)자는 예기의 공통적인 명칭으로 명문에서 자주 '종이(宗彝)' 혹은 '보준이(寶尊彝)' 등을 볼 수 있다. 『설문해자』에서 "이(彝)는 종묘의 일상적 기물이다. 『주례』의 6이, 즉 계이·조이·황이·호이·충이·가이로 강신제의 예를 대하였다[彝, 宗廟常器也. 周禮六彝, 鷄彝, 鳥彝, 黃彝, 虎彝, 蟲彝, 斝彝, 以待祼將之禮]."라고 하였다. 청나라 학자들은 모난 형태의 청동기 기물을 '방이'라 일컬었다. '방이'는 대부분 상나라와 서주초기의 것으로 용경(容庚)은 이를 주기(酒器)에 나열하였다.

작책령방이(作冊令方彝)

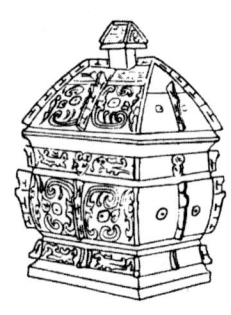
방이(方彝)

4. 수기(水器)

(1) 반(盤)

'반'은 물을 담는 수기(水器)로 상나라와 서주초기의 동반(銅盤)은 대부분 깊은 배[深腹], 동그란 다리[圈足]에 귀가 없고 일반적으로 단독

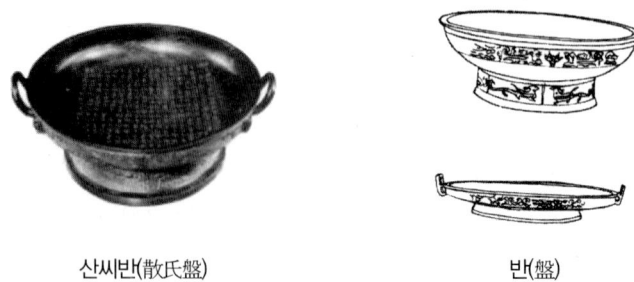

산씨반(散氏盤)　　　　　　반(盤)

으로 사용하였으며 결코 동이(銅匜)와 짝하여 갖추지 않았다. 서주중기로부터 반(盤)과 이(匜)는 한 조의 세면기로 조성되기 시작하였다. 이는 마치 『예기・내칙(禮記・內則)』에서 "씻으러 나아가면 젊은 사람은 소반을 받들고, 연장자는 물을 받들며, 청하여 대야에 물을 대고, 씻기를 마치면 수건을 준다[進盥, 少者奉盤, 長者奉水, 請沃盥, 盥卒, 授巾]."라고 한 것과 같다. 『국어・오어(國語・吳語)』에서 "일개 맏아들이 소반과 주전자를 받들고서 여러 부림을 따른다[一介嫡男奉槃匜以隨諸御]."라고 하였다. 반(盤)은 또한 목(木)에서 나와 반(槃)이라 쓰기도 하는데, 『설문해자』에서 "반(槃)은 소반을 받는 것이다[槃, 承槃也]."라고 하였다. 주전자로 물을 따라 닦고 소반을 받들기 때문에 '승반(承槃)'이라 하였다. 서주중기 이후 동반은 점차 배가 얕아지고 동그란 다리도 낮아졌으며, 춘추시기 이후에는 또한 동그란 다리가 세 짐승 발굽[三獸蹄足]으로 변하였다.

(2) 이(匜)

'이'는 서주중기에 이르러 비로소 나타나 '반'과 더불어 한 조의 세면기로 조성되기 시작하였다. 『좌전』희공 23년에서 "주전자를 받들어 물을 따라 손을 씻었다[奉匜沃盥].”라 하였고, 주에서 "관(盥)은 손을 씻는 것을 말하고, 옥(沃)은 물을 따르는 것을 말한다[盥謂洗手也, 沃謂澆水也].”라고 하였다. '이'의 배는 표주박 형태와 같아 앞에는 따르는 곳[流]가 있고, 뒤에는 손잡이의 끈[鋬]이 있고, 바닥 아래에 네 발 혹은 세 발이 있고, 춘추시기 이후에는 동그란 다리[圈足]가 있었다.

청동기 이(匜)

이(匜)

(3) 우(盂)

'우'는 우(扜)와 통하고, 물을 담는 기물이다. 『한비자·외저설(韓非子·外儲說)』에서 공자의 말을 인용하여 "바리가 모나면 물이 모나고, 바리가 둥글면 물이 둥글다[盂方水方, 盂圓水圓].”라고 하였다. 『예기·옥조

청동기 우(盂)

우(盂)

(禮記・玉藻)』에서 우(抒)는 욕기(浴器)라 하였다. '우'의 형상은 둥근 배와 사치스러운 입, 동그란 다리에 양측에 귀를 첨부한 것이 있다.

(4) 감(鑑)

『설문해자』에서 "감은 큰 동이이다[鑑, 大盆也]."라고 하였다. 감(鑑)은 또한 람(濫)이라고도 하는데, 『장자・칙양편(莊子・則陽篇)』에서 "영공에게 처가 세 사람 있었는데, 같은 욕조에서 목욕하였다[靈公有妻三人, 同濫而浴]."라고 하였다. '감'의 형태는 넓은 입과 배에 평평하고 낮으면서 다리가 없는 것이 있고, 어떤 것은 낮은 동그란 다리가 있는 것도 있다. 귀가 없는 것이 있고, 두 귀 혹은 네 귀가 있는 것은 모두 춘추전국시기의 기물이다.

오왕부차감(吳王夫差鑑)　　　　감(鑑)

역자후기

• • •

    선행연구자들이 거의 없었던 시기에 서예이론을 연구하면서 가장 어려웠던 점은 용어에 대한 정확한 명칭과 개념 정리였습니다. 예를 들면, '錐畫沙'를 추화사로 읽어야 하는지 아니면 추획사로 읽어야 하는지, '折釵股'를 절채고라 읽어야 하는지 아니면 절차고라 읽어야 하는지, '廣藝舟雙楫'을 광예주쌍집이라 읽어야 하는지 아니면 광예주쌍즙이라 읽어야 하는지, '索靖'을 색정이라 읽어야 하는지 아니면 삭정이라 읽어야 하는지, '王著'을 왕저라 읽어야 하는지 아니면 왕착이라 읽어야 하는지 혼자서 결정하기가 정말 힘들었습니다. 이에 대한 것을 문자학 연구자나 기타 관련 학자들에게 자문하여도 의견이 다르고 애매모호하여 결국 혼자서 결정할 수밖에 없었습니다.

    정확한 서예용어의 사용은 서예의 본질을 제대로 파악할 수 있을 뿐만 아니라 서예의 품격을 높이는 일이기도 합니다. 이런 의미에서 볼 때 서예용어에 대한 정확한 이해가 없이 그냥 붓만 휘두르는 행위는 한번쯤 생각해보아야 할 문제입니다. 현재 많이 사용하고 있는 용어 중에서 부적절한 실례를 몇 가지만 들어보면 다음과 같습니다.

    일반적으로 한국에서는 서예, 중국에서는 서법, 일본에서는 서도라는 말을 사용하고 있습니다. 물론 때에 따라서는 이러한 용어를 서로 혼용하여 사용할 수 있지만, 이는 각국에서 통상적으로 사용하는 용어입니다. 그런데 언제부터인가 한국 서예계에서 '서예술'이라는 명칭을 많이 사용하고 있습니다. 이에 대한 원인을 여러 가지로 고찰할 수 있지만, 가장 큰 이유는 별 의식 없이 말을 덧붙이거나 생략하는 데에 있다고 생각합니다. 단적인 예로 서예에다 예술이라는 말을 붙이려고 하다 보니 '서예예술'이 되어 그냥 아무 의식도 없이 겹쳐지는 '예'자를 생략해서 생겨난 말입니다. 이를 만약 '서예 술'이라 읽으면 서예의 기술이란 뜻이 될 수 있고, '서 예술'이라 읽으면 글씨의 예술이란 의미로 해석할 수 있습니다. 이는 모두 서예라는 말에 위배됩니다. 굳이 예술이란 것을 강조하려면, 서예의 예술이라 하더라도 전혀 무리가 따르지 않을 것입니다.

서체의 한 종류인 북위서를 흔히들 '육조'라 일컫습니다. 원래 '육조'란 위진남북조시대에 오나라가 건업(建業, 지금의 南京)에 수도를 정한 이후 동진·송·제·양·진이 모두 여기에 도읍을 정하였기 때문에 이를 합쳐 '육조'라 일컫는 것입니다. 이는 또한 북조의 오랑캐 문화에 대해서 한족의 우월성을 나타내기 위하여 남조를 대표하는 용어로 사용하기도 합니다. 그런데 서예가들이 주로 임모하는 〈장맹룡비〉·〈정문공비〉·〈용문이십품〉·〈석문명〉·〈조준묘지〉·〈최경용묘지〉·〈장흑녀묘지〉 등은 모두 북위시기 작품들입니다. 따라서 이들 작품을 '북위서' 또는 '위서'라고 하는 것은 옳아도 '육조'라 하면 왕희지를 중심으로 한 첩(帖)의 시대인 남조의 글씨가 되기 때문에 옳지 않은 용어입니다.

한글에서 '봉서'라는 말도 문제가 있습니다. 이는 봉투에 넣은 사대부 집안의 편지글을 일컫는 용어로 만약 봉투를 없애고 비교하여 보면, 그 글씨가 일반 사람이 쓴 편지글과 전혀 분간이 되지 않습니다. 봉투에 넣은 것은 '봉서'라 하고, 봉투에 넣지 않은 편지를 편지글이라 하는 것은 옳은 용어가 아닙니다. 그리고 '민체'라는 말도 문제가 있습니다. 이것이 비록 백성들 사이에서 쓰인 글씨이기 때문에 붙여진 명칭이라도 하나의 용어로 사용하는 데에는 문제가 있습니다. 왜냐하면, '민체'라 하면 민씨의 서체라는 말이 될 수 있고, 아니면 백성들만 쓰는 고정적인 서체라는 말도 되기 때문입니다. 따라서 '민체'라는 용어는 '민간서풍'이라 하여야 옳을 것입니다. 이러한 예는 너무 많기 때문에 더 이상 거론하지 않기로 하겠습니다.

정확한 서예용어의 중요성은 아무리 강조해도 지나치지 않을 것입니다. 특히 서단에서 무심결에 흔히 사용하는 단어가 만약 그 뜻이 잘못되었다면, 서예의 본질을 다치게 할 염려가 있기 때문에 더욱 신중하고 조심스럽게 따져본 뒤에 사용하여야 할 것입니다. 그러므로 이는 서예를 올바로 인식하고 용어를 약정하는 데에 분명히 현실적 의의가 있습니다.

본서는 제목에서도 알 수 있듯이 상주시대 금문을 소개한 책입니다. 금문(金文)은 또한 청동기명문(靑銅器銘文)·종정문(鐘鼎文)·종정관지(鐘鼎款識)라고도 일컬어지니, 청동기에 주조하거나 새긴 문자입니다. 고대에 '금'은 모두 청동을 가리킵니다. 청동 예기에서의 종(鐘)과 정(鼎)은 귀족이 상용하는 귀중한 것으로 종정을 청동기의 별칭으로도 삼습니다. '관지(款識)'에서 '관'은 오목한 글자이고, '지'는 볼록한 글자인데, 새기거나 주조한 문자를 가리킵니다. 이러한 명문들은 상나라 사람이 하늘·선조에 대한 제사, 위에서 아래에게 내리는 상, 왕이 사방 나라에 대한 정벌, 신하에 대한 연회 등을 반영한 것으로 은상시기의 역사문화를 연구하는 데에 중요한 자료가 됩니다. 본서의 이해를 돕기 위한 부록의 내용은 만국정(萬國鼎)의 『중국역사기년표(中國歷史紀年表)』(商務印書館, 1978), 고명(高明)의 『중국고문자학통론(中國古文字學通論)』(北京大學出版社, 1996), 주봉한(朱鳳瀚)의 『고대중국청동기(古代中國靑銅器)』(南開大學出版社, 1995)를 참고하였습니다.

이상에서 언급한 바와 같이 명문은 그 당시 역사·정치·경제·문화·풍속·제도 및 그들의 관념과 생활상을 이해하는 데에 중요한 단초가 됩니다. 동시에 여기에서 쓰인 글자체는 오늘날 서예의 새로운 서체를 창조하는 데에도 결정적 역할을 하고 있습니다. 이런 의미에서 볼 때 본서는 다음과 같은 의의와 가치를 지니고 있습니다.

첫째, 인류 문명의 발생과 당시 생활상 및 역사의 발전을 이해하고, 이를 통하여 더욱 인류의 자부심을 느끼면서 진정한 문화를 향수할 수 있습니다.

둘째, 금문의 정확한 해석을 통하여 고문자에 대한 올바른 인식과 역사에서 풀리지 않은 의문점들을 어느 정도 해결할 수 있습니다.

셋째, 금문은 고대사·문자학·역사학·풍속사·예속·서예사 및 기타 영역의 학문에 직접 내지는 간접적으로 많은 도움을 줄 수 있습니다.

넷째, 금문에 대한 새로운 인식은 폭 넓은 지식과 많은 상식을 넓혀주기 때문에 문화인으로써의 긍지를 가질 수 있습니다.

다섯째, 서예적 측면에서 볼 때 금문의 조형성은 비록 원시적이기는 하나 현대적 감각과 더욱 통할 수 있기 때문에 새로운 서체 창작의 타산지석으로 삼을 수 있습니다.

한국연구재단의 명저번역에서 본서를 선택한 이유는 금문의 예술적 조형에서 서예의 본질을 파악하기 위함이었습니다. 그러나 번역을 하는 과정에서 느낀 점은 서예미학보다는 문자학에 가깝다는 것이었습니다. 서예에서 문자학은 자외공부(字外功夫)로 꼭 필요한 학문임에도 불구하고 이 방면에 대한 지식이 일천하기 때문에 번역작업을 수행하기가 원활하지 않았습니다. 마침 박재복 교수의 소개로 '동아시아출토문헌연구회'에서 이 방면에 대한 연구를 한다는 소식을 듣고 가뭄에 단비가 내린 듯 반갑고 고마운 마음으로 모임에 참석하기 시작하였습니다. '동아시아출토문헌연구회'는 동아시아의 출토문헌을 연구하는 순수 학술모임으로 2008년 4월 청동기금문연구회와 2008년 7월 초간윤독회로 출발하여 2011년 2월 동아시아 출토문헌 연구회로 확대 개편하였습니다. 이 모임은 문학・사학・철학・서예 등의 연구자들이 함께 참여하고 있으며, 현재 매월 둘째 주 토요일에 정기적으로 금문과 초간에 대한 연구를 발표하고 있습니다. 모임을 통하여 금문에 대한 지식의 습득은 물론이고, 비인기 학문임에도 불구하고 학문의 진지성과 성실한 학자적 태도에 많은 감동을 받았습니다. 처음 금문을 접할 때 어려웠던 점은 역시 용어에 대한 개념 정리였습니다. 예를 들면, '교(喬)'를 '교(驕)'로 읽으며 방종을 뜻하고, '상(商)'은 '상(賞)'으로 읽으며 하사한다는 뜻이고, '우(又)'는 '우(佑)'로 읽으며 돕는다는 뜻이고, '여(余)'는 '여(餘)'로 읽으며 나머지라는 뜻이고, '사(死)'는 '시(尸)'로 읽으며 주관하다는 뜻이고, '부(否)'는 '비(조)'로 읽으며 크다는 뜻이고, '각(各)'은 '격(格)'으로 읽으며 이른다는 뜻이라는 데에 이르러서는 거의 인디언의 언어를 익히는 것 같았습니다. 그리고『설문해자』에서의 종(从[從])을 '나왔다.'보다는 '구성요소'로 한다는 것과 예정(隷定)은 중국에서 고문자를 원래 결구에 따라 예서체로 썼다고 하여 붙여진 이름으로 또한 '예고정(隷古定)'이라고 하나 이를 '무엇으로 쓴다.'보다는 '예정한다.'라고 하는 것 등등이었습니다.

당시 '동아시아출토문헌연구회' 간사였던 김석진 선생이 어려운 점이 없냐고 묻는 말에 마침 막 탈고한 상주금문의 원고를 보이면서 염치를 불구하고 교정을 봐달라고 부탁하였습니다. 김진석 선생은 흔쾌히 허락하면서 주해부분 교정을 봐주셨고, 박재복 교수는 본문 교정을 봐주셨습니다. 박재복 교수는 또한 본서의 이해를 돕기 위하여 기물의 사진과 모본을 제공해주셨고, 양용주 선생은 모본을 탁본의 형태와 똑같이 일일이 편집해주셨습니다. 초교를 마친 뒤에 다시 성시훈 선생이 재교를 통하여 누락된 부분과 오역을 꼼꼼하게 교정해주셨습니다. 본서를 번역하여 탈고한 과정이 1년이고, 이후 박재복 교수의 전담아래 김석진·성시훈 선생들이 교정한 기간이 1년 반을 넘었습니다. 만약 이분들의 도움이 없었더라면, 본서는 결코 빛을 보지 못하였을 것이기 때문에 지면을 통하여 다시 한 번 감사드립니다. 그리고 학고방출판사의 후덕하면서도 여유로운 하운근 사장님, 본서를 세련되게 편집해주신 김지학 편집장, 원고를 재촉하며 열정과 성의를 다해주신 박은주 차장님께도 감사드립니다. 끝으로 항상 곁에서 격려와 지지를 아끼지 않으면서 물심양면으로 도와주신 일향 선생께도 깊은 감사의 말씀을 올립니다.

2013년 12월 계사년이 저물면서 창밖에
눈발이 휘날리는 것을 바라보며 곽노봉 적다.

찾아보기

【ㄱ】

가촌(賈村)	92
간(庌)	207
감(敢)	328
감숙성(甘肅省)	4
강(剛)	223
강가촌 교장(强家村 窖藏)	37
강궁(康宮)	6, 184
강소성(江蘇省)	127
강왕(康王)	198, 341
강인(降人)	392
강후(康侯)	88
게서(暘犀)	328
격(趞)	420
견어(犬魚)	51
견중(遣仲)	386
경(壴)	256
경(罞)	207
경계(慶癸)	328
경군(駉君)	549
경궁(京宮)	6, 184
경맹(庚孟)	607
경백(琼伯)	315, 327, 328
경수(涇水)	10
경실(京室)	6, 94
경영(庚嬴)	167
경이(京夷)	392
계강(季姜)	277
고(考)	548
고궁박물원(故宮博物院)	43
고보(高父)	600
고조(高祖)	341
곡옥현(曲沃縣)	101
곡촌(曲村)	101
공(龏)	9
공백(公伯)	585
공사(龏姒)	570
공상보(公上父)	374
공숙(龏叔)	570
관(鑺)	51, 70
관(寬)	471
관인(官人)	606
광(光)	691
광계(匡季)	404
괵계역보(虢季易父)	374
괵계자백(虢季子白)	593
괵생(虢生)	569
괵성공(虢城公)	232
괵숙려(虢叔旅)	542
구(眗)	88
구(矩)	315
구백(矩伯)	315
구보(駒父)	600
구안(溝岸)	146
구위(裘衛)	315, 328
국가박물관(國家博物館)	69, 78, 127

146, 248, 462, 514, 582, 591, 690	
국좌(國佐)	669
군씨(君氏)	453
굴(朏)	404
귀백(夰伯)	403
규보(奎父)	386
극(𫓧)	150
극(克)	110
극(棘)	471
급현(汲縣)	87
기(趞)	277
기산현(岐山縣)	78, 146
기주(岐周)	24

【ㄴ】

낙양(洛陽)	64, 116, 123, 182, 200, 451
남공(南公)	150
남중방보(南仲邦父)	600
내백(萊伯)	471
내사(內史)	137
내사윤(內史尹)	569
노(櫨)	198
녹백(彔伯)	267

【ㄷ】

다우(多友)	529, 530
단곤(單堒)	549
단공(癉公)	70
단궁(團宮)	202
단도(丹徒)	127
단백(單伯)	315
단봉현문화관(丹鳳縣文化館)	286

단여(單旟)	315
담(郯)	201
담인(窞人)	606
당사(堂師)	8
대맹희(大孟姬)	682
대북 고궁박물원(臺北 故宮博物院)	64, 182, 503, 545, 567, 612, 652, 660, 667
대심(待劗)	198
대원촌(大原村)	55, 777
대읍상(大邑商)	94
대중(大仲)	306
대지(大池)	223
덕부(德父)	549
도구(陶矩)	328
동국(東國)	117
동궁(東宮)	404
동토(東土, 洛邑)	5
둔(眉)	386
등(鄧)	212
등주시 박물관(藤州市 博物館)	582

【ㄹ】

런던 대영박물관(British Museum)	87, 660
록(彔)	548

【ㅁ】

마가요(馬家窯)	4
마파(馬坡)	123, 182
매(沬)	88
맥(麥)	173
맹희(孟姬)	585
명공(明公)	184

명보(明保)	184
모공(毛公)	233, 617
모백(毛伯)	232
모보(毛父)	232, 233
목공(穆公)	516
목왕(穆王)	249, 341, 373, 402
목우(牧牛)	420
무공(武公)	517, 529, 530, 548, 646
무공현 문화관(武功縣 文化館)	598
무보(巫保)	341
무왕(武王)	70, 94, 124, 128, 149, 341, 392, 430, 506, 615
문공(文公)	646
문무 제을(文武 帝乙)	45
문물보호고고연구소(文物保護考古研究所)	55
문왕(文王)	79, 94, 149, 150, 340, 392, 430, 506, 615
문왕의 어머니	682
미(陜)	548
미국 뉴욕 새클러(Sackler) 예술박물관	222
미국 예일대학교(Yale University) 박물관	451
미국 워싱턴 프리어(Freer) 미술관	182
미부(微父)	549
미양현성(美陽縣城)	24
미읍(微邑)	315
미현(郿縣)	146, 197
밀숙(密叔)	277, 287

【ㅂ】

반(班)	233
방(方)	212
방강(㜏姜)	606
방경(㜏京)	172, 223, 299
백매문(伯買文)	212
백무보(伯懋父)	201
백보(伯父)	593
백속보(伯俗父)	327, 328
백씨(伯氏)	584
백양보(伯揚父)	419
백읍보(伯邑父)	315, 327, 328
백태사(伯大師)	374
백화보(伯龢父)	483
번(繁)	232
법문사(法門寺)	24, 777
벽옹(辟雍)	172
병책책(冊冊)	124
보(保)	117
보계시(寶鷄市)	92
보계 청동기박물관(寶鷄 靑銅器博物館)	92, 644
복이(服夷)	392
복자(服子)	506
부(尃)	420
부계(父癸)	51, 117, 207
부씨(婦氏)	453
부을(父乙)	213
부음(父䏌)	615, 616
부정(父丁)	45, 129, 185, 219
부풍 주원박물관(扶風 周原博物館)	337
부풍현 박물관(扶風縣 博物館)	254, 489
북경 방산구 유리하(北京 房山區 琉璃河)	108
북경 고궁박물원(北京 故宮博物院)	43
분(奉)	223

분경(莽京) 6
불(甶) 607
불기(不其) 584
붕(倗) 675
비(柲) 172
비(鄙) 471
비계(妣癸) 66
비병(妣丙) 46
비을(妣乙) 66
빈(豳) 277
빈(賓) 117
빈소(關㞒) 315
빈표(關表) 328

【ㅅ】
사(師) 420
사(社) 128
사거(師㿿) 306
사남(史南) 542
사동(師同) 386
사밀(史密) 471
사분(寺奉) 606
사속(師俗) 471
사속보(師俗父) 386
사송(史頌) 563
사수(師獸) 483
사순(師詢) 430
사씨(師氏) 386
사아(史兒) 212
사영(師永) 386
사인(史憙) 444
사장(史牆) 341
사재(師𩰫) 373
사정(妣丁) 56

사중(師中) 218
사추(寺𨨛) 328
사희(師戲) 288
산동성(山東省) 4
산동성 등현 성교향 형구(山東省
　滕縣 城郊鄉 荆溝) 582
산서성(山西省) 4, 101
산서성 하현 후토사(山西省 河縣
　后土祠) 660
산전(散田) 328
상(相) 218
상읍(商邑) 88
상해박물관(上海博物館) 116, 200
　561, 660
색(嗇) 420
서궁약(西宮襄) 548, 549
서단촌(西段村) 69
서문이(西門夷) 392
서안(西安) 55, 399
서안시(西安市) 문물고고소(文物考古所)
　384
석천(淅川) 21
선(鮮) 299, 548, 549
선왕(宣王) 149, 373
섬서성(陝西省) 24, 69, 78, 92, 197
섬서성 기산현(陝西省 岐山縣) 612
섬서성 부풍현 법문사(陝西省 扶風縣
　法門寺) 38
섬서성 부풍현 제가촌(陝西省 扶風縣
　齊家村) 640
섬서성 장안현 풍서향 대원촌(陝西省
　長安縣 灃西鄉 大原村) 55
　69, 777
섬서성 기산현 동가촌(陝西省

岐山縣 董家村)　313, 325, 417
섬서성 기산현 부풍현(陝西省
　　　岐山縣 扶風縣)　24, 777
섬서성 남전현 설호진(陝西省 藍田縣
　　　洩湖鎭)　384
섬서성 남전사 성남사 파촌(陝西省
　　　藍田縣 城南寺 坡村)　390
섬서성 단봉현 산구촌(陝西省 丹鳳縣
　　　山溝村)　286
섬서성 무공현 회룡촌(陝西省 武功縣
　　　回龍村)　598
섬서성 미현 거참향 이가촌(陝西省
　　　郿縣 車站鄕 李家村)　304
섬서성 보계 괵천사(陝西省 寶鷄
　　　虢川司)　591
섬서성 보계현 태공묘촌(陝西省 寶鷄縣
　　　太公廟村)　644
섬서성 봉상현(陝西省 鳳翔縣)　545
섬서성 부풍현 법문향 장백촌(陝西省
　　　扶風縣 法門鄕 莊白村)
　　　　　　　　　　254, 337
섬서성 부풍현 법문향 제촌(陝西省
　　　扶風縣 法門鄕 齊村)　489
섬서성 부풍현 황퇴향 강가촌(陝西省
　　　扶風縣 黃堆鄕 强家村)　371
섬서성 안강시 왕가패(陝西省 安康市
　　　王家壩)　469
섬서성 영수현 점두향 호치하(陝西省
　　　永壽縣 店頭鄕 好畤河)　439
섬서성 임동현 영구향 서단촌(陝西省
　　　臨潼縣 零口鄕 西段村)　81
섬서성 장안현 두문진 보도촌(陝西省
　　　長安縣 斗門鎭 普渡村)　248
섬서성 장안현 두문향 하천촌(陝西省

長安縣 斗門鄕 下泉村)　527
섬서성 장안현 신점향 서가채촌(陝西省
　　　長安縣 申店鄕 徐家寨村)　604
섬서성역사박물관(陝西歷史博物館)
　　　　　197, 371, 390, 417, 527, 640
성왕(成王)　　　　　　124, 128, 341
성주(成周)　5, 6, 94, 102, 117, 184
　　　　　　　　　　　　　　　218
성주주아(成周走亞)　　　　　　392
소(鹽)　　　　　　　　　　　　201
소(巢)　　　　　　　　　　　　232
소(蘇)　　　　　　　　　　　　563
소공(召公)　　　　　　　　　　464
소둔(小屯)　　　　　　　　　　43
소백호(召伯虎)　　　　　453, 464
소왕(昭王)　　　　　　　　　　341
소태정(召太庭)　　　　　　45, 46
송(頌)　　　　　　　　　　　　569
송구(宋句)　　　　　　　　　　386
수(遂)　　　　　　　　　　　　484
수사자(戍嗣子)　　　　　　　　51
수진인(戍秦人)　　　　　　　　392
수현(壽縣)　　　　　　　　　　21
숙(夙)　　　　　　　　　　　　328
숙씨(叔氏)　　　　　　　　　　444
숙우(叔虞)　　　　　　　　　　102
숙향보(叔向父)　　　　　　　　530
숙희(叔姬)　　　　　　　　　　691
숙희사우(叔姬寺吁)　　　　　　691
순(荀)　　　　　　　　　　　　9
순(詢)　　　　　　　　　　　　392
순읍(枸邑)　　　　　　　　　　24
순읍현(旬邑縣)　　　　　　　　24
신계(申季)　　　　　　　　　　328

신궁(新宮)	287	엽(枼)	9
		엽현(葉縣)	8
【ㅇ】		영(焚)	431
아(亞)	471	영(榮)	137
아(我)	66	영구향(零口鄕)	69
아맥(亞貘)	45	영국 대영박물관	136
아사(敔史)	386	영국 런던 스커네지(Skenazy)	
아약(亞若)	66	상업은행	298
악(鄂)	212, 218	영백(榮伯)	315, 386
악후(鄂侯)	516, 517	영흥(永興, 지금의 西安)	27
안양(安陽)	4, 43, 50	예촌(禮村)	78, 146
안양공작참(安陽工作站)	50	오백(吳伯)	232
안휘성(安徽省)	21	오호(吳虎)	606
안휘성 수현(安徽省 壽縣)	680, 690	옹의(雍毅)	606
안휘성박물관(安徽省博物館)	680	왕강(王姜)	198, 207
애(叠)	129	왕성(王城)	184
약(斝)	549	왕자오(王子午)	675
약풍보(龠豐父)	548	왕희(王姬)	646
양(楊)	9	요(繇)	548
양(量)	212	용산(龍山)	4
양가촌(楊家村)	197	용인(廊人)	137
어방(馭方)	516, 517	우(盂)	149, 150
여(厲)	327, 328	우(禹)	516, 517
여(旟)	198	우공(虞公)	129
여(旅)	549	우생(右眚)	548
여계(邵鸄)	662	우인(疐人)	392
여백(邵伯)	662	우후(虞侯)	128
여백(呂伯)	233	위(衛)	327
여왕(厲王)	542	위소자(衛小子)	315
역(逆)	444	유□이(由□夷)	392
역림(棫林)	8, 256	유강(幽姜)	453, 464
역비(鬲比)	542	유공(庾公)	94
역인(斿寅)	549	유대숙(幽大叔)	516
연돈산(烟墩山)	127	유백(幽伯)	464

유위목(攸衛牧)	542
윤씨(尹氏)	386, 607
융(戎)	256, 549
은(殷)	117
을공(乙公)	341
을백(乙伯)	386, 392, 431, 471
을조(乙朝)	341
을중(乙仲)	484
음(㱃)	617
읍인(邑人)	315, 328, 392
의(逜)	88
의(宜)	128, 129
의숙(懿叔)	516
의후(宜侯)	129
이(利)	70
이(螱)	306
이백(夷伯)	207
이산농(李山農)	222
이형(史規)	420
이홀(史䚋)	420
익공(益公)	386
익희(益姬)	431
인(引)	569
일본 이데미츠 미술관[出光美術館]	217
일본 쿠로카와 문화연구소 [黑川文化硏究所]	540
잉(䑩)	420
잉(艿)	548

【ㅈ】

자(子)	56
자경(子庚)	675
자백(子白)	593
자범(子犯)	655
작(柞)	642
작책 대(作冊 大)	124
장(牆)	342
장불(長甶)	249
장안현박물관(長安縣博物館)	604
전(奠)	404
정(貞)	548
정(鄭)	129
정(靜)	218, 219, 223
정공(靜公)	646
정공(丁公)	542
정백(定伯)	315, 327, 328
정주 이리강(鄭州 二里崗)	4
제가(齊家)	4
제신(帝辛, 紂)	45
제을(帝乙)	45, 46
조기(祖己)	66
조생(周甥)	464, 453
조신(祖辛)	341
조을(祖乙)	66
조정(祖丁)	124
종(戮)	256, 267
종소자(宗小子)	94
종주(宗周)	12, 149, 172, 218, 232, 277
주공(周公)	184, 341
주원(周原)	24
주인(州人)	137
중(中)	212
중국 사회과학원 고고연구소(中國 社會科學院 考古硏究所)	50
중농(仲農)	550
중인(重人)	137
중태사(仲太師)	642

증(曾)	218	【ㅎ】	
진 문공(晉 文公)	655	하(河)	94
진공(秦公)	646	하남박물원(河南博物院)	673
진이(秦夷)	392	하남성(河南省)	4, 8, 21, 43, 50
			64, 87, 116, 123, 182, 200
【ㅊ】		하남성 석천현 하사(河南省 淅川縣	
차(且)	548, 549	下寺)	673
채후(蔡侯) 신(申)	682	하남성 언사 이리두(河南省 偃師	
천마(天馬)	101	二里頭)	4
천망(天亡)	79	하북성(河北省)	4
천실(天室)	79, 94	하역(下淢)	249
천윤(天尹)	124	학궁(學宮)	223
체(廌)	404	한(限)	403
촉(蜀)	232	함보(函父)	386
출(朮)	184	함양시 문물고고연구소(咸陽市	
측(夨)	129, 184	文物考古硏究所)	439
칙(敕)	256	항(亢)	185
칠(桼, 漆)	9	항사(亢師)	185
		헌공(獻公)	646
【ㅌ】		형(邢)	172
탁(橐)	549	형고(荊考)	548
태보(太保)	110, 124	형구(邢丘)	6
태실산(太室山)	5	형백(邢伯)	249, 327, 328, 386
태을(大乙)	45, 46	형숙(邢叔)	402, 403
		형후(邢侯)	137, 172, 173
【ㅍ】		혜갑(兮甲)	576
포이(彙夷)	392	혜공(惠公)	542
풍(豐)	315	혜맹(惠孟)	315
풍생(豐生)	606	혜백길보(兮伯吉父)	576
풍서향(灃西鄕)	55, 777	호(猷, 胡, 지명)	8, 256
프랑스 기메(Guimet) 박물관	298	호(猷, 胡, 인명)	491, 506
필공(畢公)	662	호(虎)	287, 288, 607
필기(卹其)	45	호경(鎬京)	9
필인(畢人)	606	호북성(湖北省)	211

호신(虎臣)	392
호효(虎孝)	548
홀(智)	402, 403
황공(皇公)	233
회(淮)	548
효감현(孝感縣)	211
효부(效夫)	403
후(侯)	129
후강(後岡)	50
후씨(侯氏)	669
휘현(輝縣)	87
희(姬)	392

郭魯鳳

別號

銕肩, 淸閑齋主人, 西園煙客, 杭州外客, 東華居士、冠岳道人, 落星齋主人, 常安遯夫

문학박사(외대, 중문학)
문학박사(중국미술학원, 서법이론)
동방대학원대학교 문화예술콘텐츠학과 교수
한국서예학회 회장
중국청년작가협회 고문
한국서학연구소장
원곡서예학술상 수상
대한민국서예전람회 심사위원장 역임

譯著

- 『書藝百問百答』, 미진사, 1991.
- 『書法論叢』, 東文選, 1993.
- 『中國書藝全集』 7권, 미술문화원, 1994.
- 『포청천』 상하, 미술문화원, 1995.
- 『어린이 포청천』 상하, 미술문화원, 1995.
- 『中國書藝80題』, 東文選, 1995.
- 『中國書藝論文選』, 東文選, 1996.
- 『中國書藝美學』, 東文選, 1998.
- 『中國書學論著解題』, 다운샘, 2000.
- 『中國書法與中國當代書壇現狀之硏究』, 西泠印社(中國), 2000.
- 『中國歷代書論』, 東文選, 2000.
- 『中國書藝理論體系』, 東文選, 2002.
- 『古書畵鑑定槪論』, 東文選, 2004.
- 『안진경 서예와 조형분석』, 다운샘, 2004.
- 『銕肩 郭魯鳳 書論99展』, 미술문화원, 2005.
- 『書藝家列傳』, 다운샘, 2005.
- 『소동파 서예세계』, 다운샘, 2005.
- 『회화백문백답』, 東文選, 2006.

- 『서론용어소사전』, 다운샘, 2007.
- 『韓國書學資料集』, 다운샘, 2007.
- 『서예치료학』, 다운샘, 2008.
- 『인학사』, 다운샘, 2011.
- 『畵禪室隨筆』, 다운샘, 2012.
- 다운샘, 2013.

論文

- 「篆書的演變對于篆刻藝術的影響」, 『西泠印社國際印學硏討會論文集』, 西泠印社, 1999.
- 「중국의 '학원파'서예에 대한 초탐」, 『書藝學硏究』 第1號, 韓國書藝學會, 2000.
- 「중국 '현대파'서예에 대한 고찰」, 『書藝學硏究』 第2號, 韓國書藝學會, 2001.
- 「중국서론체계에 대한 초탐」, 『書藝學硏究』 第4號, 韓國書藝學會, 2004.
- 「현대서예의 특징과 방향성에 대한 모색」, 『書藝學硏究』 第5號, 韓國書藝學會, 2004.
- 「蔡襄의 '神氣'說에 관한 考察」, 『書藝學硏究』 第6號, 韓國書藝學會, 2005.
- 「서예의 用筆에 관한 연구」, 『東方思想과 文化』 창간호, 동방사상문화학회, 2007.
- 「時代書風에 대한 小攷」, 『서학연구』 제2집, 한국서학연구소, 2008.
- 「書論이 書風에 미친 영향」-'尙意'書風을 중심으로-『韓國思想과 文化』 제43집, 韓國思想文化學會, 2008.
- 「高麗前期와 宋의 서예 비교」, 『書藝學硏究』 第13號, 韓國書藝學會, 2008.
- 「서예의 結構에 관한 연구」, 『韓國思想과 文化』 제43집, 韓國思想文化學會, 2009.
- 「'尙意'書風과 '大學派'를 통해 바라본 未來 韓國書壇」, 『書藝學硏究』 第16號, 韓國書藝學會, 2010.
- 「傳統書藝의 用筆과 結構」, 『書藝學硏究』 第20號, 韓國書藝學會, 2011.
- 한국서단에 관한 연구」, 『書藝學硏究』 第18號, 韓國書藝學會, 2012.
- 書藝硏究」, 『韓國思想과 文化』 제64집, 韓國思想文化學會, 2012.
- 「〈산씨반〉의 서예연구」, 『書藝學硏究』 第22號, 韓國書藝學會, 2013.
- 「최치원의 삶과 〈진감선사비〉의 서예연구」, 『文化藝術硏究』 第一輯, 2013.

한국연구재단
학술명저번역총서
[동양편]   606

상주금문 ❼

초판 인쇄 2013년 12월 20일
초판 발행 2013년 12월 31일

저   자 | 왕휘(王輝)
역   자 | 곽노봉
펴 낸 이 | 하운근
펴 낸 곳 | 學古房

주   소 | 서울시 은평구 대조동 213-5 우편번호 122-843
전   화 | (02)353-9907 편집부 (02)353-9908
팩   스 | (02)386-8308
홈페이지 | http://hakgobang.co.kr/
전자우편 | hakgobang@naver.com, hakgobang@chol.com
등록번호 | 제311-1994-000001호

ISBN   978-89-6071-352-9   94910
        978-89-6071-287-4   (세트)

값 : 30,000원

■ 이 저서는 2011년 정부(교육과학기술부)의 재원으로 한국연구재단의 지원을 받아 수행된 연구임(NRF-2011-421-G00004)
This work was supported by National Research Foundation of Korea Grant funded by the Korean Government (NRF-2011-421-G00004).

이 도서의 국립중앙도서관 출판시도서목록(CIP)은 서지정보유통지원시스템 홈페이지(http://seoji.nl.go.kr)와 국가자료공동목록시스템(http://www.nl.go.kr/kolisnet)에서 이용하실 수 있습니다.(CIP제어번호: CIP2013027956)

■ 파본은 교환해 드립니다.